2017年国家社会科学基金项目《唐君毅生死哲学思想及其当代价值研究》（17BZX009）最终成果

｜光明学术文库｜政治与哲学书系｜

感通与传承

唐君毅的生死哲学

何仁富 ｜ 著

光明日报出版社

图书在版编目（CIP）数据

感通与传承：唐君毅的生死哲学 / 何仁富著. --
北京：光明日报出版社，2022.3
ISBN 978-7-5194-6579-7

Ⅰ.①感… Ⅱ.①何… Ⅲ.①唐君毅（1909—1978）
—死亡哲学—研究 Ⅳ.①B261.5

中国版本图书馆 CIP 数据核字（2022）第 072088 号

感通与传承：唐君毅的生死哲学

GANTONG YU CHUANCHENG：TANGJUNYI DE SHENGSI ZHEXUE

著　　者：何仁富			
责任编辑：梁永春		责任校对：张慧芳	
封面设计：中联华文		责任印制：曹　净	

出版发行：光明日报出版社

地　　址：北京市西城区永安路 106 号，100050

电　　话：010 - 63169890（咨询），010 - 63131930（邮购）

传　　真：010 - 63131930

网　　址：http：//book. gmw. cn

E - mail：gmrbcbs@ gmw. cn

法律顾问：北京市兰台律师事务所龚柳方律师

印　　刷：三河市华东印刷有限公司

装　　订：三河市华东印刷有限公司

本书如有破损、缺页、装订错误，请与本社联系调换，电话：010-63131930

开　　本：170mm×240mm			
字　　数：323 千字		印　　张：18	
版　　次：2023 年 6 月第 1 版		印　　次：2023 年 6 月第 1 次印刷	
书　　号：ISBN 978 - 7 - 5194 - 6579 - 7			
定　　价：98.00 元			

目　录
CONTENTS

导论　唐君毅生死哲学的思想视域

　　唐君毅（1909—1978）作为"仁者型"现代新儒家，不仅是现代新儒家中对人生问题最为关切的哲学家，也是历代儒者中对死亡思考最多、阐释最透彻的儒者。我们对唐君毅生死哲学的研究，一方面需要放在现代人的生命困顿及生死难题的时代背景下进行思考，另一方面也必须着眼于在唐君毅整个思想体系的视域。只有这样，才能真正理解唐君毅的哲学思想，才能发掘其生死哲学的独特理论意义与实践价值。

　　作为一位著述逾千万言，构建了自己独特思想体系的哲学家，唐君毅先生的思想不仅内容丰富、结构复杂，而且因为有强烈的判教意识和形而上学信念，并且力求会通中、西、印三大文化系统，融摄各种哲学、道德、宗教、政治、历史等人类文化形式，尊崇东西方各种崇高人格精神，加之性情圆融深邃，语言表述曲折细密，使得后世研究者对其思想体系的把握，往往仁者见仁，智者见智。即使被视为而且也是自认为"知己者"如牟宗三先生，一方面谓："唐先生是'文化意识宇宙'中之巨人，亦如牛顿、爱因斯坦之为科学宇宙中之巨人，柏拉图、康德之为哲学宇宙中之巨人。……这一个文化意识宇宙是中国文化传统之所独辟与独显。它是由夏商周之文质损益，经过孔孟内圣外王成德之教，而开辟出的。此后中国历史之发展，尽管有许多曲折，无能外此范宇，宋明儒是此宇宙中之巨人，顾、黄、王亦是此宇宙中之巨人。唐先生是我们这个时代此宇宙中之巨人。"[1] 另一方面又谓："唐先生从三十岁到五十岁这二十年间，讲道德自我之建立，讲人生之体验，乃至讲文化问题的那些文章，都很不错，也到达了高峰，……唐先生在五十岁以后的二十年间，在学问上没有多大进步。"[2] 我们不

---

① 牟宗三. 哀悼唐君毅先生，唐君毅全集·纪念集（第三十七卷）（上）［M］. 北京：九州出版社，2016：17.

② 牟宗三. 中国哲学十九讲［M］. 长春：吉林出版集团有限责任公司，2010：348-349.

能说牟先生所说的没有道理，因为唐先生自己也说："吾于三十岁前后，尝写《人生之体验》，与《道德自我之建立》二书，皆以一人独语，自道其所见之文。……吾自谓此二书，有一面对宇宙人生之真理之原始性，乃后此之我所不能为。吾今之此书之规模，亦不能出于此二书所规定者之外。此固可证吾之无大进步；然亦证宇宙人生中实有若干真理，历久而弥见其新也。至于此后三十年中，吾非无所用心，而知识亦尽有增加。然千回百转，仍在原来之道上。"① 那么，在唐先生三十岁以前就已经体悟到的历久弥新的"宇宙人生真理"到底是什么呢？用唐先生自己的话说，便是"立三极""开三界""存三祭"。

一、立三极、开三界、存三祭

1967 年 8 月 18 日，唐先生在日记中反省道：

> 二十年来所论以告世者，可以立三极（太极、人极、皇极），开三界（人格世界、人伦世界、人文世界），存三祭（祭天地、祭祖宗、祭圣贤）尽之。人格世界开于人各修己而内圣之道成，太极见于人极。人伦世界开于人之待人而内圣之道见于人，人极始形为皇极。人文世界开于人之待天地万物，而皇极大成，无非太极。祭天地而一人之心遥契于太极，所以直成一人之人格，祭祖宗而后世之情通，所以直树人伦之本，祭圣贤而人格之至者得为法于后世，而人文化成于天下。立三极依于智，开三界依于仁，存三祭依于敬。②

很显然，唐君毅自认其所领受的"天命"而"自命自令"者，便是要为中国文化甚至世界文化"立三极""开三界""存三祭"。对于此"天命"的领受，有一个基本的生命历程，但也可为一以贯之。

1974 年，唐君毅接受学生访谈，就中国哲学研究与治学态度等进行了答问，并提出了自己哲学的三个基本观念。首先，是自己二十岁就对中国哲学"天人合德"的观念有所认知，四十多年来，这个基本观念不曾改变。其次，是自己很早便确定"分全不二"的观念，认为中国文化精神的精髓，在于以普遍化人的仁心来超越地涵盖自然与人生，并求实现于自然与人生而成人文。这"仁心"就是"天心"。个人的心灵生命本能容纳宇宙、文化和历史，部分可以包含全

---

① 唐君毅. 唐君毅全集·哲学概论（第二十四卷）（下）[M]. 北京：九州出版社，2016：361-362.

② 唐君毅. 唐君毅全集·日记（第三十三卷）[M]. 北京：九州出版社，2016：103-104.

体。这"天人合德"和"分全不二"又是一而二，二而一的。唐先生谓："'天人合德'和'分全不二'八个字就是我解释中国文化的根本观念。这是我二十岁左右便具有的认知。多年来，这根本观念没有变异；而年岁日长，一般学问知识或有进步，更能自证我的思想方向正确，没走错路。"① 而唐君毅所确立的第三个基本观念便是"三极并立"。

早在1951年，在写《中国文化之精神价值》一书的自序时，唐君毅便已经借用古人的人极、皇极、太极一贯之意，来阐明解说中国文化的精神。唐先生自谓："吾书之论中国文化，虽重在论其过去，而用意则归向于中国未来文化创造道路之指出。吾在此借用古人之太极、人极、皇极三极一贯之意，以明圆而神之中国文化精神，对方以智之西方文化精神可全部摄取之理由，以展开中国未来之人文世界。"②

1957年2月10日至8月29日，唐先生应美国国务院邀请，首次出国作考察访问，历经近7个月，遍游日本、美国及欧洲各地。此次出国经历，从香港出发，一路向东，经日本到美国，以美国为主；然后继续向东，经英国、比利时、法国、瑞士、德国、意大利到土耳其，最后经印度回到香港，是一次完整的环球行。此次出访美、欧，对唐先生具有重要影响，既直接感受了西方社会对中国文化的无知甚至误解，又更坚信了自己对中国文化的信心，并直接催生了标志港台新儒家走上历史舞台的《中国文化与世界宣言》，也在一定程度上改变了唐君毅之后的学术重点和学术方向，即从前期的"人""文"关怀走向后期的"思想"建构，或者说从前期的"立人极""立皇极"走向后期的"三极"并立。

唐先生著述的黄金时期四十年（20世纪70年代），以其"立三极""开三界"的自觉而言，大体上可以说，40年代重在人、文并重而以"立人极"开"人格世界"为主，代表作为"人生之路"十部曲，包括《人生之体验》（1944年）、《道德自我之建立》（1944年）、《心物与人生》（出版于1954年但主要内容撰写于40年代初）；50年代则以"立皇极"开"人伦世界"和"人文世界"为主，代表作为《中国文化之精神价值》（1953年）、《人文精神之重建》（1955年）、《中国人文精神之发展》（1958年）、《文化意识与道德理性》（1958年）；60、70年代则重在"皇极"既"立"的基础上"立太极"，一方面重构中国哲学

---

① 唐君毅. 唐君毅全集·中国古代哲学精神（第二十七卷）[M]. 北京：九州出版社，2016：551.

② 唐君毅. 唐君毅全集·中国文化之精神价值（第九卷）[M]. 北京：九州出版社，2016：4.

系统，代表作为《中国哲学原论》六卷（1966—1975 年，包括导论、原性篇、原道篇、原教篇），另一方面融通中西印三大思想系统而实现文化大判教，代表作为《哲学概论》（1961 年）、《生命存在与心灵境界》（1977 年）。

1961 年，《哲学概论》一书出版，该书堪称 20 世纪中国人撰写的最大部头的同类专著。在该书中，唐先生尝试会通中西印三大文化系统，建构人极、皇极、太极于一体的"哲学体系"。只是成书之后，唐先生还顾初衷，颇不自足。尤其是，本书所取中国哲学的材料，仍然远逊于所取西方哲学的材料。

1966 年至 1975 年，唐先生"三极并立"的第二部曲《中国哲学原论》完成。《中国哲学原论》六大卷，依《中庸》"天命之谓性，率性之谓道，修道之谓教"之义，分为"导论""原性篇""原道篇""原教篇"，以上契《中庸》兼重"性""道""教"的宗旨。该书不是一般的"中国哲学史"，而是坚持"即哲学以言哲学史"的立场，既是呈现唐先生自己的哲学思想，也是在叙述中国哲学历史的同时重构中国哲学思想。如果说《哲学概论》更多是借助西方哲学的材料和思维试图会通中西印三大文化系统，实现"三极并立"的话，《中国哲学原论》则是唐先生完全立足于中国哲学本身的语言、论题、智慧，重构"三极并立"的中国哲学系统。

《中国哲学原论》进一步以"三极"来统观中国哲学。唐先生认为，先秦儒家思想发展至《易传》，就建立了一个对于宇宙的究极概念，这是"太极"。汉儒用元气来注解太极，魏晋人或用无来说明太极。宋儒又在太极之外再立一个"人极"，并且逐渐用"理"来说明太极。"理"在人即是"性"；所以要立人极，便是求人能尽性而天理得以流行。这样，用理来贯通天与人，太极与人极，人道与人文，便有了形而上的究极意义。而所谓"皇极"，皇者，大也，"全幅人文"的大化流行，并不以偏蔽全，这便是"皇极"。用浅显的话来说，"人极"是"人对自己的关系"，"皇极"是"人对人的关系"，而"太极"是"人对天的关系"。以西方哲学来说（借用黑格尔的术语），便是从三方面来建立三个极——在主观精神上立"人极"，在客观精神上立"皇极"，在绝对精神上立"太极"。唐先生认为，西方哲学固然有这三方面的架构，而中国哲学在这三方面发展得较为平衡，并且以"人极"为中心。

而真正标志着唐先生"立三极""开三界""存三祭"思想系统得以完成的，是其临终前才完成的巨著《生命存在与心灵境界》。

二、一心开九境，九境归一心

1977 年底，唐先生的《生命存在与心灵境界》一书面世。该书的写作，从

1968 年正式动笔到 1977 年完稿交付出版，历时十年。《生命存在与心灵境界》全书，依顺观、横观、纵观三观与体、相、用之关系展开，按照观"客体"之体、相、用三境，观"主体"之体、相、用三境，观"超主客体"之体、相、用三境的九境顺序演绎而成。在该书中，唐先生本儒家践仁尽性、天人合一之教，大开大阖，建构起融通中、西、印三大文化系统，融合耶、佛、儒三大教义，集宗教、道德、哲学于一体的理想人文主义性情、形而上学的哲学大厦，实现了"人极""皇极""太极"三极并立。《大英百科全书》谓："他的这部著作发表后，西方有的学者认为可和柏拉图、康德的著作媲美，并且他被誉为中国自朱熹、王阳明以来的杰出哲学家。"①

《生命存在与心灵境界》一书，是一首唐先生晚年的绝唱，它是唐君毅用生命写成的。唐先生在《中国哲学原论原道篇》的"自序"中写道："吾年三十左右，写人生之体验之心理道颂一篇时，即言当循此契向，以写一书。然以种种问题未能解决，于道所见者，不真不切，故因循未就。然在此病目之时，平日所见之不真不切者，于废书不读之际，乃渐宛然在目，时有思维之'径路绝而风云通'之境，更无不决之疑。当时虑吾之目疾，不能复愈，意欲仍仿心理道颂之体裁，以四言韵语，抒吾所见。然亦未尝不念此道之昭昭然在天地间，乃人所能共知见，不以吾之言与不言，而增损也。不意天假以明，后仍有一目可用。乃于此五六年中，以教课办公之余，先写一书，拟定名为生命三向与心灵九境。其大旨是由吾人现有生命心灵之前后向之顺观、内外向之横观、上下向之纵观或竖观，以开出九境；九转还丹，而导向于上述之澈幽明、通死生、贯天人之一境。"② 最初，患眼疾的唐君毅忘却失明之虑，任思如泉涌，以四月之期写成初稿，致使眼疾加剧，被迫住进医院。病榻上，他仍念念不忘书稿的修改，眼疾刚有好转，旋即在五个月之内将全书重写。之后，他又用七八年时间陆续删改、增补。而到此书出版时，他又身患肺癌，在奋力与死神的搏斗中，终于完成此书的初校、二校与三校，为其漫长的哲学探索画上了圆满的句号。

关于《生命存在与心灵境界》一书的核心精神，唐君毅在《中国哲学原论原道篇》的"自序"中就有如下预告：

> 吾书之归趣不出于立三极、开三界、成三祭。此可概括吾数十年来一切所思，亦盖非吾今后之所能逾越者。所谓三极者，即吾于二十年前，写

---

① 唐君毅. 唐君毅全集·纪念集（第三十七卷）（上）［M］. 北京：九州出版社，2016：4.
② 唐君毅. 唐君毅全集·中国哲学原论原道篇（第十九卷）［M］. 北京：九州出版社，2016：1-2.

中国文化精神之价值中，所谓人极、太极与皇极。此三名太古老。所谓三界者，人性世界、人格世界与人文世界。吾意人性直通于天命与太极。人格之至为圣格，即所以立人极。全幅人文之大化成于自然之天地万物，而不以偏蔽全，是为皇极。皇者，大也；极者，不偏之中也。此三界之名，较易为今世所接纳，而含义亦更弘远。至于成三祭者，则专是为澈幽明、通死生、贯天人而设。此是本儒家之礼教，以开摄未来世界之宗教。三祭中祭父母祖先者，是通吾个人之人格所自生之原。祭圣贤与有功德之人者，是通社会人文所自生之原。祭天地者，是通人之性，与有情众生之性之原。此所谓天地，乃张横渠所谓称父称母之乾坤。乾坤即宇宙生命，或宇宙精神，或宇宙存在之道，而与佛家之一真法界，一神教之梵天上帝之义，相通摄者。然此三祭之有形者，属于宗教，宗教只中国之礼教之一端，亦只人文之一端。三祭之无形者，即存于人之德性与智慧之一念契会之中。祭者，契也；故当下具足，不待他求。至一般人文之基层，则仍在人对自然物之生产技术之事，人类社会之相生相养之经济、政治与人伦日用之事。科学、哲学、文学、艺术之学，则为人文之中心。三祭之事，乃所以由此更向上，充达人之至情至性之量，以完满人之所以为人，而使人文不只大化成天下之人间，亦大化成于天上之神明；以澈幽明，而成大明；通死生，而超死生；贯天人，而人即天者。此三祭之事，非志在求福，唯是人义之所当为，以顺尽人之性情，而立人道之至极。固非如已往之宗教，未脱巫道，恒志在求福，不免使人道倒悬于神道，而以宗教凌驾于人文世界之上之外者也。凡此等等，皆吾之生命三向与心灵九境一书之归趣所存，此外别无高论。①

在这部被唐君毅称之为"一生之思想学问之本原所在，志业所存"的著作里，唐君毅基于立三极、开三界、存三祭的哲学理想，构筑了一个三向九境的哲学体系。这是一个相当庞大的体系，唐君毅依心灵感通的方式去判分人类一切的行为、知识、哲学、宗教所属之境，同时，人类的行为、知识、哲学、宗教，也依心灵的感通方式一一关联起来。于是，他在这个体系内为东西哲学修成了一座座"桥梁"、一条条"道路"，接通了一缕缕思想的光辉，化除了各种矛盾冲突的观念，使之各还本位，和融贯通。"其清晰而有气韵的逻辑架构、飘

---

① 唐君毅. 唐君毅全集·中国哲学原论原道篇（第十九卷）［M］. 北京：九州出版社，2016：2-3.

逸而富于诗意的境界，最终显现的是：人的本心本性有着悠久无疆、神化不测而无方的精神生命。"①

唐君毅认为，人的生命心灵活动有看内外的横观、看前后的顺观、看上下的纵观三道路、三方向。生命心灵活动的这三个放心，既是知的三方向，也是情的三方向，根底上则是意或志行的三方向。依据存在的体、相、用三个层次，人在世间的心灵生命活动尽管分歧复杂，却可归为九种类别，排成九个先后次序，分别属于九个层位②。

第一境为"万物散殊境"，于其中观个体界。凡世间一切关于个体事物的史地知识，个人自求生存、保其个体欲望者，皆根在此境；而一切个体主义的知识论、形而上学与人生哲学，皆判归此境。

第二境为"依类成化境"，于其中观类界。一切关于事物之类的知识，人求自延其种类的生殖之欲以成家、成民族之事，人依习惯而行的生活与人类社会的职业分化，皆根在此境；而一切以种类为本的知识论、形而上学与重人自延其类的人生哲学，皆判归此境。

第三境为"功能序运境"，于其中观因果界、目的手段界。一切世间以事物因果关系为中心而不以种类为中心的自然科学、社会科学知识，如物理学、生理学、纯粹的社会科学理论，与人如何达其生存于自然社会之目的的应用科学知识，以及人"备因致果""以手段达目的"的行为与功名事业心，皆根在此境；而一切专论因果的知识论，依因果观念而建立的形而上学与一切功利主义的人生哲学，皆判归此境。

第四境为"感觉互摄境"，于此中观心身关系与时空界。一切人缘其主观感觉而有的记忆、想象所知，心理学中对心身关系的知识，人对时空秩序关系的一般知识，以及人自然互相模仿认同而成社会风气之事，皆根在此境；而一切关于心身关系、感觉、记忆、想象与时空关系的知识论，心身二元论，或唯身论、泛心论的形而上学，与一切重人与其感觉相适应而求生存的人生哲学，皆判归此境。

第五境为"观照凌虚境"，于此中观意义界。一切由人对纯相与纯意义的直观而有的知识，如对文字意义自身之知，对自然、文学、艺术中的审美之知，数学中几何学对形数关系之知，逻辑中对命题真妄关系之知，哲学中对宇宙人

---

① 单波. 心通九境——唐君毅哲学的精神空间［M］. 北京：北京大学出版社，2011：18.
② 参阅唐君毅. 唐君毅全集·生命存在与心灵境界（第二十五卷）［M］. 北京：九州出版社，2016：28-34.

生之"意义"之知，以及人纯欣赏观照的生活态度，皆根在此境；而哲学中重对纯相、纯意义之直观的现象学知识论，论纯相存在地位的形而上学与审美主义的人生哲学，皆判归此境。

第六境为"道德实践境"，于此中观德行界。人本道德良心所知的一般道德观念、伦理学、道德学知识，以及人的道德行为生活、道德人格的形成，皆根在此境；而一切有关道德良心之知与其他之知的不同之知识论，以及良心存在地位与命运的形而上学、一切重道德的人生哲学，皆判归此境。

第七境为"归向一神境"，于其中观神界。此在论一神教所言的超主客而统主客的神境。在此境，人认为"大心灵"为超越在万物之上，神唯一者，为人所仰望思慕，称为"上帝"。

第八境为"我法二空境"，于其中观法界。此在论佛教观一切法界一切法相之义，破人对主客我法之相之执，以超主客之分别。在此境，言"大心灵"内在于人心灵深处，是为佛心佛性，但为"无明"所掩盖，教人破无明而见此大心灵。

第九境为"天德流行境"，又名尽性立命，于其中观性命界。此在论儒教尽主观之性以立客观之天命而通主客，成性命之用之流行，而使性德之流行为天德之流行，从而通主客、天人、物我，超主客之分。在此境，肯定"大心灵"即为人的本心本性，此本心本性自善，必求尽性立命，人尽性立命之事相续不断，由此成贤成圣，终于在人德之中见天德之流行，故此境称为尽性立命境，亦称天德流行境。

唐君毅认为，心灵九境不只是生命存在的一般境界，同时也是涵盖不同形上学、知识论、人生哲学的大系统。尽管每一境界都对应不同的形而上学、知识论和人生哲学，由此形成一个由低到高而又可以平列并行的哲学"网络"，但心灵九境最初只是由"心境感通之浑然一念"转出，最后又只是重合于心之"一念"。简言之，九境由"一念"转出，由人心境感通之浑然一念转进，于是有九境的次第展现。九境到最后又归约于情境相呼、性命相召、心境感通的一念。所以可以说，人的心灵与境感通，就其当下浑然为"一"来看，乃是一切都收归于"一念"，由"一念"自化自生，便有心灵在九境的神运。

三、无穷大悲愿，立志通生死

心灵九境说是唐君毅立三极、开三界、存三祭的最终圆满答案。不过，"九境"虽繁，却只是源于最初的心之"一念"。对于唐君毅来说，不仅在其思想逻辑上如此，在其生命实践上也是如此。在完成《生命存在与心灵境界》的哲学系统建构后，唐君毅在该书"后序"中梳理自己思想的源头，恰恰在于自己童年和青少年时期的一系列犹如天降的"超越性体验"，并认为自己数十年来之为学，"实只做得为吾少年时之此数度之经验之说明与注脚之事"①。而唐君毅生命中最早的"超越性体验"，便是其六七岁时关于生死的想象性体验。

> 我追溯我之对于一切以看生物眼光看人之思想，所以有反感的根源，亦即我哲学思想的根源，最早应当是六七岁时的一段经验。当时有一日，我父亲同我讲一科学上的预言，说太阳的光与热，最后要黯淡而消失，地球那时亦将到末日。在地球末日时，只有一个人带着一条犬。记得当时我听此故事，觉有无穷意味。不后几天，一日天下过雨，庭中土地经太阳一晒，十便皲裂。我当时便想地球可能要崩裂了。当时在庭中的情形，今已相距约四十年了，我尚记得很清楚。我想这就是我之哲学思想与一切对人性之看法的根源。为什么人会想到世界的毁坏？这中间即包含人性之神秘、人性之尊严，与其异于禽兽之所在。这可以用求生存、性欲，求权力欲与交替反应之活动来说明吗？不可能的。因为这一切活动，都系于世界之有在。而人在想世界毁灭时，是世界在其心内之不存在，亦即此一切活动之不可能。我如何能想世界之毁灭，而能忍受此一之存在于我心中呢？后来我有确定的了解，即人是一具超越物质世界性的存在。②

在这条被"逼"出的哲学路上，唐君毅一直怀揣着追寻"不朽"的宏大悲愿，立志沟通生死，而生死问题也因此成为唐君毅哲学思考中一以贯之的核心问题。

年轻的唐君毅已经表现出一些与传统儒者对生死终极问题不同的看法，他认为，死的问题不但可问，并且应问，对死亡真谛的好奇是合情合理合法的。他说：

> 盖水火无知，人则有觉，水火可不问其始终，人则不能不问也。若谓人应求自然，不越自然所加于人之限制，则吾将曰：自然真加限制于吾人，则不应使吾人复生追索生前死后之心；吾人既有追索生前死后之心，则自然未尝加吾人以限制可知。若谓此追索生前死后之心亦即自然所赋予而加于吾人之限制，则吾人追索生前死后之心亦即自然限制中之正当活动，追

① 唐君毅. 唐君毅全集·生命存在与心灵境界（第二十六卷）［M］. 北京：九州出版社，2016：395.
② 唐君毅. 唐君毅全集·人文精神之重建（第十卷）［M］. 北京：九州出版社，2016：455.

索生前死后，正所以顺自然也。①

人对终极问题之提出有正当性，因为人的理性不能不追求"常"，生命如果随死而消失，则为无常，也是违理。正由于人有这种追问"常"的伦理上的应然要求，唐君毅才在《论不朽》的长文中，通过批判和辩驳各种有关不朽的思想，为"不朽要求"的正当性作出学理辩护，并尝试提出"完善不朽论"的基本条件和理论设想。

在《人生之体验》"说价值之体验"时，唐君毅专门列一小节"说死亡"。唐先生已经将人对死亡的体验同自己道德自我的显露结合起来看待了。死亡不只是一个形而上的终极问题，同时也是一个道德问题和价值问题。可以说，他在生死问题上的基本立场已经确定。

在与《人生之体验》写作大概同时完成的《爱情之福音》中，唐先生在第五章"论爱情中之罪过与苦痛"中专门设置一小节"论死亡"。唐君毅将死亡比喻为"太阳落山"，只不过是"转到地球之彼面去了"，犹如"太阳必有来日"，人的"生命必有来生"，由此而言说人的生命是"不死"的，"生命是永远的光辉"，当然这是说人的精神生命，唐君毅此时还称之为"灵魂"。这死者之不死的灵魂并不在别处，就在生者之"心的深处"。这是唐君毅生死哲学中的一个重要思想，即"幽明感通"思想的源头。

在同时期的《心物与人生》中，唐先生又以"辨生命之自身无所谓死"阐释了他的生死哲学观。在这里，唐君毅关于人的生死问题的思考又有了进一步的发展。一方面，唐先生将物质与生命对立起来谈论，认为人的生命活动是在比物质世界更高一度的空间进行的。"生命之表现其自身于物质世界，如一圆球在平面上滚，当他突然离开平面，我们只自平面之物质空间看，便以为他消灭了。"② 另一方面，唐先生又将生命之不灭比喻为物质能力之不灭，认为死亡只是看起来是生命的活动停止了——"生命的活动虽似乎消灭了，然而他会转化为其他将来之生命活动。犹如我们远远看见一人在绕山走，渐渐看不见，这只因为他转了弯，暂向另一进向走去，如果我们只以山之横面为唯一真实，我们会以为他已死了"③。

---

① 唐君毅. 唐君毅全集·中西哲学思想之比较论文集（第二卷）［M］. 北京：九州出版社，2016：358.

② 唐君毅. 唐君毅全集·心物与人生（第五卷）［M］. 北京：九州出版社，2016：72.

③ 唐君毅. 唐君毅全集·心物与人生（第五卷）［M］. 北京：九州出版社，2016：74.

四、体悟与反思，生死大智慧

唐君毅对生死问题最集中、最富智慧的讨论，是在他的《人生之体验续编》中。《人生之体验续编》是唐君毅于 20 世纪 50 年代到 60 年代初连续七年写成的七篇论文，在此期间，唐先生到中国香港后，深感中华民族的生命发生了大病痛，引发了唐先生对生命负面的深沉体验与悲悯，而写下了唯唐先生能写下的文字般若。牟宗三先生曾赞叹该书为"滴滴在心头，而愧弗能道"。其中写于1958 年的第五篇《死生之说与幽明之际》，是专门讨论生死哲学的。写于 1959年的第六篇《人生之虚妄与真实》，又专门用一节讨论"'死'在目前之义，与人生遗憾之化除"。唐先生对他在此书中的生死哲学论说有明确的概括和说明，在"自序"中他说：

> 吾书之第五文，则意在由人之原生于死之上，及死者与后死者之至情之交彻，以言可由祭祀以通幽明之理；故人生之真相，实死而无死，而鬼神之情，亦长在此世间，读者果有深会于此文之所言，则幽明之间，以及明与明之间、幽与幽之间，另有一纵横之天路，以使人心相往来，而人之心灵之自身，亦实无能使之死者，则核子战亦实不能杀人，而实无可畏，唯其造孽不可挽耳。然人欲有深会于此文之所言，又非深知人之生于死之上，并以其情先由明彻幽而入于幽不可。人之生于死之上者，即生机存于死机之上，无死机则无生机，不知死机者亦不知生机。人之情必由明彻幽而入幽者，即人唯由此乃能竭其仁、竭其仁而后人能真生也。则所谓徒知生而不知死者，不求其情之彻幽而入幽者，实亦不知生与生机，所谓不见庐山真面目，只缘身在此山中，亦生而未成其为真生者也。此即人之只知生而不知死者之为害。而此不知死，既可使人生非真生，则此不知死，正为人之真死机，以使其生不成真生者。此人之不知死者，乃人生对其生之世界之另一面之大无明，而使人沉坠陷溺于其苟得之一生，亦使其生非真生，而成似是而非之生者。而世之重人生者，乃恒以不求知死为教，而常人亦不敢正对此死，与其生于死之上之事实而观之，又恒自拂除断丧其彻幽而入幽之至情，乃视祭祖为多事，以宗教家之为死者作祷，及求众生之幽灵超度为无用。而不知此皆证其生而非真生者。①

1967 年，唐先生因左眼视网膜脱落，在日本京都入院治疗，期间，唐先生

---

① 唐君毅. 唐君毅全集·人生之体验续编（第七卷）［M］. 北京：九州出版社，2016：9-10.

于病榻上再次深刻反省自己的生命而写下被誉为"儒学医疗学"的经典之作《病里乾坤》。中国台湾学者曾昭旭认为，该书可视为《人生之体验续编》的再续编，值得一切以求道自命的人去沉心体味。①《病里乾坤》写于1967年2月16日至3月3日。唐先生说："每日在晨光曦微中，写约一节"，总共十三节。其中第五节"忧患与死生之道"、第十一节"尽生死之道与超生死"两节是专论生死哲学的。另有第八节"痛苦与神佛"、第十二节"痛苦之究极的价值意义"、第十三节"痛苦与大悲心、崇敬心及感慨祈愿心"三节专论痛苦。唐先生在这里明确地提出了他的基于儒家主张的道德理性，用人行当然之道的"义"举来超越生死的生死哲学："只见道不见生死。"

人生之忧患，莫大乎死，其他之任何忧患，皆不足与死相比。人有其他之忧患，而尚生，则必尚有不忧患者存。人之有其他忧患，或不可免或可免，而死则人所必不能免。茫茫世界中之人，无一非未定死期之死囚。人能知所以对付必然不可免之死之忧患，则亦无忧患之不可免矣。

人将如何对付此死之忧患？吾意此初非只是对死而观，以死之本身无可观。此初当在人人之念及其将死、必死，而更撤回其心念以反观其生，而于其生中未了之事，在未死之时，尽力以了之。此即人之所以自遁于死之外之首道也。②

人之能由来生之必有，以自慰其情者，盖必其心思之所及，能通今生后世为一，而不见其间有生死之交谢者，然后能之。而此心思之所及，其能否通达于今生与后世，则系于人之德量，亦如人之心思之能否通达于自己与他人者，系在人心之德量。此固皆可谓人之当具；而人之求具之，亦固有所以具之之当然之道，为人所当行。否则人亦不能具之，以通今生后世为一，而以后世之有生，自慰其今生之畏死之情也。

至于单就人之行当然之心情本身而言，则人于此实为见有道，而不见有生灭或生死，亦不自见其此行当然之道之心之生死，而唯见其生死皆同在道上。此正如人之行于地上之道者，其行止、往来、进退，皆同在道上，而其所以或行或止或往或来或进或退，皆依道路之曲直而定。同此一曲或直之道，可使我进者，亦可使我退，正如同此一当然之道之可使我生者，亦可使我死；而人乃可只见道而不见生死。③

---

① 唐君毅. 唐君毅全集·病里乾坤（第七卷）[M]. 北京：九州出版社，2016：2.

② 唐君毅. 唐君毅全集·病里乾坤（第七卷）[M]. 北京：九州出版社，2016：17.

③ 唐君毅. 唐君毅全集·病里乾坤（第七卷）[M]. 北京：九州出版社，2016：34.

　　唐君毅在撰写他的鸿篇巨制的《哲学概论》时，在附录中辟专章"述海德格尔之存在哲学"，对当代西方哲学家中最具有"死亡"智慧的海德格尔哲学进行了系统的阐释，并专节以"死之智慧"论述唐先生对海德格尔死亡哲学的理解与领会，特别是对死如何启示人生的全体性，唐先生进行了充分的阐述①。

　　在唐先生以全副生命最后完成的划时代巨著《生命存在与心灵境界》一书中，他再次在阐述"天德流行境"时辟一专节讨论"生命之偶然性与死之智慧及生命之本性之善"，② 在这里明确地提出了"死亡"本身的道德意义：

> 　　自然生命之自向于命终而有死，正见自然生命之不自觉地具一"由其死以使继起之生命存在，得有其世间之位"之一自然之仁德与礼让之德之表现；亦"使其自己之生命存在与其他生命存在，分别得其在时间中之位"之一义德之表现；而其中亦可说有一不自觉地求自超越其生命之执着之一不自觉地智德之表现，而使其后世之生命存在之超升成为可能者也。③

　　可以说，对生死问题的讨论，贯穿于唐君毅终身的哲学思考中，这也体现了他对传统儒家生命智慧的继承与超越。而且，唐君毅的生死哲学是其生命实践与哲学理论的双重建构。

　　一方面，唐君毅生死哲学的问题，源于自己生命实践中所感受和体验到的强烈的生死冲突，并由此带来强烈的生命痛苦，其思考生死哲学，首先也是为了解决自己生命中的这些痛苦，而不是纯粹为了建构一套生死哲学理论。

　　作为唐君毅生死哲学的活水源头的早年生死体验，主要有两类：一类是以现实中的某种生命经验为引子，将生命、死亡、悲欢离合等重大问题从想象中带到当下，以个别的生活经验体验普遍性的生命情感，此类体验可以名之曰"想象性体验"。在唐君毅的生命经历中，这类体验在其20岁以前，时有发生。另一类是在现实生活经历中发生的重大生命事件，这些事件导致了自己现实生活经历、体验和思考的重大变化，在这种现实变化中体验到根本性的生命情感，此类体验可以名之曰"经验性体验"。在唐君毅的生命经历中，此类体验主要是其20岁左右的"几欲自杀"的苦恼和22岁时父亲去世带来的生命冲击。

---

① 唐君毅. 唐君毅全集·哲学概论（第二十四卷）（下）[M]. 北京：九州出版社，2016：563-568.

② 唐君毅. 唐君毅全集·生命存在与心灵境界（第二十六卷）[M]. 北京：九州出版社，2016：124-131.

③ 唐君毅. 唐君毅全集·生命存在与心灵境界（第二十六卷）[M]. 北京：九州出版社，2016：129.

另一方面，具有深刻悲悯情怀的唐君毅，不是将自己体验到的生死冲突和人生痛苦只当作"个人化"的生命经验，而是将其上升为普遍化的人类情感与精神，并尝试在最普遍意义上为这些个人经验做出理论化的解释与说明。这一"转念"，使得唐君毅生命实践中的生死体验升华为了哲学理论的生死问题。借助于自己的哲学研究与深沉思考，唐君毅建立起了一套既可以说服自己，又可以对人类普遍的生死问题做出解释和说明的生死哲学理论。

另外，由于唐君毅生死哲学的问题意识本身源于自己的生活经验与生命实践，因此，其生死哲学理论也首先是落脚在自己的生命实践上的，而不是一般的抽象哲学思考。换言之，其生死哲学的理论，总是在他自己的生命实践中得到践履。如此，唐君毅的生死哲学就不只是一般的作为"知识"和"理论"的生死哲学，同时也是作为"体验"和"信念"的生死智慧。

五、唐君毅的生死哲学建构

本书以唐君毅的生死哲学思想为研究对象，重点讨论以下几个问题：首先，唐君毅生死哲学的元问题及其自觉的哲学追问，以此说明唐君毅生死哲学建立的生命缘起与哲学根据；其次，唐君毅生死哲学与其整个哲学思想的内在关系及在生死问题上的基本立场，以此说明唐君毅生死哲学不是一般宗教意义上的生死观或生死态度，而是其哲学建构的重要内容，甚至是核心内容；再次，唐君毅生死哲学对个人自我生死关系的回答与建构，以此说明唐君毅生死哲学对儒家"未知生焉知死"的生死立场的继承与发展，说明唐君毅生死哲学之于个人生活理性化的人生价值；最后，唐君毅生死哲学对于自我与他人之间生死关系的回答与建构，尤其是自我之死与他人之生或者他人之死与自我之生的内在关联，以此说明唐君毅对于鬼神等"超越性存在"的哲学态度是对于儒家"祭如在"的理性立场的继承与发展，说明唐君毅生死哲学之于人类生活世界理性化的重构。

本书的研究主要运用生死哲学的研究范式与研究方法。"生死哲学"是相对于中国传统意义上的"人生哲学"或"生命学"和基于西方传统的"死亡学"或"死亡哲学"而言的。

"人生哲学"作为研究人生问题的哲学，名之曰"哲学"，表明其研究的不是个别的、偶然的、特殊的人生问题，而是对人生中最根本、最普遍的问题进行理论探讨，诸如人的本质问题、人生目的与理想问题、人生道路与价值问题、人生态度、规范与修养问题，等等，并最终概括出具有普遍意义的一些人生规律。但是，尽管人生可以形成某些共性和特征，但是基于个体人生的复杂多样性,实际上很难上升到人生的"规律"与"本质"层面来认识。因此,"人生哲学"如果一味追求最根本及最普遍性的问题,无疑会把自己理论的出发点放在"抽象的人"的基础上。如此,必然使自身成为一种"无本之木"式的研究,"人生哲学"的理论成果,就完全可能离现实的、个别的人的"人生"越来越远。此外,"人生学""人生理论""人生科学""人生观"等概念,尽管各自的侧重点不一样,但是,对于"生死"问题的研究而言,都有一个共同的缺陷,那就是无法避免地只谈"生"而不涉及"死",导致关于人的"生命"或"生死"的学问,便不得不缺失一半。

西方哲学有重视死亡研究的传统,甚至视哲学学习为死亡的训练,段德智先生的《死亡哲学》与《西方死亡哲学》对此有系统的考察。按照段德智先生的研究,死亡哲学是一种"死而上学",是一种以"死亡"为中心的世界观和本体论,其基本理论特征体现为:注重对死亡本性的哲学追问,持守死亡的主体性和个体性原则。尽管西方死亡哲学内部也有准宗教向度与哲学向度的冲突,但是就如段先生所指出的,"未来的西方死亡哲学应当是一种兼重死生,尤其是注重于死生互蕴互补关系的死亡哲学"①,换言之,"死亡哲学"太过于注重"死"而忽略了"生"。

另外,为了克服西方死亡哲学发展中过于"哲学化""宗教化"的传统,现代西方出现了"死亡学"这一概念。"生死学"尽管关注到了"生"与"死"两面,并力图将二者统一起来,但是,生死学所作的"统一"努力主要集中在两个方面:一是在"生命"的层面上,即强调生命之存在本身必包含死亡,因此,死亡成为生命的一个部分,所以,研究和关注生命,必须研究和关注死亡;二是"生"与"死"的统一最直接地体现在人"将死亡"的临终状态上,因此,生死学特别关注,而且也确实大大推动了"临终关怀"的发展。但是,"把'生'仅仅理解为'生命',这又有失于偏狭。实际上,此'生'应该包括生命、生活与人生三个层面。生命不仅为人所独有,而是一切生物都有。它是一切有机物生存的基础,显现为人之生命时,便成为生活与人生的展开基础。所以,把与'死'相对之'生'仅仅理解为生命时,就只能从实存的角度去看待人之生与死的问题,只能局限在提出'生命的意义与死亡的意义'这类生死的终极问题,从而会忽略人之具体生活过程和人生的种种问题亦可借助于对死亡

---

① 段德智. 西方死亡哲学 [M]. 北京:北京大学出版社,2006:36. 另参阅该书第4—40页。

的看法来解决"①。

正是由于各种有关人的生命与死亡的学科概念都有所不足，郑晓江先生提出，"有必要提出和创设一门'生死哲学'的学科"②。"所谓生死哲学，主要是把对人生问题的哲学研究与对死亡问题的哲学研究紧密地联系在一起，视人生问题的解决必求之于对死亡问题的体认；而死亡问题的解决又必求之于人生问题的化解。而且，生死哲学认为，人之生可分为生命与生活两大部分，两者密不可分、互为影响；并进而指出，人之生与死不是截然不同的两个领域，而是密切联系在一起无法分割的有机组成。人在生的过程中有死之因素，而人之死则意味着某种新生。如此去对待生与死，将使我们现代人受用无穷"③。在"死亡学"的层面，科学的分析占主导地位；而在"生死学"的层面，已经考虑到非理性的情感因素、民族的传统文化、特殊的心理情境等在人类生死问题上的重要影响；至于在"生死哲学"的层面，则认为人类生死问题的终极求解，不能局限在科学的领域，必须也只能求助于哲学或宗教的智慧。

郑晓江先生关于"生死哲学"学科的建构及设想，是十分有创意的，也是有说服力和实践价值的。有研究者指出，郑晓江"生死哲学"的核心论点是以"生命"和"生活"为基础的"生死互渗"论，"他抓住了生死哲学或生死学的核心和关键"④。本书借助郑晓江先生倡导的"生死哲学"的概念和范式来研究唐君毅先生的"生死哲学"，目的不是要推进"生死哲学"的"学科"建设，而是要充分体现如下研究思路：

首先，这一研究是"哲学"的，而不是"宗教"的或者"科学"的。宗教更加关注"超验"，科学则驻足于"经验"，这便是西方"死亡哲学"与现代"死亡学"的区别，哲学则要在"超验"与"经验"之间建立联系。一方面，生死哲学的研究要关注具有"超验"意义的"死亡"，而不是将死亡只是看作一个现实人生的"经验"现象；另一方面，生死哲学又不能将死亡看作与"经验"的现实人生无关的纯粹"超验"存在，而是要在二者之间建立连接。

其次，这一研究是"生死互渗"的，而不是单纯地研究人之"生"或者人之"死"。人生哲学关注人生的重大问题，死亡哲学则强调死亡的本体存在及其

---

① 郑晓江. 论生死哲学的学科建构 [J]. 南昌大学学报，1999（2）：19-20.

② 郑晓江. 论生死哲学的学科建构 [J]. 南昌大学学报，1999（2）：20.

③ 郑晓江. 寻找人生的价值与生命的安顿——从人生哲学到生死哲学 [J]. 江西社会科学，2001（2）：5.

④ 靳凤林. 生死学的理论探究与教育实践——郑晓江生死学理论述评 [J]. 南昌大学学报，2014（1）：19.

对现实人生的影响。生死哲学将"生"与"死"作为一个整体研究，一方面，强调本体存在意义上的生死一体，没有生就没有死，没有死也就无所谓生；另一方面，更强调价值意义上的生死一体，即"生"的价值在相当意义上是在为"死"作准备，而"死"的价值根本上则在于对"生"的逼迫。由此，生死哲学就不只是一种关于"生命"的哲学，同时也是关于"生活""人生"的哲学。

再次，这一研究是"理性智慧"的，而不是单纯地有关生与死的"知识"积累或者对于生死的某种"信仰"。尽管生死哲学的研究要涉及有关生死的经验性知识，但是，更加强调理性直觉的智慧；尽管生死哲学的研究要涉及关于生死关系的信念和信仰的讨论，但是，这种讨论是理性的讨论，目的是推进生活的理性化，而不是为某种信仰作论证。

最后，这一研究是符合唐君毅有关生死的思想之本质特点的。唐君毅是哲学家，但是又具有强烈的宗教精神；唐君毅作为儒者，具有强烈的现实人生关怀，但又特别注重对死亡的超越性体验；唐君毅既关注个人之"生"与"死"的相互启发，又关注人与人之间的生死启示；唐君毅思考和研究"生"与"死"问题的根本，首先是为自己的生活寻找理想化的出路，同时也是为人类生活世界提供关于生死的理性化说明。

因此，本书在研究唐君毅的生死哲学思想时，会特别注重其理论思考与其人生实践的相互说明。

六、本书各章核心论题与要旨

"引论：唐君毅生死哲学的思想视域"，主要呈现唐君毅生死哲学的思想背景，考察唐君毅生死哲学研究的现状，提出研究唐君毅生死哲学的方法与思路。在论述上，既体现理论自身的逻辑，又依据论文所要求的"选题的理由与价值""研究的现状与趋势""研究的方法与思路"的叙述模式。

第1章"不朽追问：唐君毅生死哲学的问题意识"，从唐君毅的生命体验和理论思考两个维度揭示唐君毅生死哲学的"元问题"和升华为哲学问题的思考历程。唐君毅生死哲学的元问题是自己童年和青少年时期生命经历中的诸多"超越性体验"，这些超越性体验将"生与死"的问题直接呈现在唐君毅这个"生命"面前：这个世界和人的生命有什么东西是不会毁坏的吗？随着哲学的学习和思考，这一"元问题"升华为了哲学层面的问题意识：人对于不朽的追问。唐君毅通过反省各种"不朽论"和对"不朽论"的反驳，提出建立一种"完善的不朽论"的必要和可能，开启了其生死哲学的大门。

第2章"仁心本体：唐君毅生死哲学的形上基石"，从唐君毅哲学的整体架构中探讨唐君毅生死哲学的形上基础，并梳理唐君毅在本体层面关于生死的基本观点。唐君毅认为，人的生命存在最根本的是"心"，此心不仅具有超越外在之境的超越性，而且具有超越地反观自己的超越性。相对于自我内在的思考与反思而言，唐君毅称此"心"为"道德自我""超越自我""心灵生命""仁心本体"，等等。但是，人的生命的这种内在超越性又具有绝对性，是生命存在的本来状态，此状态是"天"之所"命"，基于此，唐君毅又称之为"生命精神""神圣心体""生命存在心灵"或者就是"生命存在"。由于生命存在的根本是这种既内在又超越的"心灵生命"，所以人的生命存在及其现实生命活动，是超越性的"天德"与个人性的"人德"的一体化，即"天德流行"或者"尽性立命"。由此，人之"生"是尽性立命的天德流行，人之"死"也是尽性立命的天德流行；在根本上，"生死皆善"，而不是"生善死恶"。

第3章"身心呼应：唐君毅生死哲学的人生精神"，探讨唐君毅生死哲学对于作为个体生命的"自我"之生与死的关系的回答，并以此揭示唐君毅生死哲学"以死观生"并"向死而在"的人生精神。唐君毅在个人生死问题上的基本哲学立场，是儒家的"未知生焉知死"的理性主义的人生立场，他关注的不是"死"作为一种事实或者状态本身，而是"死"作为一个环节对于"生"的启示和意义。唐君毅认为，真正解决个人生死问题必须从身心关系入手，特别是在现代科学已经将"身"和"心"完全分化，甚至对立的情形下，必须重构身心关系。唐君毅强调，在存在论意义上，心是生命的统帅，身是生命的工具，心是体，身是用；人的现实生命实践，就是心不断让身实现自己的超越性的心灵志愿，创造新的人文社会精神生命的历程。但是，在价值论意义上，我们又不能将身完全视为心的工具，因为将身体工具化就会导致对身本身的执着，从而影响人的"不朽追求"；根本上，心与身的关系是一种"呼应"关系，一呼一应，才呼即应，心灵志愿可以在任何时候得到实现，从而不执着于身。身心呼应启示人，在自己的现实生活中，必须充分理性化地对待自己心灵生起的超越性志愿，并随时践行，成就自己的完整生命，如此即可以做到身心皆不死。

第4章"生死感通：唐君毅生死哲学的终极情怀"，探讨唐君毅生死哲学对于自我与他者之生死关系的回答，并以此揭示唐君毅生死哲学"生死感通""幽明彻通"的终极关怀。唐君毅认为，对个体生命的最大逼问，不是自己的死，而是他者的死。他人作为一个身心整体的人，其死后身体会朽坏，其心是否也将与身同时朽坏？唐君毅认为，对此问题，既不能以经验认知的方式给予知识性的回答，也不能只靠宗教的启示性信仰给予安顿，而必须回到我们对生命存在之本体的"心"之"情意"功用的领悟。心的超越性不只是在认知上，更重要的是在情感体验和意愿表达上；尽管在认知上，我们无法"确知"死者之心是否还以某种方式在其死后继续存在，但是，在情意上，我们要以自己之"诚"面对死者，我们明明可以感受到，他们的"深情厚意"作为"余情"，就存在于当下。因此，最重要的并不是死者作为"鬼神"的存在方式与存在状态，而是生者以自己之"诚"与死者的情意感通。基于此，唐君毅特别强调祭祀对于人类生活世界理性化的独特意义。

"结语：唐君毅生死哲学的当代价值"，从现代视域审视唐君毅生死哲学的独特价值。一方面，现代科学技术的发展和现代人功利主义化的生活态度，造成现代人十分严重的生死困顿，即执着于不可能实现的对身体"不朽"的追求，而忽视个人心灵建设和身心一体化的自我觉察，导致人更加严重的"死亡恐惧"；另一方面，因为强化了的"死亡恐惧"带来更多的现实生活中的生命困顿，并进一步扭曲人生态度。唐君毅的生死哲学，将我们对于生活的关注，引导到对生命本身的体悟上，通过一念翻转觉察自己生命的真实愿望，可以帮助我们提升生活的主体性和自觉性；将我们对个人之"死"的关注，引导到个人随时实现当下的"心灵志愿"的生活实践上，可以帮助我们超越诸多现实的生命困顿；将我们对他人之"死"的关注，引导到个人对死者的情意的真诚感通上，可以帮助我们重塑理性化的礼乐生活，促进现实人生的圆满和谐。

第一章 不朽追问：唐君毅生死哲学的问题意识

唐君毅作为"仁者型"现代新儒家，不仅是现代新儒家中对人生问题最为关切的哲学家，也是历代儒者中对死亡思考最多、阐释最透彻的儒者。但是这种"思考"和"阐释"，并不是从书本上的一种知识获得和知识生产，而是发自自己生命内部的最真实的体验和经验。犹如唐君毅所说，他所感到的"哲学问题"，"初非由读书而得"，而是自己"生命所真实感到之问题"。

第一节 想象性体验：生死问题的性情呈现

对生死问题的体验和意识关切，最早可以追溯到唐君毅的童年生活。按照唐君毅的记述，他在生命成长的早期，经历并深刻体验了好几次生死离别等重要事件。这些事件所带给他的生命体验是如此深刻，以至于唐君毅在写就他一生最宏伟的著作《生命存在与心灵境界》后，还特别在"后序"中对它们一一记述；在他躺卧在病床上深刻反省自己的生命经验之时，也将它们梳理出来作为自己生命经历的重大事件；而在他于中国香港中文大学的退休演讲中，这种生死经验的回忆仍然是重要主题。

唐君毅生死哲学的活水源头的早年生死体验，主要有两类：一类是以现实中的某种生命经验为引子，将生命、死亡、悲欢离合等重大问题从想象中带到当下，由个别的生活经验体验普遍性的生命情感，此类体验可以名之曰"想象性体验"。在唐君毅的生命经历中，这类体验在其20岁以前时有发生。另一类是在现实生活经历中发生的重大生命事件，这些事件导致了自己现实生活经历、体验和思考的重大变化，在这种现实变化中体验到根本性的生命情感，此类体验可以名之曰"经验性体验"。在唐君毅的生命经历中，此类体验主要是其20岁左右的"几欲自杀"的苦恼和22岁时父亲去世带来的生命冲击。

在人生的早年经历中，唐君毅关于生死的想象性体验时有发生。据他的回忆和记载，最早有六七岁时关于"地球毁灭"的想象性体验，更多的则是十六岁到十九岁上大学期间关于"生离""死别"等的想象性体验。

一、生死感通与生死哲学元问题

关于唐君毅生命中的这次记忆中最早的"想象性生死体验"，唐君毅的几次回忆和记载详略不一，但大致情景一致。

《生命存在与心灵境界》"后序"中对这次体验的记载比较简略：

> 忆吾年七八岁，吾父迪风公为讲一小说，谓地球一日将毁，日光渐淡，唯留一人与一犬相伴，即念之不忘；尝见天雨，地经日晒而裂，遂忧虑地球之将毁。①

在唐君毅为中国香港中文大学哲学系的学生所作的退休演讲《民国初年的学风与我学哲学的经过》中，则回忆详尽：

> 在我六七岁的时候，父亲教我时，向我讲一个故事，听这个故事到今六十年了，我总摆在心中。故事是小说，讲的是世界末日记，说在地球上有一天，太阳的光暗淡了，太阳的热力慢慢减少。当然这在科学上是承认的。最后人都死光了，只剩一个人带着一条狗。这个故事使我总想到地球是有一天要毁灭的，小的时候，我尝见天上下雨，太阳晒后地面裂开，当时我就想，恐怕地球要破裂了，世界要毁坏了——世界会毁坏的思想常常在我心中。世界会毁坏，我个人也会毁坏，是不是有一个可以不会毁坏的东西？照我个人的哲学来讲，我是相信世界是有不会毁坏的东西的，当然，同学们是不是真的相信这个就很难说了，可是，这个问题是我从很小的时候问起的。我相信这个世界应该有一个不会毁坏的东西。②

这次关于生死的想象性体验对于唐君毅是如此深刻，以至自己作为一位成名的哲学家退休之时，讲起来仍然记忆犹新、栩栩如生。有人说，儿童是天生的哲学家，儿童是天生的哲学问题的生产者。或许，在每一个人童年的生活经

---

① 唐君毅. 唐君毅全集·生命存在与心灵境界（第二十六卷）（下）［M］. 北京：九州出版社，2016：352.

② 唐君毅. 唐君毅全集·生命存在与心灵境界（第八卷）（下）［M］. 北京：九州出版社，2016：76-77.

历中，都可能会有不同样的触及——世界从哪里来？世界到哪里去？人从哪里来？人到哪里？诸如此类的"存在性""哲学问题"。但是，对大多数人来说，这种"哲学问题"只是童年的生命经历，而且很快就会被湮没在现实生活知识之下，甚至都不会在自己以后的人生中留下记忆。但是，对唐君毅来说，这次体验成了他哲学思考的最原初的"起点"，以致在总结自己思考哲学问题的经历、述说自己思想的缘起时，这次体验成了"不得不说"的"原始想象"。

这次关于地球毁灭的想象性体验，值得我们分析的有两点：

首先，这是一个关于地球末日的故事，讲的是地球有一天会因为太阳光变暗淡，太阳热力慢慢减少，而终将毁灭。这是一个现代意义上的科学"故事"，诚如唐君毅所说，"这在科学上是承认的"。按照现代宇宙学、天文学的基本知识，太阳作为中等恒星，其内部的构成基本上是氦气和氢气，其工作原理是核聚变发出巨量的光和热。当低位元素全部聚变为较高位元素时，在更高位元素的聚变过程中，太阳所发出的光芒和释放出的热能就会大大降低，太阳会变成一颗白矮星。可是，这个"故事"对于唐君毅来说却不只是一个纯粹"自然科学"的知识，而是激发了他内在对"地球毁灭"这一具有"死亡"特征的意向的焦虑和恐惧。"这个故事使我总想到地球是有一天要毁灭的"，以至于"世界会毁坏的思想常常在我心中"。"总想到""毁灭"，这种词汇昭示着唐君毅幼小而敏感的心灵所具有的强大的"死亡本能"，以及由此带来的强烈恐惧。这种"本能"和"恐惧"，让他的"地球毁灭"的念头随时都会从内心深处、从无意识中冒出来："我尝见天上下雨，太阳晒后地面裂开，当时我就想，恐怕地球要破裂了，世界要毁坏了。"不过，这种随时"冒出来"的死亡恐惧，恰恰给当事人提供了进行"恐惧管理"的机会。

其次，面对这样一个"地球毁灭"的故事，幼小的唐君毅并不只是以"客观"的方式"关注"地球这个"身外之物"，而是直接联想到自己，联想到生命的死亡问题。"世界会毁坏，我个人也会毁坏。"将自己植入"地球毁灭"这样一个想象性的真实场景，地球的毁灭就不单是地球这个"东西"的毁灭，而成了"我"这个真实存在的"生命"的一同毁灭。正是这种"自我生命"与"地球"的同位化，强化了死亡恐惧本身，由此也逼得唐君毅要去探寻"是不是有一个可以不会毁坏的东西"，"这个问题是从很小的时候问起的"。这个问题的逼问，使得唐君毅以后慢慢走向建构和确证这个"不会毁坏的东西"的哲学探索之路。唐先生说："这一类事情，在我年轻的时候，时时出现，这就成了后来学问的根本。……我后来的思想就是回顾这种我曾经自己亲自感受过的经验，去说明这种经验。说这种经验完全是经验主义所说的个别的经验，我想也不是，我想是个情理合一的经验。我的思想就是要去说明这个东西，要说明这个东西就有很多麻烦——你怎么去说明它？用什么理论去说明它呢？因为有人承认这个，有人不承认；不承认，你要批评他，他可以再提出疑问，你要答复他。这样反反复复地去想，这样子逼我走上哲学的路。"①

二、人我感通与离别的性情体验

1925年，唐君毅到北京上学，离别父亲这件"生离"之生命经验，激发了唐君毅又一次强烈而深刻的想象性生死体验。关于这次体验，唐君毅的回忆有三个详略不一的文本。

在《病里乾坤》中，唐君毅是以"超越性感受与体验"来回忆这次经历的：

> 至于吾对超越世界之存在之感受与体验，则始于吾十七岁，吾父送吾乘船至北平读书之一经验。忆吾父既送吾上船，当夜即宿于船侧之一囤船之上，吾初固不感父子相别之悲也。及至次晨，船之轮机转动，与囤船相距渐远，乃顿觉一离别之悲。然当吾方动吾一人之悲之际，忽念古往今来，人间之父子兄弟夫妇之同有此离别之悲者，不知凡几，而吾一人之悲，即顿化为悲此人间之有离别，更化为一无限之悲感；此心之凄动，益不能自已，既自内出而生于吾心，亦若自天而降于己。吾亦以是而知人生自有一超越而无私之性情，能自然流露，是乃人生之至珍之物也。②

在《生命存在与心灵境界》"后序"中，唐君毅是作为自己思想缘起的一个线索回忆的：

> 吾年十七岁，吾父送吾至船上，同宿一宵。至凌晨，而忽闻船上之机轮声。吾父登岸，乃动离别之情。然吾之下一念，即忽然念及古往今来无数人间之父子兄弟夫妇，皆同有此离别之情，而生大感动。③

在《民国初年的学风与我学哲学的经过》的演讲中，唐君毅则是作为自己

① 唐君毅. 唐君毅全集·哲思辑录与人物纪念（第八卷）[M]. 北京：九州出版社，2016：85.
② 唐君毅. 唐君毅全集·病里乾坤（第七卷）[M]. 北京：九州出版社，2016：6-7.
③ 唐君毅. 唐君毅全集·生命存在与心灵境界（第二十六卷）[M]. 北京：九州出版社，2016：352.

早年两个重要"生命经历"之一来强调的：

> 我从十六七岁的时候，中学毕业读大学，就开始到北平读书，父亲送
> 我上船，与父亲一齐睡在囤船上，天亮的时候，我就上船了，父亲便要离
> 开。当然，在这个时候，小孩子会有一种离别的感情，一下子觉得很悲哀，
> 而这个一下子的悲哀突然间变成不只是属于我个人的，也不是由读书来的，
> 忽然想到古往今来可能有无数的人在这个地方离别，也有无数的人有这种
> 离别的悲哀，一下子我个人的悲哀没有了，个人离开家里的悲哀没有了。
> 这个普遍的悲哀充塞在我的心灵里面，这个古往今来离别的悲哀也不知有
> 多少，这个是无穷无尽的，不只是过去有人离别，将来也有人离别，甚至
> 中国有、外国有，这个时候，这个情感变成了普遍的情感。①

对于这次离别父亲的想象性生死体验，唐君毅的三次回忆，除了书面文字
和口头文字以及详略的区别以外，"事情"本身以及由此引发的内心体验都是一
致的。如果说"地球毁灭"的故事激发的是生命底层的"死亡恐惧"的生命情
感，那么，"父亲离别"激发的则是伴随生命的"关系性成长"而生长的"分
离焦虑"的生命情感。"船之轮机转动，与囤船相距渐远，乃顿觉一离别之悲"
"忽闻船上之机轮声，吾父登岸，乃动离别之情""天亮的时候，我就上船了，
父亲便要离开……一下子觉得很悲哀"，这种在"离别"发生时的一刹那升腾起
的"分离焦虑"和"离别之情""离别之悲"，是每个有"自觉意识"的个体生
命，尤其是青少年都可能会出现的。

对于大多数人来说，这种"私人性""个人化"的"离别""悲情"一旦升
腾，往往会直接影响当下个体的心理反应和行为表现，诸如流泪、痛哭，等等，
并会在"一段时间"左右离别者的现实心境。但是，对唐君毅留下深刻影响的，
不是这份由自己之私情而升起的离别"悲情"本身，而是他在那一刹那的"一
念翻转"所做的"普遍化"升华。"吾之下一念，即忽然念及古往今来无数人
间之父子兄弟夫妇，皆同有此离别之情，而生大感动。""吾方动吾一人之悲之
际，忽念古往今来，人间之父子兄弟夫妇之同有此离别之悲者，不知凡几，而
吾一人之悲，即顿化为悲此人间之有离别，更化为一无限之悲感；此心之凄动，
益不能自已，既自内出而生于吾心，亦若自天而降于己。"这种才动"离别悲
情"即"一念翻转"，此离别之悲情非我一人所有，而是古往今来的一种普遍化

---

① 唐君毅. 唐君毅全集·哲思辑录与人物纪念（第八卷）［M］. 北京：九州出版社，
2016：77.

人类情感。当这"一念翻转"将当下此时的情感体验推及遥远的古往今来和无数他人时，想到古往今来可能有"无数的人"在"这个"地方"离别"，也有"无数的人"有这种离别的"悲哀"，一下子"个人的悲哀"便"没有"了。

为什么在这"一念翻转"中个人的"离别悲情"会消失呢？因为这"一念"将个人此时的"离别悲情"融入了"古往今来""无数人"的"离别悲情"之中了，在这个无数人的"离别悲情"的普遍性生命情感中，个人此时的"离别悲情"就算不了什么大的"悲情"了。因为这个"普遍的悲哀"就充塞在当下自我的心灵里面，这个"古往今来离别的悲哀"不知有多少，它是无穷无尽的。因为不只是过去有人离别，将来也有人离别；中国有，外国也有。这个时候，这个"情感"就变成了"普遍的情感"。

唐君毅对自己这种想象性体验的分析，是将它定位为"超越世界之存在之感受与体验"的。在父亲离别时，产生的离别悲情"当然是主观的情感，但是主观的情感也可以一下子普遍化的"。这个"普遍化"是自己亲身"经验到"的，不是"推论"出来的。"当时我是觉得我一下子想到古往今来的人无数的离别，一下子个人的离别的悲哀变成了古往今来所有的离别的悲哀，当然这古往今来的一切人我并不晓得是谁，而我这种情感有多大，我也不晓得。但这个是真的东西！"① 这个被"经验到"的、"非个人"的、"普遍"的情感，就不只是一个因为个人心境而产生的"具体情感"了，而是具有"普遍理性"的、"情理交融"的情感，"一个既是情又是理的'东西'"。而将个人"离别悲情""一念翻转"为普遍性的人类情感这个环节，唐君毅称为"如理作意"。

> 如吾由吾一人之感父子离别之悲，而顿念天下人之同有此悲，即依于吾有一人之悲之时，于一念之间，已如理作意，方知人之同有此悲也。人若不能如理作意，以生其心、生其情；则其心情惟局促于卑近，更何有具普遍性、超越性之崇高经验之足云？然吾能如理作意，以有此经验，亦当更加如理作意，以知凡为人者，同能如理作意，以有此经验。吾今之知此经验，原于吾之能如理作意之理性，而悟及比理性之存在，则亦复当如理作意，以知人之同有此理性，亦同能自悟其理性之存在。此中之如理作意，虽有种种之层次，然实亦为同一之理性之自然转进而有之表现。②

---

① 唐君毅. 唐君毅全集·哲思辑录与人物纪念（第八卷）［M］. 北京：九州出版社，2016：85.

② 唐君毅. 唐君毅全集·病里乾坤（第七卷）［M］. 北京：九州出版社，2016：10.

这个经由"理性"翻转后"既是情又是理"的"东西"，唐君毅此时还没有找到最准确的词汇来表达，在他晚年则直接将之命名为"性情"。这个"情且理"的"性情"是唐君毅整个思想中最基础性和本质性的："我的哲学中，宇宙也好，人生也好，最后的东西是什么呢？是一个又是情又是理的东西，不是情、理两个，情的普遍化是理，理的具体化是情。"① 这个"情理一体"的性情，也是个体相互通达、彼此了解和理解的最真实的人性基础。在《人生之体验》中，唐君毅"说了解人"如是说：

> 你当了解他人，以你的心贯入他人的心。
>
> 但你当先了解自己，因为你只能根据你自己，去了解他人。
>
> 但是你必须根据你对于你自己的了解，去了解他人，你才能真正了解你自己。
>
> 因为在你去了解他人时，在他人中，你才能看见你自己的影子。
>
> 你真能了解他人，你便能使你自己为他人所了解，因为你的心是开的。假如你不能或不愿被人所了解，这证明你的心有墙壁，透露不出你心之光辉。
>
> 有墙壁的心，是不能真正了解人的。
>
> 当你不能为人所了解时，你不要即据以证明自己之伟大。伟大的日光，决不会使卑暗的地方，看不见他。
>
> 真正的心之光辉，流入他人的胸怀，如水银之泻地，是无孔不入的。
>
> 你要衡量你了解人的程度吗？你须先衡量，你愿被人了解、与能被人了解的程度。②

三、天人感通与天人合一的体验

少年进入青年阶段的唐君毅似乎是最"多愁善感"的，除了"离别悲情"所激发的普遍化的情感体验，还有刚到北京上学时看电影的想象性生死体验。

《生命存在与心灵境界》"后序"中唐君毅这样回忆：

> 年十七，就学北平，一夜至当时之一大学广场中，见演中山先生未逝世前之一电影。时繁星满天，吾忽念此人间中之志士仁人如中山先生者之

---

① 唐君毅. 唐君毅全集·哲思辑录与人物纪念（第八卷）［M］. 北京：九州出版社，2016：85.

② 唐君毅. 唐君毅全集·人生之体验（第三卷）［M］. 北京：九州出版社，2016：54-55.

所为，在此广宇悠宙中，诚如沧海之一粟。然此志士仁人，必鞠躬尽瘁以为之，抑又何故？吾一面仰视苍穹，一面回念人间，恻怛之情，即不能自已，觉吾之此情，若悬于霄壤，充塞宇宙，而无边际。①

在《病里乾坤》一文的自我反省中，唐君毅对这次体验的描述更加详细：

> 吾于十七岁赴北平就学，时正当国民革命潮流澎湃之日。吾亦尝觉此革命为一庄严神圣之事，当时之青年之所崇拜者，即为孙中山先生。一日吾闻北平之民国大学，将重映中山先生在广州时之纪录片，吾遂往观。忆其时与亲人共坐于一露天之广场之上，夜凉如水，繁星满天。吾乃一面看银幕所映中山先生与其革命同志共同行动之电影，一面遥望此繁星之在天。一念之间，忽感此中山先生与其志，皆唯居此地球之上，而此地球则为一甚小之行星，与此天上无尽之繁星相较，此地球诚太空之一尘之不若。何以此一尘不若之地球上之志士仁人，如今之银幕所见者，必洒热血，掷头颅，以成仁取义，作此革命救人之事业？此诚不可解。宇宙，至大也；人，至小也。人至小，而人之仁义之心，则又至大也。大小之间，何矛盾之若是？吾念此而生大惶惑，大悲感。当时之心念之转动，回还于满天之繁星、所见之银幕及露天之广场之间，其种种之波荡与曲折，曾记之于日记，而此日记已不存，今亦不复更忆。唯忆当时之心念转动，皆真悲恻之情相俱，直至电影终场，吾之泪未尝离目，若与天上繁星共晶莹凄切而已。②

如果说"地球毁灭"的想象性体验重点在"生"与"死"的感通，"离别父亲"的想象性体验重点在"个人"与"人类"的感通，那么，这次"看电影"的想象性体验所呈现的，重点便在"人"与"宇宙"的感通。

场地是在大学的"露天广场"，所看"电影"是关于孙中山与革命同志在广州从事革命活动的纪录片，而且是在"夜凉如水，繁星满天"的场景下观看这部呈现热血人物的革命故事的影片的。在这样一个天地之间、昼夜之间观看这样一部电影，给人提供了触动建立想象性体验的机缘，唐君毅可以"一面看银幕所映中山先生与其革命同志共同行动之电影"，又"一面遥望此繁星之在天"。正是这样一种在"繁星在天"与"电影银幕"的视觉转换，激发了这位具有敏感心灵和哲学慧思的少年的内心波澜，不仅他的情感被电影故事所牵动，

---

① 唐君毅. 唐君毅全集·生命存在与心灵境界（第二十六卷）[M]. 北京：九州出版社，2016：352.

② 唐君毅. 唐君毅全集·病里乾坤（第七卷）[M]. 北京：九州出版社，2016：7-8.

他的理性也被在天的繁星所启动。如此，在"繁星在天"与"电影银幕"之间便一刹那建立起了"一念翻转"："忽念此人间中之志士仁人如中山先生者之所为，在此广宇悠宙中，诚如沧海之一粟。然此志士仁人，必鞠躬尽瘁以为之，抑又何故？"

的确，孙中山先生是伟大的，他所从事的革命事业也是伟大的；但同时，其所从事的革命事业也是十分艰难的，需要相当多的革命志士"抛头颅""洒热血"。单就中国近现代社会历史的发展来说，或者仅从人类事业来说，这些革命志士为了社会理想不惜牺牲生命，不仅仅受人尊敬，而且也具有伟大的鼓舞作用。大多数时候，大多数人，在观看这类电影时，所想到、所感到的也是这份敬佩和鼓舞带来的感动。

但是，"繁星在天"的现实观看场景，带给了唐君毅另一种完全超越当下观看电影本身所具有的情感体验。他将电影中的"人"与"天"对照起来了，他将"有限而崇高"的"人类事业"与"无限而神秘"的"宇宙存在"对照起来了。他"一面仰视苍穹，一面回念人间"，在这种对照中，"恻怛之情，即不能自已"。所"恻怛"者在于，孙中山先生及其同志们的革命理想和所从事的事业是人类之事业；人类是居住在地球上的；地球只是太阳系的一颗行星；太阳系又只是"在天繁星"中的一颗普通恒星。相比于宇宙长河中交相辉映的无穷无尽的"在天繁星"，地球是如此之微小，"太空之一尘之不若"也！"何以此一尘不若之地球上之志士仁人，如今之银幕所见者，必洒热血，掷头颅，以成仁取义，作此革命救人之事业？"这让唐君毅深感"不可解"而顿生"大惶惑。"这一"惶惑"是"天""人"对照必然产生的惶惑，是无限与有限带来的现实心灵撞击所产生的必然的心灵震撼。

但是，唐君毅在此并不只是停留在这一"惶惑"的情感撞击之中。他将自己的这份情感"悬于霄壤，充塞宇宙，而无边际"。在这一我无边无际的想象性情感体验中，一方面想到的是"人"之存在与"宇宙"之存在之间的"小"与"大"的对照，一方面想到的是人之"心"所建构的"理想"和"事业"之"大"与宇宙之"大"的对照。"宇宙，至大也；人，至小也。人至小，而人之仁义之心，则又至大也。大小之间，何矛盾之若是？"这种"天人""身心"的对照带来的，就不只是"大惶惑"，还是"大悲感"。以至于"心念转动，皆真悲恻之情相俱，直至电影终场，吾之泪未尝离目，若与天上繁星共晶莹凄切而已"。唐君毅在这里"感动"和"悲悯"的是，人类如孙中山先生者，生活在"太空之一尘之不若"的地球上，以其如此弱小的身躯，却可以由其"仁义之心"开显出惊天动地的伟大理想和事业！人类的这份"仁义之心"，不仅改变着人类自己，也让宇宙因之而改变模样。唐君毅在《人生之体验》中说：

> 在无穷的空间，无穷的时间中，你感到你的渺小吗？
>
> 你便当想到你能认识广宇悠宙之无穷尽性，你的心也与广宇悠宙一样的无穷尽。
>
> 其次，你要知道，你的身体，亦非如你所见之七尺形骸。
>
> 你呼吸，你身体便成天地之气往来之枢。
>
> 在你身体内，每一刹那有无穷远的星云之吸引力，在流通。
>
> 在你身体内，有与宇宙同时开始的生命之流，在贯注。
>
> 你身体是宇宙生命之流的河道。宇宙生命自流自无始之始，渗透过你身体，而流到无终之终。
>
> 你生命之本质来自无始之始，终于无终之终。同时你如是之生命，是一亘古所未有，万世之后，所不能再遇。
>
> 你犹如海上的逝波，你一度存在，将沉没入永远之过去。
>
> 你感到人生之飘忽吗？
>
> 然而如是之你是亘古所未有，万世之后所不能再遇，这即证明如是之你，是唯一无二的。
>
> 你之唯一无二，使你之存在有至高无上之价值。
>
> 因宇宙不能莫有你，他莫有你，他将永无处弥补他的缺憾。
>
> 宇宙莫有你，他将不是如是的宇宙，如是的宇宙，将不复存在。
>
> 你要珍贵你唯一无二之人格，如是的宇宙，依赖你而存在。①

四、心物感通与心物一体的体验

与"看电影"所产生的想象性生死体验相近的，是唐君毅对"月食"事件的想象性体验。该事件发生的时间，唐先生两次的回忆略有差异。

题为《民国初年的学风与我学哲学的经过》的退休演讲中，唐先生的回忆是：

> 我举个例，一次是我十七八岁的时候，到了南京。天上月食，很多小孩在打鼓，说天狗把月亮食了，许多孩子在打鼓要救那月亮。我看了心里难过得不得了，我想，这些孩子打鼓怎么可以救得了天上的月亮呢？一下

---

① 唐君毅. 唐君毅全集·人生之体验（第三卷）［M］. 北京：九州出版社，2016：38-39.

子我有一个感觉：像每一个小孩的心灵都向着天上的月亮，情感都挂在天上的月亮上，好像无数的小孩，无数关联天上月亮的情感充塞于天地之间！我那时心里难过悲哀感动得不得了。或者这些小孩只是由习惯传下来，随便打打，但最初想到打鼓的人，他鼓在这里打，心是向着天上的，是要救天上的月亮。①

《病里乾坤》中的反思，唐先生的回忆是：

　　吾少年时再一同类之经验，使吾一生不忘者，乃十九岁时，望月食时之所感。时吾在南京中大求学，一夕闻有月食，遂出门至校旁之一池塘畔观之。忽见池畔老幼居民，皆持土罐、铁罐；及见月初食，遂群举木棒击罐。吾初不知其故，继乃知此乃因俗传日月之食由于天狗食之，故人共击器成声，意在使天狗闻之而趋避。此乃人之所以救日月之光之道也。吾固知日月之食，不关天狗之事。果天狗能食日月于天上，则此人间之击器成声，又何能为？亦愚不可及也。然吾于当时未尝笑此众人之愚，吾惟念此诸老幼居民、与天上之日月，相距不知几千万里，今何以必关心此日月之晦明，而以其区区之手，击此区区之器，发此区区之声，而望其能驱天狗，而复日月之明？此果皆因无此日月之明，则人之事皆不能成，而大灾害将至乎？吾意则不以为尽然。今试问彼击器之人，果皆是为虑灾害将至，方击器以驱天狗，而复日月之光乎？毋亦不忍彼日月之晦盲，即欲复其光辉耳。即彼为虑灾害将至，然后欲复日月之光者，其念人间灾害之源，在天上之日月，而寄情于日月，亦见此人之情之能自充塞于天地之间也。吾遂于"此人之情寄在此原为无情之天上之日月之处"，生一大感动。②

　　唐君毅于 1925 年到北京上学，在北京游学一年半后，于 1927 年春到南京看望父母。当时唐先生的父母及弟妹住南京居安里七号，斗室陋巷。父亲唐迪风在支那内学院从欧阳竟无为学，住地去支那内学院数里，唐迪风徒步往来，风雨不辍。唐君毅与家人相叙不及一月，父亲因感"生事日艰"，于是"携妻儿还

---

① 唐君毅. 唐君毅全集·哲思辑录与人物纪念（第八卷）［M］. 北京：九州出版社，2016：85.
② 唐君毅. 唐君毅全集·病里乾坤（第七卷）［M］. 北京：九州出版社，2016：7-8.

乡"，到成都教学。而唐君毅则留南京，转读东南大学哲学系，副修文学系。①
因为两次回忆都说明该事件发生在南京，据此，该"月食事件"所引发的想象
性性生死体验，应该是唐君毅十九岁之时。

按照唐君毅的说法，此次观月食引发的想象性体验，"与吾上文所言之念人
类之志士仁人之所为，而生之感动无殊"②。不过，尽管此次体验在内心体验上
与观电影时所生发的内心体验"无殊"，但是，真正激发起这份内在感动的"事
理"与"性理"可能略有所"殊"。

在观电影时，唐君毅所感通到的是"在天繁星"与"在地仁人"之大与
小、无限与有限之间的转换与通达，所体会到的是"小"亦可"大""有限"
也通达"无限"。但是，在观月食这件事中，不完全如此。月食作为一种自然现
象、一个自然事件，是一个完全外在的"物"的现象，老幼居民、大人小孩
"举木棒击罐"所表达的是他们内在的一种心理期盼：他们希望以此驱逐正在
"食"月亮的天狗。作为一位在读的大学生，"吾固知日月之食，不关天狗之事。
果天狗能食日月于天上，则此人间之击器成声，又何能为？亦愚不可及也"。但
是，这份科学的"知"，并没有让唐君毅觉得老百姓之举为无知之愚蠢之举，
"然吾于当时未尝笑此众人之愚"。何以明明知道那时荒唐之举却不嘲笑呢？因
为"一念翻转"的超越意识：一下子体会到那些"举木棒击罐"者的"心"与
悬挂于天壤之"月"以及正在"食月"之"天狗"之间的内在感通。"或者这
些小孩只是由习惯传下来，随便打打，但最初想到打鼓的人，他鼓在这里打，
心是向着天上的，是要救天上的月亮上。"他们"念人间灾害之源，在天上之日
月，而寄情于日月"。由此，"每一个小孩的心灵都向着天上的月亮，情感都挂
在天上的月亮上，好像无数的小孩，无数关联天上月亮的情感充塞于天地之
间"！可见，"人之情之能自充塞于天地之间"。念及"此人之情寄在此原为无
情之天上之日月之处"，唐君毅内心"生一大感动"，"心里难过悲哀感动得不
得了"。可见，唐君毅在此处体验到和为之感动的，是人之内在"心"与外在
"物"的感通。

以上所说的这类有关生死、心物、天人等的感通体验及对相应的悲悯情怀

---

① 东南大学的前身为南京高等师范，后改名为中央大学，素以严谨、扎实、勇于探索著
称，与北京大学、清华大学鼎足而三，时为全国最有名的最高学府之一，人才辈出，当
时的老师有熊十力、汤锡予、方东美、李证刚、宗白华、何兆清诸先生。唐君毅与程石
泉是同学，形影不离。当时南京左右两派均拉拢青年，唐君毅因此对政治深感厌烦，遂
专心走学术之路。

② 唐君毅. 唐君毅全集·病里乾坤（第七卷）[M]. 北京：九州出版社，2016：8.

的体认，在 20 岁以前，唐先生时有体验。即使成年后，他也偶尔会有。在中国香港时，他曾经听一位法师以梵音诵读超度十界众生的经文，长达两小时之久，唐先生的眼泪不曾干过。在母亲陈太夫人逝世时，唐先生在庙里待了十天，也常对庙中法界众生神位礼拜。对唐先生来说，这种弥天盖地的悲情都是突然发生的，如同从天上降下，与所学的世间知识全不相干。唐先生因此知道自己生命中，其实原本有一个真诚恻怛的仁体，而佛家的同体大悲心，也是原本就拥有的。这些仁体悲心，虽然偶然才显露，但是从他十余岁以来，尽管唐先生的哲学思辨经历种种曲折，但大部分都趋向于说明这一仁体悲心。这并不仅仅是满足个人的理智兴趣，而在于自助助他，以此求得共同倡导这种仁体悲心来救世。

唐君毅早年生活中的诸多想象性生死体验，本质上是一种"感通"，是自己主动"想象性"地去体验，将自己的内在生命情感通达自己生命以外的"他者"——或者"毁灭的地球"，或者"在天的繁星"与"在地的仁人"，或者"古往今来"存在的人类，或者如"月食"一般的外在事件。在自己"感受""感动"并"通达""非我"的过程中，实现了"生死感通""人我感通""天人感通""心物感通"的普遍性生命体验，这些生命体验是唐君毅哲学思想的真正源头活水。唐君毅将自己早年生命中这些"想象性生死体验"称为自己生命中的"真经验"，并且十分强调这些"真经验"对于自己思想的极端重要性："真经验是思想学问的背景。有时候，你的思想学问未必与你的真经验配合，但思想学问的发展，弯来弯去的发展了，最后还是要与你的真经验配合。我后来的许多思想，可以说是环绕自己的真经验。"①

唐君毅生命中的这些"真经验"，不是源于书本知识，也不是源于他人的教导，而是纯粹来自自己的生命内在。"吾上所述少年时之数事中之心情，皆就其纯由自发，不由父母师友之教诲启发以得之而说。"而且，"凡此所谓纯由自发之心情，当其发时，吾恒即多少感其如从天而降，非由意识之安排"②。这种"如从天而降"的"纯由自发之心情"的产生，完全是由自己的生命特质决定的，是唐君毅这个"生命"之天然所"生"、自然所"命"，唐君毅将这一点名之为"性格"对"学问"的影响。"做学问有一部分也不完全是从时代来的，

---

① 唐君毅. 唐君毅全集·哲思辑录与人物纪念（第八卷）[M]. 北京：九州出版社，2016：84.

② 唐君毅. 唐君毅全集·病里乾坤（第七卷）[M]. 北京：九州出版社，2016：8.

而是由个人性格生活出来的。由自己性格来的东西，它不管时代的倾向。"① "年轻的时候，好些观念是从性格里面出来的。"② 唐君毅坚信："思想的后面，有一个亲切的经验，经验后面是一个生命。"③ 这种坚信是与他真实的个人生命经验密切相关的，他这样"经验"，也这样在"实践"。所以，他对生死哲学的建构是双重的，即"生命实践的建构"与"哲学理论的建构"的同时并进。

第二节　生活性经验：生死问题的感知觉察

除了早年的"想象性生死体验"外，在唐君毅走向生死哲学的理论建构的路上，还有两次经验性的生死体验具有极端的重要性，一次是他二十岁左右的身、心、灵疾病导致的"几欲自杀"的经验体验，一次是他二十二岁时父亲突然去世带来的强烈的生死冲击的经验体验。早慧的唐君毅在年轻时并不宗儒，尽管他十多岁在父亲的影响下就立下"希圣希贤"之志，但是二十岁左右的唐君毅曾经是一个自命不凡、愤世嫉俗、烦恼重重的青年，甚至曾经多次想到自杀。唐先生父亲的死，医治了唐君毅之"愤世嫉俗"之心，激发了他的内在心性。唐君毅说："吾年十四五时，即已有为学以希贤希圣之志。年二十岁左右，自负不凡，乃时叹人之不我知，恒不免归于愤世疾俗之心，故烦恼重重，屡欲自戕。然此时吾对人生之事之悟会，亦最多。吾二十二岁，先父逝世，吾更自念：吾身为长子，对吾家之责，更无旁贷，吾一身之病，乃自此而逐渐消失。"④

唐君毅二十岁左右的烦恼，是由身体上的疾病、心理上的纠结、灵性上的冲突全方位引发的，是唐君毅"想象性生死体验"在现实生活中的"经验性"印证的必然表现。

一、少年唐君毅的超越情怀

唐君毅仁心宽厚，又具有极其敏感的内心体验和超越性的想象，这本身就

---

① 唐君毅. 唐君毅全集·哲思辑录与人物纪念（第八卷）[M]. 北京：九州出版社，2016：76.

② 唐君毅. 唐君毅全集·哲思辑录与人物纪念（第八卷）[M]. 北京：九州出版社，2016：84.

③ 唐君毅. 唐君毅全集·哲思辑录与人物纪念（第八卷）[M]. 北京：九州出版社，2016：86.

④ 唐君毅. 唐君毅全集·病里乾坤（第七卷）[M]. 北京：九州出版社，2016：3.

在相当程度上"超越"于现实生活，或者说是与现实生活"格格不入"的。同时，他又很早立志于"希圣希贤"，不让自己马虎于现实生活本身。于是，其性情、理想便必然与现实生活发生冲突，这种冲突带来的痛苦，或者可能摧毁埋想或者可能摧毁生活。因此，要理解唐君毅这次现实的经验性生死体验，还得从他十五岁的"立志"说起。孔子"十五志于学"，这一点对唐君毅具有一种"先验"的引导性。

唐君毅是在重庆度过少年时代的。1921 年，唐君毅的父亲唐迪风应重庆联立中学之聘，举家从成都前往重庆。是年秋天，唐君毅考入重庆联立中学。到1925 年，十七岁的唐君毅离开重庆到北京读书，之前唐君毅一直生活在重庆。"在重庆的这段生活，最具有阶段性象征意义的事件，是由于知识的积累，情志的砥砺，在唐君毅十五岁时，出现了生命志业的系列'喷发点'。这一年，他做了对其一生具有重大影响的六件事情：立志、笃学、悟心，恋爱、日记、交友。"①

唐君毅十五岁在重庆联中上学时，一天读孙夏峰的《理学宗传》，至书中言陆象山十余岁，即印悟宇宙即吾心之理时，使他蓦然产生一愤悱之感而不能自已。于是生日那天，他遥念先圣之德，更念及自己对华夏文化的重光之责，当有以自任。遂含泪赋二诗述志云：

> 孔子十五志于学，吾今忽忽年相若。
> 孔子七十道中庸，吾又何能自菲薄？
> 孔子虽生知，我今良知又何缺？
> 圣贤可学在人为，何论天赋优还劣？

> 泰山何崔巍，长江何浩荡！
> 郁郁中华民，文化多光芒。
> 非我其谁来，一揭此宝藏。②

---

① 何一. 悲情儒者与儒者悲情——唐君毅生平、学术研究［M］. 北京：光明日报出版社，2011：55.

② 唐君毅. 唐君毅全集（第一卷）［M］. 北京：九州出版社，2016：1. 该诗"孔子七十道中庸"一句，原文为"孔子十七道中庸"。一九五六年六月三十日，唐君毅先生清理杂物时，发现了自己少年时写在零零碎碎的纸上的诗章，唐君毅夫人谢廷光女士特为抄记于《日记》中。这是唐先生留下的最早文字。从诗的意境和孔子的生命经历看，"孔子十七道中庸"似应为"孔子七十道中庸"。笔者在编辑大陆版《唐君毅全集》时，尽管在《唐君毅全集》第 1 卷中还是保留了原样，但在撰写《年谱》时，经与多位专家学者商议，决定给以说明，修订为"孔子七十道中庸"。——引者注

　　此番立志，对唐君毅一生的志业走向意义重大。16 年后的 1940 年，已经在重庆教育部做特约编辑的唐君毅，带弟弟唐君实到大溪沟去寻找曾住过的李家洋房。在费了一番周折找到后，"哥哥兴致勃勃，我却已毫无印象，无动于衷"。过后，唐君毅诧异地对二妹、四妹说："弟娃对大溪沟李家洋房一点不感兴趣。"唐君实后来说："现在我回想到那时的冷漠态度，自己也觉得陌生，不理解。"① 由此可见，那次少年立志在唐君毅心目中留下了多么深刻的记忆。

　　借此立志，唐君毅开始了他的哲学生涯。此时的唐君毅对哲学的选择，已经超越了自然性情的倾向，而是变成了一种理性的自觉追求。1924 年，他十六岁即发表《荀子的性论》于重庆联中校刊，这是他第一次发表学术文章。1944年夏，他与母亲、至中二妹偕游重庆两路口一花园时，曾登至最高处，指着重庆联中笑着对妹妹说："那里就是我学习哲学的发源地。"② 这个哲学精神"发源地"对于唐君毅具有很重要的生命安顿意义。三年后，当他在问学及精神上困扰于南京时，曾写下这样的诗句："三年前朝夕相伴的学校，她呀，是我知识的母亲。""我于是立志归来，我于是登程西行。""我又回到我亲爱的重庆。""归来啊！只希望——身上的伤痕能够痊愈。"③

　　十五岁的唐君毅在问道路上的一件重要的事情就是对"心"的悟道。他说："对此心之能自觉之一义，吾于十五岁时即见及，终身未尝改。"④ 对"心"之能自觉地见及，以及"心"在唐君毅理论体系中的核心地位是唐君毅思想的根基所在。唐君毅整个哲学思想的根本在于"中心观念"，亦即全至善至尊至本的"心本体"的确立，尽管在不同阶段、不同场景，其表述如仁心、良知、道德理性，道德自我、精神实在、精神自我、超越自我、生命心灵，绝对天理、宇宙形上本源以及"人心、我心，本心、天心，仁与理体，异名同实。唯其异用，俨然有别。明其一贯，表其同体，异用周流，名之为道"⑤。对唐君毅来说，"心本体"与世间万象亦即一切文化活动之间的关系是"理一分殊"的关系；"心本体"是本是一，是人类一切实践的价值和意义渊源；人之文化活动是分殊，是形下之末。而这一理论构架的最基本的理据，则是对"心"之自觉的

---

① 唐君实. 对哥哥的一些回忆. 唐君毅全集·纪念集（第三十八卷）（下）［M］. 北京：九州出版社，2016：590.

② 唐至中. 我的哥哥//唐君毅. 唐君毅全集·纪念集（第三十八卷）（下）［M］. 北京：九州出版社，2016：574.

③ 唐君毅. 唐君毅全集（第一卷）［M］. 北京：九州出版社，2016：15.

④ 唐君毅. 唐君毅全集·生命存在与心灵境界（第二十六卷）（下）［M］. 北京：九州出版社，2016：354.

⑤ 唐君毅. 唐君毅全集·人生之体验（第三卷）［M］. 北京：九州出版社，2016：218.

觉悟和肯定。唐君毅十五岁时建立的"心"能自觉的信念，终生不改。他尝说："昔叔本华谓人之三十岁前为人生之本文，三十岁后则只为人生之注脚。吾以吾一生之学问历程证之，亦实如是。吾亦初不欲过尊吾之少年，而自贬其后之生活之历史也。"① 他自言在大学以前一段时间所想的很多问题，和晚年所想的问题是差不多的，晚年的进步主要是客观知识的进步，"但对思想的根本问题、方向，在我个人进步是很少的"②。

唐君毅十五岁时，父母在重庆省二女师任教，有人介绍该校学生刘志觉给唐君毅，唐君毅因刘为该校学生，故初不愿意。经父母再三劝导，方才同意订婚。继与刘通信数年，感情尚好。但唐君毅要终生从事学问，刘则喜政治，信仰国家主义，二人思想不同，在书信往来中，时有小矛盾。这段恋爱持续了五年，至唐君毅二十岁"有疾而终"。

唐君毅十五岁时的另一件重要生命事件，是开始终生不辍地记日记。唐君毅自幼就是悲敏、孤介而内省的人，因而记日记既是他最基本的精神生活方式之一，又是他自见其思想发展的重要途径③。唐君毅反省道："我知道我是不易被人了解的……我自己的情调及对于人生的体验与我内心的许多的意味无人了解……我知道我是永远不会被人了解的。"④ 而"在学问方面，现代人无一人能全了解我，除了上帝及历史可以估定我的价值，现代人是不够的"⑤。他又云："吾自十五岁始为日记，至十八岁，日记共数十册，十九岁南下时，存友人映佛法师处。彼后取而阅之，与我一长信，大加赞赏。大约吾三十岁以前，几日日有所思，亦日日有所记。"⑥"我决不甘于为一普通人，这从我十六七年来之日记可见。"⑦ 故"对此诸日记，亦甚自珍惜"⑧。

就生命成长来说，友情是主要的润滑剂。十五岁的唐君毅即于重庆联中，与

① 唐君毅. 唐君毅全集·生命存在与心灵境界（第二十六卷）（下）[M]. 北京：九州出版社，2016：361.
② 唐君毅. 唐君毅全集·哲思辑录与人物纪念（第八卷）[M]. 北京：九州出版社，2016：72.
③ 何一. 悲情儒者与儒者悲情——唐君毅生平、学术研究 [M]. 北京：光明日报出版社，2011：59.
④ 唐君毅. 唐君毅全集·致廷光书（第三十卷）[M]. 北京：九州出版社，2016：67.
⑤ 唐君毅. 唐君毅全集·致廷光书（第三十卷）[M]. 北京：九州出版社，2016：51.
⑥ 唐君毅. 唐君毅全集·生命存在与心灵境界（第二十六卷）（下）[M]. 北京：九州出版社，2016：354.
⑦ 唐君毅. 唐君毅全集·致廷光书（第三十卷）[M]. 北京：九州出版社，2016：105.
⑧ 唐君毅. 唐君毅全集·生命存在与心灵境界（第二十六卷）（下）[M]. 北京：九州出版社，2016：354.

吴竹似、陈先元、高介钦、游鸿如、宋继武、映佛法师等结为异姓兄弟，成立"克社"。此番少年交游的阅历，在唐君毅脑海里留下了极为深刻的印象，也为终生执于仁人之道的唐君毅提供了最初的生活感悟。这群少年朋友在《怀乡记》等多篇文章中被温馨提及，特别是后来还专门为文——《记重庆联中几个少年朋友》，分别于 1963 年 1、3 月刊于中国台湾《四川文献》第 13 期、第 14 期，并在 1966 年 3 月《民主评论》第 17 卷第 3 期重刊。1925 年秋天，当唐君毅从重庆联中毕业后，就与这群少年朋友各奔前程，而且前途各异。① 但他们在唐君毅少年的心中所激发出来的那份纯粹的友情，印证和强化了唐君毅对"心"的坚定。

---

① 吴竹似原名吴卓士，为一世家子弟，中学一年级时，已可用英语对话，在联中读不满一年，即转学上海。约二十岁，吴竹似在南京创办新民报，未过二十四岁，即因肺病而死。陈先元比唐君毅长三四岁，老成持重，擅文言文，曾为唐君毅讲秋水轩尺牍，并喜为唐君毅修改文章；在中学三年级时，转学川东师范，并加入由共产党人萧楚女、张闻天等发起之平民学社，有改革社会之理想；很年轻就去世，临终前，托朋友代笔写信给唐君毅，谓已病危，将不久于人世，对人世间一切均无可留恋，唯与唐君毅之友情"难舍难舍"。事后唐君毅反省与陈先元之友情，既非基于事业，亦非基于学问、兴趣与道义，而仅为一精神生命之相契合，于此乃悟人世间有纯友情之存在。高介钦为彭云生内侄，能诗善画，性好饮酒，纯为一艺术家性格，在联中一年，便往北平国立美术专门学校攻读。唐君毅往北平升学，高介钦亲往前门车站相接，并同住兼善公寓。高君本有未婚妻名秋心，以秋心成愁，隐意不好，乃醉心于北平女师大女生欧阳霞。时欧阳小姐在新舞台主演《少奶奶的扇子》，名震一时，高君依青年人的浪漫情怀常说"生亦爱，死亦爱"，后因所求不遂，曾书"你走你阳关路，我走我独木桥"之对联，悬于壁，孤芳自赏，又曾对唐君毅痛骂欧阳小姐达一刻钟之久。然而，数月后，欧阳小姐竟与高介钦结婚，并洗尽铅华，恪守妇道，勤俭持家。唐君毅在成都与欧阳小姐相见时，欧阳小姐言谈率直亲切，犹如长嫂，唐君毅因而悟到，不仅文章可由绚烂归于平淡，人品亦然。高介钦于婚后数年即因肺病亡故，其夫人亦旋即谢世，造化弄人。游鸿如原名鸿儒，入重庆联中时，只有十三四岁，入学试国文第一名；床上恒堆满二十二子等书籍；曾与唐君毅相约，每周读宋元学案一学案，并以圣人相期；却注重道家精神之修炼功夫，无事便静坐，主张退化论，视胡适、陈独秀诸人如无物；1925 年与唐君毅同赴北平投考北京大学，考得国文第一名，但因其余科目成绩欠佳，未被录取，乃攻读法政大学；后思想续渐"左"倾，将其名鸿儒改为鸿如，与宋继武同时加入共产主义青年团；1927 年国共关系破裂，游鸿如逃往南京，迁居唐君毅家；谈及政治斗争、自己恋爱的挫折，回忆中学时的思想，矛盾苦恼，不能自拔，几乎自杀。几年后，唐君毅收到游鸿如的信，说游鸿如为求证道，已入三禅天境界，因一念矜持，走火入魔，势不能久，将带孽以去，茫茫前路，不知何所底止。唯望唐君毅在他死后，为念《金刚经》半月；字迹工整，一如平常，信末有游夫人附言，谓鸿如已于某月某日辞世；年不过二十八岁。映佛法师在中学三年级始转入重庆联中，后与唐君毅同赴北平。唐君毅 1927 年由北平到南京时，曾将十五岁至十八岁的日记存放于他处，被全部偷看，并去信南京盛赞唐君毅。后赴南京支那内学院从欧阳竟无，及欧阳先生病逝江津，支那内学院停办，映佛法师乃不知所终。——参阅唐君毅. 记重庆联中几个少年朋友//唐君毅全集·中华人文与当今世界（第十四卷）（下）[M]. 北京：九州出版社，2016：379-390.

十五岁的唐君毅，立"希圣希贤"之志；踏上问学之道；确立"心能自觉"的核心观念；获得纯真的友谊；品尝初恋的情窦。一切似乎都"风生水起"。但，这恰恰埋下了唐君毅二十岁左右的痛苦烦恼的种子。

二、生活的烦恼与生死体验

1925 年春，唐君毅从重庆联中毕业后，即与一帮同学一道赴北京升学。但是升学的事情并不顺利，唐君毅初考北京大学未予录取。这对自幼受众人夸耀，又胸怀大志，而且敏感悲情的唐君毅来说，是一个不小的挫折。① 初至北京，又兼水土不服而致病。② 之后，他改入中俄大学，想借此了解中苏关系，并阅读一些马克思、列宁的著作。同时，他也继续备考北京大学。1926 年，唐君毅17 岁，再考北京大学，入北京大学哲学系预科，老师有熊十力、汤用彤、张东荪、金岳霖诸先生。从 1925 年到 1927 年，唐君毅在北京只逗留了短短的一年半时间。北京求学，是唐君毅读书生涯的低潮期。其困顿北京，非只自然气候不和，更在思想之流之阻碍和精神世界的过度嘈杂③。在北京大学的青年政治激情洪流中，他也曾短暂参加了国民党，但他天性对政治及人事纷争不感兴趣。这种态度自然不合时宜，也因此受到同学们的批评，而自己精神上也很压抑，

① 唐君毅用诗歌表达了这份情怀："残照映疏林，暮鸦啼乱枝，徘徊芳草径，我心悲与凄。忆我幼年时，事事萦我思，犹忆二三岁，敏慧世所奇。亲朋交口赞，所成未可期，日月随节易，童年背我驰。感事戕我心，处世触藩篱，心伤不能复，藩篱曷可越。怆然望前途，抚膺徒踯躅，临渊羡鲲龙，登高惭鸿鹄。有志随流水，此心如槁木，得失鸟足计，死生犹梦觉，且暮数十年，何为自束缚，不如饮羌酒，寄情满樽渌。"——唐君毅. 唐君毅全集（第一卷）［M］. 北京：九州出版社，2016：2.
② 在《嘉陵江畔的哀歌》一诗中有记载："过了宜陵，到了汉江滨，两日的火车啊，又送我到了北地的旧京。不断吼的北风，蔽人目的飞尘，死气沉沉的阴云，弥漫大地的雪冰，这严酷的气候啊——向身体脆弱的我攻侵——我于是卧病。"——唐君毅. 唐君毅全集（第一卷）［M］. 北京：九州出版社，2016：13.
③ 何一. 悲情儒者与儒者悲情——唐君毅生平、学术研究［M］. 北京：光明日报出版社，2011：57.

甚至连他很想去听的梁漱溟先生的讲座，也不敢去听了①。加之此间又患上胃病与脑病，尚只有十七八岁的唐君毅身心极度疲惫、苦痛。

1925 年，任教于重庆联中及省二女师的唐君毅父亲，因为不满学校当局在聘任工作中对朋友邓绍勤的不公正做法，愤而辞职，携家眷东下南京到法相大学（支那内学院）投于欧阳竟无大师门下，而得结识常于该院驻学讲习的梁漱溟、熊十力等。唐家在南京先后搬过三次家，第一次住保泰街，第二次住在丹考街，第三次住在居安里七号。② 居家南京，除唐迪风为《甲寅》等刊物撰稿的少许润笔，并无经济来源，致使生事日艰。那时家境并不富裕，家中田产租金显然无法维持一家的生计与兄姊的读书之需。唐母陈太夫人的《除夕戏作》曾对此生活境况有所描述："今年更比去年穷，零米升升过一冬。搜箧已无衣可典，御寒尚有酒盈盅。布衾如铁知宵永，窗牖来风待晓融。又是一回逢岁暮，依然羁旅客江东。"③

1927 年春，在北京游学一年半后，唐君毅到南京省亲。相聚未及一月，"全家终于离开南京，只有哥哥一个人仍在居安里那个长方形屋里，刚从北京来家不久又要分离了"④。此番全家返川，途经武汉小住三月，唐迪风险被当地农会捕杀，又在宜昌至重庆途中被人骗去行李，历尽千辛万苦。而唐君毅即从北京大学转到南京东南大学⑤哲学系，副修文学。此时，尽管他从北京到南京，努

---

① 在唐君毅即将从中国香港中文大学退休时，在《民国初年的学风和我学哲学的经过》的演讲中，唐君毅对此作了这样的解释和反省："为什么没有去听呢？其实我当时的思想不是唯物论，我年轻的朋友都是前进的，要社会改革、政府改革，都是骂梁先生，说他是唯心论的思想，没有一点进步。我当时十七八岁，是受一种精神的威胁不敢去听的，周围的朋友都说你不能去听，他是唯心论。后来，梁先生——以前我已见过他一次——有一天晚上请一个姓潘的先生，带了五元钱给我，转达梁先生的意思，说怀疑我在北京读书没有钱，所以未能去听。其实我根本不是，我说这些钱我不能收，我也说不出个理由——为什么我不去听？我是受了年轻朋友精神上的威胁，不敢去听，这可以说是我个人精神上脆弱的地方，其实我该去听。这个事情，是我对不起梁先生的地方。"——唐君毅. 唐君毅全集·哲思辑录与人物纪念（第八卷）［M］. 北京：九州出版社，2016：81.
② 唐君实. 阿爸和我们一家在成都的日子［J］. 唐君毅故园文化，2005（7）.
③ 陈大任. 除夕戏作［M］//唐君毅. 唐君毅全集·亲人著述（第三十六卷）. 北京：九州出版社，2016：128.
④ 唐君实. 阿爸和我们一家在成都的日子［J］. 唐君毅故园文化，2005（7）.
⑤ 东南大学的前身是清末重臣张之洞于 1902 年创办的三江师范学堂、南京高等师范学校，于 1921 年始称东南大学。其校风素来严谨、扎实，在当时是国内仅有的两所国立综合性大学之一。1928 年，该校易名为中央大学。

力寻求新生活的开始，但唐君毅北京困顿的抑郁心绪仍残留心间。①

1928 年，二十岁的唐君毅，因为精神灵性上的冲突，心理上的诸多纠结，事理上的诸多曲折，进而导致身体上的多重疾病，烦恼痛苦发展到极端，几欲自杀。

就灵性精神上说，尽管唐君毅十五岁就基本确立了对"心能自觉"的信念，但是，此等信念是需要哲学上的自我说明的。

> 大率吾去北平后所思之哲学问题，首为心灵生命与物质之问题。此乃兼由当时之心理学之论心身问题来。吾当时之想法，是物质的身体，对人之心灵生命，乃为一束缚，物质乃一生命心灵以外之存在，而生命心灵既入于物质，则恒求超拔，以还于自身。此物质身体与心灵生命之二元论，吾初以为颠扑不破。以心能自觉，其所觉之物不必能自觉，二者即应有本质上之不同。对此心之能自觉之一义，吾于十五岁时即见及，终身未尝改。故对唯物论，亦终身未尝契。然吾当时虽不信唯物论，亦深信事物必有因，为其存在之理由。吾当时以为人之意志，并无自由，其意志如何，行为如何，一一皆有因决定。然人生必求乐，唯绝欲乃能得乐，故人类最后皆必绝欲，以入于类似涅槃之境，亦为其必求乐之因所决定。吾当时固亦不信佛家唯识之论，而以心外之物、身体之物，应亦为实有，然后有吾人自此身体之物质超拔之要求。然此一绝欲之思想，固与佛家小乘思想同一趣向。吾于青年之时，何以有此思想，似难解。然实则亦正由青年时之多欲之故。人之欲至多者，即更有去此一切欲之一大欲也。②

从这一段回忆可以看到，二十岁前的唐君毅，一方面相信"心能自觉"，同时又相信实在论；另一方面认为人生超越欲望才能得到快乐，又不相信唯识论而认为身体为实有。可以说，这一阶段，唐君毅的哲学思想正处在实在论向理

---

① 唐君毅初到南京，曾赋诗抒怀："江南二三月，春色勾人履，飞花舞陌头，乱扑游人侣，吾心反凄然，郊原独徒倚，临池监清瘦，神情何颓靡，旧恨逐烟生，新愁随波起，我生何不辰，飘泊同浮羽，狂飙振林木，吾身何所止？我欲登高山，悬崖高难跻，我欲临深池，泉水深无底，我欲御波行，狂涛安可驶，我欲坐如痴，荒原谁与椅，我欲卧如尸，大地皆冰矣，乾坤莽浩浩，容身不吾许，中心怆以摧，俯仰泪如雨，吾闻古人言，艰难唯一死，吾身既如此，留恋空复尔。踯躅陟山侧，荒冢累累列，草任纵横，萤火随明灭，愚智同枯骨，尧桀谁能别？显赫与沈沦，冥冥不相识，千秋万岁后，碑碣浑无迹，没世名不称，何足萦胸臆。"——唐君毅. 唐君毅全集（第一卷）［M］. 北京：九州出版社，2016：3.

② 唐君毅. 唐君毅全集·生命存在与心灵境界（第二十六卷）（下）［M］. 北京：九州出版社，2016：354-355.

想唯心论过渡的阶段。在这样的思想范式转变阶段，灵性精神的痛苦以及由此引发的生命烦恼，可想而知。

唐君毅对梁漱溟、欧阳竟无二先生十分敬佩。梁漱溟对学问真诚，欧阳竟无情感真切，皆能使人直接感动。梁漱溟喜从直觉讲中国文化，唐君毅最初不以为然，认为直觉纯任主观，最不可靠，只有理性才可靠。欧阳竟无讲唯识论，唐君毅也不能接受。因为，如果万法唯识，境由心生，则别人以及自己父母的身体也由我心变现，如是，别人的心灵亦无存在余地。而且，如果一切均不能离开我当下之心，则童年之我亦可能不存在，而只有现在之我才存在。甚至当我不被反省时，现在之我亦不存在。唐君毅在南京一铁路旁，思至此，顿觉世界即将毁灭，一切皆归于虚无。但是，如果一切皆归于虚无，则唯识论亦不能建立。在《民国初年的学风与我学哲学的经过》的演讲中，唐君毅回忆道：

> 我当时想，一切东西、他人，都是我心变出来的，都变成像我心中的东西，他人便没有心，父母亲都是我心中变出来的东西，这个不行。我还有一个道理，都是我自己想出来的：如果一切都是离不开我当下的心的话，我过去怎样，过去小孩的我是否有呢？我过去时候的心怎么样？我怎晓得它有呢？我现在的心能想到过去，说过去的心是有的，是根据现在的心；但也可能过去的心是没有的，只有现在的心。我开始做哲学思辨，大概就在这个时候，想了几天，如果说过去的心灵也是我现在的心灵变的，我便只有现在的我，过去的我根本没有。再进一步，现在的我如果不被反省的话，现在的我也没有了。如果被我反省的话，现在的我便是过去的我，那么这个我就没有了。当时我是在南京一个铁路的旁边，我忽然想到这里，我想这个世界毁灭了，没有了；过去的我没有了，现在的我也没有了。这个唯识论想到极端，一切都不能建立，最后归到虚无主义。如果是虚无主义，这个唯识论也不能建立。……我只知道我的心，我怎样能承认别人的心。这从唯识论不能建立，一定要先承认我认识的对象自己存在，然后你可以说这个桌子存在，别人的身体存在，别人的心灵存在。我如果开始讲唯识论的话，先就有许多心，但我不知道别人有没有心。而且如果讲唯识论的话，先就要否认客观的物的独立存在，以至否定他人身体之独立存在，以至最后不能建立很多的心的存在。当时我就是这样想的。①

---

①　唐君毅. 唐君毅全集·哲思辑录与人物纪念（第八卷）［M］. 北京：九州出版社，2016：82-83.

此时，唐君毅喜欢的是实在论，不喜欢唯心论。因为实在论认为，我认识一个东西，是个关系，它自己独立存在的。别人的身体也是独立存在，别人身体的活动和我是差不多的，所以我才可以知道别人的心，也是独立存在的，父亲母亲朋友也是独立存在的，然后我才能同他们讲道德关系、伦理关系。如果不讲实在论，便通通不能讲。因此，在南京读书时，唐君毅除了听哲学课程，当时尝自学微积分，读爱因斯坦、蒲朗克、海森堡的一般性科学著作，对一般生物学与心理学书籍也浏览不少，他认为由科学通哲学，乃为哲学的正途。对文学艺术性的生命哲学，他认为只可欣赏，不应视为哲学之正宗。当时，熊十力在中央大学讲课三月，讲授新唯识论，言宇宙有大生命，唐君毅不能把握其义，还曾于课中提出质问。① 唐君毅"当时之一问题，是自然界之无生物、生物与人之存在的层次之问题"②，由是而读亚历山大、摩根、怀特海等实在论者的著作。他对怀特海的创造进化论颇为心系，由此"即引我至西方之唯心论之道路"③。因此，"更不以哲学之唯由自然科学入者，方为哲学之正途矣"④。

这一阶段的唐君毅，虽然有一超越普遍的悲情，护念人类、众生与世界，但是，由于此一悲情未尝离开一己孤独之心，所以恒以为其能与天地万物为一体，并世之人，皆无足以知之。因而不免自视为"超凡脱俗"，而生"大我慢"。"忆二十岁时，尝夜梦一人独经地下，岩石层层，随身而破；更独上登于天，天门户户，踏步而开；醒时尝为诗以纪之，有'穿回地壁层层破，叩击天门步步开'之句。而吾初不知其皆出于吾之自负能超凡绝俗之傲慢心也。吾更不知此傲慢心之正可与个人之好胜、好名之私欲烦恼，互为因缘；而使吾之心之发自天理者，终亦为济我之私欲之资，乃使吾之烦恼亦重于吾之同伴之上。然吾其时，则固不能自觉其故，而亦未知所以自救之道也"⑤。由此，灵性精神上的冲突转变为了心理上的纠结。"于二十岁左右，更自负不凡；乃时叹人之不我知，恒不免归于愤世嫉俗之心，故烦恼重重。"⑥

---

① 唐君毅. 唐君毅全集·生命存在与心灵境界（第二十六卷）（下）［M］. 北京：九州出版社，2016：355.
② 唐君毅. 唐君毅全集·生命存在与心灵境界（第二十六卷）（下）［M］. 北京：九州出版社，2016：355.
③ 唐君毅. 唐君毅全集·生命存在与心灵境界（第二十六卷）（下）［M］. 北京：九州出版社，2016：355.
④ 唐君毅. 唐君毅全集·生命存在与心灵境界（第二十六卷）（下）［M］. 北京：九州出版社，2016：357.
⑤ 唐君毅. 唐君毅全集·病里乾坤（第七卷）［M］. 北京：九州出版社，2016：9.
⑥ 唐君毅. 唐君毅全集·病里乾坤（第七卷）［M］. 北京：九州出版社，2016：3.

　　1928年春，应未婚妻刘志觉之约从南京赴上海，于火车上遗失日记，而致"心中不乐"，加之"刘志觉又以参加其团体相强，先生不允，愤而分手"①。这件事对唐君毅的影响是巨大的，可以说是二十岁的唐君毅身心痛苦几欲自杀的一个"诱因"。一方面，他与未婚妻刘志觉尽管感情谈不上深厚，但毕竟交往五年，何况唐君毅是一个"不愿负人"之人，所以，尽管与刘志觉的分手是"道不同不相为谋"的必然结果，但毕竟是自己一段情感投入与牵连的丧失。另一方面，更为重要的是，从十五岁开始记日记所积累下来的思想情感，因此而完全佚失，无异于将当下的唐君毅与过去的唐君毅完全割裂了！因为对于情感饱满、思想敏锐的唐君毅来说，自十五岁起，日日记日记，自己所思、所想、所感、所受，全部在这些日记里面。唐君毅自谓，十五岁至三十岁，"此十五年中乃学问最进步之时，日记中所记之生活反省及思想皆最详，札记中则包含三十以前之思想系统，此皆我过去最宝贵者"②。因此，这件事当时对唐君毅的生命情感和心理带来的冲击是可以想象的，以至于他在晚年撰写《生命存在与心灵境界》述自己思想之缘起时，还强调"此我之日记之失，使我不得自见其少年思想之发展，亦不无遗憾也"③。

　　由于灵性精神及心理、事理的纠结和痛苦，也影响了他的身体健康。这一年，他"身体特多病。脑、肺、肠、胃、肾，皆无不病"④。在身、心、灵全方位的苦恼逼迫下，唐君毅曾作《梦二十岁死》，诗云："我本峨眉采药仙，赤尘不到白云边，为缘意马无人管，游戏人间二十年。"又："死中滋味耐君尝，旧

---

①　唐至中. 我的哥哥［M］//唐君毅. 唐君毅全集·纪念集（第三十八卷）（下）. 北京：九州出版社，2016：575-576.

②　唐君毅. 唐君毅全集·日记（第三十二卷）（上）［M］. 北京：九州出版社，2016：113.

③　唐君毅. 唐君毅全集·生命存在与心灵境界（第二十六卷）（下）［M］. 北京：九州出版社，2016：354. 另，抗战爆发后，唐君毅虑及家藏文献有为日机炸毁之虞，遂将先父遗著连同自己的日记等，移至成都双流乡下彭家场刘姓友人家中以求保全。新中国成立后，因刘家是地主，所以在清算运动中，家里所藏册籍悉数被运至造纸厂化为纸浆——"而水成湮灭，呜呼痛哉"。1954年3月4日日记："四妹昨来信……我们所存刘家之书，云以刘家为地主之故而被没收，我十五岁至卅五岁之日记与札记诗稿等，皆已无踪迹矣。我在此十五年中乃学问最进步之时，日记中所记之生活反省及思想皆最详，札记中则包含三十以前之思想系统，此皆我过去最宝贵者，今已不知所在矣。"（唐君毅全集·日记（第三十二卷）（上）. 北京：九州出版社，2016：113.）现存编入《唐君毅全集》之卷32、33的《日记》，除唐君毅因病或旅次不便由夫人代笔外，均自己亲为。记事自1948年5月31日至1978年2月1日——唐君毅逝世前一日，除"吾母逝世，吾日记亦断"外，一日不落。或记事或议事，特别是一些重要观点的雏形和人生节点的总结，均首见于日记中。——引者注

④　唐君毅. 唐君毅全集·病里乾坤（第七卷）［M］. 北京：九州出版社，2016：3.

恨新仇两渺茫，此去不知何处好，彩云为被岭为床。"① 作为"凡人"的唐君毅终于无法忍受和自持，觉得无以自解。于是，他函告父母，禀告与刘志觉事及自己病况，信中并有"不欲久居人世"之语，还附上十九岁生日照片一张，题"遍体伤痕忍自看"等语。母亲接信后，连夜失眠，父亲唐迪风向友人借得路费，母亲携两个年幼的妹妹由成都赴南京探视。当时交通极为不便，自成都至重庆须乘轿子，重庆以下又得几度换船，加以社会风气不良，偷抢之事，所在多有。她们到达重庆，即遇火灾，行李衣物，全被烧毁。数十日间，历尽千辛万苦，始抵南京。唐君毅深自懊悔。暑假，他身体康复②，乃送母回成都，又去南充探望父亲，并代为批改学生文章，寒假前返回成都。第二年春天，他返回南京上学。此次母亲千里探儿，唐母有诗《到南京探望毅儿》曰："万里迢迢出蜀都，为儿何暇计征途。世间祇识穷通理，毋怪时人笑我迂。"③

三、自杀的勇气与生死超越

二十岁的唐君毅经历了全副生命的病痛——"几欲自杀"，又在亲情的温暖中重新开始了新的生命征程和新的哲学慧思。到他满二十岁的生日（1929 年 2 月 2 日），他作了《生日》一短文以述志怀："今日吾生，试去回思，二十年来，忆儿时敏慧，亲朋惊赞，少年志趣，几次安排，十五之年欲为孔子，十七曾思辟草莱，年三六想投书革命扫荡尘埃，虽然志志成灰，任逝水韶光去不回，但志多思广，心存万象，振新文化，舍我其谁，使身常在，病魔不绕，转思潮何足道哉，君莫笑，我葫芦中药，你自难猜。"④ 我们不能说，此时唐君毅的所有"病痛"都已经痊愈，因为心理和灵性上的痛苦是需要智慧来消化的。事实上，唐君毅所经历的这些痛苦本身，也成为他之生死哲学及生命智慧的根源。在写

---

① 唐君毅. 唐君毅全集（第一卷）［M］. 北京：九州出版社，2016：3.
② 唐君毅也从这场病痛中悟出了关于"疾病"的智慧。在他后来撰写的《人生之体验》中，专门有"说疾病"一节："你不要只诅咒疾病。你要想想，为什么在病后觉一切的风物分外的清新。这证明在疾病中，你精神之渣滓，随疾病而倾泻了。疾病呼召你的精神，从外物的世界，到你的身体，凝注你精神于身体中；然而他同时使你感到你的身体，对你精神是束缚，是赐予你精神之痛苦的。你的精神，因而认识充实革新他自己，以求得自由之必要了。你的精神，于是在你不知的境地，开始做充实革新他自己的工作，把他内部的渣滓，自行倾泻。如是你在病后总感到一新生命的开始。所以如你在病后不开始你的新生命时，必是你的精神自身病了，那需精神之药物。"——唐君毅全集·人生之体验（第三卷）［M］. 北京：九州出版社，2016：48.
③ 唐君毅. 到南京探望毅儿. 唐君毅全集·亲人著述（第三十六卷）［M］. 北京：九州出版社，2016：130.
④ 唐君毅. 唐君毅全集（第一卷）［M］. 北京：九州出版社，2016：3-4.

于他三十岁左右的《人生之体验》中有"说自杀"和"说自杀之失败"两则，可以看作唐君毅对自己二十岁的这场"几欲自杀"的痛苦经历的总结：

> "说自杀"：
>
> 还有的时候，你将遇着对你同样好，而绝对冲突的理想，在同一时空内，要求你实现它，你不能分出其先后之次序，而环境又只容许其一，这是你无法解决的问题。
>
> 但是这时你立刻发现，你之不同时实现两种同样好的理想，由于你的心身是有限的心身。
>
> 你的心身之有限性，使你不能实现两种理想。你的心身之有限性，阻碍两种理想之实现。它是罪恶之原始，于是你悟到自杀之必要。
>
> 但是实际上，一切绝对冲突的理想，决不会真正是对你同样好。
>
> 你若能耐心去衡量比较，一定会慢慢发现其中之一，是比较好的。你将觉得你仍当留下你的生命，去实现那比较好的理想。不过，在未发现孰为比较好之时，为要且同时完成两种理想，而不惜你的生命，你是能忠于你之全部理想的。所以一个因此而能下最大决心去自杀的人，也是可赞许的。①

在这里，唐君毅将"自杀"看作在不同理想价值冲突下不能做出衡量比较时的"可赞许"的选择。客观地说，在没有发现哪一个理想比较好之时，为了要同时完成两种理想，而不惜你的生命，你算是能"忠于"你之"全部理想"的人。所以，"一个因此而能下最大决心去自杀的人，也是可赞许的"。注意，只是说能有自杀这种"最大决心"而非实际行为，是"可赞许"的。换言之，值得赞许的只是"几欲自杀"这种决心，而不是"自杀"这种实际行为。"几欲自杀"之"几欲"表达了自己面对冲突理想无法选择时，对于全部理想的"忠于"，所以值得"赞许"。但是，"自杀"（指的是已经实施的结束自己生命的行为）则不是，因为"自杀"放弃了最后的"耐心"的"比较"与"选择"。面对"几欲自杀"的"几欲"时，如果稍微耐心一点比较，就一定可以找到一个理想是"比较好"的，你就应该留卜自己的生命去实现它。犹如唐君毅选择了告诉亲人自己的痛苦，寻求帮助。但"自杀"则将"几欲"所启示的机会消灭了，连同自己的生命。所以，唐君毅在这里尽管赞许"几欲自杀"者的勇气和决心，但绝不是赞许"自杀"这种行为。他因为诸多人生理想和价值的冲突，

---

① 唐君毅. 唐君毅全集·人生之体验（第三卷）[M]. 北京：九州出版社，2016：44-45.

痛苦不堪，屡屡"几欲自杀"。但是，他没有"自杀"。他将这种"几欲自杀"所启示的机会和智慧，转化成了优美而深刻的哲学文字。其后来撰写的《人生之路》十部曲，大多是这种"几欲自杀"的勇气和决心所逼出来的。用唐先生的话说，他写这些著作，不是为了别人，而是为了自己！为了解决自己面对理想冲突时的痛苦！

> "说自杀之失败"：
>
> 你用了最大之决心，去断绝你之生命而自杀。然而在自杀之际，你可为了更大的人生义务之未尽，或以求生意志之不能征服，或他人救了你，而自杀不成，是为自杀之失败。
>
> 我们说一个曾决心去自杀，而又经验自杀之失败，再重新建立人生的人，将成一最有勇气的人。
>
> 人只在生命存在之际，不能真了解生命之意义。只有自觉地走到生命之边缘，而在生死之际挣扎，了解死生之际的人，才能真了解生命之意义；犹如只有走到海边的人，才能真了解大地。
>
> 只有战士与自动拖着他生命历史，去奔向虚空的自杀者。他才能真了解什么是他全生命的死生之际。
>
> 所以一个自杀者，如果自杀失败而复生，他于复生后，便能再来回顾他所拖去奔向空虚之全生命历史，他便能真自觉其全生命史中之价值与意义，而以之为建设新人生之资本。这些资本，是已让与虚空，而重新获得之意外的资本。
>
> 他自虚空中取回之资本，他不把它重沉入虚空。于是将尽量用此资本，投资于未来的生命史中，而能冒一切危险而不惧，他遂可成为最有勇气的人。①

唐君毅在此将一个曾经决心去自杀而又经历自杀之失败，再重现建立人生意义的人，看作"将成为最有勇气的人"。这正是他自己生命的真实写照，也是他自己生命经验所体会出来的。"决心自杀又经历自杀之失败"，是典型的存在主义所言之"先行到死中去"的现实呈现。在他决心自杀之时，他是真正地将"死亡"这一最本己的可能性召唤到当下的，他是看到了死亡就在眼前的。此时，他可以"以死观生"，从"死亡"的视角来审视自己的现实人生，也因此可以发现生命的真正意义。"人只在生命存在之际，不能真了解生命之意义。只

---

① 唐君毅. 唐君毅全集·人生之体验（第三卷）[M]. 北京：九州出版社，2016：45-46.

有自觉地走到生命之边缘，而在生死之际挣扎，了解死生之际的人，才能真了解生命之意义；犹如只有走到海边的人，才能真了解大地。"这种在生命存在之边缘的"生死挣扎之际"，对生命的认识、领悟可以最为清醒，因为不再受现实生活的诸多欲望干涉。这就叫作"学习死亡""以死观生""以死启生"。但是，这种观得的生命智慧必须以生命本身的存在为前提，因此，只有在"自杀之失败"的前提下，"自杀"所启发出来的生命智慧才成其为生命智慧。当他从"自杀"抽身回来，"便能再来回顾他所拖去奔向空虚之全生命历史，他便能真自觉其全生命史中之价值与意义，而以之为建设新人生之资本"，这一"资本"使得他在未来的生命中能够"冒一切危险而不惧"。由是，他可以"成为最有勇气的人"。

四、父亲的去世与病痛超越

经历了"几欲自杀"的烦恼痛苦后，唐君毅没有自杀，或者用他后来的哲学话语说，经历了"自杀之失败"。尽管经历"自杀的决心"和"自杀之失败"，让唐君毅成为一个"最有勇气的人"，但是，要完全治疗其心灵病痛，尤其是灵性精神的病痛，除了需要自己的理性思考、真诚反省外，还需要一些机缘。而唐君毅父亲的意外病逝，成了唐君毅摆脱"大傲慢"心、回归儒家信仰、确立责任担当的现实机缘，而且以此完全治愈了他的身心疾病。"吾二十二岁，先父逝世，吾更自念：吾身为长子，对吾家之责，更无旁贷，吾一身之病，乃自此而逐渐消失。"①

1931 年 5 月，唐君毅的父亲和过继唐君毅的大伯母相继去世。当时，唐君毅还在南京读书，得知的消息是奔大伯母之丧，回到宜宾，才知道父亲也已去世。噩耗骤闻，他号啕大哭，由寝室奔往父亲灵堂，只走了三分之一的路，便全身瘫痪，寸步难行，哀恸之情，无以复加。

唐君毅父亲的丧事，因久久告贷不成，直至阴历七月十六日始出殡。而在大伯母方面，由于大伯母生前欠下的医药费用及身后购买衣衾棺木的费用，亦负债累累，结果只有出售田产，偿还债务。当时乡人有欲占夺唐君毅过房承继的产业，并欲用作烧鸦片场所者，唐君毅不甘受欺，据理力争，于是成讼。凡此等等，扰攘三月有余。他及返南京，中央大学已上课两月。

唐君毅父亲的去世，极大地影响了唐君毅的人生形态，提前开始了他"践

---

① 唐君毅. 唐君毅全集·病里乾坤（第七卷）［M］. 北京：九州出版社，2016：3.

道仁者"的生命历程。① 当时唐君毅大学尚未毕业，而弟妹皆幼，于是他责无旁贷，早早肩负起养家糊口的责任。另外，经此变故，唐君毅的"一生之病，自此竟逐渐消失"。父亲的病故所激发起来的责任感、使命感及道德感，完全改变了唐君毅"自命不凡"的傲慢心：

> 我十六岁才回乡，以前从未上坟，亦无祖宗之观念。记得祖母在时，她从故乡到成都，总是带一本家谱。每见我无聊，便说你何不看看家谱。我觉非常好笑，家谱有什么好看呢？而且我在十三四岁时，便看了新文化运动时反对跪拜的文章，故以后回乡，亦不再上坟，祭祀时亦不跪拜，若以此为奇耻大辱。到我父亲逝世，才知祭祀跪拜，乃情不容已。后来回乡，便总要去上坟，晨昏亦亲在天地君亲师之神位及祖宗神位前敬香。我同时了解了人类之无尽的仁厚恻怛之情，皆可由此慎终追远之一念而出。②

而在唐君毅撰写《人生之体验》时，"说死亡"一节，无异于是对他从父亲之死所带来的生命智慧的陈述：

> "说死亡"：
> 亲爱的人死亡，是你永不能补偿的悲痛。
> 这没有哲学能安慰你，也不必要哲学来安慰你。
> 因为这是你应有的悲痛。
> 但是你当知道，这悲痛之最深处，不只是你在茫茫宇宙间无处觅他的音容。
> 同时是你觉得你对他处处都是罪过，你对他有无穷的咎心。你觉得他一切都是对的，都是好的，错失都在你自己。
> 这时是你道德的自我开始真正呈露的时候。
> 你将从此更对于尚生存的亲爱的人，表现你更深厚的爱，你将从此更认识你对于人生应尽之责任。
> 你觉唯有如此，才能挽救你的罪过于万一。
> 如是你的悲痛，同时帮助你有更大的人格之实现了。③

---

① 何一. 悲情儒者与儒者悲情——唐君毅生平、学术研究［M］. 北京：光明日报出版社，2011：76.
② 唐君毅. 唐君毅全集·中华人文与当今世界（第十四卷）（下）［M］. 北京：九州出版社，2016：374-375.
③ 唐君毅. 唐君毅全集·人生之体验（第三卷）［M］. 北京：九州出版社，2016：57-58.

在《病里乾坤》中，唐君毅对自己二十岁左右的烦恼病痛及父亲病故而得以好转作了分析。他说：自己二十岁左右既是最有超越性情感体验之时，也是自己"烦恼最重之时"。"此其他烦恼如不见知于人等，皆纯由一己之私所发，然亦与吾之超个人之心情……互为因缘；乃使吾之精神，似日进而又日退。"① 为什么"一己之私所发之烦恼"可与"超个人之心情"互为因缘呢？唐君毅认为，因为少年时的"超个人心情"的引发，一方面是"纯由自发"，另一方面也是"只对自己而现"，是"如天降"突然而来，是只属于自己个人的秘密。这样的心情本身就不是"与人交谈之所生"，因此也不必告之于人。而且，在自己少年时小学中学的同学中，也"罕有足以语此者"。如此，自己便"恒有孤独之感"。在自己的孤独中，尽管可以不时生发"超越普遍之悲悯之情"，以念及人类、众生与世界。但此悲悯之情，"乃自上而下，以覆盖于吾所思之人类、众生及世界之上，则又未尝离于吾之孤独之心之外也。吾之同伴，不能知吾孤独中之所思，则吾尽可于独居之时，自与天地万物为一体，而视吾之同伴，为不足以知我者，而若与我为异类。吾益超凡绝俗，乃益见吾之同伴之凡俗。吾之傲慢，遂潜滋而暗长"②。唐君毅强调，这一出自自己一己之私的烦恼之减轻，"乃始于吾父逝世，而吾自知对吾母及妹弟之有责"③。自己由此而懂得，一切人都只有在其具体行事上，"自为其义所当为"者，才能自拔于个人之孤独以外；否则，"人虽存希圣希贤之念、悲天悯人之怀，而不能自绝其一念反缘而生之自命不凡之傲慢，则人终为小人之归"。④ 正由于此开悟，唐君毅从此归宗儒学、儒家和儒教，在哲学、道德、宗教多个维度上以安顿自己的生命、实现自己生命之意义与价值。

1932 年暑期，唐君毅从南京中央大学哲学系毕业。为养家计，他即回成都与家人团聚，在友人的帮助下同时任教于多所中学。1933 年友人许思园赴美留学，推荐唐君毅赴中央大学代其职位，他再度返宁。在离家赴南京中央大学就任时，唐君毅曾作诗云：

> 蜿蜒长江水，送我返蓉城，言归方二载，重登万里程，披衣待晚曦，渐渐天微明，妹忙雇牛子，弟忙作汤羹，母为治行装，箱笥理频频，长跪别父灵，儿今又远行，父灵应有验，佑母长安宁，蹀躞登车去，车声何辚

① 唐君毅. 唐君毅全集·病里乾坤（第七卷）［M］. 北京：九州出版社，2016：9.
② 唐君毅. 唐君毅全集·病里乾坤（第七卷）［M］. 北京：九州出版社，2016：9.
③ 唐君毅. 唐君毅全集·病里乾坤（第七卷）［M］. 北京：九州出版社，2016：9.
④ 唐君毅. 唐君毅全集·病里乾坤（第七卷）［M］. 北京：九州出版社，2016：10.

鳞，但闻叮咛语，哽咽不成声，低头避人面，有泪还自吞，郊原樵牧少，田圃待春耕，锦江在何处，回首乱烟横，父去人间世，悠悠历两春，犹殡柏溪畔，萧萧无墓门，每当风雨夜，念及泪满襟，贫者士之常，知命凤所钦，唯兹大事在，何以解予心。①

在这里我们看到的，已经不再是一个被烦恼和傲慢包围的青年，而是一个担当着家国天下之责任的年轻儒者。

如果说唐君毅早年的"想象性生死体验"奠定了唐君毅生死哲学思考的"问题意识"，让生死、天人、心物、人我之间的感通问题成为唐君毅生死哲学思考的核心问题得以直观呈现；那么，唐君毅早年的生死离别的经验体验，则以生命实践的方式，让他直观想象的生死问题落实到了自己的人生经历之中，并且，以自己的生命体验和经历，完成了自己对生死哲学的实践思考和初步的实践建构。生死问题，本就不是一个纯粹的形而上学理论问题，同时也是每一个人的生命实践必须经历、必须面对、必须承担、必须解决的现实问题，唐君毅独特的生命经验和实践体悟，为其后来关于生死哲学的理论建构，提供了最为真切的经验基础和最为需要的实践参照。

第三节　不朽的要求：生死问题的学理追问

随着唐君毅摆脱生命的困顿，以一个承担家国天下之责任的年轻儒者形象步入社会和学术领域，生死问题就不再只是他生命中的感悟和体验，而成为其理论追问和反思的内容。不管是早年想象性的"感通体验"，抑或其生命经验中的"生死体证"，在理论的反思和追问下，都变成了对"生命不朽论"这一连接"生"与"死"的精神链条的锤炼。生命真的可以不朽吗？各种宗教和哲学上的生命不朽论真的成立吗？

一、玄武湖之悟及不朽问题冒出

关于这次"悟"的经历和所"悟"之"道"，唐君毅在叙述《生命存在与心灵境界》一书基本思想的"缘起"时，有一段十分精彩的记述：

吾二十七八时少年气盛，尝自谓于宇宙人生根本真理，已洞见无遗，

---

① 唐君毅. 唐君毅全集（第一卷）［M］. 北京：九州出版社，2016：5.

足开拓万古之心胸，推倒一世之豪杰，不免狂妄自大。然吾后忽生一问题，即此宇宙人生之真理应为普遍永恒，亦应为人人所能见，则何以必待我而后见？此不应理。后又更知凡人之思想，无不能超出于其所知者所思者之上，则人无不可自觉其思想之超越于其所知所思之古往来今一切思想家之上，亦无人不可有此狂妄自大。由此二反省，而吾遂转而念吾所自谓新发现之真理，应早已为人所发现，亦应早已为人所言及，或为人之所已言及之真理之所涵。吾于是转而求见此我之所知所思者与古今之哲人所言及者其相契合之处何在为主。由此遂陆续发现，吾自谓新发现者，多为人所早发现，如诗人所谓"莫道君行早，更有早行人"。吾后来之读书及与人谈论，乃多求见人之所是之处何在，与前之处处见他人所言者之非之态度，大异其趣。然此一态度，实乃由一极大之狂妄之反省之所转成。此一反省，要在反省及真理之必有普遍永恒性，应为人人所能见，先觉后觉，必同归一觉，则一切真理应皆先已内具于一切人之心，而人亦终必能自觉其所内具之真理，此真理为成就人之精神生活者，而精神生活至极者，则为圣为佛。吾遂信一切人皆必能成圣成佛。然此真理若兼为宇宙之真理，应为人与其余有情生命所依以存在之真理。人能自见此真理，何以其余之有情生命，定不能觉悟此真理，而亦有精神生活，更由无数之转生以成圣成佛？吾以为一切人与一切有情生命之不觉悟此真理，以成圣成佛，只由有消极的阻碍之者之故；而阻碍之者，无不可破，则一切人与一切有情生命即应毕竟成圣成佛。吾之悟得此义，在南京玄武湖。及今尚忆悟后之当时情节，乃吾一人行湖畔，见城墙上阳光满布，如一切有情生命皆一一成圣成佛于一无尽光辉之中，当时曾感一大欢喜。此亦吾二十七八岁时之一事也。①

这一段记载非常详尽地说明了这次"玄武湖之悟"的场景、背景和开悟的内容。大致来说，可以分为这样几个体悟环节：

其一，自以为把握了宇宙人生真理的傲慢。"吾二十七八时少年气盛，尝自谓于宇宙人生根本真理，已洞见无遗，足开拓万古之心胸，推倒一世之豪杰，不免狂妄自大。"

其二，两重"应理"的自我反省，说明真理的普遍永恒性。"然吾后忽生一问题，即此宇宙人生之真理应为普遍永恒，亦应为人人所能见，则何以必待我

---

① 唐君毅. 唐君毅全集·生命存在与心灵境界（第二十六卷）（下）［M］. 北京：九州出版社，2016：361.

而后见？此不应理。后又更知凡人之思想，无不能超出于其所知者所思者之上，则人无不可自觉其思想之超越于其所知所思之古往来今一切思想家之上，亦无人不可有此狂妄自大。由此二反省，而吾遂转而念吾所自谓新发现之真理，应早已为人所发现，亦应早已为人所言及，或为人之所已言及之真理之所涵。"

其三，哲学态度的转换，不求"创新"，但求"契合"。"吾于是转而求见此我之所知所思者与古今之哲人所言及者其相契合之处何在为主。由此遂陆续发现，吾自谓新发现者，多为人所早发现，如诗人所谓'莫道君行早，更有早行人'。吾后来之读书及与人谈论，乃多求见人之所是之处何在，与前之处处见他人所言者之非之态度，大异其趣。然此一态度，实乃由一极大之狂妄之反省之所转成。"

其四，真理的普遍永恒性证明人心的自足及人皆可成圣成佛。"此一反省，要在反省及真理之必有普遍永恒性，应为人人所能见，先觉后觉，必同归一觉，则一切真理应皆先已内具于一切人之心，而人亦终必能自觉其所内具之真理，此真理为成就人之精神生活者，而精神生活至极者，则为圣为佛。吾遂信一切人皆必能成圣成佛。"

其五，真理的普遍永恒性同样证明一切有情生命皆可成圣成佛。"然此真理若兼为宇宙之真理，应为人与其余有情生命所依以存在之真理。人能自见此真理，何以其余之有情生命，定不能觉悟此真理，而亦有精神生活，更由无数之转生以成圣成佛？"

其六，一切人和有情生物之未悟真理、未成圣成佛，只因消极的阻碍，而此消极阻碍最终都将可破，因此，一切人和有情生物成圣成佛是理所当然的。"吾以为一切人与一切有情生命之不觉悟此真理，以成圣成佛，只由有消极的阻碍之者之故；而阻碍之者，无不可破，则一切人与一切有情生命即应毕竟成圣成佛。"

唐君毅在"玄武湖"所悟出的人及一切有情生命皆可"成圣成佛"的根本大道，是基于这样的理性逻辑的：第一，自己之"心"洞察了"宇宙人生真理"；第二，真理的普遍永恒性说明"心灵"的超越独立性；第三，我作为"有心之人"能悟到真理，他人也能够悟到真理（先觉后觉同归一觉）；第四，自觉心灵内具的真理，便可以让人有真正的精神生活；第五，精神生活的最高境界，便是成圣成佛；第六，人以及一切有情生命，都可以因为自觉心灵内部的真理，而成就精神生活，进而成圣成佛。这样一种内省和反思的逻辑，是建立在唐君毅的生命体验和对中西哲学智慧的了解和学习基础上的。

不过，仅仅是这种理论上的顿悟，还不足以表明，生死问题已经成为唐君毅理论思考和生命实践的核心问题。但是，他差不多同时期发表的一篇《论不朽》的论文，则将这种思考提高到了自觉的理论追问的高度。《论不朽》一文，一九三三年二月十三日初稿，一九三四年三月二十七日改稿，一九三五年十一月发表于《学术世界》第一卷第六期。该文可以看作唐先生"玄武湖悟道"的另一种文字呈现。

《论不朽》一文的问题意识是非常明确的：

> 芸芸众生，由幼而壮而老，均系向死之途而趋。"仁圣亦死，凶愚亦死"，功遂身退亦死，壮志未酬亦死，人之云亡，百身莫赎，服食求仙，徒为药误。是则敛魂拱木，萦骨蔓草，千龄万代，共尽何言。人生归宿惟死而已。
>
> 人之恒情，无不悦生恶死。盖人皆有志，志必求达。志随死共消亡，志因生始成遂。不仅众庶固"每生"，思保其室家之乐；圣贤亦欲生，以竟其匡济之志。路人不食嗟来食，贤哲多殉义忘生，此盖生义二者不可得兼，无可奈何，非不每生欲生也。至于印度外道之苦行以戕，希腊古哲之绝食以待毙，则或出于求死后长生之心，或由于觉此生之无价值。前者求生之彼界，后者思有价值之生。一二哲人虽有见于死生为一贯，而不知悦生，不知恶死，或至以生为附赘悬疣，死为决疣溃痈；然大多数人固不能是。且此一二哲人，当其未悟死生一贯之理时，又何尝不悦生恶死。即其已悟死生一贯之理后，虽能淡然于自己之生死；而当其见所亲之人，一旦横陈无语，亦未必能忘情。鼓盆而歌，恐自慰之意多耳！
>
> 人既无不悦生，而又终不免乎一死。百年不满，贤达奈何！千岁之忧，长怀无已！诵屈子："唯天地之无穷兮，哀人生之长勤！往者吾弗及！来者吾弗闻！"之句，孰能不怆然涕下哉？用是古今哲人，遂倡为不朽之论：或以为人虽死而实未尝死，人实有其亡者存；或以为求不朽之心根本不当，不朽之问题可不解决而自解决。虽立论之正负不同，然所对之疑问无殊。感生死事大者既多，为不朽之论者兹众。①

概括言之，唐君毅这里的问题意识的核心是生命的不朽要求是否可能以及如何可能的问题，其基本逻辑包括：（1）人生终不免一死。（2）人无不悦生恶死。（3）人既无不悦生，而又终不免乎一死，于是便有了各种不朽的学说。

---

① 唐君毅. 唐君毅全集·中西哲学思想之比较论文集（第二卷）[M]. 北京：九州出版社，2016：347.

（4）感生死事大者既多，为不朽之论者兹众；但不朽果可能乎？如何可能？

二、物质生活不朽论的理论追问

　　唐君毅认为，中西各种思想中出现的主张不朽的思想，大体可分为十种，其中，前面五种，即物质不朽论、生物不朽论、事业不朽论、社会不朽论、曾在不朽论，基本上都是从人作为个体生命的物质存在、现实生活、事业创造等维度试图说明生命的不朽，以此解决生死问题，所以可以概括为"物质生活不朽论"。唐君毅通过对每一种不朽论的理论追问，发现它们都有理论上不圆满的地方。

　　（一）物质不朽论

　　这种理论认为，人的生命肌体是由物质的聚合而形成的特殊形态的物质体；人的死亡，只不过是人体的形态消散而重新回归另一种形式的物质存在。成人之形而有聪明睿智，是物；散人之形而归泉壤，也是物。只不过是改变了物质的存在形态而已。神奇化为臭腐，臭腐复化神奇，出于机而入于机。此过程都只是物质存在形态的变化，犹如气的流动。物质常住，气运不息；因此，何死之有？何朽之有？

　　唐君毅认为，持这种理论立场的，主要是以科学常识为支撑的各种"唯物论"。唐君毅对此论的驳论在于：

　　首先，所谓的"物质常住""气运不息"，都只不过是我们人过去的经验曾经昭示的，我们并没有充分的理由保证，日月云雷等自然万象将会永远存在并运行不止；也没有绝对的理由保证物质存在在某一日不归于消灭；不能确知是否一定不会有宇宙虚空之日。

　　其次，物质宇宙本身，并没有告知我们它将长此终古；我们人类之所以相信此物质宇宙将长此终古，是因为我们相信，物质宇宙中有某种逻辑原则运乎其间，因此可以借由过去推知未来；但是，可以凭借过去的存在推知未来的存在的逻辑原则本身，并非物质存在；凭借一套非物质存在的逻辑原则推论出物质宇宙存在的永恒性本身即表明，宇宙唯物说的建立是无根据而不可能的。

　　再次，即使我们承认，借助于逻辑原则建构起来的物质宇宙论成立，日月云雷等物质万象如此这般永恒存在、长存不毁，我们也不能否认另外的可能性存在，哪怕只是偶然的存在，即：万一遭遇到宇宙运行中其他大的流星的碰撞，地球破裂，一切生物，同为灰烬；在此种情况下，尽管从气的运物法则来看，与当下万物并育文化宣明的情况下的法则没有什么不同；但是，我们不可能说，这两种存在状态的世界是一样的，无所谓好坏善恶之别；如此，我们也不可能说，生与死，毫无价值的等差。因此，即使持此唯物论立场的人，只要平心静气而论，就不可能随意地说，也不可能真正相信：人的物质身体形散之后，因为物质犹存，所以生死无分。

（二）生物不朽论

这种观点认为，人诚然没有不死的，但是，人有生殖能力和生殖行为，通过生养后代而接续其后。因此，尽管我作为一个个体生命死了，却还有子女存在，子又有子，子又生孙，孙又生子，子子孙孙，没有穷尽。自从现代遗传学提出生殖细胞与身体细胞分别之论以来，我们就懂得，我们的身体里有无限年代祖先的细胞，而我们身体里的细胞可以传至无限年代后我们的子孙。何况，生物之所以有死，正由其有生；有生必有死。既然有新生，何以还必须有旧老继续存在下去呢？在自然界中也确实存在诸多以自己的死成就新生的"自然行为"，比如一些低等动物，雌性动物完成生殖新生命后自己就死亡；另一些，雄性动物在完成交尾的生殖行为后便立马死亡。如果生物世界都老而不死，那么我们可以想象，这个世界一定是禽兽充塞、人满为灾。所以，造化安排，有死正是为了有生。如果我们明白了其中的道理，那么，子孙绕膝，寿终正寝，也就是理所当然；而所谓"不朽"之义，也正在于此。

在唐君毅看来，这样一种以子孙的无尽延续来证明个人生命的不朽，有两个方面值得怀疑：一则，人不必都有子孙，而有子孙者亦不必不断；如果必须要有子孙而且延续不断才是不朽，那么，无子孙或有子孙而断者，则依然面临"朽"的命运；而且，人之为人，求生命之不朽，也不应该只是求有不断的子孙的不朽。二则，即使有子孙且延续不断，可是子孙不必真能肖之；纵然其形肖，也不必一定心肖；纵然其心肖，也不必能够全肖；纵然能够全肖，可毕竟只是子孙，与自己并非为一。既然子孙不能肖，肖而不能一，那么，死者最终还是死，而且也没有绝对可以承续其生命的；如此，死者最终还只能是长朽而不是不朽。

（三）事业不朽论

在中国文化中，叔孙豹所言人有三不朽，其影响，尤其是对读书人和知识分子的影响很大。《左传·襄公二十四年》记载：

> 二十四年春，穆叔如晋。范宣子逆之，问焉，曰："古人有言曰：死而

不朽，何谓也？"穆叔未对。宣子曰："昔匄之祖，自虞以上为陶唐氏，在夏为御龙氏，在商为豕韦氏，在周为唐杜氏，晋主夏盟为范氏，其是之谓乎？"穆叔曰："以豹所闻，此之谓世禄，非不朽也。鲁有先大夫曰臧文仲，既没，其言立，其是之谓乎！豹闻之，太上有立德，其次有立功，其次有立言，虽久不废，此之谓三不朽。若夫保姓受氏，以守宗祊，世不绝祀，无国无之，禄之大者，不可谓不朽。"

唐先生指出，太上立德，其次立功，其次立言。此之谓"三不朽"。德泽万世，功被千古，言教百代。尧舜仁政，秦汉武功，周孔文章，均是光芒万丈，大业盛事，不随年寿而尽。是故，"圣贤为遂其胞与之怀，而杀身以成仁；烈士欲功名之图麒麟，而希战骨之速朽；文人欲藏一家言于名山，甘受极刑而无愠色。人诚能有一于此，则史册留芳，虽殁犹存，长生久存，需之何为？"[1]

唐君毅认为，"三不朽"的事业不朽论，以立德、立功、立言为不朽，与前面的"生物不朽论"有同样的问题。立德、立功、立言，只可能是少数人所能实现的生命状态。尧舜仁政，秦汉武功，周孔文章，虽然都足以炳耀千古；但是，历史长河中存在的千万人中，能做到如此这般立德、立功、立言的，实在只是十分有限的一些个体生命。如果真是如此之后才能生命不朽，那么，不朽的权利，便只掌握在这样一些能够实现立德、立功、立言的少数人手里；不朽之论，便也只能是安慰这些少数人的不朽论。如此，这样的不朽论是不足以决定或者安顿普遍的生死问题的。

而且，德、功、言，其实都不过是立德、立功、立言者的生命足迹。立德、立功、立言者的生命之所以高贵难得，并不只是因为其生命足迹，而是其生命本身。尽管见其所立之德、功、言，犹如见其生命，但是，不管是客观存在上还是主观体验上，其迹虽存，其人确实已去。此犹如雪泥鸿爪，虽弥足珍贵，但是，鸿飞冥冥，也不能不望云天而怅惘！

进一步说，即使认为立德、立功、立言者之足贵在其所立之德、功、言本身，犹如说，"点金指"之所以珍贵，恰恰只在其"点金"，但是，点金虽多，点金指之失，仍然不能不让人哀泣以之。何况，尽管一个人所立之德足以"德泽万世"，但是，不能保证万世之后仍能够无穷无竭；同样，其所立之功尽管可以"功被千古"，但千古之后，不能保证其不枯竭；所立之言或可以"言教百

---

① 唐君毅. 唐君毅全集·中西哲学思想之比较论文集（第二卷）［M］. 北京：九州出版社，2016：349.

代"，但百代之后，也不能保证其不断绝。

（四）社会不朽论

一方面，客观上说，人不可能离开社会而单独存在，因此，人的言行无一不受社会的影响，同时又影响社会。人的一颦一笑，庸言庸行，都不可能不给他人以印象。即使一个人性格孤僻，深藏微隐，但是，诚中形外，直接间接，总有一些不可掩饰的东西要表现和呈现出来。所以，无论是流芳百世，还是遗臭万年；无论是名耀典籍，还是没世不称；无论是利泽群伦，还是徒私小己；其通过对社会的影响而留传不朽，则是一样的。这是所谓"社会不朽论"的一重含义。

另一方面，个人存在于社会，犹如细胞存在于我们的身体里。对于我们的身体来说，尽管细胞有新陈代谢，但我们的身体依然故我；相应地，个人有死生存殁，但社会不会因此而生灭。如太白诗《古风》曰："前水复后水，古今相续流。新人非旧人，年年桥上游。"尽管前水不是后水，但毕竟江流千古而不竭；虽然新人不是旧人，但社会绵延千年而不断。这是所谓"社会不朽论"的又一重含义。

唐君毅认为，不管是哪一重含义的"社会不朽论"，都是以社会的不朽，来标明个人的不朽。此种不朽论的问题在于：

首先，人的行为尽管无不直接或间接地影响社会，同时也受社会影响，但是，如果从人的行为影响在社会，就由此而证明人的行为不朽，那么，就必须明确，人的行为影响是否全部都在社会。因为，如果可以因为人的行为影响在社会，就证明人的不朽；那么，也可以从人的行为影响有不在社会的方面，证明人之朽。比如，某人一个简单的"举起石头"的行为，石头动，是人行为的影响；但是，石之动并非一定存在于社会之中。当然，人们也可以说，由一石之动，或可以引起陵谷的变迁，并因而可间接有影响存在于人类社会。但是，即使如此，我们也不能说，"石头动"本身，也在社会中。

其次，社会的不朽存在，只不过是人的祈盼方向而已。事实上，我们很难说社会是不朽的，比如，古代若干文明古国都已经完全沦丧，很明显地说明了社会之朽；纵使因为这些文明古国有历史遗留下来的一些文字或文化，不能说其已经全朽，但是，其一部分已朽是不争的事实。至于现代的社会文明，尽管已经超越前世，但是，依照斯宾格勒等的文明史观，现代文明的死灭期也已经在临近了。何况，即使文明不朽，地球末日的到来，却最终将成为必然；当此之时，大陆平沉，山河破碎，社会也不可能还不朽灭。

再次，社会纵然不死，但个人确实是必死。我们不可能因为个人之死，而说社会有死；同样，也不可能因为社会之不死，而说个人也不死。我们只应该在哀痛个人之死时，将自己的哀痛之心移向全社会，以此可以因为见到社会日渐繁荣而得到一些慰藉；但是，我们仍然应该在庆贺社会的繁荣之时，念及个人之死；当此之时，此念所带来的哀痛，仍然是存在不虚的。

（五）曾在不朽论

这种不朽论认为，人的言行颦笑，即使不影响别人，其自身也是不朽的。因为，我们在现实生活中有一颦时，则此颦已呈现存在于宇宙；有一笑，此一笑也已经呈现存在于宇宙。虽然当我们眉开之时颦即消逝，但原先已经存在的颦，则未尝消逝；虽然敛唇之时即笑亡，但曾经存在过的笑，则未尝消亡。由是可以推论，人之生也不会有死。

在世界上已经存在的东西，就不可能变成非存在，而是与宇宙存在本身一起亘古长存了。譬如明月，既圆还缺，有圆有缺。当其处于缺的状态时，其作为圆存在之时则仍在其圆之时。又譬如，当人插足流水时，水会因足的插入而处于停的状态，而抽开所插之足，则水又将逝去；但是，当其逝时，其原先未逝之时仍在其未逝之时。苏东坡《赤壁赋》曰："逝者如斯，而未尝往也；盈虚者如彼，而卒莫消长也。"失去的东西像河水，但河水似乎从来都是那个样子，千古都在流；事物总是缺憾或者圆满，就像那月亮，但最终月亮自身不曾有过变化。僧肇《物不迁论》亦曰："旋岚偃岳而常静，江河竞注而不流。"同样是认为，曾经有，不能无；既已有则永远有。

唐君毅认为，这样一种以其存在本身来说其不朽的观点，"似较顺理"①。因为，一事物既然曾经存在，那么，即使是万钧之力，也不可能让它改变或者不存在；过去已经有的事，一旦有了，则不可能为无。

尽管如此，唐君毅认为，以此种证明来说明人的不朽，仍然是不恰当、不合适的。因为人之求不朽，不是仅仅期求人存在于宇宙。如果说人之求不朽，仅仅是期求人以某种方式继续存在于曾经存在的宇宙，那么，人根本就不需要求这种"不朽"，因为这样的"不朽"，与现实世界人们感受到的"朽"没有什么区别。事实上，被称为"朽"的行为，必有其行为主体"朽者"；既然有一个作为主体的"朽者"，那即表明此"朽者"必然曾经存在。

---

① 唐君毅. 唐君毅全集·中西哲学思想之比较论文集（第二卷）[M]. 北京：九州出版社，2016：351.

人期求不朽，不是仅仅期求人曾经存在，而且是期求现在继续存在；不是仅仅期求继续存在于过去，而且是期求继续存在到现在以及未来。曾经存在的人虽然曾经存在，但是现在已经不存在了；曾经存在虽然继续存在于过去，但已经不能继续存在于现在及未来了。所以，这样一种"曾在不朽论"，尽管看似有理，实际上在唐君毅看来，却是所答非所问。

三、精神生活不朽论的理论追问

唐君毅所列的十种不朽理论的后五种分别是：价值不朽论、智慧不朽论、伟大人格之不朽论、大我精神不朽论、个体流转不朽论。由于主要都是从个人的精神生命的存在延续角度来说生命的不朽，因此也可以概括为"精神生活不朽论"。唐君毅认为，这五种不朽论也都各有理论上不完备的地方，却给我们思考和解决生死及不朽问题提供了更多理论上的参照和借鉴。

（一）价值不朽论

这种不朽论认为，客观上说，我们人的心身诚然有死亡；但是，现实存在的人心所思、身所行之道，则是不会最终消亡的。人生在世，所思所行之道，无外乎真、善、美、神圣的价值存在。何者为真，何者为善，何者为美，乃至何者为神圣，都是自在天地之间，浩浩不穷；此自存于天地间的人间大道，既不会随人的身心之生而存续，也不会随人的身心之死而断灭。

主张这种不朽论的，以哲学家居多。朱熹曰：夫谓道之存亡在人而不可舍人以为道者，正以道未尝亡，而人之所以体之者有至有不至耳，非谓苟有是身则道自存，必无是身然后道乃亡也。象山曰：道天地间，有个朱元晦、陆子静，便添得些子？无了后，便减得些子？阳明也主张：道，天下人信之不为多，一人信之也不为少。柏拉图则强调：至善的真理永远存在于理念世界。东西哲学家的这些主张，就生命不朽论而言，都可以归类为此种"价值不朽论"。

唐君毅认为，尽管这种以价值不朽说人之生命不朽的观点多为哲学家所主张，但是，"仍不足以餍人求不朽之心也"[1]。因为，这里所谓的价值之不朽，指的是抽象的价值共相，而不是存在于个体生命中具体而特殊的价值经验。抽象的价值共相，是否能离开我们个体生命中的具体而特殊价值经验而单独存在，这本身就是一个需要证明的形而上学问题；即使其能够脱离具体而特

---

[1] 唐君毅. 唐君毅全集·中西哲学思想之比较论文集（第二卷）[M]. 北京：九州出版社，2016：351.

殊的价值经验单独存在，也不能以其长存不灭代替生命的长存不灭。人之为人所期求的"不朽"，并不是要特别追求这样一种价值共相的不朽，根本上是要追求生命的不朽。所以，价值不朽论仍然是一种所答非所问的似是而非的不朽论。

（二）智慧不朽论

智慧不朽论认为，作为个体生命，人确实不得不死亡；但是，人的智慧则不会随着人的生命存在的死亡而死亡，而是不亡。因为人的智慧明白清晰，可上通于神灵，对神灵施爱，并进而与神灵合一；而不像肉体、情绪的存在，污浊卑下，不可能及于神灵而不朽。在唐君毅看来，亚里士多德关于能动智慧和理性神的思想、斯宾诺莎关于智慧之爱的观点，都属于这种智慧不朽论。

唐君毅认为，智慧不朽论以及后面将要讨论的诸种不朽之论，有诸多合理之处可取；而且，此种不朽论很清楚，不朽的问题，根本上在于期求人的精神或人格的继续，所以相关论述也自然切近问题的本质。但是，其结论终有让人遗憾的地方。因为，说智慧的存在是不朽的，没问题；但是，人要求不朽，并非仅仅期求智慧之不朽。人固然期求智慧的不朽，但同时也期求情绪的不朽；人固然期求与神合一的智慧能够永远与神灵契合无间，但同时也希望人世间的恩爱能够天长地久。尽管我们也可以说，期求情绪、情感、恩爱之不朽的价值不及与神灵契合的智慧之不朽，但是，人也有对于情绪、情感之不朽的要求，这是确实无疑的。既然有此要求，那么，仅仅是智慧的不朽，就不足以满足人全部不朽的要求而满意解决不朽问题。

（三）伟大人格不朽论

这种不朽论认为，世间存在的一般庸庸碌碌之人，对于宇宙世界来说，有之不多，无之不少，对于世界的价值不能有增加，因此不免与草木一样死灭腐朽；但是，伟大的人格，则因为其为世界价值的赋予者，其人格有特殊的构造，可以抵抗死亡，因此，决不能与庸庸碌碌之人一样死灭腐朽。在唐君毅看来，歌德的人格论、费希特的自我论，都属于伟大人格不朽论。

唐君毅认为，伟大人格不朽论的问题，犹如事业不朽论，主要的问题在于，忽视人全部的不朽要求。因为，伟大人格的不朽，永远只是具有伟大人格的少部分人的权利；将不朽的权利掌握在少数人手中，便只足以安慰这少数人的不朽心愿。可是，就人的生命存在来说，庸俗之人与伟大之人的人格之间，并没有截然绝对的区别；就其潜能而言，无外乎程度的不同而已。

客观上说，伟大人格如果不能不朽，此事确实值得人悲痛；因此，应该立不朽之论，以化解我们的悲痛之心。不过，即使是一个卑贱的乞丐因饥寒而死，同样是值得我们悲痛的事。尽管因为资质、环境的各种限制，乞丐未能将其自己与圣人同有的一点良知、良能扩而充之，因而未能充分尽其性，以至于饥寒以死；但是，正因为如此，如果让其一死而永无复余，永无超拔之日，恰恰是更加值得人悲痛悲悯之事。就此而言，如果要满足人全部不朽的要求，就应该立同样的不朽之论以济此悲痛悲悯。

（四）大我精神不朽论

依据心理学对人的认识发生学的研究，在人的原始认识中，自己和他人乃至世界是混沌部分的，此时还没有"自我"意识；在认识发展过程中，他人、世界和自己，都是从同一原始精神经验中抽象出来的概念。在经验中，我们也可以发现，自己之心与他人之心，既相同而又相了解；由此可知，己心与他心必为一体。正是因为如此，一些哲人便主张"大我精神"之说，认为我们每一个具体生命作为"小我"的精神虽然死亡，但是，大我的精神仍然存在。按照印度梵志（外道）的比喻，人犹如瓶中的一个小虚空，梵则犹如一个大虚空；因此，人之死，犹如瓶碎而还入大虚空。西方思想史中的"泛神论"，以近代黑格尔为代表的以绝对精神为归旨的绝对唯心论，在这一点上持相同的主张。

唐君毅认为，大我精神不朽论与前面的各种不朽论相比，"大有不可同日而语者"[1]。一方面，宗教家多以此作为自己立论和信仰的前提；另一方面，哲学家也对此多有详细陈述的论据。近代绝对唯心论哲学，用超越逻辑为此不朽论作了详细而深入细致的辩护；尽管这些辩护多有鞭辟入里之论，但是，其结论不足以安慰人求不朽之心。

因为，所谓大我精神虽然不朽，但毕竟我们每个具体生命的小我精神则已朽；大我精神虽然永存，但小我精神最终只能是暂存。如果认为，小我精神为大我精神的一个部分，大我精神的存在亦即小我精神的存在，其中就将面临如下问题：一个个体生命的死亡，是全部没入于大我精神呢？还是有自我个性的保存？如果有自我个性的保存，很显然是大我精神不朽论所不允许的；如果没有自我个性的保存，则小我精神实际上是已朽的。如此，我们是不能以大我精神的不朽，来抚慰小我精神朽坏之悲痛的。

---

① 唐君毅. 唐君毅全集·中西哲学思想之比较论文集（第二卷）[M]. 北京：九州出版社，2016：353-354.

（五）个体流转不朽论

因为大我精神不朽论不足以满足小我精神不朽的要求，于是便有了个体流转不朽论。这种不朽论认为，每一个自我的个体性，都是为直接经验所显示，因而毫无可疑；因此，如果有不朽，必然应该是个体的不朽。依照此种不朽论，人之生，不过是此个体的灵魂与身体的结合；因此，个体生命之死，不过是此个体的灵魂离开他当下的身体而另去投胎为新的个体；人的生生死死交替不息，便是个体灵魂来往投胎的生命延续。唐君毅认为，印度教的三界六道论、基督教的天堂地狱说，都是本此不朽论而设立。在哲学上，西方哲学中的多元唯心论者，以及部分生机主义者如杜里舒①等，大概都相信这样一种个体不朽论。

唐君毅认为，此种建立在个体灵魂流转基础上的生命不朽论，与前一种所谓的大我精神不朽论一样，是不少宗教家与哲学家的主张，而且论据相对来说，最为丰富。个体流转不朽论相对于大我精神不朽论而言，更具有优势，这种优势就在于，它能把握住人求不朽的心理，并以个体灵魂流转投胎的方式，对于此种求不朽的心理予以最大的满足。

如果以哲学上严格的论理来要求，此种不朽论在理论上的问题仍然十分严重。因为，此种不朽论尽管对小我的个体性十分尊重和重视，但是，恰恰是因为对于个体性的实际存在过分执着，以至于以此为唯一原始的概念，而认为灵魂本身只是独自存在孤立无依的东西。由于个体灵魂流转不朽论最能满足人的求不朽的心理，同时又为较多的宗教家和哲学家所接受，并有诸多的理论论证，因此，唐君毅对此的分析和解剖也更为细致。

在唐君毅看来，个体灵魂不朽论首先面临如下三重困难：

首先，由于此说认为，每一个个体灵魂都是独自存在、孤立无依的，因此，最后势必假设，任何灵魂都没有向外呈现自己和相互联系的窗户，都只是一个封闭的系统，犹如莱布尼兹所说的"单子"；由此，任何一个灵魂要认识外界，都成为不可能。因为，灵魂既然没有窗户，那么，其所认识到的对象，最多只能是外物所投射的影子，或者灵魂中自发而与外物相同的观念；至于外物本身，由于灵魂永远不能认识，那么，此灵魂自然永远也不能据此投射的影子或自发的观念，而认知到影子或观念之外还另有外物。

其次，由于必须假设灵魂无窗户，而自成为一个封闭系统；因此，任何一

---

① 杜里舒（Hans Driesch, 1867—1941 年），德国人，生机主义哲学家。1920 年梁启超等人组织成立的"讲学社"邀请杜里舒来中国讲学。

个个体灵魂与其他灵魂的共同知识，也成为不可能。因为，两个灵魂既然各自都是一个封闭系统，则各自所得到的知识，都只是单一者、特殊者，而不可能为共同者。即使是假设上帝保障人的灵魂中自发的观念与外物相契合，并保障共同知识可能，也仍然不能成立；因为，上帝本身，也是一个封闭的灵魂。

最后，由于假设各个个体灵魂封闭而独立存在，因此，每一个人的灵魂不仅不能减少，也不能增加；由此，必然导致"人的灵魂为有限数"的结论。因为，如果是无限数，则就是可增可减的，无限数的性质之一，便是"可增加可减少"而不改变其性质。如果人的灵魂有一定的数量，那么，一旦人的灵魂都投生为人之后，势必会导致男女配合不能生殖的一天（因为所有灵魂都已经转世投胎，不再有需要投胎转世的灵魂）。这样的后果，是十分令人不可理解和难以接受的。

四、个体生命不朽要求的正当性

唐君毅认为，不朽论的后五种学说尽管都还不够完备，但是，每一种理论，特别是"智慧不朽论""伟大人格之不朽论""大我精神不朽论"和"个体流转不朽论"，其持论者们又都提出了不少积极的主张和论证，对于"要求不朽"的正当性已经有不少具有启示性的探讨。综合来说，在唐君毅看来，人的不朽要求的正当性，可以从两个层面来说：一是从道德意义上来说的正当；二是从逻辑论理意义上来说的正当。

首先，从道德上说，人的不朽追求具有正当性。道德行为的本质，即为了实现价值、保存价值。生命的存在，无论哪一种派别的道德学说，都必须承认其本身是有价值的；即使没有本身的存在价值，也必然具有使用的工具价值。因此，要求生命的继续存在，自然可以被视为"保存价值"的道德行为；至少不是不道德的行为。因此，这种要求，完全可以被称为正当的要求。

其次，从论理上说，人的不朽追求具有正当性。人的思想行为的本质，便是在变中求常，从变动不居的现象中试图把握处常不变的本质规律。一切科学、艺术、政治和宗教等学问，之所以可能并最终成为相应的学科，都是本于此"变中求常"的追求。既然我们能够从自然界、社会界和历史界等各种变动不已的现象中求到常，并建立起各种各样的代表人类文明的学科，即表明，我们所求的各种表象的"变"中，必然有其"常"；既然我们可以从其他存在的变中求到其常，那么，我们也可以说，我们从人的生活之变、生死之变中，求我们自己生命人格之常，自然应该说我们作为人在理性上应该有的权利。因为，如果我们的生命人格，在人之死后即烟落消沉，化为异物，那么，这便是"有变无常"；而这种"有变无常"的情况，在理论上是不成立的。因此，人求其生命之不朽、不断灭，实质上具有论理上的应然性和正当性。

第四节 不朽的可能：生死问题的理论探索

通过对各种主要不朽理论的辩驳、反思和追问，唐君毅一方面发现了各种不朽论的问题和理论上的不完备，另一方面也发现，人有不朽要求，试图将生死连接为一个整体，不管是在道德上还是在理论上，都具有相当的正当性。既然，作为个体生命的人，其不朽要求具有正当性，那么，进一步的问题便是，"不朽"问题应该成为我们生命中关切的终极问题吗？"不朽"真的是可能的吗？不朽如何可能呢？唐君毅对以上问题的回应及对生死问题的进一步理论思考，首先是从反面给予论证的，即在理论上对各种试图通过"取消"不朽问题来"解决"不朽问题的理论或者论说，进行一一辩驳，从而证明，不朽问题根本不可取消，不朽问题必须作为生死哲学的核心问题被提出，并期望被解决。

一、不朽问题必要性的十个说明

由于主张不朽的各种理论都有其不完满的地方，所以，不少哲人便提出，不朽问题根本不能成立，并希望借取消问题的方式，来解决此问题。唐君毅认为，此论大体可以分为十种。唐君毅对这十种"取消不朽"的论说进行了一一辩驳。

（一）人应只尽人道论

人只应该尽人道，而不需去思考生死之道甚至求不朽。未知生，焉知死。人之所以求不死，根本的是出于私欲。生命的本质，便是流行不已，自强不息，生生不已。人所需要努力的，只是在使自己生命的流行，无时或殆，日进无疆；能够如此努力的人，必然是一个夙兴夜寐、孜孜为善的人。能够如此尽人道，没有遗憾，便可以做到所谓"朝闻道，夕死可矣"；既然闻道即死而无憾，人的全部心思便只在问道、求道、闻道上，根本无暇思及也无须思及殁身以后求不死的问题。所以，求不死，只是私欲的体现。这是宋明儒者经常所说的话。

唐君毅认为，此说法并不足以取消不朽问题。在人群中，确实存在发愤忘食、乐以忘忧，而不暇追问生死之源的人；但是，存在这样不追问生死的人，并不能证明生死问题不应该追问、不朽不应该期求。因为，再是不暇者，也可能有时而暇；任何刚健有力迈往天下己任的圣哲，当其不得不独立面对苍茫之际，也不可避免地生出"前不见古人，后不见来者"的悲凉感。此种悲凉即表明，他对人生的有限性也是心生戚戚焉的。

另一方面，人固然应该尽人道，努力实现"人之所以为人"的使命。但是，人的要求中，有"不死"的要求，是人的恒常本性，也是"人之所以为人"的重要标志。人应该尽人道，亦即实现"人之所以为人"；因此，人自身恒常具有的"不死"要求的满足，同样也应该是人的责任。

（二）无时不死论

这种观点认为，死亡无时不在、无处不有，死本身不值得悲痛悲凉。按照这种理解，世间万物的存在，本就迁流不已，变幻无穷；宇宙法则就是如此，不值得大惊小怪。人的一生，倏忽之间，便从童年到了青年；倏忽之间，便又失去壮岁，而成白头。在人短暂的一生中，本质上便是新我不断否定和超越旧我的过程；新我既生，旧我斯灭，刹那刹那，方生方死，无时不生，也无时不死。既然人生如此，如果我们忧死，便应该无时不忧死；如果我们悲死，就应该无时不悲死。既然我们并不以新旧我的替代为悲，那么，我们便也没有充分的理由要去悲痛新旧人之间的替代。

唐君毅认为，这种说法是错误的。细胞的新陈代谢，新我旧我之间的刹那交替，虽然可以说是广义的"死"；但是，在这种不断经历的广义的"死"的过程中，人自己还是可以感觉得到，自己的作为人的人格仍然是连续不断的。尽管旧细胞在不断地去，新细胞可以不断地来；旧我在不断地被新我超越和取代；但是，我们自己始终仍然可以感觉到，我还是我，我是一个整体的人格。但是，人的死亡则完全不是如此；一旦魂断，永逝人间，潜寐黄泉，便是千载不寤。因此，人作为个体生命的死，是不可能也不应该与身体内细胞新陈代谢过程中的细胞死亡相提并论、等量齐观的。

（三）生即无限论

一般看来，人之所以忧死悲死，主要是因为人的寿命有限，不像天地的存在是无限的。但是这种观点认为，人的寿命并非真正的有限。人的寿命，不管是像彭祖一样长寿，还是未成年而夭折，其实都可以说是无限的。

颜子的寿命，按照通常的说法，可谓早夭；但是，以其三十二岁的年龄（或者考定为四十二岁，在此无关紧要），如果我们将其析分为月，再析分为日、时、分、秒，以至无穷，那么，三十二岁的寿命同样也是无限的。而且，按照这样的分析逻辑来说，即使颜子是才生即死，其寿命也是无限的。当然，以金石天地与颜子相比，颜子固然不如金石一般，与天地同寿；但是，与无限小的刹那相比，颜子的寿命则是真正无限的。所以庄子在《齐物论》中说：天下莫大于丘毫之末，而泰山为小；莫寿乎殇子，而彭祖为夭。由此观之，早终并非就是寿命短促，死也不值得悲伤悲痛。

唐君毅认为，这种论点的错误是显而易见的。因为，任何一段时间，从内部进行抽象的分析，确实都可以说是无限的；但是，这种从内部进行抽象划分的无限，实质上并非其外延的无限。因此，即使说颜子的寿命自内析分为无限的刹那；但是，三十二年为有限，则是无疑的。犹如王羲之在《兰亭集序》中所言："一死生为虚诞，齐彭殇为妄作。"

（四）死者休息论

这种观点认为，人生一世，劳苦辛勤；而死，则是真正的休息。

《孔子家语》"困誓"中，子贡问孔子曰："赐倦于学，困于道矣，愿息于事君，可乎？"孔子言不可。又问："然则赐愿息而事亲"；"然赐请愿息于妻子"；"然赐愿息于朋友"；"然则赐愿息于耕矣"；孔子皆一一引用《诗经》言语，言人不可"息"。最后，子贡问道："然则赐将无所息者也。"孔子说，有啊，你看那大墓高冢，远离人间操劳与纵横，静穆厚重，一走到它面前就油然而生敬意，这就是"息"了。子贡曰："大哉乎死也！君子息焉，小人休焉，大哉乎死也！"孔子与子贡在这里讨论出的论点，便是死亡休息论。

一个人不可能只有白昼的劳作，而没有夜晚的睡眠；因此，也不可能只有生之劳作，而无死之闲逸。人既然"好逸"而"恶劳"，为什么就不能"好死"而"恶生"呢？庄子在《齐物论》中说："生死修短，岂能强求？予恶乎知悦生之非惑邪？予恶乎知恶死之非弱丧而不知归者邪？予恶乎知夫死者不悔其始之蕲生乎？"既如此，人则完全可以安心顺然地甚至喜乐地接受死亡这个大休息。

唐君毅认为，这种主张"死亡即是休息"的论说，很明显带有勉强自我慰藉的色彩。

首先，休息睡眠，是可以再醒来的；而死，则不可复生；这是尽人皆知的常识。因此，将死亡直接等同于休息睡眠，本身最多只具有"象征性"意义，而不具有"实质性"意义。

其次，如果是因为人之生确实太苦，那么，死亡便不得不停下这种苦，亦即可以免苦；但是，人之生本身，究竟是苦多还是乐多，这对每一个人来说永远都是一个没有标准答案的问题。从现实中人们"爱生"这样的自发选择来看，至少可以说，人们普遍相信生的快乐是多于苦痛的。人相信生之乐多于苦，因而悦生，可又终不免于死，这便是悲剧的根由所在。如果认为人的这种"相信"只是人的"妄信"，可是，我们却很难找出说其是"妄信"的根本理由和理据。犹如庄子，我们诚然不知道"悦生"就一定是绝对正确的，但我们同样也不可能知道，"知悦生之非惑"是可以完成的。庄子最终也没有办法破除人的"悦生"之心。由此以观，人"悦生"而又"不免于死"的悲剧，始终是不可避免的。

（五）人应顺自然论

这种观点认为，人乃是自然的产物，我的身体生命并非我自己私有，而是天地的委形。《庄子·知北游》："舜曰：'吾身非吾有也，孰有之哉？'曰：'是天地之委形也。'"既然我身只不过是天地的附属之形，那么，天地造化我为鼠肝，则我即为鼠肝；天地以我为虫臂，则我为虫臂。我只不过完成天地赋予我的身心形状及相应使命，所以，善待我们的生，也就应该善待我们的死。

以此而论，我们根本不必去追问生死的究竟。因为我们既然有此生命，则我们的视听言动及一切生命行为，无不限于此生之所及。火如果已经燃烧起来了，就只看到此正在"燃烧"本身，既不知也不必知其开始是不燃的，不知也不必知其最终将熄灭而不燃。水既在流淌，则此流淌的水便不自知其开始从哪儿来，也不知道其后将流往哪儿去。人亦然，既然有此一生，自己不知道也没必要知道，我们的生到底从何而来，死又将何处而归。因为，火、水以及我们人的生命，都生于自然；生于自然者，终不能超越自然在安排其生时所加诸其身的相应限制，也不可能超越其求知之而终不可知的自然宿命。因此，最好的办法，便是顺自然而生，顺自然而死。

唐君毅认为，这种说法是似是而实非的。因为，水火无知，人则有觉；水火可以不问其始终，人则不能不问其来往。如果说人应该应求自然，不超越自然所加于自身的限制，那么，我们可以这样设想：如果自然真的对人的生命有相应的限制，那么，就不应该使我们有这样一颗还在生时却要追索生前死后之事的心；既然我们确实有这样一颗追索生前死后之心，即表明，自然并没有于此问题上对人加以特别的限制。从另一个角度说，如果我们有此追索生前死后之心，也就是自然所赋予而加于我们的限制；那么，我们以此心去追索生前死后之事，也就是自然限制中的正当活动；如此，追索生前死后，恰恰是顺应自然的生命活动。

（六）死根本不可遇论

这种观点认为，死亡，是人的消灭。当人还存在之时，死是不存在的；当死存在之时，人已经不存在了。所以，人之生与人之死，是两件完全不可能同时出现的事情，人与死永远都不能相遇。既然死亡是人作为人之人生永远都不可能遭遇到的事情，死也就不应该成为人生的问题。伊壁鸠鲁的死亡哲学，是这种观点的典型代表。在伊壁鸠鲁看来，人的灵魂将随着身体的死亡消失殆尽；既然灵魂在肉体死亡时同样死去，烟消云散，那么，死对我们来说也就是无感觉、无体验、无所谓的事情。我们根本就不可能知道，死亡会在什么时候发生，因为"死亡"和"我"永远不会同时存在。既然我们死了，我们就不会知道自己死了，死也就不足以更不应该成为影响我们生的问题。

唐君毅认为，这种论说最明显的错误即在于：将抽象之死与抽象之人进行对比，并因此而言，"死"与"人"是不能相遇的。一方面，任何人的死都是一个具体人的死亡，对于这个个体生命而言，他明确地感受到、遭遇到死亡将与他相遇，他的生将被死亡夺取；所以，只是抽象地说人与死不相遇，并不能解除一个活着但将死之人对于死亡的恐惧。另一方面，如果将此种抽象的推论进一步推向极端，那么，势必会得出这样的结论：人是没有死的，人不死；因为，人与死永远都不能相遇。但是，人确实有死，而且，存在的人不断地在死。所以，这种抽象的言论死亡不可遭遇的说法，是不能成立的。

（七）求不朽为原人思想论

此种论说认为，人要求不朽，根本上是源于一种错误的观念，即相信自己身体败坏之后，仍然有一些残余的存在。这种对人的身体死亡朽坏后仍有残余存留的信念，根本上是根源于原始人的"生气"之说。

原始人通过观察发现，人死之后，则呼吸停止；通过对这一观察发现的反省，即得出其基本结论：人之生，是由于其口中之"气"，此气乃是一种具有生命活力的"生气"；进而认为，人的自然生命乃是肉体和此"生气"复合而成，而人的肉体毁坏之后，应该还有一些残余的存在。既然现代科学已经表明，这样的"生气"说是不足以相信的；那么，我们当然也就不应该再相信，由生气说而来的肉体毁坏以后尚有残余的观念；既然去除了这样的"死后残余存在"的观念，人也就完全没有必要有不朽的要求了。

唐君毅认为，这种说法是十分错误的。因为，即使是说，人求不朽的想法的产生，最初是由于相信人的肉体毁坏以后有残余的生气存在，我们也不能因此即认为，所有人对不朽的期求，都是由于相信人的肉体毁坏后有残余的生气存在。现代人在科学思想的熏陶下，早已经知道，原始人所谓的"生气"，不过就是我们的呼吸之气而已；但是，现代人仍然有不朽的要求。由此可见，现代人对不朽的要求，是不可能因为否定原始人出自一种独特的心理信念而有的不朽要求，就可以而且应该去除的。

（八）有死生方贵论

这种论说认为，世间的一切价值，都是相对而有的。有恶，然后才知道善值得尊重；有丑，才可能懂得美堪为珍惜；相应地，有死，也才可能真正知道生的珍贵。如果我们将人之死比喻为空中的"云"，那么，人之生就如天上的"月"。云是用来烘托月亮的，或者说，没有云的烘托，月亮的明亮便不那么光华；相应地，如果没有死亡的黯淡，也就不可能彰显出人生的光彩。恰恰是人明知死的不可避免，却仍然终身努力不懈，这才是真正的肯定人生；这样的人，才可以称得上是人生悲壮剧的演员，也才足以表现人生本身所具有的独特的庄严与神圣。

唐君毅认为，这种观点也是有问题的。真、美、善等价值的分辨，尽管是通过与伪、丑、恶的对比而得到的；但是，真、美、善的价值本身，并不是因为与伪、丑、恶对比才有的。在人生实践中，一个真正期望和喜欢真、美、善的人，必然渴望去除所有的伪、丑、恶，而代之以完全的真、美、善；如果真、美、善的存在不能够脱离伪、丑、恶，那么，伪、丑、恶将永远没有办法被去除。

相应地，生的分辨虽然必须与死相对而言才成立，但是，生之为生本身，并不必须因为死才存在。烘云固然可以托月，但是，烘云托月，是"云""月"并存，而并不是以"云"去"月"。对于人的生死来说，"死"与"生"并不同时存在，因此，不可能以"月"和"云"的关系来进行比拟。

至于说到人明知死在眉睫，仍然努力不懈的人生精神，唐君毅强调，这种精神诚然十分可贵，也确实是彰显人生庄严与神圣的真精神；不过，他更进一步指出，如果这种精神不随人的死亡而消灭，则更为可贵。

（九）求不朽出于生活意义之贫乏论

这种观点认为，人生是靠意义和价值支撑的；如果一个人的生活意义丰富，自己觉得此生就有无限的价值、无限的意义，那么，他必然不会期求死后的不朽。人之所以期求死后不朽，根本上在于，其生活意义过于贫乏，因而感到人生和人生意义的有限性；同时，又不努力去在现实生活实践中充实其生活的意义；故而，只得希图生命不朽，现实人生结束后仍然有其他形式的人生存在，以期多享受生命的意义。

唐君毅认为，此说也有问题。一个人的生活意义越是丰富，越觉得自己生活的意义、价值无限，这是现实生活中的事实。但是，其所觉得的生活意义的无限，与现实生命的有限，始终是两件不同的事。后者的有限，固然不能使前者的无限变成有限；而前者的无限，也不可能使后者的有限变成无限。所以，我们不可能因为一个人自己觉得自己的生活意义和价值具有无限性，就认为其现实生命也就由有限而成为无限了。

诚然，当一个人觉得其本身生活意义无限时，或者在其全心全意沉思其生活意义的无限时，是可能忘记其生命的有限，因而暂时不求生命之不朽。但是，如果我们因为一些人觉得其生活意义无限丰富而暂不求不朽，就进而断定，那些期求生命不朽的人，必然是因为其生活意义贫乏，而又懒惰不努力去充实其生活意义，则是没有任何论理依据的。

（十）求不朽由于太重视人主观之要求论

此种观点认为，人之所以期求不朽，主要是因为相信，宇宙对于人，必然是有情而不是淡漠；因此认为，既然人有不朽的要求，那么，宇宙必有不朽的事实。人的这种"相信"是没有根据的。因为，人的要求根本上是人主观心理的产物；主观心理源自主观心理，而客观事实也只能是源于客观事实。人的主观心理无论有如何迫切的要求，也丝毫不能作为客观必然有此事实的证据；客观事实自有其铁的纪律与规则，绝不可能因为主观心理的变化而有所转移。如果我们明白此理，那么我们就应该知道，人主观的不朽要求，不过是"主观"的不朽要求而已；既然只是主观上的要求，就不应该强求客观上也必然存在不朽的事实；如此，所谓生命不朽的问题，就不称其为问题了。

唐君毅认为，这种论说的根本前提，就是值得怀疑的。这种论说所坚持的根本前提在于，主观世界和客观世界是不可沟通的二元对立的两个世界，并由此而将主观心理的要求与客观事实的存在绝对分立。如果主观和客观是完全不可沟通的二元对立的两个世界，那么，不仅一切认识或许因而成为不可能，而且，此论说所反对的主观上的不朽要求，本身也不应该有。因为，主观上有此不朽的要求，就会要求客观上有此不朽的事实；如果主客观是根本二元对立的，那么，主观是不能对客观有这样的要求的。主观既然对客观提出了此要求，即表明，主观已经超越了主观本身，而与客观相连接了。

或者，人们可以说，这里的客观，仍然是主观的客观；但是，我们可以设想，如果主观和客观是完全不可沟通的二元对立的存在，那么，客观是不可能流入主观而成为"主观之客观"的；客观既然已经流入主观，就不能再说，主观与客观还是不可沟通的二元对立的存在。又或者，人们可以说，这里的"主观的客观"仍然在根本上是隶属于主观的，外有"客观的客观"与此相对，彼此仍然是不可沟通的二元；那么，我们就可以设想，面对此"客观的客观"，我们仍然可以对之有所要求，是仍然可以与主观相连接的客观。尽管反驳者或许还可以于此再反复其论，但是，我们也可以作同等的反复辩驳。

由此可知，主观与客观绝对分立的说法，根本上是不能成立的。主观和客观既然不是绝对分立，那么，也就不能说，客观宇宙对于人的主观要求是必然淡漠而无情的。

由上可知，各种否认不朽问题的论说，其所建立的具体主张，在理论上都不能成立。因此，唐君毅认为，一切希望通过取消不朽问题的方式来解决此问题的努力，也都不可避免地陷于失败。

二、不朽可能性的五个初步证明

既然证明不朽的理论都不完备，而试图通过取消不朽问题的方式来解决不朽问题也不可能，那么，"不朽问题"的解决，是否就完全穷途末路了呢？唐君毅认为，并非如此。唐君毅强调，他之所以将主张不朽论的各种主要论说一一列出并加以驳论，同时又将各种主张取消不朽问题的论说也一一列出并加以驳论，并非喜欢作悲观的两难之论；根本的是希望借此表明，此问题重要而不可回避，而解决此问题又十分艰难。因此，不朽问题的解决，并非无望。而要解决不朽问题，首先必须在理论上说明，不朽的实现是可能的。

关于不朽的可能性，唐君毅提出了五个证明："一、如宇宙为合理，必不能使吾人主观之要求永为主观之要求；二、如宇宙为合理必不能有断灭；三、人之生命为一过程不能倏忽停止；四、人要求不朽即可证人非一有限之存在；五、身体与心二者间只有函数关系。"①

第一个论证，可以称为"主观客观统一论"，即：就世界的存在分为主客观而言，如果宇宙是合理的，必然不会使人的主观要求永远只是主观上的要求。如前面所论证的，主观世界和客观世界不可能是完全不可连接的二元对立的存

---

① 唐君毅. 唐君毅全集·中西哲学思想之比较论文集（第二卷）［M］. 北京：九州出版社，2016：361.

在。既然主观世界和客观世界不能是绝对的分立，那么，宇宙如果合理，主观世界和客观世界必然不应该是永远互相矛盾，而应该是互相谐和。所以，人的主观要求，必然不可能只限于主观上的要求，而应该取得其客观的保障。

我们通常所说的人的主观要求本身，实际上就是对客观而施的要求；而不是主观对主观自身的要求。既然人在主观上有不朽的要求，那么，也就应该有客观上不朽的事实作为其保障。主观和客观，原本就是构成现实宇宙的两面，因此，主观上不朽的要求，本身就是要求客观上有不朽的事实；如果客观上没有此事实，则主观、客观便互相矛盾；而一个主观、客观互相矛盾的宇宙，只能是一个不合理的宇宙。

唐君毅在此处对不朽追求的可能性的论证，与其前面对求不朽中的"人太重主观要求论"的评论是相连的，但是所说的方面和侧重点不一样。在其反驳求不朽只是个人太过重主观要求的论说之时，重点在于揭露此论的立论根据和前提的错误，亦即将主观世界和客观世界完全二元对立的不成立；通过证明前提的不成立，自然得出其结论不成立。而在此处论证不朽的可能性时，唐君毅已经是将先前通过反驳而论证出的主客观世界的互相关联作为基本前提了；同时，关注和论证的重点不在于其伦理上和逻辑上的相互作用和贯通，而在于其存在的合理性上的设定与说明。前面的反驳论证，重在形式上的逻辑论证；此处的正面论证，则重在内容上的逻辑证明。

第二个论证，可以称为"变化恒常合一论"，即：就世界的存在作为一个过程而言，如果宇宙是合理的，必然不可能让世界上存在的东西断灭。从人类历史的发展、人类文明的建构以及现实中人们的认识过程来看，人总是在不断地从变中求常；正因为人们可以不断地在变中求常，我们就可以有充分的理据说，"变"中可以求"常"即证明"变"中有"常"，而必须从"变"中求"常"即证明"常"在"变"中。如此，我们就可以说，在现实宇宙中，无处不表现出"变中有常""常中有变"的存在状态。

正由于宇宙的存在本身，就是一个"变中有常"而又"常中有变"的状态，这就使得宇宙的存在必然表现为"常""变"合一的相续过程。所以，人们总会感觉到，宇宙似乎是由相续不已的各种"事"所构成的。这里的"事"既不是"常"也不是"变"，而是"常""变"一体的存在状态。

唐君毅对宇宙常变关系的论证本身不是目的，目的是要说明宇宙的这种状态，对于人的不朽追求之可能性的证明。唐君毅指出，如果宇宙的"常中有变"

"变中有常"的普遍状态不是偶然的，而且，如果宇宙是合理的①，必然不会容忍和接受这样的存在状态：人死后，即完全归于断灭。因为，既然宇宙的存在本身是一种"变中有常"而又"常中有变"的状态，那么，让某一存在完全断灭，即显示宇宙的存在是自相矛盾而不合理的。

第三个论证，可以称为"过程不可终止论"，即：就生命的存在作为一个过程而言，人的生命是一个过程，不能倏忽停止。唐君毅认为，这一点，是就前述二项所确立的论点的另一种表达，即从人的生命存在的主体、主观角度的表达。

人的生命是一个动态过程而不是一个静止不变的状态，有出生，有成长；还有衰老，有死亡。依据前面关于宇宙作为一个过程不可断灭的论证，凡是过程，都以"不住"为其本性，都以携带过去、跨越现在而连接将来为自己的特性。换言之，一切作为过程的存在，都是以实现其可能性为自己存在特性的。

人的生命作为一个过程，也是以实现其可能性为存在特性和使命的。对于人的生命来说，凡是呈现于人的意愿中的事，都是人之为人其生命的可能性；故而，人的存在过程亦即人生过程，便是以实现其"志愿"为存在之性和使命的。对于任何一个作为过程的存在来说，凡是其可能没有全部经度实现之时，其存在过程是决不能中止的。因此，对于人来说，其愿望尚未圆满之时，也是决不能终止的。由此而论，人死之后，必有死后的生活继续现实的生命，因为人在死之时，总是有愿望尚未达成。

唐君毅此论，将其前面二论关于宇宙世界的论理逻辑，运用到人的生命存在上。一方面，强调人的生命的过程性，作为过程的存在，在其可能性全部实现之前，是不可能断灭的，另一方面，又基于其对主观世界与客观世界的谐和关联的论证，坚持主观世界有的要求，必然有与之相关联的客观世界的存在事实；而人的生命存在就是一个不断实现自己主观"志愿"的过程，在其死时，人也还有未能完全实现的志愿，因此，也必然有去实现这些未了志愿的客观生活世界的存在。应该说，唐君毅的论证，基于其生机主义的立场，是成立的。

第四个论证可以称为"认识能所一致论"，即：就人的生命存在的有限性而言，人有不朽的要求，即可以证明，人不是一种有限的存在。这一论点，实际上是前面关于人的生命存在的过程性及其主客观世界关系的论点的另一个角度的表达，是从人的生命存在的世界向度和客体向度的形而上学表达。

---

① 关于宇宙合理性的预设与说明，唐君毅在上一点论证中已经做了主要阐释，在此处，实际上已经被当作一个论证的基本前提。

如果将人的生命存在的实际状态作为一个客体存在来看，我们就可以发现，人总是要求不朽，并且努力证明不朽，这件在人的生命意识（主观世界）和生命活动（客观世界）中"不断"甚而是"无限"呈现的"事"，就已经充分证明，人的生命存在，不是一种有限的存在，而是一种具有无限性的存在。如果人的生命是真正有限的存在，就不应该出现这样的要求：要求此有限的存在变为无限。既然在人的现实生命中，已经出现了希望此有限的存在变为无限的要求，此即证明，人一定已经认识到了无限。换言之，此即证明，人之心，已经能够超越此有限的存在；因为，"能"认识与"所"认识，是不可能分离的；有对无限的"能认识"，必然有作为"所认识"的无限存在。

唐君毅在这里的论证，与其前面驳论"人应顺自然不应问生死论"的相关论证是相关联的，只是所说的角度和方面不一样。在前面的论证中，唐君毅强调的是，人的生命与自然存在的水火不同，水火无知，人则有觉；水火可以不问其始终，人则不能不问其来往。自然让人有一颗还在生时却要追索生前死后之事的心；即表明，我们以此心去追索生前死后之事，也就是顺应自然的生命活动。这种论证更多站在"自然"的角度来说人的生命，是一种存在论的证明。而在这里，唐君毅更加强调的是作为"自然存在"的人的生命，其主体性所具有的"能"，人的心"能够"超越有限的生命存在而认识无限，而"能认识"必然有其"所认识"；因而，人的不朽期望本身即表明此不朽作为"所认识"的客观性。这是一种站在"人"的角度来说人与自然、有限与无限关系的论证，是一种更偏向于认识论的论证。

第五个论证可以称为"身心函数关系论"，即：就人的生命存在的内在结构而言，人的身与心两个方面只有函数关系。人的生命存在既不可能只有身而无心，也不可能只有心而无身，而必然是身心二者的谐和、统一和结合。但是，在心身二者相互结合的内在关系中，就可能有不同的立场和观察角度，进而有不同的身心关系论述，又进而，便会有不同的生命观、生活观以及生死观，也就将影响人们对不朽问题的理解和解决。

唐君毅在这里用"函数关系"来说明人的身心关系。当然，函数关系必然涉及何者为何者的函数问题。在这里也就是，到底身是心的函数，还是心是身的函数。唐君毅指出，我们人的心，不是存在于身体之中；换言之，心不可能是身的函数。如果心在身体之中，那么，心就应该只思五脏六腑；如此，认识外在世界就成为不可能，至多也只能认识外界对于身体的影响。但是，我们的心确实能够认识外在世界。所以，心的存在决不在身体之中。用"函数关系"来说，身不能作为函数的自变量，而只能作为因变量；而心则是函数的自变量。

换言之，身是心的函数，心的存在状况影响和决定身的状况。

既然心不是身的函数，心不在身体中，不受身体的决定影响，那么，心之所在，根据"能"与"所"不离的原理，就应该在其"所思"之境中。心之所思，不会随着身体的死亡而一同消失；因此，心的存在，也不会随着身体的毁灭而一同毁灭。人的身体留存于心中的印象，也属于心；因此，身体的存在，也会有随心的不灭而永恒存在。"人之全人格即等于其心之经验全部。心之经验全部不灭。故全人格不灭。"①

以上关于不朽可能性的五个证明，既有哲学上的论证也有心理学上的论证，也有基于思辨逻辑的论证。这些论证，在哲学史上，并不是唐君毅第一次提出来的。唐君毅自言："五证虽全用我语，然一二两证唯心论者及佛家多用之；三证实用主义者及唯心论者罗哀斯、华德（Wald）、麦太噶（Mctaggart）多用之，四证斯宾诺萨、爱默生均尝用之，五证柏格孙、詹姆士多用之。"②

尽管所有论证都不是唐君毅的独立发明与创造，但是，唐君毅将来自不同思想流派基于不同理据的论证，按照自己所理解的不朽问题的逻辑，纳入一个完整的思想系统，综合起来说明不朽的可能性，则是一大综合性创造。唐君毅自己也说："此数证虽不出自一派哲学，且或为心理之证明或为论理之证明，然在我观之，盖有颠扑不破之理存，而可配入一思想系统。"③唐君毅这一综合性创造，一方面表明他海纳与汇通各种思想的心胸与努力，另一方面也体现了他综摄各家思想以解决问题的独特能力与智慧。

三、完善不朽论的八项基本条件

唐君毅对于不朽问题的形上追问，并不只是像他这里所说的，主要采纳了西方哲学与心理学的一些论证。在根本立场上，他实际上是坚持中国传统尤其是儒家有关的论述与基本观念。他在将《论不朽》一文收入他的第一部以论文集形式呈现的专著《中西哲学思想之比较论文集》的附录时，特地作了一个说明：

> 我加入第二篇论不朽的意思，则是因为我在中西哲学问题中，曾论中

① 唐君毅. 唐君毅全集·中西哲学思想之比较论文集（第二卷）［M］. 北京：九州出版社，2016：362.
② 唐君毅. 唐君毅全集·中西哲学思想之比较论文集（第二卷）［M］. 北京：九州出版社，2016：362-363.
③ 唐君毅. 唐君毅全集·中西哲学思想之比较论文集（第二卷）［M］. 北京：九州出版社，2016：363.

国哲人对于不朽问题之解决法，其中极力为中国哲人之对于不朽问题之解决法作辩护。但是此种辩护纯是站在求同情了解的立场作的。这种辩护在一个只具中国人的心灵的人看起来，诚然不错。但在具另一种心灵的人看来，则不朽问题决不能如此解决。中国哲人不朽问题之解决法，实大可自另一观点加以批评。我在前面许多文中目的皆在解释，所以处处专从正面说话，处处都似在指出中国哲学比他之哲学高处。但我本意一大半只在说中国哲人对哲学问题的看法及所悟得之最后结论很圆融。至于对哲学问题的分析，论证之严整丰富，我素以为中国哲人不及他方学者。一小半则专门作同情的了解，只从一意义为中国哲人作辩护，如不朽问题便是一例。但因我在前未加申明之故，也许使人误会我是全赞成于中国哲学的，进而引人以为中国哲学全无可疵议，以致陷入对于中国哲学的盲信，则甚非我之意。论不朽一文含意虽多未申，但对于中国过去哲人解决不朽问题之不当，则颇有批评，故亦附载于此，既可以使读者知吾人对于不朽问题，尚有另一面之看法，亦可刺激读者对于中国哲学上之结论之反省，勿轻陷于盲信之病。①

很显然，唐君毅对于不朽问题的根本答案，是"同情地了解"中国哲人的立场的。但是，在同情地了解和接纳中国哲人的基本立场的同时，唐君毅又特别强调并充分展现了他超越于中国前哲的地方，那就是对相关问题作严密而细致的逻辑证明和论理说明。前面所做的反思批判，以及此处对不朽之可能性的五个证明，即充分表现了这一点。

在进行了不朽问题的正当性和不朽之可能性的基本证明后，最后亮出了他自己对于不朽问题的基本立场：完善不朽论。

"完善不朽论"既可以作为一个短语看，也可以作为一个词组对待。当其作为一个短语时，可以理解为，唐君毅认为，以前人们所提出的各种"不朽论"（他所列的十种），都还有不完善的地方，需要完善；而他所要做的事情便是要去完善人类生命中已经作为"所"存在的不朽论。当其作为一个词组时，可以理解为，"完善不朽论"是唐君毅本人提出的一种不朽论。这种"完善不朽论"，一方面克服了先前各种不朽论的缺点，完善了该完善的地方；另一方面，不管是理论观点和立场，还是理论论据与论证，还是生活世界的践行与体验，

---

① 唐君毅. 唐君毅全集·中西哲学思想之比较论文集（第二卷）[M]. 北京：九州出版社，2016：329-330.

在主观、客观以及超主客观的多个维度，都是圆满的，因此可以称为是一种"完善的"不朽论。

当然，这种"完善不朽论"并不是唐君毅当下就已经完成的一种"完善的"不朽论，而是唐君毅终其一生都在追寻和努力建立的一种不朽论；既是在理论上建立，也是通过自己的生命实践来建立。为了建立这样一种"完善不朽论"，唐君毅在这里，基于对前面所批评的十种不朽论的缺点认识，提出了"完善不朽论"必须具备的八个基本条件：

（一）必须以人格之不朽为对象。

（二）必须以普遍人格之不朽为对象。

（三）不能以抽象之大我不朽漠视小我之不朽。

（四）不能将小我视作有定数之实体。

（五）应将小我只视一生命经验之焦点。然亦不能谓此焦点于死时立即散去，使小我未遂其志即消灭，而谓只有一混沦之大我生命经验存在。须同时说明生命之超过个体性及个体性如前文所举。

（六）须承认个体流传有限度内之可能，并说明于何种限度内可能，且须说明投胎时与父母精神肉体之各种关系，而不悖乎各种科学所证明之事实。

（七）须说明其他生物朽或不朽之原因。

（八）须说明此不朽之生命经验与物质世界之关系。①

唐君毅认为，完善的不朽论，必须同时具备以上八个条件。当然，他也非常清楚，要同时符合这样八个条件，是十分艰难甚至是天底下"最难之事"。因为，要完全符合和满足这样八个条件，必然引起无量的矛盾观念；如果这些矛盾观念不能完全相互契合，此不朽论便不可能是"完善"的。可是，另一方面，"如果不一一经度此八条件，终难造成完满之不朽说。"② 因此，即使是天底下最难的事，也必须去经历和面对。

此时的唐君毅，尽管智慧和心气都已经非常人所比，但他自己也依然不敢说就可以承担此天下重任，而只是提出期望，发出疑问："孰有愿本此八条件以

① 唐君毅. 唐君毅全集·中西哲学思想之比较论文集（第二卷）［M］. 北京：九州出版社，2016：363.

② 唐君毅. 唐君毅全集·中西哲学思想之比较论文集（第二卷）［M］. 北京：九州出版社，2016：363.

建立一不朽说者乎？予企望之矣！"① 但是，正是这一发问和期望，让唐君毅本人的全部生命和理论思考都始终围绕在这一"完善不朽论"的建立上，并以其全部生命和理论思考做出了精彩的回答。唐君毅的回答，一方面基于中国哲人尤其是儒家的基本立场，另一方面又充分运用西方式逻辑论理的方式，这在唐君毅不同时期的著作中都有比较集中的呈现。

唐君毅在三十岁左右撰写的《人生之路》十部曲（包括《人生之体验》《道德自我之建立》《心物与人生》三书），是第一次比较全面的对此问题的正面回答。从主要的标题就可以看到其论述和论证问题的方式和其所持的基本立场，比如，"物质与生命""人心在自然的地位""生活之肯定""心灵之发展""自我生长之途程""人生的旅行""道德之实践""世界之肯定""精神之表现"，等等。

唐君毅在五十岁左右撰写的《人生之体验续编》《病里乾坤》和《中国文化之精神价值》等著述，则进一步在人文世界展开自己的生死体悟，其基本立场和论证方式从一些文章的标题就可以呈现，如"俗情世间中之毁誉及形上世界""心灵之凝聚与开发""人生之艰难与哀乐相生""立志之道及我与世界""死生之说与幽明之际""人生之虚妄与真实""人生之颠倒与复位""病里乾坤""中国先哲之人心观""中国先哲之人生道德理想论""中国之人格世界""中国之宗教精神与形上信仰——悠久世界"，等等。

而其晚年的结晶之作《生命存在与心灵境界》则将这种立场与论证方式的结合展现得淋漓尽致。其心灵九境的客观、主观、超主客观的逻辑设定，基本上就是他在这里提出的不朽之可能性的五个证明的系统呈现；而其对"道德实践境"和"天德流行境"的强调，则是其一直坚持的中国哲人立场的最为完满的呈现。

---

① 唐君毅. 唐君毅全集·中西哲学思想之比较论文集（第二卷）[M]. 北京：九州出版社，2016：363.

第二章　仁心本体：唐君毅生死哲学的
形上基石

唐君毅早年的生死体验，是其生死哲学建构的生命原点和基础；唐君毅对不朽问题的追问与反思，是其生死哲学建构的理论原点和基础。在充分的生命准备和理论准备的基础上，唐君毅开始走上解决生死问题、建构生死哲学的道路上。而要真正完成其生死哲学的建构，还必须同时在生命根基和理论基石两个点上自觉化。前者，便是其性情生命的自觉化，此是其生死哲学的生命定位；后者，则是其仁心本体的自觉化，此是其生死哲学的形上基石。

"仁心本体"作为唐君毅生死哲学的基石，也是他建构其生死哲学理论体系的坐标。但是，唐君毅的理论重点，不在这个基石的"体"本身，而在这个基石所派生出来的"用"上。唐君毅承接熊十力先生"即用见体"的哲学思路，十分看重"用"本身对于"体"的确证意义。唐君毅整个生死哲学的理论建构，就是围绕仁心本体在现实世界、生死关系及生命存在的呈用来展开的。

第一节　人生悲情与仁心呈露

对唐君毅来说，"仁心本体"首先是他从自己的生命存在中体认出来的，然后才是在不同阶段、不同场景的不同术语表达和内涵界定。唐君毅尽管十五岁就确立了对"心"的绝对信仰，但是，"心"的内涵及其与现实人生的真实关系，既需要人生实践的体悟，也需要理论上的追问。当青年唐君毅怀着对"不朽"的渴望与追问回到人生的现实拷问和理论探索时，"心"的内在本质便逐渐敞现出来。这种敞现也意味着，唐君毅为自己的生死哲学建构起了生命的本体存在。这是由他在重庆青木关对人生悲情的体悟和对物质、生命与心的关系的讨论来完成的。

一、人生茫昧与人情冷暖之悲

1937年，"七七卢沟桥事变"发生后，唐君毅于八月与二妹唐至中乘船由南京返回四川。在这样一个生离死别成为常事的年头，唐君毅内心对弟妹那份责任和兄妹之深情厚谊在旅行的日常生活中也自然流露出来。在夜里，唐君毅多次从梦中惊起，面向栏杆，大呼"二妹！二妹！"同舱人指示二妹在上铺后，才再睡下。一会儿，又起来看二妹是否在，大概深恐其坠入江中。返回四川后，唐君毅先后在成都华西大学及成都、成公、天府、蜀华等中学任教，每周上课三十二小时。教课之余，又与友人一起创办《重光》月刊，出钱出力，鼓吹抗战。1938年，唐君毅仍在华西大学、华西高中及省立成都中学三校任教。

1939年，抗日战争进入胶着状态，日本频频出动飞机扰乱后方，作为大后方的成都亦警报频仍，生活极不安定。暑假时，唐君毅的母亲便与二女唐至中、六女唐宁孺迁返宜宾老家，而唐君毅则转往重庆，到教育部作特约编辑。唐君毅在教育部的工作，主要是为代部长陈立夫改写一哲学书，月薪为三百元。此工作完全由上级支配，索然无味，而且工作场所所在，多为官僚，与自己作风不合，又恐自己陷入政治旋涡，失去精神自由。因此，唐君毅最初是极不愿意赴任的。但考虑到各位弟妹的生活、教育费用，而父亲唐迪风去世八年，由于家中经济窘迫，始终未能正式安葬；而二妹唐至中为帮补家计，教书多年，无法遂成自己升学深造的志愿，如此等等都使唐君毅耿耿于怀，引以为憾。加上当时学校疏散，唐君毅少收入二百元薪水，经济益显窘困。为此，感到生活之中总有难于抉择之事，精神极度痛苦，但最终仍接受教育部特约编辑这份自己十分不情愿的工作。在当年六月与未婚妻谢廷光女士的信中他写道：

> 因为一方面不愿意失去我精神之自由、一方面又要尽我之家庭责任，我爱文化之创造，爱真善美之世界，我需要金钱以教育我弟妹，使母亲勿太劳，这两种心理都是好的，然而世间上的好常常是冲突矛盾的，我觉得一般人是幸福的，因为他们只有财色名三字。特殊的人永远只是苦痛的，因为他宝爱自由。有真善美之观念、责任之观念，而他们不免需要一般人所需要的东西。他需要钱财，为的使他有余时来从事文化创造，来尽他的家庭责任。他需要名誉，因为他如永在社会沉沦，他便不能把他真善美之理想普遍化，由社会的同情而更鼓励他之努力。他需要爱情，因为他的冥心独往，昂头天外，超出尘表所生的寂寞要人来补足慰藉。他要实现理想，他需要现实的扶持，而他又不屑于与一般人一样地去追求现实。他自己造

成他自己的矛盾冲突，他自己作成他自己的苦痛，他的性格决定他悲剧的命运。然而他这种悲剧的命运社会上的一般人是不会同情他了解他的。因为一般人不知他何以要求真善美。他们不相信人会有超凡绝俗的精神。神同天生的圣人也不会了解他的，因为神同天生的圣人，不知道他何以一方追味超世间的东西，一方仍忘不了世间的东西。一般人与神圣其生活都是和谐一致的。只有特殊的人，人而有神性的人，则永远是在矛盾冲突中过日子。这一种人在古今中外是太多了。我自己知道我正属于这一类。我的性格带来的一切，我自己愿意承担，我并不怕苦痛，我相信伟大的灵魂是要用苦痛来滋养的。①

唐君毅一方面知道自己的性格将带来一切痛苦，另一方面自己却"甘愿承担"，并相信伟大的灵魂需用苦痛来滋养。正是在这种明知痛苦又要去承担痛苦的生活实践和思想实践中②，唐君毅对生命性情的体悟更加深刻透彻，这便有了他的这一次"青木关之悟"。

1939 年 10 月，唐君毅宿璧山青木关教育部所在地（其地原为温泉寺），"其地原为一古庙，以一小神殿，为吾一人临时寝室。当夜即卧于神龛之侧。惟时松风无韵，静夜寂寥，素月流辉，槐影满窗。倚枕不寐，顾影萧然。平日对人生之所感触者，忽一一顿现，交叠于心；无可告语，濡笔成文。"③ 此文即"古庙中一夜之所思"，1944 年《人生之体验》出版时，收入该书作为"导言附录"，并易名为《我所感之人生问题》。

在谈及为何要将该文收入《人生之体验》这部书时，唐君毅做了如下说明：

---

① 唐君毅. 唐君毅全集·致廷光书（第三十卷）［M］. 北京：九州出版社，2016：45-46.
② 如果单纯从经济收入角度考虑，唐君毅也是有其他选择的。同样是 1939 年，他将可以轻易挣钱的撰写《哲学大纲》的机会转给了同样陷于窘困的好友周辅成。周辅成回忆：君毅先生在成都住了二年多时间，生活是十分艰苦的。后来经中央大学一位老师的推荐，转到重庆教育部作"特约编辑"的工作，到了那里，只凭上级支配工作，心灵是万分悲痛的。他的心灵本来完全被家国安危和学术所占据，忽然要在那里去作十分索然寡味的搪塞工作，这真是很难堪的。我记得我在成都也被现实逼得我只想到南洋去隐居的时候，他给我的信是"兄竟也是'道不行'，拟'乘桴浮于海'欤！"虽不是"楚囚对泣"，但也是"相濡以沫"。这里我还想起当我仍留在成都的时候，一家出版社，忽然来信用高稿费约我写一本《哲学大纲》一类书，通过中央大学哲学系一位教授转来。我本正在穷困中，当然承担了；并很快就匆忙交稿了。但后来才知道这本书原是约君毅先生写的，他在经济上也许比我还窘，但他竟把这可换钱的机会让给我，使我心中十分难过。——周辅成. 回忆唐君毅先生. 周辅成文集（第二卷）［M］. 北京：北京大学出版社，2011：544-545.
③ 唐君毅. 唐君毅全集·人生之体验（第三卷）［M］. 北京：九州出版社，2016：18.

第一，"此文虽属抒情，然吾平昔所萦思之人生根本问题，皆约略于兹透露。此诸问题，在本书虽不必一一有正面之清晰答案，然至少可见本书所以作之个人精神背景之一主要方面"①。易言之，这篇文章尽管"抒情"，但是自己平时所思考的"人生根本问题"皆有"透露"，而《人生之体验》一书恰恰是唐君毅对这些人生根本问题的基本回答，因此此文的内容和风格都可以作为该书的一个重要"精神背景"。

第二，"此文之情调，纯是消极悲凉之感，及对人生之疑情，与本书之情调，为积极的肯定人生者不类。然对人生之疑情与悲凉之碍，实为逼人求所以肯定人生之道之动力，及奋发刚健精神之泉源。乐观恒建基于悲观，人生之智慧，恒起自对人生无明一面之感叹。悲凉之感者，大悲之所肇始；有智慧者若不能自忘其智慧，以体验人生无明一面，亦不能知智慧之用，此吾之所以附入此文也。"② 本文的情调总体上说是"消极悲凉"的，更加侧重于对人生的"疑情"，表面上看，与《人生之体验》一书"肯定人生"的风格不相同。但是，唐君毅是为辩证法大师，他很清楚，"对人生之疑情与悲凉之碍，实为逼人求所以肯定人生之道之动力，及奋发刚健精神之泉源。"因此，附录此文作为"导言"的一部分，也是要读者在"肯定人生"之时，多多体味人生的"无明"与悲凉的一面，以增强自己对人生智慧的体会。

第三，本文原名《古庙中一夜之所思》，在收入《人生之体验》作为附录导言时，易名为《我所感之人生问题》，用意明显。因为，《人生之体验》一书，"重直陈人生理趣。于中西先哲之说，虽多所采择，然融裁在我，故绝去征引。称心而谈，期于言皆有指，可以反验诸身；故一义之立，多无论证。"③ 相对于这种"多无论证"的"直陈人生理趣"，期望于读者像自己一样"反验诸身"，而"我所感之人生问题"正好是一个十分"吸引眼球"的直观呈现，而且可以作为一个实实在在的"反验诸身"的实例。

那么，此"青木关之悟"到底让唐君毅"感受"到了哪些"人生问题"呢？何以是"消极悲凉"的"人生疑情"？此等"消极悲凉"的"人生疑情"又生出何种人生智慧？

唐君毅在"青木关之悟"中所"感受到的人生问题"，根本上是其早年想象性生死体验所呈露的原始性情的自觉，是仁心本体的自发呈用。因为主要还

① 唐君毅. 唐君毅全集·人生之体验（第三卷）［M］. 北京：九州出版社，2016：18.
② 唐君毅. 唐君毅全集·人生之体验（第三卷）［M］. 北京：九州出版社，2016：18.
③ 唐君毅. 唐君毅全集·人生之体验（第三卷）［M］. 北京：九州出版社，2016：1.

是在自己生命性情中的"用"，因而根本上表现为一种"悲情"；但是，这种人生悲情所呈现的，则是贯通人生诸方面的生死智慧。

唐君毅的体悟和反思是从人生的茫昧无知开始的。当然，这里所说的"茫昧""无知"是哲学层面上的，而不是日常生活层面上的。

对我们最熟悉的生活环境的茫昧无知。为什么白日喧嚣夜晚宁静？为什么月光可见而月亮却不可见？支撑我们的住房片瓦和支柱为何不动？……"日间喧嚣之声，今一无所闻，夜何静也？吾之床倚于神龛之侧。吾今仰卧于床，唯左侧之神，与吾相伴。此时似有月光，自窗而入，然月不可见。吾凝目仰睇瓦屋，见瓦之栉比，下注于墙，见柱之横贯。瓦何为无声，柱何为不动。吾思之，吾怪之。"①

对我们存在于其中的时空的茫昧无知。明见房屋中有"空"却不知"空"为何物；"空"未发声而自己却感受到"无声之声"；无声无形是"空"对自己却又明显感到的压迫感；为什么？"房中有空，空何物也。吾若觉有空之为物，满于吾目及所视之处。空未尝发声，未尝动。然吾觉空中有无声之声，其声如远蝉之断续，其音宛若愈逝愈远而下沉，既沉而复起，然声固无声也。吾渐觉此空，若向吾而来，施其压力。此时吾一无所思，惟怪此无尽之静阒，自何而来，缘何而为吾所感。"②

对身心灵明关系的茫昧无知。感觉器官可以感受到自己的身体及器官的存在，可是这些有形的身体为什么与自己的灵明精神相连？是如何联系的？我有灵明精神，能够自觉，而且能够自觉其自觉，如此无尽，但是对这个"能觉"的源头一无所知；我当下的心念犹如无源、无根、"四无依傍"，"绝对孤独寂寞"："此当下之心念，绝对孤独寂寞之心念也。居如是地，在如是时，念过去有无量世，未来亦有无量世，然我当下之念，则炯然独立于现在，此绝对孤独寂寞之心念也。"③

心念的孤寂决定了人生的孤寂。在我未出生前，对我要处于如此这般的时代和环境，我一无所知；在我死之后，"我将何往，我亦不得而知也"；我唯一所知的只是，我出生于这个时间居住于这个地方，都只是"暂住"而已；"过去无量世，未有与我处同一境遇之我；未来无量世，亦未必有与我处同一境遇之我，我之一生，亦绝对孤独寂寞之一生也"；而且，世间一切人，无一不是绝对

---

① 唐君毅. 唐君毅全集·人生之体验（第三卷）[M]. 北京：九州出版社，2016：18.
② 唐君毅. 唐君毅全集·人生之体验（第三卷）[M]. 北京：九州出版社，2016：19.
③ 唐君毅. 唐君毅全集·人生之体验（第三卷）[M]. 北京：九州出版社，2016：19.

孤独寂寞的一生，因为每一个人都是"唯一无二者"；每个人都有自己独特的身心，他人之身不是我之身，他人之心亦非我之心，差若毫厘，谬之千里，所以人无不绝对孤独寂寞也。

唐君毅体悟到，由于每一个人来到这个世界上都具有"唯一无二"的身心，这就决定了人生在根本上是孤独寂寞的。但是，人天然地不能忍受这种绝对的孤独寂寞，于是发展出爱、同情和了解，以填充每个人内心的孤寂。但是，这种爱、同情和了解又是身份艰难的。

爱、同情和了解是孤寂之心相互连接的桥梁。"一切所亲之人、所爱之人、所敬之人、所识之人，皆若横布四散于无际之星空，各在一星，各居其所。其间为太空之黑暗所充塞，唯有星光相往来。星光者何？爱也、同情也、了解也。吾尝怪人与人间缘何而有爱，有同情，有了解？吾怪之而思之，吾思之而愈怪之。然我今知之矣。人与人之所以有爱同情了解者，所以填充此潜藏内心之绝对孤独寂寞之感耳"①。

人与人的相互了解经过言语态度的媒介而十分艰难。人与人的相互了解不能直接以"心"见"心"，而必须通过"心"的媒介，如言语、态度、表情，等等；但是人毕竟不是随时都在言语，人单独自处时的态度也是他人所不能见的。于是，每个人都只有从自己所见到的他人所呈现于自己的"外表"来"推知"对方之"心"，他人于我也是如此；而每个人"心"中"深藏不露者"是他人不得而知的；而且，我之心所"深藏"者，不仅不露于人，亦且不露于己，如我的"潜意识"中的郁结、忧思，等等，往往就不是我自己所知道的；我对于自己"心"之"微隐处"尚不能知，他人凭借我的"言语态度"的外在呈现如何能够推知我的"心"呢？

人与人相知、相爱、相同情了解之难与苦。尽管在人与人之间确实有"莫逆于心""相忘无形"的相知者，但是，"莫逆者，莫逆时之莫逆；相忘者，相忘时之相忘耳。及情移境迁，则知我者，复化为不知我者矣"②。而且，人与人之间，愈是相知便愈求更深的相知，甚至求永远的相知；此期求愈切，"其望弥奢，而一旦微有间隙，则其心弥苦"③。"同情""爱"都是由相知而派生的，相知打破人与人"心"之距离，如"凿河导江"；"同情"与"爱"，犹如"流水"，相引而至。既然人与人之间没有"绝对"的"相知"，也就不可能有"绝

---

① 唐君毅. 唐君毅全集·人生之体验（第三卷）［M］. 北京：九州出版社，2016：19-20.
② 唐君毅. 唐君毅全集·人生之体验（第三卷）［M］. 北京：九州出版社，2016：20.
③ 唐君毅. 唐君毅全集·人生之体验（第三卷）［M］. 北京：九州出版社，2016：20.

对"的"同情"与"爱"。

　　自己对自己都没有绝对的"爱"与"同情"，故不该苛责他人。在现实人际关系中，不仅他人对自己不可能有绝对的"爱"与"同情"，自己对自己也不可能有绝对的"爱"与"同情"，我们经常会自我责备、自我怪罪，甚至自我怨恨。"吾忧，吾果忧吾之忧乎？吾悲，吾果悲吾之悲乎？忧悲之际，心沉溺于忧悲之中，不必能自忧其忧，自悲其悲，而自怜自惜，自致其同情与爱也。"① 自己对自己都是如此，我们怎么能够苛责他人对我们的"同情"与"爱"不能"致乎其极"呢？换言之，人间彼此之"爱"与"同情"都不可能绝对的完美。

　　自己对他人之"爱"与"同情"的狭窄、狭隘随时可见。如果反思自己对他人的"爱"与"同情"，我们会发现，"吾尝见他人痛苦而恻然动矣，见人忧愁而欲慰助之矣。然恻然动者，瞬而漠然；慰助他人之事，亦恒断而不能续。吾为社会人类之心，固常有之，然果能胜己之私者有几何？"由此可见，我本人对他人、对社会的"爱"与"同情"，或者"发心"而"没有行动"，或者"行动"而"不可持续"，其狭窄、狭隘昭然若揭也。

二、宇宙荒凉与人际疏远之悲

　　从人与人相知、相爱、相互了解、相互同情的艰难，唐君毅进而想到圣贤的"大爱"让人敬佩，可是圣贤之"大爱"在无限之宇宙时空中也显得苍白无力，在此彰显出宇宙之不仁及荒凉冷酷。

　　圣贤仁心大爱之可敬可佩。"今古之圣贤，其以中国为一人，天下为一家之仁心，如天地之无不覆载，本其至诚恻怛之情，发而为言，显而为事业，皆沛然莫之能御。吾佩之敬之，愿馨香以膜拜之。"②

　　圣贤仁心大爱之无力。古今中外众多圣哲，总想以一己之力和一己之仁心大爱"救世"于水火，他们哓音瘏口以宣扬爱的福音，颠沛流离以实现爱的社会。可是，此"世"却未尝"得救"。人与人之间的相互嫉妒犹如是也，人与人之间的相互残害亦如是也。如果我们回观地球人类，"何处非血迹所渲染，泪痕所浸渍？而今之人类，正不断以更多之血迹泪痕，加深其渲染浸渍之度。人类果得救乎？"③ 古今中外之圣哲，出自悲天悯人之念以救世救人，他们自己固

---

① 唐君毅. 唐君毅全集·人生之体验（第三卷）［M］. 北京：九州出版社，2016：20.
② 唐君毅. 唐君毅全集·人生之体验（第三卷）［M］. 北京：九州出版社，2016：21.
③ 唐君毅. 唐君毅全集·人生之体验（第三卷）［M］. 北京：九州出版社，2016：21.

然是不计功效，但是，现实世界所彰显的如此这般"功效终不见，世终不救"的效果，毕竟让圣哲之"悲悯"终不能已也。

圣贤之仁与宇宙不仁之矛盾。圣贤之仁心是不能"无所待"而"自足"的，他必定要化出悲悯救世救人之心；即使此"世"此"人"不得救，圣贤之仁心却总会连绵流露，并影响一代又一代的新人。与此同时，宇宙之"不仁"又总会将圣贤之普照仁心化为"乌有"，此"世"此"人"终不得救。这就更加制造了人类生命存在之"大悲""大惑"：

> 吾今兹之不忍之念，既不能化为漠然，舍身又复何难？然吾终惑世既终不得救，而人何必期于救？宇宙果不仁乎，何复生欲救世之人以救世也？宇宙果仁乎，何复救世者终不能得遂成其志也？①

人之能思强化了人生及宇宙之荒凉冷酷。人能够仰天观望并认知想象，他会追问：人类所居住的地球不过是太空之一粟，为什么此"一粟"之地球中会有如此之人类？而且如此之人类为何心中有仁？人类中为何有仁人要遂其"万物一体"之志？"宇宙至大也，人至小也；人至小也，而仁之心复至大也。大小之间，何矛盾之若是？"② 正因为这些认知、想象、反思，增加了人类自身更多的困惑、悲凉之感，而且"惑不自解，悲不自持"。因为"吾之惑、吾之悲，又自何来，终于何往，吾所不知也。吾思至此，觉宇宙若一充塞无尽之冷酷与荒凉之宇宙。吾当舍身以爱人类之念，转而入于渺茫"③。

既然一般意义上的人与人之间之相知、相爱无法安顿和化解人生之困惑，甚至圣贤之仁心大爱在宇宙之冷酷荒凉面前也只是更显悲悯无助，那么可以安顿我们生命困惑的，便只有我们身边至亲之人的爱，因为这是我们可以直接感受到的爱。但是，至亲之人彼此间的爱也会逐渐疏远，同样让人悲凉孤寂。

期求亲人之爱破解人生之荒凉孤寂。对于陌生人或者一般认识之人的"爱"与"同情"尽管是狭窄的，但毕竟我们对于自己至亲之人之爱的感受是真切的。我们有父母，有兄弟姐妹，有相恋的爱人，当我们想到这些至亲之人时，我们的心就可以感觉到某种亲切、依靠，我们对人生的"荒凉寂寞之感"就可以减少。

亲人之爱的短暂与偶然。但是，当我们仔细一想，我们便可以发现，我们与

---

① 唐君毅. 唐君毅全集·人生之体验（第三卷）[M]. 北京：九州出版社，2016：21.
② 唐君毅. 唐君毅全集·人生之体验（第三卷）[M]. 北京：九州出版社，2016：21.
③ 唐君毅. 唐君毅全集·人生之体验（第三卷）[M]. 北京：九州出版社，2016：21.

自己的至亲至爱之人的"相遇"，只是在此数十年之中。数十年以前，我们大家未尝存在，或者尚在一幽渺的其他世界。因为不知道的因缘来到这个世界，并相聚在一起，成为一家，相遇于一社会团体。但是，数十年后，我们又都将化为黄土，归于空无，或者各自奔向另一幽渺而不知所在的世界。我和我相知相爱的亲人，都好像是从远方各地到"此处"来赴会的会员，在开会时暂时相与欢笑，待会场一散，则又各乘车登船，往八方而驰。此人间之离合分别，古今所同也。随着时间的流逝，曾经的至亲之人都成为坟茔之象，后人甚至都不能识辨其为谁的坟茔了。念及冢中之人、冢上之草，在生时的欢聚，已经永不可得了。

亲人之爱由无间而有间直至消亡。在至亲之人中，兄弟姐妹同出一体，本身相爱无间。随着个人成长，每人都将恋爱、结婚、成家，他们与自己的爱人也是相爱无间的。但是，在子女一辈，他们兄弟姐妹之间的相待相爱，就不如父母辈之间的相爱"无间"了，而是"有间"。"爱愈传而愈淡，不待数百年之后，而吾与吾弟妹之子孙，已相视如路人矣。彼视若路人之子孙，溯其源皆出自吾之父母之相爱。吾父母之相爱，无间之爱也。吾与吾之妻子之爱，弟妹之与其夫或妻及子之爱，亦无间之爱也。缘何由无间之爱，转为有间之爱，更复消亡其爱，相视如路人？"① 这又是我们认识之"大惑"。大惑不能解，便会有"悲"；可是尽管自己"悲"，惑之为惑却依然固我。因为"无间之爱"必转而为"有间之爱"，并最终"归于消亡"，这是无可争辩的事实。一个人客观上没有也不可能爱自己疏远的宗族兄弟姐妹犹如爱自己的兄弟姐妹。可是"缘何而不能？吾亦不自知也。人之生也，代代相循。终将忘其祖若宗，忘其同出于一祖宗，而相视如路人，势所必然也"②。

人类生命代代相循，由无间之爱逐渐疏远直至相忘，犹如被主宰一般。人类数十年间即为一世，自有人类以来不知已经若干世。人类生命代代相循，犹如"蚕之由幼而壮，而思配偶，而生子孙；异代异国之人，莫不如是；亦若有一主宰之模式，引之而出，复将离之而去之一人焉。主宰我者谁耶？吾缘何而受其主宰耶？吾惑吾生之芒，吾惑吾相知相爱之人所自生之芒。吾惑之悲之，

---

① 唐君毅. 唐君毅全集·人生之体验（第三卷）[M]. 北京：九州出版社，2016：22.
② 唐君毅. 唐君毅全集·人生之体验（第三卷）[M]. 北京：九州出版社，2016：23.

又终不能已也"①。想到人类之如此这般代代相循，人生之无常，时间之残忍，爱之日趋于消亡，人生所自之茫，宇宙人生之无尽冷酷与荒凉之感更加强烈。

三、同情共感与仁心之超越性

人类生命不仅因为时间的流逝必然从相爱无间到最终相忘，而且，人与人之间，即使是至亲相爱之人之间，要实现真正心理上的同情共感、相知共鸣也是十分艰难的。

即使至亲之人，也很难有同时之共感相知。

> 吾今在此古庙中，倚神龛而卧，望屋柱而思，不知吾之母，吾之弟妹，吾未婚之妻，吾之师友，此时作何事？彼等此时，盖已在床，或已入梦矣？或亦正顾视屋顶不能寐，而作遐思？如已入梦，则各人梦中之世界，变幻离奇，各梦其梦。梦为如何，吾所不得知矣。如亦作遐思，所思如何，吾更不得知矣。或吾所爱之人正梦我，正思念我，然我今之思念彼等，彼等未必知也。彼等或已念我之念彼等，然我今之念"彼等可有念我之念彼等之念"，彼等亦未必知也。吾今之感触于宇宙人生者，彼等更不必于是时，有同一之感触。②

哲学反思感叹也很难实现同情共感。如果说我与至亲之人不能同情共感，或许是因为我们尽管是亲人，相爱无间，但毕竟他们不做哲学思考，所以不会有相应的反思和感叹，因此不能有同情共感。那么，我们做如此这般的哲学思考，与那些有共同的人生宇宙思考的人是否可以有真正的同情共感呢？当我们阅读古今圣贤哲人之书时，我们可以发现，他们多有关于宇宙人生之叹，"吾今之所叹，正多与古人之相契"。但是，古人不必想知道在若干年后，在此时此地有一个"如是之我"会"作如是之念"并与之相契；数十百年后，如果我们的

---

① 唐君毅. 唐君毅全集·人生之体验（第三卷）[M]. 北京：九州出版社，2016：23. 唐君毅在此以他自己亲自养蚕的经验来说明人类生命之代代相循，似乎是被某种"神秘力量"主宰安排，自己完全无法左右："吾尝养蚕。蚕破，卵出，如沙虫；而食桑叶，渐而肥，渐而壮；而吐丝，而作茧，而成蛾；而交牝牡，而老而死。下代之蚕，又如是生，如是壮，如是老，如是死。数日之间，即为一代。养数蚕月余，蚕已盈筐，盖蚕已易十余代矣。其代代相循同一生壮老死之过程，吐如是丝，作如是茧，化如是蛾。吾思之，吾若见冥冥中有主宰之模式，将代代之蚕，引之而出，又复离之而去。然此主宰之模式何物？吾不得见。吾思之而惑，吾亦惑之而悲。"——唐君毅. 唐君毅全集：第3卷人生之体验 [M]. 北京：九州出版社，2016：23.

② 唐君毅. 唐君毅全集·人生之体验（第三卷）[M]. 北京：九州出版社，2016：23-24.

文章得传于后世，也可能会有某一人与我有同样的感触，与我此时当下之心相契相合，但是他之心与我之心的相契相合，只有他知道，而我则不必然能够知道是否真正相契相合。所以，当下所进行的如此这般的哲学沉思和人生感触，根本上也是绝对孤独寂寞的感触。

人自知孤寂而且各自彼此孤寂。当我进行如此这般的哲学沉思时，房中阒无一人，因此我不能将我当下的感触告诉他人。我如此这般的感触，唯有自己的灵明自知。所以，"吾之所以为吾，绝对孤独寂寞之吾也"①。与此同时，我所亲所爱之人此时的孤独寂寞，他们梦其所梦、思其所思，也只有他们在梦思之际其灵明自知。假如他们忽然来到当下之我的面前，我自当会告知我"此时之心境"，而他们也将告诉我他们"此时之心境"。如此这般的"相告"，为的是慰藉"彼此无可奈何之绝对孤独寂寞"。可是，此"相慰"也只是想象的、暂时的，最终彼此仍然只能是"无可奈何"的"绝对孤独寂寞"。

人生茫昧无知之悲、人情冷暖无定之悲、宇宙冷酷荒凉之悲、亲爱之人疏远之悲、人之同情共感之悲，便是唐君毅在"古庙中一夜之所思"体悟到的人生悲情。面对如此这般的人生悲情，唐君毅"悲不自胜"，甚至"吾悲吾之悲，而悲益深"。但是，哲学家唐君毅不会只是有此悲，他更要反思此悲。"此悲何悲也？""吾缘何而悲？"这种反思所得之结论，便是唐君毅在此古庙一夜所思之真正所悟。

唐君毅认为，我们"悲"之"所悲"者，"悲人生之芒也，悲宇宙之荒凉冷酷也"②。我们"悲"之"缘由"，"以吾之爱也。吾爱吾亲爱之人；吾望人与人间，皆相知而无间，同情而不隔，永爱而长存；吾望人类社会，化为爱之社会，爱之德，充于人心，发为爱光，光光相摄，万古无疆；吾于是有此悲。"③

既然因为"爱"而生"悲"，爱不能绝，悲亦不能绝，人生是否便苦海无边？唐君毅的回答则是："悲缘于此爱，爱超乎此悲。"④ 此"爱"非彼"爱"也！"悲缘于此爱"之"爱"，现实具体之爱也，爱亲人、爱世人、爱社会之爱也，此"爱"是有对象之爱，亦是相对之爱。"爱超乎此悲"之"爱"，"对爱之本身之爱也，无尽之爱也，遍及人我、弥纶宇宙之爱也。"⑤ 对这一超越俗情

① 唐君毅. 唐君毅全集·人生之体验（第三卷）[M]. 北京：九州出版社，2016：24.
② 唐君毅. 唐君毅全集·人生之体验（第三卷）[M]. 北京：九州出版社，2016：24.
③ 唐君毅. 唐君毅全集·人生之体验（第三卷）[M]. 北京：九州出版社，2016：24.
④ 唐君毅. 唐君毅全集·人生之体验（第三卷）[M]. 北京：九州出版社，2016：24.
⑤ 唐君毅. 唐君毅全集·人生之体验（第三卷）[M]. 北京：九州出版社，2016：24.

世间具体对象之爱的体悟，是唐君毅此"古庙中一夜之所思"的最终结论，也是其根本性情呈现的最高智慧。此"无尽之爱"即是人之"仁心"所在，尽管"吾不知此爱自何而来，更不知循何术以贯彻此爱"，但是我知道"吾有此爱"。正是对"吾有此爱"的坚信，才可以让自己以此"爱"（大写的爱）去爱当下之悲，并暂时安顿自己之悲。唐君毅写道："此悲出于爱，吾亦爱此悲。此悲将增吾之爱，吾愿存此悲，以增吾之爱，而不去之。吾乃以爱此悲之故，而乃得暂宁吾之悲"①。在"悲"与"爱"的这种叠加呈现中，人的内在仁心本体得以真正呈现。

实际上，对于"心"的超越性的领会与把握，既是唐君毅早年生死体验给予他的"直觉性"呈现，也是我们把握和理解唐君毅生死哲学的钥匙。如果说早期的生命体验还只是"直觉性"地将此超越心灵呈现于他的生命面前的话，那么，30岁左右撰写《人生之路》十部曲的唐君毅，就是自觉地确立生命存在中"超越心灵"的形上地位。《人生之路》十部曲，包括《生活之肯定》《心灵之发展》《自我生长之途程》《人生的旅行（童话）》《心理道颂》；《道德之实践》《世界之肯定》《精神之表现》；《物质与生命》《人心在自然的地位》。其中，前面五部结集为《人生之体验》一书出版，中间三部以《道德自我之建立》为名出版，后面两部作为《心物与人生》第一部出版。在《人生之体验》中，唐君毅灵光闪念，体认到了"道德自我""仁心本体"这一观念；在《道德自我之建立》一书中，唐君毅对"道德自我"这一中心观念进行了细致的论证，使这一观念得以确立，并成为主导其一生学思的核心观念；在《心物与人生》第一部中，则对"心"的本体地位以及心物关系等重大哲学问题做了细致的分析。

这一"超越心灵"与生命存在的近乎等同的生命观，也是唐君毅坚守终身的，即使晚年的绝世之作《生命存在与心灵境界》也是以此立根的。唐君毅此时确立的"道德自我""仁心本体"核心观念，决定其一生的学思方向。在其晚年，仍旧不离此中心观念，并进一步将其内涵扩大和深化，化成"生命""心灵"的全部活动。直到去世前一个月才最后定稿的巨著《生命存在与心灵境界》，是唐君毅思想也包括其生死哲学思想的集大成者。但是唐君毅自己说：

> 吾于三十岁前后，尝写人生之体验，与道德自我之建立二书，皆以一人独语，自道其所见之文。吾当时虽已尝读古今东西之哲人之书，然此二

---

① 唐君毅. 唐君毅全集·人生之体验（第三卷）[M]. 北京：九州出版社，2016：25.

书对他人之说，几无所论列，而其行文皆极幼稚而朴实。然吾自谓此二书，有一面对宇宙人生之真理之原始性，乃后此之我所不能为。吾今之此书之规模，亦不能出于此二书所规定者之外。此固可证吾之无大进步；然亦证宇宙人生中实有若干真理，历久而弥见其新也。至于此后三十年中，吾非无所用心，而知识亦尽有增加。然千回百转，仍在原来之道上。①

只是，到了《生命存在与心灵境界》一书中，唐君毅更加喜欢使用"生命存在"这一概念，而不用"仁心本体""道德自我"这样看似主观性较强的概念。因此，理解唐君毅的"仁心本体"也是理解其"生命存在"及整个生死哲学的关键。

第二节　心灵活动与生命活动

对唐君毅来说，体验到"心"在现实生命中的独特意涵，只是一种个体生命意义上的感通。要真正厘清"心"之于人的生命意义，还需要在理论上给予说明。

一、物质心灵与生命存在

在唐先生生死哲学思想中，"生命存在"是一个极重要的概念。"生命存在"是唐君毅晚年绝世之作《生命存在与心灵境界》的基础概念和核心概念，在该书"导论"中，唐君毅开宗明义指出：

> 生命即存在，存在即生命。若必分其义而说，则如以生命为主，则言生命存在，即谓此生命为存在的，存在的为生命之相。如以存在为主，则言生命存在，即谓此存在为有生命的，而生命为其相。至于言心灵者，则如以生命或存在为主，则心灵为其用。此心灵之用，即能知能行之用也。然心灵亦可说为生命存在之主，则有生命能存在，皆此心灵之相或用。此中体、相、用三者，可相涵而说。一"存在而有心灵的生命"，或一"有心灵生命的存在"，或一"有生命能存在之心灵"，其义无别。然言存在，可指吾人不知其有生命心灵与否之存在，故其义最广。言生命存在，可指吾

---

① 唐君毅. 唐君毅全集·生命存在与心灵境界（第二十六卷）（下）［M］. 北京：九州出版社，2016：361-362.

人不知其是否有心灵之生命存在，则又较有心灵之生命存在义为狭。则生命、存在、心灵，亦可分用，而各为一词。①

但是，对这样一种"生命存在"及其与"心灵"的关系，在《心物与人生》中，唐君毅讨论得更为细致。

唐君毅认为，"生命"是一种完全不同于"物质"的存在。生命的运动是不可还原逆转的。我们不可能将生物化为无生命的物质，然后再合成生物，其中没有能力的增减。生命有一种独特的自我保存的特性，这种特性就是其作为生命的生命力。尽管物体似乎也会"自我保存"，但是，物体是在其自身中保存自己，它主要是凭借它自己的力量来保存它自己。然而生物能够吸取养料食物，化为其身体的物质能力，或造一巢、打一洞来保存它自己。生物可以赖其对环境的改造，借环境之力，来达到它保存自己的目的。生物的活动，不只在生物身体自身，还在其身体与环境的关系中。生物的支配力，表现于其如何调整身体与环境的关系，以达到其自身的保存。它是靠它主宰改造环境的能力，控制身外之物的力量来保存它自己，而不是只靠它身体的纯物质性的反动力、不易入性来保存自己。生命力表现或流行于身体与环境之物质间，生命力贯通于身体与环境之间。生命力是连接组织身体与环境的物质。在生命力发挥其作用时，身体的物质与环境的物质都统率于生命力之下，身体的物质与环境的物质，都内在于生命力的支配中。生命力代表树立于物质世界的一种新力量，与物质力量同样无穷。

生命力量的无穷尽性和客观性，最直接表现在生物无穷的生殖力量上。生物继续不断地遗留下他的子孙，即表示生命有永远坚立其自身于物质世界的力量，显出生命力所代替向量是无穷长的向量。生物的生殖细胞，即表现无穷广大的生命力之存在。无穷广大的生命力，即透露于生物的生殖细胞中。因此，从物质世界角度看，我们可以说，"无穷广大之生命力之根，即倒栽在生物之生殖世界中"②。由生殖细胞发展成人，生殖细胞的物质与原来环境中的物质，经无数次形式的转变，产生无数次新形式，最后成为生命体，这就是生命力的表现。生殖细胞中的生命力，就是将环境与生殖细胞的物质相融合渗透的力，生殖细胞实际上是生命力表现其自身于物质宇宙的媒介。这一媒介绵续不断地存在，即表示生命力表现于物质宇宙的绵续不断。一生殖细胞，即一有无穷广大

① 唐君毅. 唐君毅全集·生命存在与心灵境界（第二十五卷）（上）[M]. 北京：九州出版社，2016：1.
② 唐君毅. 唐君毅全集·心物与人生（第五卷）[M]. 北京：九州出版社，2016：45.

的生命力在此透露的生殖细胞，即无穷广大的生命力倒栽于物质世界之根。生殖细胞即无穷广大的生命力与物质世界互相贯通之所①。在这里，个体的有限生命和无穷尽的生命力是不能隔断的；生命力流通于个体的身体与所在的整个物质世界之间，因此个体生命的生命力，是与为其环境的物质宇宙之力同样广大的。

在唐君毅看来，"生命活动之本质，即是表现生命性的动"。在这里，唐君毅使用了两个看似重复但实际上内涵完全不同的概念，"生命活动"是生命实际上曾显出的活动样式；"生命性活动"则是唐君毅强调的一种宇宙中永恒的生命与环境的和谐互动关系。他指出，生命性活动，就是生命通过身体，运用身体中的物质力量，使身体的物质力量释放散发出来，并贯注到环境中的物质力量，从而表现出一种相互融合和谐的关系。生命活动不只是为求生存，生命活动根本的是表现生命性的活动。"生命性活动，即生命通过身体，运用身体中之物质力量，使身体中之物质力量发出来，贯注到环境中之物质之力，而表现一种融合和谐关系。愈高级之生物，所以为高级，只因为他善于运用其身体之力，贯注到环境中去。他把他身体中之力贯注到环境中去时，即与环境之物之力有一种融合渗透，即表现一种和谐。"② 生命性活动，是生物使身体中的力与环境中物质的力融合渗透，表现和谐关系，同时也使其自身的前后活动互相和谐，互相渗透。

很显然，唐君毅的"生命性活动"具有某种存在论的含义，而不是一个简单的事实表述。他是将生命性活动与物质性活动分别来看的。他强调，物质与生命，是相连结为一整体世界的两头。"物质之动，向一方向；生命之动，又向一方向。""生命之表现于物质，只为物质可以供他之表现，他便表现于中。物质毁坏时，他不复表现于物质，即归到其自身。""所谓物质，只是用以说明物质活动之所自发的名词。我们只能以物质活动来界定物质。所以不同物质活动的形式，即代表不同的物质。"③ 也就是说，生命是一种比物质更本体也更主体的存在，生命总要将自己内在的力量释放出来，以与环境达成和谐，物质只是生命要实现自己的生命性活动、表现自己的生命力量的工具、手段或者中介。"物质"并不是离开具体的物质活动形式而可以单独存在的本体，它只是一个说明显示的物质活动形式的"名词"、概念或者抽象，它更不是一个可以自我呈现

① 唐君毅. 唐君毅全集·心物与人生（第五卷）［M］. 北京：九州出版社，2016：46-47.
② 唐君毅. 唐君毅全集·心物与人生（第五卷）［M］. 北京：九州出版社，2016：66.
③ 唐君毅. 唐君毅全集·心物与人生（第五卷）［M］. 北京：九州出版社，2016：73.

的"主体"，而只是一个被使用的"工具"。唐君毅关于生命与物质关系的立场，意在破除唯物论一元论的偏见，强调"物质"与"生命"同样真实，而且生命的目的并不只在求单纯的存在，而在求生命活动的扩展。确立"生命"存在的真实性和扩展性，实际上是为他进一步建立心本体论提供一个前提性论证。

唐君毅认为，物质、生命、心是三种真实的存在，或者说，它们是我们客观存在的世界的"三种面向"、三个层次。

人们之所以容易相信宇宙间只有物质是最真实的存在，只有物质世界是最真实存在的世界，根本的理由在于，物质似乎是可以肉眼看见的，可以用手触摸到的……换言之，是可以由我们的感觉器官直接感觉到的。一般人总以为可感觉的就是最真实的。

人之"心"是看不见、摸不着的，因而似乎是虚玄不实的。但是，唐君毅强调，"不要以为只有可被直接感觉的，才是真实存在的"①。我们的"心"尽管不能由感官的感觉来确知其实在，但是可以由自觉、由反省而确知其实在。我们不能说自己不能反省、不能自觉。因为当我们说自己不能反省、不能自觉时，实际上已经是在反省自己的"不能反省"了，已经自觉到自己"不能自觉"了。如果说自己没有"心"，可是这能知道"没有心"的"知"即表明我们是有"心"的。可见，否认"心"存在必然要陷于自相矛盾。由此可知，除了我们所感觉到的外面的物质世界是存在的外，我们还有能反省、能自觉的"心"，以及所反省、所自觉的"人心世界""精神世界"存在。

人可以由感觉而接触外面的物质世界的存在，由心的自觉反省而知其内心世界的存在。但是人不只有心，还有生命。人死了，只留下躯壳，便只是一死的物质。人未死时，人总是有心。心总是表现明显的自觉。可是，如果我们醉了、睡眠了，心便没有了明显的自觉，但是，在酒醉时、睡眠时，我们的肺仍在呼吸、血液仍在流动、胃中消化仍在进行。换言之，我们的心可以没有明显的自觉，但是我们的生命无时不在活动；只要我们未死，我们的生命总是存在的。可见，生命与心又是不同的。

许多生物没有心但仍有生命。心是不能直接由感官来看见的，心自己能自觉它自己，以"心眼"看见它自己。无心的生命，不能自觉它自己。同时，我们也不能用一种特殊的感官去看见生命，因为生物的生命本身是没有特殊的颜色、没有特殊的形状的。生命活动离不开身体，但是生物的生命又不在生物身体的某一部分，而是普遍存在于生物身体的各部分的相互依存关系中，而且表

① 唐君毅. 唐君毅全集·心物与人生（第五卷）[M]. 北京：九州出版社，2016：146.

现在其身体与环境的关系中。所以，要指出生物的生命在其身体中的特定部位，并以一种特殊感官去看见它，是不可能的。对生命存在的确认只能靠我们的直觉。我们只可以由我们对生物的各种生命活动分别加以感觉后，再加以贯通融合，从而对生物生命的存在有一直觉。

物质的存在是有形的；心灵的存在、精神的存在是无形的；生命的存在则在有形与无形之间。生命本身是无形的，然而它又表现于有形的各种生命活动之中。

物质世界可以"感觉"；心灵精神世界不可感觉只可"自觉"；生命世界则只可透过感觉来加以"直觉"。人不用心而睡眠时，人不自觉其存在，却朦胧地通过其对于呼吸血液运行的有机感觉，而直觉其是活着的。物质世界、生命世界、心灵与精神世界，是同样实际存在着的世界。无生物、生物与人类，分别或同时存在于这三种世界中。这三种世界，也可说是整个客观存在世界的三种面相。①

二、生命精神与生命之爱

《爱情之福音》与《致廷光书》是唐君毅的"爱情学"著作，但不是一般的爱情技艺之学，而是一套基于其仁心本体所建构的促进人爱情生活理性化的爱情哲学。在给恋人的信中，唐君毅希望对方读他的信时，一定要忘记自己，先将自己放进去看，然后再忘记自己去看。因为在他看来，"这信真不是我写的，而是神使我写的。其中的意味真是深厚不可测，决不可从文字上求。""最深的道理是理又是情，情理交融成一意味，意味只可默默地感受，澄了心，静了虑，在山间水涯忘了自己忘了人忘了世界，静悄悄的只听见自己的呼吸，只觉到自己的脉搏，以至这些都忘了去感受。"唐君毅在这里所说的让其呈现既是理又是情的"神"，不是别的什么神秘存在，就是他所谓的"生命精神"，他甚至以之为宇宙本体："宇宙的本体是什么？是生命精神。人格的本体是什么？是生命精神。生命精神是无法表达的。"②

在唐君毅看来，人与人之间的爱，根本上只是这种生命精神的相遇。宇宙本体就是生命本体，一切生命存在都是从宇宙本体中分化出来的，又要回归于宇宙本体。爱情是什么呢？爱情就是有限存在超越有限而达到其他存在进而回归到无限的渴求。这种渴求是纯精神性的，而且是与宇宙同一的。"根本上宇宙

---

① 唐君毅. 唐君毅全集·心物与人生（第五卷）[M]. 北京：九州出版社，2016：148.
② 唐君毅. 唐君毅全集·致廷光书（第三十卷）[M]. 北京：九州出版社，2016：83-85.

间只有一种爱，一切的爱都是一种爱的分化。宇宙间只有一种爱，因为只有一精神实在生命本体。一切的爱，都是那精神实在生命本体在人心中投射的影子，都是在使人接触那精神实在生命本体。男女之爱绝不是与其他所谓纯精神的爱根本不同的爱，它与其他之爱之不同，只是模式之不同，在本质上与其他之爱，全是息息相通。所以男女之爱本身便含各种所谓纯精神之爱，纯精神之爱即常由男女之爱中脱化而出。"①

　　由于生命本体本身的无限性，作为生命本体的实现形式的人类的爱也是无限、无穷的。而依据这无限的爱情渴求的对象之不同，爱又可以分成四种，即爱真、爱美、爱善和爱神（爱神圣，即爱宇宙灵魂本身之爱）。唐先生解释道："这四种爱，真是成为无限的开展时，就是人类最高的爱，因为这四种爱，都是纯粹的要求超越自己而投到自己以外。当他是无限的开展时，会忘了自己而牺牲自己，以完成此爱之开展；如是便能还归于那原始太一，生命本体，精神实在，世界主宰，宇宙灵魂，获得真正的内在之满足，享受宇宙灵魂，世界主宰，创造世界宇宙之愉快与欢乐。"② 人的现实生活，包括爱情生活，就是要不断地去爱真、爱美、爱善、爱神。一个人最初觉得一异性引他注目，恰恰在于对方的美，这即是"爱美心"；当你觉得异性是异性时，你便对异性之身心有探问和好奇之心，这就是求真心的表露；当你爱一异性时，你就会希望与之共同生活，这求共同的意思就是一种善；当你真爱上一异性时，你就会觉得对方可以主宰你的灵魂与生命，对方有一种自上至下控制你的力量，使你倾倒，这就是一种宗教的情绪的透露。所以唐先生说：在"最粗浅的爱异性的心中，便包含有那四种爱，如果把那四种爱抽去，你之爱异性根本不可能"③。

　　在现实的生命活动中，一切真正的爱，本质上都只是生命精神的呈现与流露。"所谓身体，只是一生命精神在另一生命精神中所投身的影子。"而"男女间之生理要求，在旁人或自己外面看来，好似只是求身体之结合，男女本身此时的内部心理，实际上都是希望将自己之身体赠送与对方，向对方抛掷，而忘了他自己之身体，去掉他身体对于精神的负担。所以男女可以因而得一种忘我的满足，觉身体之不复存在。这即表示他们暂时由身体中获得一种解放"④。甚至在情爱的每一具体身体动作中，都内含着相关的形而上意义。接吻只是由于双方共同感触精神实在之降临之不可言说而互相闭住口，它是对形而上的精神

① 唐君毅. 唐君毅全集·爱情之福音（第六卷）[M]. 北京：九州出版社，2016：7.
② 唐君毅. 唐君毅全集·爱情之福音（第六卷）[M]. 北京：九州出版社，2016：7.
③ 唐君毅. 唐君毅全集·爱情之福音（第六卷）[M]. 北京：九州出版社，2016：8.
④ 唐君毅. 唐君毅全集·爱情之福音（第六卷）[M]. 北京：九州出版社，2016：11.

实在的虔敬与信仰而生的缄默的象征；拥抱则是要求彼此的精神人格互相贯通影响，以求彼此精神人格之充实与和谐的象征；赤身相见则是彼此自觉的求人格之光明纯洁的象征。所有爱情的表示，在唐先生看来，都是相爱者"成为真正的精神人格之结合的象征"①。

三、一念翻转与超越自我

《道德自我之建立》是唐君毅获得哲学家声誉的第一部重要哲学著作，它并非一般的伦理学著作，而是基于其仁心本体而建构的促进人的理性化道德生活的道德哲学。

在唐君毅看来，人根本上是能自觉的，我们对我们自己或世界，可以有不同的自觉态度，如了解的态度、欣赏表现的态度、祈祷皈依的态度以及支配或实践的态度，等等。由了解的态度而有科学哲学的生活，由欣赏表现的态度而有文学艺术的生活，由祈祷皈依的态度而有宗教的生活，而由支配、实践的态度则有道德、政治、经济的生活。唐君毅认为，道德生活所想支配的，是我们个人自己。但是，"自己支配自己的生活，必须是自觉的，乃成道德生活。"因为，"道德生活，是自觉自己支配自己，是绝对的自律。但是人要真求自觉的自己支配自己，是极难的。人原始的支配的态度，总是想对于世界中之他人或物，有所支配。人原始的支配态度，是外驰的。人要自觉的自己支配自己，必须将外驰的支配态度收回来，以用之于自身。"②

唐君毅认为，只要我们"当下自我一念自觉"，我们便可以由"自然的生活"进入"道德的生活"。我们之所以不能进入"道德的生活"，根本原因在于我们陷溺于"现实的自我"，被我们自己过去所流传下来的盲目势力如本能、冲动、欲望等支配。所以，我们要完成自己的"道德自我"进入"道德的生活"，唯一的方法就是让自己摆脱本能、冲动、欲望等的支配。我们"一念"至此，便当对自己下命令并遵循自己"道德自我"的命令去摆脱它们。我们或者自然地马上摆脱它们，或者勉力去求摆脱它们的方法，这方法也是我们自己命令自己去思维寻找。当然，如果我们自己思考不清楚，也可请问他人。但是这"请问他人"仍应当是出于"自己""一念自觉"后的自我命令。

唐君毅以其"仁者之心"和"智者之思"，提出了我们"一念翻转"进行

---

① 唐君毅. 唐君毅全集·爱情之福音（第六卷）［M］. 北京：九州出版社，2016：13.
② 唐君毅. 唐君毅全集·道德自我之建立（第四卷）［M］. 北京：九州出版社，2016：5.

自我反思而求得进入道德生活的十条路径或者十个方面①，包括：反省本能、冲动、欲望为何当有，为何我们当受其支配，觉察到它们并没有必然存在的理由；反省本能、冲动、欲望、是如何来支配自己的，解除对于我们过去的一切悔恨与庆幸和对于未来的幻想与恐惧；反省一切冲动、欲望等实现所需要的条件是什么，突破"现实自我的限制"，时时记住身体只是我们"心"中的一物；反省冲动欲望活动都系着一定的情境，努力逃出我们"现实自我"所爱恋的情境，超越自己的冲动、欲望；反省满足自己的冲动、欲望时总是注目于其实在性，多体会一切事物的无常而旋生旋灭，破除我们对于"实在"的妄想；反省顺冲动、欲望而行时的心总是向前看，时时把自己的心向后"收"，凝聚反照我们自己的"心"；反省冲动、欲望发生时总系于特定的环境，肯定我们当前所处的环境并对之无所怨尤；反省冲动、欲望未能满足时必感痛苦，勉力忍受我们现在的苦并不怕一切苦；反省冲动、欲望发生时会有身体活动的非秩序化，时时把自己的身体活动加以"规律秩序化"；反省冲动欲望发生时会有我执，努力求有"完全的自觉"而知道"无我"。

"一念翻转"的"自我反省"，可以帮助我们在"自然的生活"中，认识清楚"现实自我"对我们产生限制的各个方面，进而在"一念自觉"中，由我们的"超越的自己"，即"道德自我"将我们超拔向上，而实现对"现实自我的限制"的超越，进而实现我们的道德生活。在存在论意义上，唐君毅以此"一念翻转"的方式要告诉我们的是：一方面，真正的属人的生活是道德生活，而真正的自我则是"道德自我"；另一方面，"道德自我"并不是自我存在之外的另一个自我，根本上就是可以不断自我追问、不断超越当下存在的"超越自我"。

四、心灵生命存在与性情

在晚年集大成的著作《生命存在与心灵境界》中，唐君毅更愿意用"心灵生命"或"心灵生命存在"及"性情"这样的术语来表达自己对世界与生命之"超越而内在"的本质的理解。

在唐君毅看来，以基督教为代表的一神教，在形而上学意义上用超越外在的"上帝"来说明世界和生命的存在本质，希望为人建立生活信心，为此就不能不向人说明上帝是怎样的，有什么能耐。由此却引起了头绪复杂纷繁的各种

---

① 唐君毅. 唐君毅全集·道德自我之建立（第四卷）［M］. 北京：九州出版社，2016：53-55.

关于上帝存在的问题，为了辩明它就反复循环，产生了大量缴绕的争论。而佛教则主张佛心佛性内在于众生心中，人人皆有佛心佛性，却被"无明"所遮蔽，当前现实世界的不合理事都是由于众生"无明"而妄执造成的，众生必须明白，一切不合理的事都出于人的贪瞋痴慢。如此就必须说到"无明"何以产生，"佛性"与"无明"的关系，等等，就会引起种种难题，使问题反复循环、终无了日。要避免一神教和佛教所代表的"归向一神境"和"我法二空境"中问题论证的反复循环，唐君毅认为，最好的处理，就是将其论说中涉及的形而上学问题，隶属于人当下的"性情"（悱愤之情、恻怛之情、肫肫其仁之情），然后才说"理想"在"现实世界"的出路。首先要肯定人是有性情的存在，人顺其性情就必愿望人人成佛成圣。人的"性情"如此，就使"思想"依此性情，只求能见到世上人人成佛成圣。

在唐君毅看来，人本其悱愤之情而欲使"当然者"化为"实然者"，在此欲使当然者化为实然者的过程中，人必须充分相信和肯定其"心"有运转乾坤的力量。只要人的性情敦厚、思想无杂，就不会因为见到当前世界有种种不合理事而令其信心动摇。现实事不论怎样繁多不合理，都不会使他的心灵颓丧而抛弃正见与愿望。人有思想活动，"思想"对外有所见。当"思想"顺着"性情"而活动时，他就会为当前现实世界太多不合理的事而挫折灰心，他必相信理想最终将能够实现。以此"性情"为根的思想，虽看到世间众生各不相同，但是必肯定一切众生都同具成圣成佛之性。以"佛心佛性"为心灵生命的第一义的存在，以"无明"为第二义而且是消极的存在。唐君毅认为，不但可以使佛教以"无明"为始而产生的各种缴绕问题得到梳理，也可以使归向一神教因说上帝全德全能却创造一个充满不合理事情的世界产生的缴绕问题得到清理。只要肯定众生皆有"佛心佛性"，并将内在于众生的佛心佛性统合为一"神圣心体"，视之为一至善而光明的绝对真实。此"神圣心体"根源于人的性情。信仰一神教者如果明白其所信仰的"上帝"本源于此"神圣心体"，就不会引起种种缴绕问题。

"神圣心体"一语，是可以超越一神教和佛教之问题缴绕的一个用语。一方面，它表明，个体由凡而圣，此由"凡"入"圣"的过程，是"凡"在先而"圣"在后，有时间的先后，"凡心"中自始就藏着"圣心"，"凡体"中自始就藏着"圣体"；另一方面，对于此圣体、圣心，亦可作神体、神心说，如此，则"圣体"即"神体"，"圣心"即"神心"，可合而名为"神圣心体"，它是自本自根的。当此"神圣心体"未显发之时，可以视其为超越于人的"凡心"之外，有人就称之为"神"（上帝），有些宗教就凭这一点说人为"神"所造，又说此"神"降世而为人，此即为"一神教"所说。

人有性情，性情生愿望。人的性情不会因为现实世界有种种不合理的事便萎缩消失。人的思想面向外界，看到不合理的事而激愤时，可回头自察，自知是自己将"现实的不合理之事"放在"至善光明之理"上看时才有如此反应。由此发现，"现实世界之不合理事"并非与"我之性情"平排并列，两者不在同一层界。"至善光明之性情"与"不合理想之现实世界"既非平排并列，故两者并非相对，就不会产生两者是否互依互灭等种种复杂难解的问题。

唐君毅强调，矛盾的思想不能真实存在。有情的自然生命之生活，只有自然合理性者，才能真实存在。"一切人中唯其全幅之自然生命与自觉的生活思想，皆为合理，而为天理流行之圣人之全幅生命，能真实存在。一切人与有情生命，亦唯其超升而化同于圣人生命时，乃能全幅真实存在。然一切圣人之生命皆无私，而以天地万物为一体，则一切圣人非多非一，即一即多。人若偏自其非多为一处言，即可说为一宇宙之真实之生命。一切圣人之所以成圣之泉原，亦只为一宇宙之真实生命，一切圣人之生命之心灵，只是一宇宙之心灵，或吾人所谓宇宙性之神圣心体。唯此宇宙之真实生命，与其心灵或神圣心体，能真实存在。"①

唐君毅认为，"心灵九境"的立根处在人当下心灵生命存在的性情（悱愤、恻隐之情）。人有理想，因为他有性情；人相信理想必将实现，因为他有性情；人相信众生必皆作佛成圣，也是因为他有性情。人充量至尽其性情，必信世间一切罪恶最终为"绝对真实"的上帝所清除，也必信"光明藏"最终会将覆盖其上的无明消除。只是，人在相信有"上帝"，或相信有"光明藏"的同时，仍须自觉其所以信之根，是在"性情"。"依吾人之性情，必望人皆成圣，一切有情生命皆成圣，而不忍一人之不成圣，一众生不成佛。"②

人有性情，人当依其性情做人间事业。人有信心，人当以其信心在无尽历程中克服困难。总之，人间一切事业德业当以性情始，以性情终。人间的各种哲学和一切学问，基本功能都在照明人的性情，开展人的性情，使人的性情得以流行于天地之间。人有性情，必生出理想。尽管理想的内容未必人人相同，但能成为人之理想的东西，必然有其普遍性，可以引领众人前进。与此同时，此理想同时具有化为形而上的真实存在的特质。对于此依据性情而来的可以形

---

① 唐君毅. 唐君毅全集·生命存在与心灵境界（第二十六卷）（下）［M］. 北京：九州出版社，2016：376-377.

② 唐君毅. 唐君毅全集·生命存在与心灵境界（第二十六卷）（下）［M］. 北京：九州出版社，2016：379.

上化的理想，如果我们视其为知识的源头，它就成为"全知者"；视其为成就功业的源头，它就成为"全能者"；视其为感情的源头，它就成为"全爱者"；视其为使人成圣成佛者，它就成为"神圣心体"；视其为使客观宇宙存在且有秩序者，它就成为创造宇宙且规定万物法则的"上帝"。

第三节 仁心本体的本质特征

不管是"生命精神"还是"宇宙生命"，不管是"心灵活动"还是"生命性活动"，不管是"道德自我"还是"超越自我"，不管是"心灵生命"还是"性情"，唐君毅所表达和呈现的根本在于，宇宙、生命存在的最内在、最本源的依据即"本体"，是人的"心"，此心是"仁心"，是"恻隐之心"，是"性情"。

一、仁心本体的超越精神

在唐君毅看来，心的本质特征在于其"超越性"，这种超越性体现在多方面。

"心"的活动是超越自利本能的。尽管从起源上看，人的"心"之求真善美的活动似乎与人的自我保存的本能有关，但是，我们不能从某种东西的外表看它的起源所自，更不能以此断定它的本质是什么。"你不能说荷花自污泥长出，说荷花之本质是污泥。你要断定荷花之本质是污泥，你必须先看只有污泥的地方，会不会长出荷花。"① 我们也不能断定"心"爱真善美的活动，是出自生物本能的自利。因为要断定人们爱真善美是出于生物本能的自利，就必须看，只有生物本能自利的时候，会不会也有真善美的要求。如果设想有生物本能的自利，就有真善美的要求，我们就将无法解释，有同样或更强烈生存意志的人类外的各种生物，为什么没有由爱真而生的科学、爱美而生的艺术、爱善而生的道德。所以，"心"的活动是不能够也不应该与动物的自利本能等量齐观的。

"心"的活动是超越感觉经验的。唐君毅认为，在我们生命存在时，我们的感觉经验不断发生，犹如一不断之流，我们不能加以截断。我们的"心"在贯通、统一这些感觉经验时没有什么限制。因为我们"心"之"自觉力"，就是"去自觉"，就是去统一经验，去贯通经验，将一经验内容超越其所在的经验系

---

① 唐君毅. 唐君毅全集·心物与人生（第五卷）[M]. 北京：九州出版社，2016：88.

统。我们的这种"自觉力"有"潜伏"的活动，在最初感觉的一刹那，这种潜伏的自觉力的活动就已经开始，它自始在不断地统一一个一个刹那的感觉经验。当各种相同的感觉经验之统一积累到一定程度，便从其背景的其他经验中挺拔出来，进入明显的"自觉"中，成为感觉经验的自觉。潜伏的活动未能完成，我们便呈现"无明显自觉"；潜伏的活动完成，我们便呈现"明显的自觉"。所以，我们的"心"的自觉活动本身是不受感觉经验的限制的，是超越感觉经验的。

"心"的活动是超越生理活动的。尽管在实际上，凡是有心理活动发现的地方，同时可发现其相伴的生理活动，但均是自心理活动完成的地方看。若从心理活动本身看，则"心"的活动实际上是全无外表征兆可见的。"心"活动的基础是"心"的"自觉力"，而心的自觉力的本质，是使已有经验内容超越其原所在的经验系统而创生新经验。所以，"自觉力"实际上只是经验内容向上以超越其自觉之所在的经验系统的趋向。这一"向上趋向"，根本上只是一"意味"，或只表现一"理"，当它未落实而完成为新经验时，只为一"纯粹之动"。这样一个"纯粹的动"的"趋向"，根本无外表征兆可见。其本质，"只好似凌空在上的连贯作用"①，根本不能真发现有与自觉相伴相应的生理活动。所以，"心"的活动是超越生理活动的。"心能为生命之主宰，心理能主宰生理。"②

"心"的活动是超越其对象的。按照常识的理解，如果我们的"心"的活动总是针对特定对象，即心对对象有所需求，这种对"对象"的需求即表明，心并不是能自由自主不受限制的。但是，唐君毅强调，"心之必需对象，乃心欲包摄对象于其中，而将对象收入其自身之范围。因为心在了解一切对象时，此对象之内在即成为心之内在而属于心了。"③ 我们判断正确时，就是将客观收入主观、外物收入心内。我们判断这是鸟时，我们心中就有一鸟；判断这是山时，心中就有一个山；判断这是石时，心中正有一石。山、鸟、石这些所谓的"客观对象"的色相、质量、形状，等等，均被收入我"心"之中。感觉火的"热"，"火的热"就在心中；感觉石头的"重"，"石之重"就在心中。作为"对象"的外"物"的性质在"心"中，即意味"外物"在心中，因为我们不可能在外"物"的各种性质之外再找到所谓"外物"的存在。"你要承认外物之本体，便不能说他离于其性质之外，离我们心之外；你便不能说，我们所了

---

① 唐君毅. 唐君毅全集·心物与人生（第五卷）[M]. 北京：九州出版社，2016：99.
② 唐君毅. 唐君毅全集·心物与人生（第五卷）[M]. 北京：九州出版社，2016：102.
③ 唐君毅. 唐君毅全集·心物与人生（第五卷）[M]. 北京：九州出版社，2016：103.

解的外物性质与外物本身之性质是分立；你便不能说，你认识外物之真正性质时，外物只是在你心外。你必当说，你认识外物之真正性质时，外物即内在于你的心，而客观内在于主观。"①

尽管我们可以由认识正确时"客观外物"即被"包摄"于我们的"心"而发现，我们的"心"是不受我们"心"的活动对象所限制的，但是，我们每一个个体的"心"的当下的活动，总只是针对特定对象的，那么，作为"整体"的"外部世界"是否可以成为我们"心"的限制呢？因为我们总有未认识的外物。唐君毅认为，不能这样认为。因为同样的"现象"或者"事实"，我们从不同的角度看，就会有不同的呈现。"你只自外看，所以总要觉我们是受外界所决定。但是你只自内看，则一切决定都可谓自己决定。"② 我们要克服外物的外在性，所以我们感到外物的外在性。所以，我们感受到外物的外在性，并非单由外物所赋予，而是由我们自身所赋予。"你之感到限制，乃生于你之想超越你过去知识之限制，而获得新知识。所以你是由想超越限制而感到限制。你是自愿的承受你的限制，你同时自己置定你的限制，你不是单纯的被限制。"③ 由此可见，即使是"限制"本身，也是我们的"心"自己设定的，所以，"心"是超越对象限制的，是主宰对象的。

而且，"心"为了显现自己"自觉力"的根本特性，还必须自己给自己设定"限制"，而这个"设定"本身是为了显现"心"超越限制的自觉能力。我们的"心"被"限制"所限制，是其自己所决定的。因为"心"的活动的本质即超越向上，如果没有"限制"，也就没有克服"限制"，同时也就没有了"超越向上"，换言之，也就没有了"心"的活动。所以，"心要成其为心之活动，即须有限制"。其为"限制"所限制，是由"心"自己决定的。我们可以说，"心"的活动为了成其为"心"的活动，必须肯定限制、克服限制。在"心"认识外界事物、对外界事物下判断时，是如此；在"心"认识我们自己、对我们自己下判断时，也是如此。以至于对一切真正的记忆活动、推理活动、想象活动、意志活动，也都可以这样说。因为一切的心理活动，都在克服"限制"，而其所克服的"限制"，都可说是我们自己先置定的，以使我们克服限制的心理活动成为可能。

①　唐君毅. 唐君毅全集·心物与人生（第五卷）［M］. 北京：九州出版社，2016：106.
②　唐君毅. 唐君毅全集·心物与人生（第五卷）［M］. 北京：九州出版社，2016：108.
③　唐君毅. 唐君毅全集·心物与人生（第五卷）［M］. 北京：九州出版社，2016：108.

二、仁心本体的自我确证

关于"心"，唐君毅明确地说："心是不受限制，能主宰我们全部生活，能自己决定，为宇宙中心，能主宰宇宙。"① "心之活动本身即是'自觉'。"② 按照唐君毅的理解，我们的各种心理活动，都为我们的自觉能力所渗贯，这是表示我们的心的自觉能力可贯通于并普遍存在于各种特殊的心理活动中。同时，一切心理活动，都是由我们自觉能力的运用才有的。我们自觉能力的运用，是构成我们一切心理活动的基础。所以，作为"自觉能力"的"心"本身，对于我们一切特殊心理活动的构成，是有决定主宰的力量的。唐君毅认为，作为"自觉能力"的"心"的活动，可以成为"纯粹的心活动"，它是只有人才有的心活动。通常，我们认为，感觉、知觉以及苦乐等感情，以及食色等本能，甚至其他所谓交替反应、习惯动作，是人以外的其他生物也都有的。但是我们只承认人类才有心。所以，我们可以说，除了人与非人所共有的感觉、知觉等心理活动以外的其他一切心理活动，就是"纯粹的心理活动"，"自觉能力"是构成一切纯粹心理活动的基础。

在唐君毅看来，"心"是客观存在的，是自觉的存在；一切"心"理活动都源于我们的自觉；心理活动不是生物的求自利的本能可以解释的；心的判断推理是超感觉经验的；"心"具有潜伏自觉力的存在，人有感觉经验之处，皆可有心理活动；心理活动有其本身的进向，其本身的进向是一更高的进向，包括纯粹的生命活动，因此，心的活动是超越生理活动的；我们的认识正确时，我们的心即包摄外界事物，外界事物即内在于我们主观的心，因此，心超越对象的限制；"心"的受限制，是其自身所肯定的，"心的活动"成其为"心"的活动，便不能没有限制，以限制托显对限制的克服，所以限制即非限制，这都是由"心"自身所决定的。唐君毅说："我们所向往归到的结论是：心是真实存在，是我们生活之中心，能主宰我们全部生命之活动，是不受任何绝对外在的势力之限制。心是自己决定他自己的我们之生活中心，能主宰我们全部生命活动的。生命活动遍于全宇宙。所以心即我们之宇宙之中心，心亦主宰我们之宇宙。"③ 由"心"能够自觉支配生命经验、感觉经验，如何能够得出"心"是宇宙的"主宰"的结论呢？这还要归结到"心"的"自觉"上，"自觉地运用自

---

① 唐君毅. 唐君毅全集·心物与人生（第五卷）［M］. 北京：九州出版社，2016：76.
② 唐君毅. 唐君毅全集·心物与人生（第五卷）［M］. 北京：九州出版社，2016：77.
③ 唐君毅. 唐君毅全集·心物与人生（第五卷）［M］. 北京：九州出版社，2016：109.

觉力"的"心"，就是宇宙的重心、宇宙的主宰。

尽管我们的心有"自觉力"的本质特性，但是对于此"自觉力"的运用有"自觉"与"不自觉"之别。我们通常施用我们的"自觉力"，可以是"不自觉"的，所以往往也会出现达不到目的的情况，比如，人通常的记忆判断就可真可错。但是，我们是可以"自觉"施用我们的"自觉力"的。譬如，我们在凭借记忆判断的活动以求了解尚未了解的外物或自己，而期必达到获得真理的目的时，我们即是自觉地施用我们的自觉力。我们在"自觉"地施用我们的"自觉力"时，是"必求达到此目的"的，是"只可归于真不可归于错"的。在此时，我们是有意地要排斥错误以把握真理。

如果把我们"心"的"自觉力"比喻为"君"，将我们的生命经验、感觉经验以及外在世界等比喻为"臣"，在我们"自然"即"不自觉"地施用我们的"自觉力"时，"自觉力"与其余生命经验、感觉经验和外界事物的关系，犹如这样的"君臣"关系：君主有时须迁就臣民，"自觉力"须迁就其他生命经验等；但是当我们"自觉"地施用我们的"自觉力"时，则此"君主"便成为一有绝对权力的君主，一切臣民都愿服从其意志，以他的意志为意志①。因为这时君主本身即是真能代表全民一切意志的君主，他的意志是已经通过全民意志的，所以他能使全民服从。他不感到有"迁就"他之外的意志的必要。换言之，我们"自觉"地施用我们的"自觉力"时，我们是要使一切相关的生命经验、感觉经验和客观外物，都统率于我当前的自觉，都为我的自觉所通过。这时，我的"心"为我全生命活动的中心，"不只是一个抽象的中心，而是反透至其边沿，将其边沿摄入中心之具体中心；不是一相对动的中心，而是一绝对动的中心。"②

所以，唐君毅强调，"目的在得真理"之"心"，不是普通所谓"主观的心"，而是"主观的心"以上之"客观的心"。"它是自己超越、自己建设的心"，它是"诞育或开启，呈现那得客观真理之心"的"心"③。实际上，我们"自觉地运用自觉力"，远不只是这一"期必求得真理"的活动，即其他诸如期必得美、得善等的活动，都是这样一种"自己超越自己""自己建设自己"的"客观的心"；而且，在唐君毅的体系中，它们是比"求真理"更高的活动。它们的活动更进一步表明，自主的心、自己建设自己的心，乃生命活动的中心、

---

① 唐君毅. 唐君毅全集·心物与人生（第五卷）[M]. 北京：九州出版社, 2016：115-116.
② 唐君毅. 唐君毅全集·心物与人生（第五卷）[M]. 北京：九州出版社, 2016：116.
③ 唐君毅. 唐君毅全集·心物与人生（第五卷）[M]. 北京：九州出版社, 2016：122.

宇宙之中心，而且，此"中心"是"能将其边沿摄入中心"的绝对动的中心。

唐君毅强调，"心"能主宰生命活动，"心"是自我超越、自我建设的。"心"所感到的限制，同时即其自身的肯定。因为"心"要活动，称其为"心之活动"，表现其贯通统一、超越向上之力，便必须有限制。要有限制，而后才有限制之克服。但是，"心"要实行其为生活中心、主宰生命活动，为宇宙中心、主宰宇宙任务，必须归到不觉限制而成为绝对自由者。这是否可能？"心"具有超越限制、贯通统一联系的能力，这能力能继续不断地运用，可以达到破除一切限制的境界，实现生命之内在的理。

在唐君毅看来，当我们的"心"的"自觉力"被"自觉"地施用时，我们便可以从"心"的活动中感到"心"所具有的自我超越、自我建设的"主宰性"。但是，这种"主宰性"并不意味着"心"只是主观的"心"自我娱乐，相反，它是一"客观的心"，是要与"理"合二为一并且本身即合二为一的"心"。

"理"是什么？唐君毅有时也用"律则"来指称，它是一事物之为一事物的最本质特性，是永恒存在、普遍存在的"性""质"。唐君毅说：

> 我们求真理的最后目的，尚不只是了解各种实际上的内心或外界对象之理。心由了解事物之理，知一切事物皆有理。一切事物之所以为一切事物，唯在其理。物质之为物质，生命之为生命，皆唯在其理。物质之在空间运用，有运动之律则。所谓生物之潜伏的发育形式，亦即其发育之律则。生物要求与环境和谐，表现和谐关系，和谐有和谐之律则。心理活动亦有其律则。一切律则都是理。一切物质生物心理活动种类之不同，各皆有真理。离理则无事物。凡理为普遍的。①

一切事物都有"理"，而且，一切事物之所以为一切事物，只是在于它拥有"此一事物"之"理"，"理"是事物得以是其自身的根据。物质、生命、心，莫不如此。

现实上看，"时间"似乎会让事物发生改变，因为此一时和彼一时的事物会以不同的样态呈现。但是实际上，我们只看见事物自己的改变，不可能看到"时间改变事物之状态"；我们只是由事物状态的改变中认识到时间的改变，所以不能从时间的改变来判断事物状态的改变。我们最多只能说时间渗贯于事物的状态中。尽管在时间中我们发现事物因前后状态的改变而有所不同，但这种

---

① 唐君毅. 唐君毅全集·心物与人生（第五卷）[M]. 北京：九州出版社，2016：126.

改变本身是遵循一定之"理"的。事物遵循"理"而后有改变，所以事物的改变并非改变其"理"。事物遵循"理"而后有改变；事物改变我们才见时间的改变。所以，时间是不能改变事物之"理"的。

即使是无自身的变化也不能改变事物之"理"。事物的任何改变都遵循"理"，"理"遍及于事物的一切改变。如果说事物改变其"理"，就等于说事物改变其自身。但是，如果可以这样说，则我们也可以说事物之"理"并未改变，只是其自身不再表现原来之"理"而已，原来之"理"仍是原来之"理"。①因为事物在同样的情形下总会又遵循或表现同样的"理"。

事物的"理"有"特殊的理"和"普遍的理"之别。"特殊的理"是事物在特殊的时间空间场合呈现自己的"理"，"普遍的理"则是事物之所以是其本身的"理"。"特殊的理"可以有其表现或者不表现的状况，但"普遍的理"却无时不表现自己。唐君毅说："律则不能是事物自身改变时创造出的。因为必先有如何改变之律则，而后有事物之如何改变。事物之如何改变，本于其有如何改变之可能。其有如何改变之可能，本于其律则。所谓我们必先承认有永恒之律则，非事物所创造，而只为事物所表现。"他又说："宇宙间特定之事物律则，可有不表现时，然而事物之普遍律则无不表现时。"②"普遍之理"是指只要有此一事物存在必有此理。运动和空间特性是物质的普遍之理，有物质存在必然占有空间，必然处于运动中。新陈代谢是生命的普遍之理，有生命存在的地方就有生命不断地连续地存在；而自觉地超越限制则是心的普遍之理，有人心的地方，"心"必然自觉地超越自己而达到与"理"的和谐合一。

唐君毅认为，事物之"理"也就是事物之"性"。"物质生命等普遍律则，同时含有为物质生命心等根本性质之意义"③。此即所谓"理即性""性即理"的"性理统一"。事物的存在总是以不同色相、形式和样态来表现这些根本性质，我们即根据这些根本性质而了解事物。我们不可能在这些根本性质之外去了解所谓的"事物本身"。"心"作为一"事物"也一样，只要有人"心"，他就必然表现"心之为心"的普遍的"理"而呈现自己的根本性质，即自觉地超越限制，否则他就不是人"心"。

　　除非不承认有心，你承认有心时，你便得承认心能自觉的超越限制。

　　你承认有心，而说他会不再自觉的超越限制，你是自相矛盾。你承认有心

---

① 唐君毅. 唐君毅全集·心物与人生（第五卷）［M］. 北京：九州出版社，2016：112.

② 唐君毅. 唐君毅全集·心物与人生（第五卷）［M］. 北京：九州出版社，2016：113.

③ 唐君毅. 唐君毅全集·心物与人生（第五卷）［M］. 北京：九州出版社，2016：113-114.

时，便当承认他会继续的克服其限制，你不能说心有不去克服限制的时候。①

"心"之"理"在"心"作为一个"事物"存在之前就已经存在了；人"心"的存在本身就是按照"心"之"理"而存在的，它必然会表现"心"之"理"。所以，"理"不仅在"事"先，而且也不在"心"外。"心"在按照"理"自我超越限制时，它所克服的"限制"是其自身所置定的"限制"，属于"心"自身；所以，"心"去克服限制，即必然有被其克服的限制。"去克服"，是从"心"能克服方面而言；"被克服"，是从"心"所克服方面而言；对于"心"来说，"能克服"与"所克服"，二者根本是不离的。所以，只要承认"心"是继续不断地"去克服"其限制，便当承认"心"是"能"继续不断地克服其限制的。这既是由"心"之"理"决定的，也是"心"之主宰地位的根本确定。

三、仁心本体的体用浑合

在唐君毅看来，当"心"按照"心之理""自觉"施用"自觉力"之"心"时，"心"就能够将我们相关的生命经验、感觉经验以及客观外物都统率于我们的自觉力之下，而为我们的"自觉力"之"心"所通过，从而达到"心理合一"的"真理"。唐君毅举了一个很直观的例子来说明"心理合一"这一过程的实现②。

假如你在夜间行于田间，远见黑影，你想知道他究竟是什么。这时，你对于这一黑影所表示的客观外物本身是什么还并不了解，其内容如何也还没有为你自觉。但是，如果你是希望必须了解它时，则你必然会使其内容为你自觉而后已。此时，你就是想以你的"自觉力"之"心"去通过它，把它视作你施用"自觉力"的对象，而将其统率于你的"自觉力"之下。你要自觉它的内容，即是你要你"心之内容"与"它之内容"相合，进而发现其间的贯通之"理"。要如此，你就必须一方面"向它看"，从它的当下获得感觉经验；另一方面要"假想"它是什么，即试图用你过去的生命经验内容来解释它。当然，你所用的过去的"生命经验内容"，包括过去的感觉经验、"感觉经验相互联系"的经验、已知为真的判断即知识，以及其他生命中的经验，等等。你在求解释此一

---

① 唐君毅. 唐君毅全集·心物与人生（第五卷）[M]. 北京：九州出版社，2016：114.
② 唐君毅. 唐君毅全集·心物与人生（第五卷）[M]. 北京：九州出版社，2016：120-122.

黑影的历程中，是让你的"假想"领导着你相关的过去的生命经验，与你当前所得的感觉经验不断地互相渗透、融合，同时不断排除其相矛盾冲突的地方，即避免错误，以逐步并最终达到和谐一致，使你"心之内容"与"对象外物内容"合一而互相贯通，以获得"真理"。

譬如，你最初假想它是牛。而你与它渐近时，你凭感觉经验发现它是一细长之物。于是你将牛的假想排除。其次，你假相它是树。此时你又想到在你的生命经验中，你最近走过此路时，此处并无树。于是你又将树的假想排除。

进而，你又假想他是人。你作此假想时，同时想到人必能言语，只有人能言语，这是你认为真的判断，亦即你所有的知识。而且人被呼唤时，通常必言语，被呼唤而言语者，必为人，这也是你的知识。于是你想到假想他是人，我喊他他可言语；若他这样，必是人；若他不言语，便多半不是人。于是，你用你的喉管呼唤，这呼唤的生理活动也是你由小孩学习而成的，你能呼唤，乃本于你过去的生命经验。你发声后，他果然用言语回答你。这一回答你的言语的声音，是你的新感觉经验。这一新感觉经验排除了不言语的可能，而让言语的可能性成为现实。这与你假想他是人时所认为有的一致。

同时，你发现，你最初所想的"言语之可能"原是主观的"心之内容"，现在却超越了你的"心"而至客观对象；而客观对象的内容也超越了对象而至于你的心。你发现"主观的心"与"客观的对象"内容互相超越而显其合一。由此你获得了真理。当他更近时，你看见他的面目，这又是一感觉经验。此感觉经验所提供给你的关于他的内容，与你想到的"他是人"这一"潜意识中希望他有"的内容又是相一致的。于是，你的假想更得到证明，而这一真理的真理性也更确定，因为你又发现，"他的内容"与你"心所想到的他的内容"合一了。

可见，在你"期必得真理"时，相关的当前感觉经验与你过去的生命经验，都为你所运用，成为使你对外物的内容有所了解的工具。当你在真求了解外物的真理时，你正是将你的感觉经验、生命经验和外物等都统率于你的"自觉力"之下。这一施用"自觉力"的过程表明：

> 目的在必得真理之心，不是普通所以主观的心而是主观的心以上之客观的心。因为目的在必得真理之心，其唯一之目的只在得真理。譬如以上所谓目的在求得关于外物之真理之心来说，他为了避免错误求得真理，他常常须否定他自己的心中与外物不相合之内容，而尽量去自觉求得一与外物相合之内容。他是自己超越、自己建设的心。他之自己建设自己，是要

求得一在他现在主观的心以外之真理。在他自己建设的历程中，他明知那获得真理之心、"具备与外物相同之内容之心"尚未产生，然而他要建设那获得真理之心。所以他与自然得那真理之心不同。他是"诞育或开启，呈现那得客观真理之心"的心，所以我们说他是客观的心。①

"自然得那真理之心"是"自发心"，"目的在得真理之心"为"自觉心"。"自觉心"是"心"的本质，是"心之为心"的"普遍之理"；"自发心"只是"自觉心"诞育或开启出的"心"。"目的在得真理之心"是"诞育""开启""呈现"那"自然得真理之心"的"心"。

唐君毅认为，当我们的"自觉心"以"求得真理"为目标而不断地自觉施用时，我们的"心"便会希求了解各种"普遍之理"，使之互相融合、和谐，而成"绝对之理"，并将这"绝对之理"视为宇宙的最高真理或真实所在。换言之，这个"绝对的理"就是世界的真正本体，这个真正本体是由"心"的不断自觉施用"建立"起来的。

我们的"心"的活动何以能"建立"起这一最高真理呢？这是由人的"心"的本性决定的。当我们以求"普遍之理"为目的而自觉施用我们的"心"时，我们求真实的活动就已经不局限于实际上的内外界对象了，而是注目于内外对象"所以能存在"所根据之"理"。而这内外界对象所以能存在之"理"，是比内外界对象更永久、更广大的。因为任何实际上的内外界对象，都只是作为其"所以能存在"的根据之"理"在一段时间的一种表现。所以，当我们以求知各种"普遍之理"为目的时，当我们以各种"普遍之理"本身为对象时，我们的"心"的活动范围，是远比实际的内外界对象更为广大的，而且超越实际内外界对象本身。

"理"本身是永恒的、普遍的，它并不限于某一段时间的某一种表现。在"心"的活动中，我们愈将"普遍之理"逐渐归约成"更普遍之理"，则我们"心"之活动的范围所超越于实际存在对象的也就愈多，而愈加广大。所以，我们在求"普遍之理"并逐步归纯到"更普遍之理"时，我们求真实之"心"便不再只是向外指的，而同时是逐渐向中心收敛的。在"心"收敛的历程中，我们将我们从实际存在的对象中所发现之"理"加以贯通、补足，以祛除彼此之间的冲突和矛盾，直到最后，目标是获得一全部和谐之"理"，这一全部和谐之"理"即为"绝对之理"。唐君毅认为，"求得此宇宙和谐之理，绝对之理，即

---

① 唐君毅. 唐君毅全集·心物与人生（第五卷）[M]. 北京：九州出版社，2016：122.

求得诸真理之真理；包摄诸真理之真理，乃你求真理之最后目的。求此全部之理，绝对之理，乃你求真理的心之最高活动，亦即通常所谓哲学之活动"①。换言之，唐君毅是将哲学活动的本质界定为一种通向绝对真理的"心理合一"的"心"之活动的，是通过"心"的不断的自觉活动而获得"宇宙和谐之理""绝对之理"。

这样一种获得"绝对之理"的"心"的活动，在更根本的意义上说明了我们"心"的自我超越、自我建设的力量。求真理的"心"的最高活动，是将我们从实际存在对象中发现的"理"加以贯通补足，祛除其间可能的矛盾。这就是把我们向外求"理"的"心"收转回来，把我们在不同时候、不同外物求不同的"理"的"心"收转回来，进而使"心"所经过的由低至高的各种"普遍之理"隶属于求"绝对真理"之"心"。同时，这也是将我们自己"用以了解实际存在对象"的感觉经验、生命经验等材料不向外用，而使之隶属于求"绝对真理"之"心"。因此，所谓"求真理的心"的最高活动，实际上就是本于我们较低的"求真理之心"，以建设一个逐渐接近最高的"绝对真理"之"心"。由此可见，我们"求真理的心"，是"自己建设自己""自己超越自己""自己主宰自己"的"心"。

作为我们"心"之活动的最高目标的"绝对真理"是在我们的"心"之内还是之外？我们的"心"能够最终建立起这一"绝对真理"之"心"吗？

唐君毅认为，一方面，在实际上人类不能获得绝对真理而只能逐渐接近它。但是，我们实际的目标并不在于"求绝对真理"，而是使我们的"心"逐渐成为一个"得绝对真理"之"心"。重点在"心"而不在"理"。只要承认我们有"去求绝对真理之心"，我们就得承认，我们有"求我们之心渐成为得绝对真理之心"的"心"；我们就得承认，我们"求真理之心"不只是向外指的，而同时包含有向内收敛的趋向，也就是要将用以求一般真理而为其"边沿""工具"的感觉经验、生命经验等材料，以其自身为中心而摄入于其自身。如此，我们的"心"就成为一个"自己建设自己"的绝对自主的"心"。

另一方面，"求绝对真理的心"不能在实际上成为"获得绝对真理之心"，正表明了它是"永远自己建设自己"的"心"。因为它不能获得绝对真理而只向绝对真理接近，正可以使其"去求真理之心"维持不断，随时可以有比较更高的真理阶段可以达到，随时可以去建设获得更高真理之心。假如它完全获得了绝对真理，则它就不能再建设获得较高真理之心。如此，它就不再是"自己

---

① 唐君毅. 唐君毅全集·心物与人生（第五卷）［M］. 北京：九州出版社，2016：127.

建设自己的心"，"心"就不再为"心"。因为它已完成它所需要达到的目的，它不再求超越它过去的所有活动，也无所谓自主不自主。它已不是自主的心，它也就不再是我们所谓的"心"，也就失去我们所谓"心"的意志了。所以，"唯其是永远求绝对真理而永远不能真完全获得绝对真理，他才成其为自己建设自己之心，而成其为真正之心。"正是这种通向"绝对真理"的路径的绝对性，说明我们的"心"是"绝对""动"的"心"。

尽管"绝对真理"是我们永远不能获得的，但这并不意味着它在我们"求真理的心"之外。"因我们求真理的心，知以绝对真理为依归，即我们求真理的心已达到绝对真理。"① 当然，这里的"达到"并不是说现实中获得，而是"意旨上"达到、"目的上"达到。但是，我们也不能说，绝对真理就在求真理之心内。因为"求绝对真理之心"，只是一绝对"动"的心，它在永远自己建设自己的历程中，它不断建设它自己，以求了解绝对真理。

同时，我们也不能说我们的"求了解绝对真理之心"与"绝对真理"是完全对待而永远不能合一的。因为我们的"心"在永不停止地去了解绝对真理历程中，同时也就在克服此"心"与此"理"的对待。就某一阶段来说，可能存在彼此的矛盾、冲突，但是如果把它的活动看作一无尽的历程，那么它就没有任何不能克服的对待。如此，我们就不能说我们"求绝对真理之心"与"绝对真理"是对待的。"你可以说你不能完全获得绝对真理，但你不能说绝对真理在你心外，与你心真相对待。"② "绝对之心"存在，"绝对之理"必然存在。

从"心"与"理"的本性看，尽管在理论上我们的"心"与绝对真理没有任何绝对不能克服的"对待"，但是，客观上，我们每个人甚至整个人类的生命历程是有限的，即我们实际上求绝对的心不能是一无尽的历程。因此，在我们的生命史中，"绝对真理"最终会被关在门外。针对这一现实，唐君毅提出了"论理上之绝对真理"和"实际上之绝对真理"的分别，并进而阐释了"绝对真理"的"绝对性"与"相对性"。

在唐君毅看来，"绝对真理之所以成为绝对真理，其绝对真理性便在其自身内，而不在其自身外。"这与普遍的相对真理是不同的。相对真理必涉及对象，其真理性在其与对象的内容贯通和谐，因而其真理性不在自身。而绝对真理是各种具体真理的真理，其真理性只在于各种真理彼此互相贯通补足而和谐，或者各种真理互为其他真理之根据，诸真理各自超越其自身以证明其他真理。可

① 唐君毅. 唐君毅全集·心物与人生（第五卷）[M]. 北京：九州出版社，2016：129.
② 唐君毅. 唐君毅全集·心物与人生（第五卷）[M]. 北京：九州出版社，2016：131.

见，绝对真理的真理性就在其自身内而不在外，它与"对象"无关。我们之所以不安于相对真理，只是因为相对真理有矛盾冲突而互相对待，这种"对待"导致不能互为根据、互相贯通而至和谐。我们"求绝对真理之心"所"求"的，就在于这矛盾冲突对待的消除融化以实现贯通和谐。所以，矛盾冲突对待消除融化而得一贯通和谐之处，即我们达到绝对真理之时；绝对真理亦即以相对真理间的矛盾冲突对待消除融化而相贯通和谐为其功能与内容。"唯此贯通和谐之所在，乃绝对真理之绝对真理性之所在"。我们不能自外以相对的眼光看绝对真理；我们更不能自后一时所获的绝对真理看前一时所获的绝对真理，并以此说绝对真理是相对的。从实际上每一时所获得的绝对真理本身看绝对真理，我们就会清楚，每一时所获得的绝对真理都是绝对的。

总之，从"心"与"理"的对立统一来说，"绝对真理，即存于相对真理之和谐贯通间，相对真理之去其矛盾冲突，融化其对待，即绝对真理之内容。所谓绝对真理之获得，即在相对真理之逐渐和谐贯通逐渐融化而去其矛盾冲突之历程中。只要有相对真理之和谐、贯通、融化处，即有绝对真理之实现。我们时时继续相对真理和谐贯通融化之工作，即时时实现绝对真理。"① 绝对真理是超越时间的，不会因为时间的延续而发生真理性的变化。绝对真理无所谓丧失其为绝对真理，只有真理内容之逐渐丰富、广大、充实，新的拓展扩辟，而无旧的真理被代替否定。我们每一时所获得的，都是同一绝对真理；它只是逐渐更实现它自己，我们的"心"也逐渐更实现它自己要求"成为得绝对真理的心"的自性。

四、仁心本体与现实生灭

在相对真理逐渐和谐贯通融化的历程中，就有绝对真理的实现，我们"得绝对真理的心"也逐渐完成它自己。那么，这种"逐渐完成"是否意味着我们的"心"永远不能满足它自己呢？唐君毅认为，这样的看法只是"自外看"，是"就论理上说"，而没有从实际上看，从我们的"心"本身上看。

因为实际上，每一时间真理间的和谐贯通融化中都有绝对真理的获得，这种"绝对真理的获得"即表示我们"求绝对真理之心"完全满足了。"只要你现在能对于诸真理之矛盾冲突，正在加以和谐贯通融化，你现在已获得绝对真

---

① 唐君毅. 唐君毅全集·心物与人生（第五卷）［M］. 北京：九州出版社，2016：134-135.

理。那你现在求绝对真理的心，便是完全满足了。"① 因为我们的"心"只活动于现在，所以我们看我们的"心"，应当从现在看；如果只从现在看我们现在的"心"，我们便应该知道，除了我当下的"求绝对真理之心"外，没有另外的"求绝对真理之心"，也没有另外的"未获得绝对真理之心"。我的"求绝对真理之心"是当下完全满足的。按照唐君毅的说法：

> 你说你现在尚有未获得绝对真理的心，你已是把你的心放在将来，看你现在。你觉你将来所认识之绝对真理，是比现在所认识之绝对真理更充实之绝对真理，于是你觉你现在求绝对真理之心尚有未满足之处。但是你如此看时，你已离开现在，你已不是在现在看现在，在实际上看你实际上求绝对真理的心。假如你真自现在看你现在，实际上看你实际求绝对真理之心，那你便不当说你所认识之绝对真理，尚有不足，你应当说你求绝对真理之心，是绝对的在现在已完成了。②

如果我们真能"自现在看现在"，则我们不仅有当下"心"的绝对满足，而且也不会受现在所认识的绝对真理的限制，并自然会去求充实我们所认识的绝对真理。因为"现在"转瞬即成为"过去"而为未来所代替。如果真"自现在看现在"，我们就应当随时间的进展，努力充实我们所认识的绝对真理。这样，我们"求绝对真理的心"就站在了时间之流上，看见绝对真理不断自己充实它自己；我们"求绝对真理之心"自觉自己在这"永远的现在"不断建设自己，自觉它自己主宰自己。我们的"心"既在逐渐完成不满足于它自己的"绝对真理"，同时又在自觉其逐渐完成，并在逐渐完成的每一阶段印证"其现在有一绝对的完成"。它立于不满足它自己处以满足它自己。如此，我们的"心"摆脱了任何限制，我们"求绝对真理的心"既是"绝对动的心"，同时又是"绝对静的心"。③"绝对的动"是我们"心"之绝对的"理"，要求"论理上"的绝对真理；"绝对的静"是我们的"心"在实际上求得的绝对真理中，都感到一种绝对的满足。

我们求绝对真理的心绝对是没有任何限制的。说它有任何限制，都只是由于我们是自外面看它而不曾真从它本身看它。只要我们不断反观自己"求绝对真理的心"，我们就能发现，它是在现在自觉自己、主宰自己、不受任何限制的

---

① 唐君毅. 唐君毅全集·心物与人生（第五卷）[M]. 北京：九州出版社，2016：136.
② 唐君毅. 唐君毅全集·心物与人生（第五卷）[M]. 北京：九州出版社，2016：136.
③ 唐君毅. 唐君毅全集·心物与人生（第五卷）[M]. 北京：九州出版社，2016：139.

"心"。我们有如是之求绝对真理的心，就可以建立自己对于"心"的自信。"你有一绝对动而又能自觉他之绝对动的心。你的心是自觉地将一切接触的外物、感觉经验、生命经验，都视作材料，集中于他自己，而建设他自己于其上的绝对自主的心，因而又是绝对静的心。"① 我们自信自己有如此不受限制的心，我们才能更自信自己的"心"在自己全部生命活动中甚至全宇宙中的地位。

当然，我们的"心"并不只是"求绝对真理之心"，同时也是"求和谐之美的心""求至善仁爱之心"。这一完整的"心"的自我超越、自我实现以及自我建设，就构成我们人类全部的人文世界、人伦世界。唐君毅说：

> 心在自然宇宙所作之重要事业之全部，则除由心之求得真理而产生之科学哲学外，尚有心之由求美而产生之文化艺术，心之由求善而产生之道德、政治、经济、法律、教育等文化。由文化之延续，而有人类之历史。我们如果能从人类之各种求美求善之活动所形成之人类文化、历史去看，我们将了解由心之主宰作用，所形成之人文世界、人格世界具之无上的价值，而益知心在自然宇宙之重要。②

仁心本体的存在，要能够在理论上成立，还必须面对现实世界生灭变幻这一现象的挑战。如何在现实世界存在所呈现出来的真假、美丑、善恶诸种混杂的现象中，说明仁心本体自身的绝对真善美？如何在不断变化消失的世界现象中说明仁心本体是永恒存在的？

"我们当前所见的现实的世界，可是真实的？可真是真实的？可真是真是真实的？"③ 这个问题不知扰乱了多少人的心。但是，这个问题只要被提出来，它就似乎永远都是一个新鲜的问题。而且，这一问题，对于任何人任何时候永远都是新鲜的，只要他此时在做新鲜的活动，并且正希望有一个真实的世界作为他生命活动拓展的依靠。新鲜的问题，也使一切陈旧的答案变得新鲜。"当前的现实世界是否真实"这一问题被提出来，本身即表明，它有"真实"或"不真实"两种可能。现实世界也许真实，也许不真实。

但是，唐君毅认为，只要我们运用思想追问，我们很快就会发现，我们更加相信的答案是：当前的现实世界绝不是真实的；它是虚幻，是妄，是梦境。人如果只是在当前现实世界中生活，不问此世界是否真实，而只是盲目地生活，

---

① 唐君毅. 唐君毅全集·心物与人生（第五卷）[M]. 北京：九州出版社，2016：139.
② 唐君毅. 唐君毅全集·心物与人生（第五卷）[M]. 北京：九州出版社，2016：142.
③ 唐君毅. 唐君毅全集·道德自我之建立（第四卷）[M]. 北京：九州出版社，2016：64.

那么，这个世界对他来说是真实的。但是，他之所以可以说此世界是真实的，只是因为他没有感觉到这个世界的不真实。唐君毅提醒我们，当前现实世界不真实的最显著理由便是，它总是呈现于时间中。时间中的一切事物，都是流转无常的。从时间维度去看，当前现实世界中的一切，没有一样事物是真实的，因为它们都要由"现在的"化为"过去的"，生的必然灭，有的必成无。如此，"曾生"就不是真生，"曾有"也就不是真有，曾实也就不是真实。一切事物必须消灭；它们必须消灭这一点，就构成其存在的非真实性。

在唐君毅看来，"现实世界中的一切事物是在时间中流转，是无常、如梦、如幻，是非真实的。一切存在者必须消灭，时间之流水，如在送一切万物向消灭的路上走。一切的花，一切的光，一切的爱，一切人生的事业，一切我们所喜欢之事物，均必化为空无。这似是我反复地对现实世界的思维之最后的结论。"① 尽管唐君毅在论证中设计了很多反驳，试图让自己走出这一关于现实世界存在的不真实性、虚幻性的思想，但是，在其强大的逻辑追问和反思下，这些努力都一一被自己打败。"我思想的命运，似已经注定，只能归宿在此结论。我愈想逃脱此结论，它愈逼迫我去接近他。"② 在这样一种思想面前，一切现在的都要化为过去的，人的最后命运只是死亡。人生努力从事一切事务，征服一切困难，犹如在海上行驶的船，不断地克服不时的风波；但是，他拼命向前航驶，最后只是为达到一块名为"死亡"的礁石，并最终在此礁石前，船身粉碎。所以，人生的一切努力，最后只不过是向死亡的礁石前进而已。人生的一切享受，无论精神的还是物质的，一切被赐予的，在死之时，都必须被一一索回。过去的人已死，现在的人将死；将来的人继续生，但是生多少，也将死多少；生死相消，一人死，万万人亦死。

由于现实世界本身的不真实性、虚幻性以及残忍不仁，使得每一种人生有意义和价值的活动，都只能建立在以前的有意义和价值活动的消灭上，所以，人生永是不完满，永远包含着缺憾。但是，唐君毅强调，这样的思想，"不曾使我想出世。对那一段思想，我只是常故意引发之，而体味之，以便把我的心，提升到现实世界之上，使我对于现实世界多生一些悲凉之感，与要求人生向上之感。我的思想并不曾停在那一阶段。"③ 很显然，唐君毅对现实世界的无常性、虚幻性及带给人的悲凉情感体验的说明与论证，尽管带有比较强的佛家论

① 唐君毅. 唐君毅全集·道德自我之建立（第四卷）[M]. 北京：九州出版社，2016：64.
② 唐君毅. 唐君毅全集·道德自我之建立（第四卷）[M]. 北京：九州出版社，2016：69.
③ 唐君毅. 唐君毅全集·道德自我之建立（第四卷）[M]. 北京：九州出版社，2016：71.

证的色彩，但是，唐君毅如此说明现实世界存在状况的目的，和佛教的出世思想是完全不一样的。他不是要否定现实世界及人生有意义活动本身存在的真实性，而是要通过"推向极端"的方式，彰显仁心本体的存在，并由心体的存在反过来说明当下现实世界的绝对真实。

五、仁心本体的绝对真实

何以通过体会现实世界的无常、虚幻及不仁，反而可以通过悲凉的情感体验去获得人生的向上感呢？唐君毅这里运思的关键在于，将我们人这样进行悲凉情感体验的"心"彰显出来。其基本的逻辑是这样的：悲凉的情感体验表明，我对现实世界的虚幻、残忍不仁及不完满本身，有一种不满；我不愿意这个现实世界是虚幻的，我只是被理论逼迫而承认其虚幻性；在我不想那些理论时，我总是看到并接受，当下现实世界的存在是真实的。而且，现实世界中存在的一切事物都是既生而又灭，有意义和价值的事物不得保存，这一点使我难过，也是确确实实的事。我的这种"难过"，即证明我"要求"有一个真实的世界、善的世界、完满的世界存在。我有如此"要求"这一点，也是千真万确的。这个现实存在的世界不能满足我的要求，所以使我痛苦；我痛苦，即证明此要求确实存在。现实宇宙是虚幻的；但我这"要求一个真实的、善的、完满的世界"的要求，则是真实的。

这样一种"要求真实的、善的、完满的世界"的要求，是真实的；而且不只是"心理事实"意义上的真实。"我这要求是绝对的。我不能真把此要求，单纯的视作现实世界中之一心理事实。"[1] 因为，我的这一要求是位于现实世界之上的，是对于整个现实世界的存在表示不满，我的要求是超过了现实世界所能满足之外的。换言之，我的这种要求是具有明确的超越于现实世界之上的超越性的，我的要求中所求的"完满""真实"与"善"，都是现实世界中所没有的。既然现实世界没有，而我又确实有此要求，这即证明：我的这些要求，"必有其超越所谓现实世界以上的根原，以构成其超越性"[2]。我之要求的本质，即是想超越生灭，超越虚幻。因此，这样一种求超越生灭及虚幻的心愿，其所自发的根源，不能不是恒常真实的。

通过对自己的"心愿"的反省，唐君毅认为，我们应该相信，在我们思想向前、向下望着现实世界的生灭与虚幻时，在我们思想的上面，必然有一个恒

---

① 唐君毅. 唐君毅全集·道德自我之建立（第四卷）[M]. 北京：九州出版社，2016：72.
② 唐君毅. 唐君毅全集·道德自我之建立（第四卷）[M]. 北京：九州出版社，2016：72.

常真实的根源与之对照。而且，这一个恒常真实的根源，不在现实世界中，也不在现实世界之外，"此恒常真实的根源，即我自认为与之同一者，当即我内部之自己"①。我之所以对现实世界不满，即是由于，我内部的自己原本就是恒常真实的，而所见的现实则与自己相矛盾；我的不满，是此矛盾的一种表现。这个恒常真实的"内部之自己"，不是别的，"即是我心之本体，即是我们不满现实世界之生灭、虚幻、残忍不仁、不完满，而要求其恒常、真实、善、与完满的根源"②。面对现实世界，我要求恒常、真实、善与完满，这种种的理想，明明就在我的心中；我发出此种种理想，便是心之活动，是我心之用。只有我心之本体本身是恒常、真实、善而完满的，其"用"，才可能发出如此的活动，表现如此的理想。

唐君毅认为，心体的恒常、真实、善与完满，首先表现在其存在"超临于时空之上"③。心体本身不可见，但是心之"用"是可以说的，这就是其思想。由心的"思想"，我们便可以知道，此心体超临于时空之上。因为，我的"思想"可以思想整个的时间空间、无限的时间空间，这一点，可以从我思想可以不停滞于任何有限的时空上得到说明。我的思想，可与无限的时空，平等地延展；我思想之"能"，跨越其上而超临其上。诚然，当我思想时空中的事物生灭时，我的思想也似乎有同样的生灭；那只是因为我回头来看我的思想本身，发现其表现于时空中。但是，我的思想之"能"，既然跨越在时空上，则此"能"所依之体，也必然超临于时空之上。在时空之上的存在，其本身必然没有生灭，因为生灭只是时空中事物的性质。由此可知，心之本体是不灭的。不灭即是恒常，恒常即是真实；由此，心之本体应该是恒常而真实的。

与此同时，唐君毅强调，我的心之本体，同时也就是他人的心之本体。因为，我的心之本体既是至善的，它命令现实的我超越他自己，而视人如己；这就表示，它本就是现实世界中的他人与我共同的心之本体。同时，从现实世界上看，我的心理活动都由我的身体表现出来，而我的认识活动通过我的感官平等地认识万物；从我的感觉来看我的身体与他人的身体，都只是平等的万物之一。我能够从现实的我身中，了解到有一个超越的心之本体表现，便也可以推知，现实的他人身中，也有一个超越的心之本体表现。因为从现实世界中看，我始终是与人平等相对的存在。"我与他人在现实世界中，以认识活动互相交

---

① 唐君毅. 唐君毅全集·道德自我之建立（第四卷）[M]. 北京：九州出版社，2016：73.
② 唐君毅. 唐君毅全集·道德自我之建立（第四卷）[M]. 北京：九州出版社，2016：73.
③ 唐君毅. 唐君毅全集·道德自我之建立（第四卷）[M]. 北京：九州出版社，2016：73.

摄，而在超越的心之本体处相合。"①

总之，在唐君毅看来，"心之本体即人我共同之心之本体，即现实世界之本体，因现实世界都为他所涵盖。心之本体，即世界之主宰，即神。"② "纯粹能觉"是我们每一个人固有的，我只要一"觉"，它便在。当我将自己关注的重点从现实世界抽身回来落脚在自己的这一心之本体上时，我对于现实世界的一切生灭就不再那么重视和悲凉；因为我知道，我的心之本体确确实实是现实世界的主宰，我自己就是神的化身，也不再需要外在的神灵。

对"心之本体"的恒常真实的确认，尽管可以确立其人自己作为"神的化身"的主体地位，但是，仅仅是这种确认，还并没有解决所有问题。如下问题就是因为"心之本体"的恒常真实的确认带来的一系列新问题：既然我们的"心之本体"是真实、恒常、无限的，而且清明、广大，涵盖时空，"心之本体"本身是不灭，何以我们所认识的现实世界中的事物又有生有灭呢？

唐君毅认为，心之本体的恒常真实，与所认识对象的生灭变化、前后差别，就不再是矛盾的。因为，不同对象的认识所象征的，都是自物质力的相互消除，是感觉认识范围两端限制的破除；而认识对象后，我们所得到的，是限制破除的经验。尽管破除的限制有各种各样形式的不同，而且所认识的对象也有所不同；但是，所得到的限制之"破除"，则是同一的。因为限制破除以后，限制便不存在；所以，各种形式破除所得到的结果，只是同一的"心之本体"表现通路的形成；由此，对生灭变化对象的认识，即同一而恒常的心之本体的表现。

由于心之本体的存在，使我不满足于身体的封闭性，使我要求破除此封闭性，而希望在认识活动中表现它自己。在此过程中，存在于我内部的心之本体的无限，与我认识的现实世界对象的有限，有一现实的矛盾；由于这一矛盾的存在，我不满足于我能认识的现实世界的有限，而使我向心之本体本身看。由此可见，"我之所以能想它本身是无限，即由它在我之内，即由它渗贯在有限的我之内。……它之无限，同我之有限，乃是一不可分的结。它之所以为无限，即在于它之要破除我之有限的关节上。它之为超越的，即在它使我要求超越现实的关节上。"③ 由此，我们就不能单就心之本体本身来看它的无限，而应当从它破除我的有限上来看它的无限。它的无限，即等于使我不限；我的不限，即可见它的无限。如果它不能使我不限，我亦不能想到它的无限。很显然，它的

① 唐君毅. 唐君毅全集·道德自我之建立（第四卷）[M]. 北京：九州出版社，2016：79.
② 唐君毅. 唐君毅全集·道德自我之建立（第四卷）[M]. 北京：九州出版社，2016：80.
③ 唐君毅. 唐君毅全集·道德自我之建立（第四卷）[M]. 北京：九州出版社，2016：87.

无限，即在它能破除我的有限；如果它没有此破除之"能"，它便不是无限。

不过，如果它没有所要破除之"限"，它也就没有破除限之"能"，因而也就不能为无限。由此，我们可以说，心之本体乃是以"破除限"为它的本性，以"破除限"为它的内容；"破除限"即所以界定它之为它者。对于心之本体来说，"它必有它所破除之限，又必有对此限之破除，唯合此二者，而后它成为它。所以它是无限，便必须有限，与之相对，然而它又不是此限，因为它要破除此限。"① 因它"破除限"的活动，只能在"限"上表现，所以，心之本体本身，一方面超越一切"限"，另一方面其表现又内在于一切"限"。心之本体的表现，内在于一切限，也就是一切限自己破除自己，而内在于心之本体、上升于心之本体。心之本体之所以是一切"限"的本体，即在于，它内在一切限，而一切限都要求自破除而内在于它。

由此，我们就可以明白，心之本体何以不能表现为积极的无限。因为，它只能在"限"中表现它"破除限"的品德；它永远是渗贯于"限"之中，做它"破除限制"的工作。所以，它虽然时时对"限"有所破除，然而又似乎总是有"限"包裹于其外。由于有"限"包裹于其外，所以，在我们去看它时，我们总是将它与它所未破除的"限"合在一起来看，于是我们说它的表现是"有限"。但是，我们说心之本体表现有限时，实际上是我们将它所未破除的"限"与它本身并列而混合察看的缘故。如果从它表现本身来看，则每一新认识活动的表现，都是一认识对象范围的限制破除。破除只是无"限"，所以也就不存在"有限"。于是，我们就可以在其有限的表现中，看出其无限。这就是心之本体"无限"品德的表现。

心之本体是要破除一切限制。它破除了此种限制，还须破除其他限制，因而也将表现于其他地方，造成其他现实世界中的通路。如果它停滞于某一通路之上，那就无异于把它自己限制住了。如果只有对象的认识而不忘掉它，那么，对于此对象的认识，一方面虽然破除了一限制，另一方面，此对象存于心，又等于增加了一限制。所以，"只有忘掉此对象，乃使此对象之认识，完成其纯粹破除限制之功能"②。由此，我们所认识的对象世界中，生者之所以必须灭，正是因为认识其生，必须认识其灭，而后才能完成认识其生之意义。当我们以此来看现实世界时，我们会觉得，"我们所认识的现实世界中之一切对象之生灭，都是恒常真实的心之本体在表现之象征，现实世界与心之本体，不复对立，心

---

① 唐君毅. 唐君毅全集·道德自我之建立（第四卷）［M］. 北京：九州出版社，2016：88.

② 唐君毅. 唐君毅全集·道德自我之建立（第四卷）［M］. 北京：九州出版社，2016：90.

之本体真成了无乎不在的了。"①

既然仁心本体恒常而真实，无乎不在，那么，个人自我的生与死，他人之死与自我之生，也就将因为仁心本体的恒常真实而得以相互感通，实现不朽与永恒。

第四节　仁心本体与生死皆善

唐君毅的生死哲学既是从其生命真性情中开显出来的，也是自觉的理论建构。在其生死哲学系统中，仁心本体的自觉呈用，是人之生死的本质所在。正是仁心本体的自我觉悟，个人生命有了道德自我的建立，并建构起顶天立地的人格世界；正是仁心本体面向世界的呈用，开显出了包括各种人文、超人文、非人文等在内的人文世界；正是仁心本体面向个人生命人伦关系的呈用，建构起了包括夫妇之道、父子之道、兄弟之道、朋友之道、君臣之道在内的人伦世界；正是仁心本体面向生死幽明世界的呈用，实现了生死幽明的感通，建构起了生死互渗、生死两安、生死感通的人生世界。在唐君毅看来，依据仁心本体的"天德流行"，人的生死皆是自然本善的。

一、生命存在本身即善

唐君毅的生死哲学尽管对"死"有很重要的着力讨论，但是，根本的则是要落到对现实人生、当下世界的肯定上，是要在理论和实践两个维度强化"未知生焉知死"的儒家生死立场，而不是要为现实人生寻找一个超人世界作为生命的安顿处。

唐君毅之所以在其生命九境中，将基督教和佛教作为两种有代表性的"超主客观境"列在儒家的"天德流行""尽性立命"境之下，是因为，在唐君毅看来，"人之成德，要在循序而成，以由今至后，由近而远，由本之末。"② 在人生自我实现的过程中，必须遵循由近及远、由本至末、由当下而今后的先后顺序，而不可跨越其次序，先远后近，或先其后而后其先，先末后本。因此，"亦必不可先神而后人，先念天堂地狱，而后人间，先念前生来世，而后此今

---

① 唐君毅. 唐君毅全集·道德自我之建立（第四卷）［M］. 北京：九州出版社，2016：90.
② 唐君毅. 唐君毅全集·生命存在与心灵境界（第二十六卷）（下）［M］. 北京：九州出版社，2016：119.

生，先言因果报应，而后此当前之义所当为，先言普度有情众生，而只视人为有情众生中之一。"① 基督教、佛教乃至一切宗教学说，恰恰是颠倒了这样的人生先后顺序，以后为先，以末为本，将人引导到关注死后世界、生前世界，而不是贯注于当下的今生世界。

唐君毅认为，这样颠倒顺序的宗教学说，"皆可使人生命心灵之失其与世界之真实之依序感通，以成其德行，而使人沉迷于幻想之境；乃于其当下之生命存在，与当前世界中存在之物，视作其存在于未来之世界，而用之手段工具，而入于一高级之功利主义之途，使人堕入于一更大之迷执罪恶之中；而使此诸宗教信仰、宗教思想，皆成为助人入于迷执罪恶之中之护符，亦使人永无得救与觉悟之期；则其所谓道，皆与魔并长。"② 正因为如此，唐君毅力主重建儒教，并以儒教来统摄各种宗教思想。

各种宗教学说之所以会以先后顺序颠倒的方式来引领现实世界中的人关注超现实世界，根本的原因在于，他们认为现实人生本身是罪恶的、苦难的、虚妄的，一句话，是"不善"的。但是，唐君毅的生死哲学，基于儒家的基本立场，认为生命自身并非就是"执"或者"不善"。生命之为生命，不在于其是有或者无，而是由无而有又由有而无、由隐而显又由显而隐的历程。从历程上看，生命本身无"常有"，也无"常无"，因此并无所"定执"。唐君毅说：

> 试观吾人口鼻之呼吸，脉搏之振动，一切生活之日出而作，日入而息，以成其生命存在之事，岂是呼则常呼，吸则常吸？岂是升则不降，降则不升？岂是作则不息，息则不作？然此呼不常呼，则见对呼之无执，吸不常吸，则见对吸之无执。由呼而吸，则呼自超于呼以成吸；由吸而呼，则吸自超于吸以成呼。以吸观呼，呼不常有，即为偶有；以呼观吸，吸不常有，亦为偶有。当其呼时，世间有呼而无吸，则吸在世间之外，上天下地，求之不得，则吸尚存于上帝之密怀，为赖耶识如来藏中之密藏。今谓之为超世间，何为不可？然由呼而吸，则吸由世间之外，还入世间之内，如天外飞来，而原来之世间所有之呼，又自超越，而入于杳冥，归于无形，以入于上帝之密怀、赖耶识如来藏之密藏矣。此又非世间中自有之超世间而何？口鼻之呼吸如是，脉搏之升降亦然，一切生物之作息亦然。而此一切生命

---

① 唐君毅. 唐君毅全集·生命存在与心灵境界（第二十六卷）（下）[M]. 北京：九州出版社，2016：119.
② 唐君毅. 唐君毅全集·生命存在与心灵境界（第二十六卷）（下）[M]. 北京：九州出版社，2016：119.

之存在，固不存在于其能常有、定有、必然有，而正存在于其所有者之为可无，而非常有、非定有、非必有，其所有者之能出入、往来于有无隐显之间，而能于世间中，自超世间、自出世间也。①

在唐君毅看来，以儒家当下直接肯定"生生不已"的生命观，生命本身是初无定执而能自超越的。每一个生命的当下，它在自己，同时也超越自己；在世间，同时又超越世间。生命之根本存在，不在于"常""定"，而在于非"常"，在于有无、隐显的转换无穷。而佛教与西方宗教，都不能从"生生不已"的历程角度来看生命，所以不明白，生之为生，原本就没有什么"定执"，而是能够自我超越的，其本身就是一个"自超越"的历程。生命存在涵具"无定执而自超越"之道，此正是其本性之善的表现。依此，我们就应该肯定生之此世性、现世性的充分价值，肯定人之生命及各种生命的内在价值，并期望去除外在对生的虚妄之见、病痛和罪恶，实现生命的本善。唐君毅说：

> 在无穷的空间，无穷尽的时间中，你感到你的渺小吗？
>
> 你便当想到你能认识广宇悠宙之无穷尽性，你的心也与广宇悠宙一样的无穷尽。
>
> 其次，你要知道，你的身体，亦非如你所见之七尺形骸。
>
> 你呼吸，你身体便成天地之气往来之枢。
>
> 在你身体内，每一刹那有无穷远的星云之吸引力，在流通。
>
> 在你身体内，有与宇宙同时开始的生命之流，在贯注。
>
> 你身体是宇宙生命之流的河道。宇宙生命之流自无始之始，渗透过你身体，而流到无终之终。
>
> 你生命之本质来自无始之始，终于无终之终。同时你如是之生命，是一亘古所未有，万世之后，所不能再遇。
>
> 你犹如海上的逝波，你一度存在，将沉没入永远之过去。
>
> 你感到人生之飘忽吗？
>
> 然而如是之你是亘古所未有，万世之后所不能再遇，这即证明如是之你，是唯一无二的。
>
> 你之唯一无二，使你之存在有至高无上之价值。
>
> 因宇宙不能莫有你，他莫有你；他将永无处弥补他的缺憾。

---

① 唐君毅. 唐君毅全集·生命存在与心灵境界（第二十六卷）（下）[M]. 北京：九州出版社，2016：122.

　　宇宙莫有你，他将不是如是的宇宙，如是的宇宙，将不复存在，
你要珍贵你唯一无二之人格，如是的宇宙，依赖你而存在。①

　　在唐君毅看来，对当下自我存在的唯一性的肯定，是我们对生命之善的肯定的直接表现。我们确认我当下存在的唯一性，关键在于超越自我当下的"渺小感"和"无常感"。当你感到自己渺小时，你就当想：你能想到"广宇悠宙"的"无穷尽性"，就证明你的"心"也与广宇悠宙一样"无穷尽"了；当你呼吸，在你身体内，每一刹那便有无穷远的星云的吸引力在流通，有与宇宙同时开始的生命之流在贯注，你的身体便成为天地之气往来之枢；你的身体就是宇宙生命之流的河道，"宇宙生命"从"无始之始"流来，渗透过你身体的河道，又流向"无终之终"。如此，你就不只是一个"孤独存在"的个体生命，而是永恒无疆的"宇宙生命"的一个环节。将自己放入宇宙，你就不再渺小！而当你感到人生飘忽时，你就当想：尽管我一生短暂，但是"如是这般"的我，是亘古未有，万世之后也不能再遇的，这即证明，"如是之你是唯一无二的"；既然我是"唯一无二"的，也就意味着我的存在，具有"至高无上"的价值，我的存在的价值就在于，因为我的存在"宇宙不一样"！宇宙如果没有我，宇宙就将不是"如是这般"的宇宙，"如是这般"的宇宙就不复存在。"如是这般"的宇宙，依赖"独一无二"之我而存在。当一个人将自己这样与广宇悠宙打通合一时，自我当下存在的自信便可以建立起来。

　　而一切所谓的"智者"，他们之所以忽视而不见生命根本之善及当下自我的唯一存在的真实恒常，根本的缘由在于：他们总是试图冒过一切生命存在来观生命，而不是以生命观生命自身。如此，他便只见生命的限制。唐君毅认为，对于"冒过生命而观"所看到的生命之封闭、罪恶、限制，我们固然不必否认；人的生命有此限制、罪恶、封闭，等等，犹如树都有阴影足以蔽日，菌都有一盖足以藏污。但是，唐君毅强调：

　　此承认，乃第二步之事，不能于第一步，即如此说。若第一步即如此说，而由此以说生命存在之本质或本性之不善不净，则不知生命之本质与本性之为净善，而为乱义理之先后本末之序之颠倒之论矣。②

　　换言之，如果我们将生命存在的限制、罪恶等当作第一义的事，便完全忽

　　①　唐君毅. 唐君毅全集·人生之体验（第三卷）［M］. 北京：九州出版社，2016：38-39.
　　②　唐君毅. 唐君毅全集·生命存在与心灵境界（第二十六卷）（下）［M］. 北京：九州出版社，2016：123.

视了生命本质与本性的净善；如此，便乱了先后、倒了本末。在唐君毅看来，一切宗教和主张超越世界的哲学，都是如此。

就自然生命（包括人的自然生命）的罪恶、有限、封闭等等而言，唐君毅认为："以一生命存在之自执其生命存在，而对其外之生命存在或伤之或害之，不免于罪恶一面言，此首须知在自然界之生物，原不知其为罪恶，亦初无意于伤害其他生命或存在。其初之无意，固可谓由其心灵智慧之未开。然亦以其初无意，而亦减少其为罪恶之意义。"① 也就是说，自然生命之我执而造成的伤害，原是"无意"的，因而，即使有所谓"罪恶"，这种"无意"也大大减少了其"罪恶"的意义。何况，自然生命除了"执自己生命之存在"的一面，同时也有能伸能屈、知进知退的适应环境的一面。由此可见，一切生命都有其自己超越"自己之性"之善。生命的活动、生命的"屈退"、对其他生命与存在的"容让"，以及与其他存在者的"适应共存"，都是真正的善，也是生命未尝自我执定的表现。所以，生命总是在自己超越自己，这种自己超越自己即是善。而且，这种"善"，本身就彰显了生命的仁、义、礼、智之德：

> 当我之生命心灵与他人或他物有同情共感之仁之表现时，而我同时有以其心灵向于其他人之生命心灵，以恭敬奉承其生命心灵之表现，此即为一原始之礼。此中，同时对我已有之生命心灵活动，有一裁制，以使他人之活动，亦得存于我之生命心灵中，以与我之活动有一平等之地位，是为义。人之自觉的超越其已有之活动，使之退屈，而呈现一无分别之清明，以使他人之活动为我所知，而得在我心灵中有一地位，即是智也。此人之有同情共感之仁，恭敬奉承之礼，平等待人我之义，清明能知之智，固亦人之心灵中原有之性情之表现，而可由此以言人心与其原始的性情之善者也。②

因此，处于现实人生状态和现实世界中的人，首先必须有对生命之善、"人间之善"的信心：

> 你觉得人与人只有互相残害，人间世是冷酷的吗？
> 你错了，在根本上，人与人是互相亲爱的。

---

① 唐君毅. 唐君毅全集·生命存在与心灵境界（第二十六卷）（下）[M]. 北京：九州出版社，2016：123.
② 唐君毅. 唐君毅全集·生命存在与心灵境界（第二十六卷）（下）[M]. 北京：九州出版社，2016：134.

你可曾想：人相见招呼时，总要微笑，是因为什么？

这自然的微笑，表示人根本上是欢喜他的同类的。

微笑之下，也许掩藏着互相利用的心理，良善的语言后面，有人们的私欲。

但是，人们必须以良善为面具，这是证明了人们是忘不了良善的。

世间也许有不爱名誉，无恶不作的小人，也许他还会以他的罪恶自豪，说他敢于为恶。

但是他如此说时，他的内心，已自以为他如此作是对的了。

"对"的观念，他始终忘不了。

他自以恶为对的，所以他为恶了。

他误以恶为善，所以他为恶了。

他依于根本的人类向善之心，而后有为恶之事。

恶人的善端不能绝，所以恶人都是可以为善的。

你只要使恶人不复以他的恶为善，他将为善了。

人们善"善"，善以其自身为善，善自己肯定它自己。

人们恶"恶"，恶以其自身为恶，恶自己否定它自己。

善最后是要胜利的。你真如是信仰，你将不会感觉世界永远充满罪恶了。①

进一步，唐君毅强调，还必须有"世界变好"的信心：

假如你问我现在充满罪恶的世界，真可以变好吗？

我的答复是，你先问你自己可以变好吗？

假如你的好者亦可坏，你的一切之好可以丧失，世间莫有任何的好，不可以丧失；因为好的种类虽不同，好之为好，总是一样的。

假如你的坏者都可变好，世间莫有任何的坏，不可以变好；因为坏的种类虽不同，坏之为坏，总是一样的。

所以只要你好，世界便可变好，因为扩大你的好，便成世界的好。世界之好坏，不系于世界本身，而系于你自己。

假如你问我，你自己可以变好吗？我仍可与你以答复，

答复是：你可以变好的。

因为当你问世界可否变好时，你是希望世界变好，怕世界终不会好。

---

① 唐君毅. 唐君毅全集·人生之体验（第三卷）[M]. 北京：九州出版社，2016：49-50.

你问你可否变好时，你是希望你好，怕你自己终不会好。你对好坏无所取舍时，你不会发生这问题。

你发生这问题时，你已在取好舍坏了。

你反省你当下的心境，你必承认我的话，

你在取好，你在向好，我相信你可以变好的。

如是，你当相信世界真可以变好的。①

唐君毅认为，我们不仅要肯定当下现实人生的唯一性、善性，更要从生命之为生命的根源处肯定生命的善性，如此才可以真正实现"尽性立命"即尽己之性即是尽天之命、"天德流行"即人德自存以及天德流行的境界。这首先需要我们对生命的本然有基本的认识和信念。

二、生命之灵觉破空而出

对于生命的认知或者信念，唐君毅强调："吾意首当细认取：前所谓吾人生命之生于此世界，初为一破空而出之一赤裸裸之生命，乃表现一先天的空寂性、纯洁性，而为一善之流行，为第一义。亦即以自觉的超越忘去此生命之来处，以及其超越的根源，为第一义。"② 也就是说，我们必须首先认定，生命之初，只是一破空而出的赤裸裸的生命，是一先天空寂、纯洁之善的流行。唐君毅这一关于生命存在先天空寂的说法，有类于存在主义所强调的人是先存在再有本质，人首先只是一个类似空的括号一般的存在。但是，唐君毅在此并不认可存在主义只是将人的生命视为一个没有倾向性的"空"，而是认为这种空寂本身即是"纯洁"的，是"善的流行"。正由于生命本身只是一"善的流行"，所以，唐君毅要人"相信人"：

当你同人接近时，莫有十分确切的证据，你不要想他也许有不好的动机，这不仅因为你误会而诬枉人，你将犯莫大的罪过；

而是因为当你的根本人生态度，是向善的时，你的第一念，必是想他人亦与你同样的好善。

你必是常常希望看见他人之善，你将先从好的角度去看人。

当你先从不好的角度去看人时，你要反省：你的精神在下降了。

---

① 唐君毅. 唐君毅全集·人生之体验（第三卷）[M]. 北京：九州出版社，2016：50-51.

② 唐君毅. 唐君毅全集·生命存在与心灵境界（第二十六卷）（下）[M]. 北京：九州出版社，2016：142.

真正的对人之相信，犹如真正的谦恭礼敬，都是由我们爱善之心自身流露出的。他们是原始的心情。

我们不是先发现人值得我们对他谦恭礼敬相信之处，而后对人谦恭礼敬，对人相信。

我们是先有那原始的对人谦恭礼敬、对人相信之态度，而后能发现人之值得我对他谦恭礼敬、对他相信之处。

假如我们根本是缺乏那原始的态度，纵然别人有值得我谦恭礼敬与相信之处，我们也会看不见的。

你要想发现值得你对他谦恭礼敬的人，你须有自然发出的对人谦恭礼敬的态度；你要想发现可相信的人，你须先有愿相信人的态度。

也许有一天你发现你所信的他人，其好都在表面，其内心不可问，你没有法相信他了。

但是你最好仍是指出他表面的好，向他表示我相信你是向好的。因为他还要表面的好之一点，确是好的。

你相信他是如此，他也将相信他自己是如此。

他表面的好，将从他心之外层，沉入他心之内层。

人与人间的嫌隙，常由彼此疑虑而生。人与人彼此复疑虑着：别人对我已有不可解之嫌隙，于是使彼此之嫌隙，成真不可解。

彼此疑虑，造成更多可疑虑之事实；彼此互信，也造成更多可互信之事实。①

当然，这里作为生命本源性存在的"善"，并非道德意义上的"善"，而是指生命自身所具有的可以自己超越自己的"超越性"。正因为人的生命最初只是一破空而出的赤裸裸的生命，我们便可以说，现实生命或者说后天生命、实际生命存在的各种色彩，便不是生命先天具有的，而只是生命存在过程中的种种内容使生命带上了各种颜色。当然，这些生命的色彩和内容，人们或许可以依据不同的立场，可以说成是不同方面和不同来源的。比如，生物科学可以认为其源于父母的遗传，佛教可以用前生的业报、赖耶识中的种子来予以说明，某些哲学可以用自然力的聚合来加以阐述，而基督教也可以用上帝的创造来注释，如此等等，不一而足。

但是，唐君毅强调，此"皆非吾人之赤裸裸之生命存在自身，或此生命存

① 唐君毅. 唐君毅全集·人生之体验（第三卷）[M]. 北京：九州出版社，2016：52-53.

在之本性。此生命存在之自身或本性，乃初不须连此一切内容颜色而说者它们都不是生命存在的本性，不是赤裸裸的生命存在自身①。既然生命本身并不是天然即有我们后天见到的各种"内容"和"色彩"，那么，作为"空寂"的原初的生命存在到底是什么呢？唐君毅认为："此生命存在之自身或本性，只是一灵觉的生，或生的灵觉。克就此生的灵觉言，乃无此一切内容，或有此一切内容，而更加以超化忘却者。"② 唐君毅在这里用"灵觉的生"或"生的灵觉"来指称生命存在自身或生命之本性，重点是强调生命原本只是一个"生生不已"的大化流行的"过程"，而这一过程的根本是作为生命存在最内在的心的自我运作。就这一过程本身而言，它原初可以是没有任何内容的，只是生之灵觉的自我运动，这就犹如黑格尔"绝对精神"的内在自我运动一样。但是，这一过程更重要的是彰显生命之灵觉有一种自我觉察、自我超越的力量，在这种自我超越的内在力量的推动下，生命原初存在的"内容"也将被"超化""忘却"。

在唐君毅晚年的《生命存在与心灵境界》一书里，"生命""存在""心灵"是被当作同一个层次概念使用的。在该书中，"生命存在"多用作复合词，"生命"即"存在"，"存在"即"生命"。如果必须分义而说，则以"生命"为主时，言"生命存在"即谓此生命为存在的；以"存在"为主时，则言"生命存在"即谓此存在为有生命的。而"心灵"为生命存在之主。因此，唐先生认为，"存在而有心灵的生命"，或"有心灵生命的存在"，或"有生命能存在之心灵"，三者其义无别。而"生命""存在""心灵"又各是一个复合词。生命之"生"，乃指由未生而生，"命"则指既生而向于更生，遂有寿命之命。存在之"存"，包含昔所已有者于内，"在"指已有者更有其今之所在。此"所在"，又可为包含保存此已有者。心灵之"心"，偏自主于内说，"灵"则言其虚灵而能通外，灵活而善感外，即含"感通"的意思。唐君毅强调，合"生""命"为一名，要在言生命为一"生而更生"的次序历程。合"存""在"为一名，要在言此生命存在，为内有所"存"，外有所"在"。外有所"在"，则有其外之"位"；内有所"存"，则所存者在其自身中，有其"位"。"心"自内说，"灵"自通外说。合"心""灵"为一名，则要在言心灵有居内而通外以合内外之种种义说。人有生命存在，即有心灵，因此，凡说"生命"或"存在"或"心

---

① 唐君毅. 唐君毅全集·生命存在与心灵境界（第二十六卷）（下）[M]. 北京：九州出版社，2016：142.
② 唐君毅. 唐君毅全集·生命存在与心灵境界（第二十六卷）（下）[M]. 北京：九州出版社，2016：142.

灵"，在唐君毅看来，皆可互说，三名为同一实。①

就人的生命存在来说，唐君毅强调，在人的生之灵觉中，本来夹带有父母祖先的遗传性质，或佛教所言前生的业报种子等"生命内容"，但是，人在最初出生时，对自己生命中所"夹带"的这些"内容"，实际上是都不知道的，或者说是完全"遗忘"的。但是，人初生时的这种"不知"或者"忘却"其来源，并非只是"无明""无知"，同时也是生命存在能自我超越、自我忘却的表现，是生命之先天空寂性和纯洁的善之流行的表现。

作为生命之本质和源头的"生之灵觉"，自有其形上根源，使其能不断地超越自己。"因若其无此一超越的形上根原，此生的灵觉之生长发展与流行，即不能继续自超越其自己，以成其生长发展与流行。此生的灵觉之能继续超越其自己，必有使之成为可能之超越的形上根原。"② 唐君毅认为，对于生命源头的形上根源，人们尽管可以用"天"（儒家）、"上帝"（基督教）、"如来藏心""法界性起心"（佛教）等不同名称来命名，但是，此生命生于此世间而有其"生之灵觉"时，对此超越的形上根源，即有超越而"忘却"。此"忘却"，并不是生命的堕落而呈现为"无明"，而是"生之灵觉"的"破空而出"。

在唐君毅看来，此生之灵觉的破空而出，"如人之自然生命之由母体而生，乃一破空而出之事。婴儿破空而出，故与母体有一隔离，而婴儿降世。又如海水之倒注于湖，而湖海相离。故此生的灵觉与其超越之形上根原之隔离，亦即此生的灵觉之有破空而出之一创生之活动"③。正是"生之灵觉"与其超越的形上根源的隔离，使得此"生之灵觉"破空而出的创生活动成为可能；因为它使得生命具有了先天的空寂性、纯洁性而无所依傍，从而作为一个赤裸裸的生命来到世间。因此，此"隔离"同时也就是"创生"，不能说就完全是堕落、无明；最多可以说，一半是隔离、堕落、无明而已。

具有"生之灵觉"的人的生命，既有其超越的形上根源，同时又与此根源有一超忘和隔离，并通过与此形上根源的隔离而破空而出，此同时即是"创生"。在唐君毅看来，就其为"破空而出"的"创生"而言，人的生命的诞生，乃是一"前所未有"之"有"；此"有"，可以说是由此形上根源所生出，因

---

① 唐君毅. 唐君毅全集·生命存在与心灵境界（第二十五卷）（上）[M]. 北京：九州出版社，2016：1-4.

② 唐君毅. 唐君毅全集·生命存在与心灵境界（第二十六卷）（下）[M]. 北京：九州出版社，2016：143.

③ 唐君毅. 唐君毅全集·生命存在与心灵境界（第二十六卷）（下）[M]. 北京：九州出版社，2016：143.

此，其所可能呈现的"生之灵觉"的不息不已以及其所可能成就的百行万德，都可以说原就在此形上根源中"完全具足"；而一切人与有情生命的恒常功德，也都在此形上根源中"完全具足，真实常住，不增不减"①。但是另一方面，就生命"创生"只是"破空而显"的"有"而言，人的生命的"创生"而显其"有"，既是破世间原来"无此生命"，也是破世间他人对此生命最初不见其有的"无知""无明"，同时也是破自己对自己之存在的"无知""无明"。如此，此生命创生之"破空而出"，就是对"空"有所破，对"无明""无知"亦有所破。唐君毅认为，生命创生之如此之"破"，犹如否定"否定"，犹如以光照破"黑暗"。

> 肯定乃以否定否定，而更成其肯定。此否定否定更成之肯定，对原始之肯定，即为新创。如以光照黑暗，此黑暗中之光，虽皆来自持之以照黑暗之光原，然照黑暗后，黑暗破处之光，乃前所未有。②

"创生"之事，是"破空"以显现此有，是对"无明""无知"之破，如否定之否定，同时也是对"原始"的"生之灵觉"的肯定，是真正的创新。

当然，"创生"所显的珍视生命存在之有，自然是以"有"为根源；因为"无"不可能作为"有"的根源。但是，唐君毅指出："有而更无无，以使有更成有，此无无，则为使有得更成为有之根源。无无可为有更成有之理由，亦如否定否定，可为肯定更成肯定之理由。"③ 也就是说，现实生命创生之"有"是通过对生命原初之"空寂性"的"无"的否定来实现的；而且，这种不断的自我否定（"无无"），恰恰体现了生命自身的"生生不已"（"使有更成有"）。如此，这个"否定否定"的"无无"运动本身，成为使"有更成为有"的根源。

所以，唐君毅强调："必无无，方助成有之创生，必破空，方助成生命之出。"④ 生命的破空而出，是生命的形上根源之原来所未有的；其本身也就是一

---

① 唐君毅. 唐君毅全集·生命存在与心灵境界（第二十六卷）（下）[M]. 北京：九州出版社，2016：143.

② 唐君毅. 唐君毅全集·生命存在与心灵境界（第二十六卷）（下）[M]. 北京：九州出版社，2016：144.

③ 唐君毅. 唐君毅全集·生命存在与心灵境界（第二十六卷）（下）[M]. 北京：九州出版社，2016：144.

④ 唐君毅. 唐君毅全集·生命存在与心灵境界（第二十六卷）（下）[M]. 北京：九州出版社，2016：144.

种"创生"。换言之，生命破空而出的创生，既是一"无中生有"之事，同时也是破空而出的"无无而有"之事。对人的生命之创生与存在，必须将"无中生有"和"无无而有"两者结合起来，才算完整。唐君毅说：

> 生命之破空而出，即依空而破，而出，亦可说为依空而出，以为一无中所生之有。但此只是一半之义。另一半，是破空而出，即无无而有。①

基督教、佛教之所以不能平铺而言人的生命存在，根本即在于，它们只见人之生命"无中生有"的创生之义；对人的生命乃至万物自身"无无而有"破空而出的创生之义，则视而不见。

在唐君毅看来，依儒家之义，生命的"创生"，是依其根源破空而出。在此破空而出的"创生"之中，由否定否定，而使肯定更成肯定，是"事"；依肯定而能否定否定，则是"理"，是"道"；否定否定而能更成肯定，亦是"理"，是"道"。因此，生命的"破空而出"，"无无"而更成其有，是事；而破空无无，能使有更自成其有，由此而有生命的创生，是理也是道。而生命创生的根源，则只是一个超越的形上存在。此存在，可以说是"体"；而生命依之而创生，即可见其"用"。只是，在生命创生过程中，此"体"必须依据此"理"此"道"，才可能有此创生。所以，此"创生"的一半的含义，是"自无而有"；而其全部含义则是："破空而出，无无而有。"

生命存在"自无而有""破空而出""无无而有"，由此可见，此"有"并非其根源中所原有，而都是此"创生"之"相"。就所创生之"有"并非其根源中所原有而言，它与此根源若相隔离而能自超忘其根源，生命自身自有其由破空无无所成之"有"。由此而言，此创生的新生命也可以说是自为一"体"，以继续依此"破空无无"之理之道而自成其用，而且自有其相续创生之事以及此事之相。当然，此"自成之用"以及"相续创生之事"中所表现之相，也都可以说是此"根源之体"之用之相；但是，就其本身作为"无无破空"之事而言，其"有"，又可以说不是此根源中之所有，而为其所"自有"。

唐君毅关于人的生命"破空而出"的形而上学说明，尽管使用了佛教的术语及西方哲学的逻辑方式，但其所要表达的根本内容，却是儒家对于生命理解的真精神。在唐君毅的理解中，生命的存在，从其形上根源说，是依此根源之有而有的"所有"；自其破空无无所更成之有而言，又是其"自有"。生命是

---

① 唐君毅. 唐君毅全集·生命存在与心灵境界（第二十六卷）（下）［M］. 北京：九州出版社，2016：144.

"所有"和"自有"的统一。基督教、佛教更加关注和看重的是生命的"所有"之义，而儒家则更加看重"自有"的真实性。在儒家的生命世界，此"破空""无无"更成为"有"，乃是一根本之理根本之道。此"理"此"道"的意义，既重于其根源作为"形上存在"的存在，也重于生命存在本身的存在。"一切生命存在，即当说直接依此理此道而生。"①

在中国儒家，此形上根源，名为"天"；此理，为"天理"；此道，为"天道"。人的生命存在具有此理此道即为"性"，既是"天性"也是"人性"。相应地，人之具此天理天性为心，为"天君"；此心所依的五官，为"天官"；心接物而生之情，为"天情"；而养此天情之物，谓之"天养"；物之祸福及于人，谓之"天政"；而人之生于世界，则是"天民"。这些以"天"而言"人"的术语，大多自孟子、荀子而出，而为中国历代儒家所接受，并成为大多数普通中国人基本的生命信仰。

人的生命存在，与其形上根源之"天"，既相依相即，又相隔相离。由此，天人关系，不可以只"合说"，也不可以只"分说"。为了说明天人"合而分"的关系，便有了"命"的观念的建立。此"命"，自天而说，为"天命"；自人而说，为"性命"。"性命"，即生命之性命。"性"只是一"生之灵觉"或"灵觉的生"，故"生"即是"性"。而生命要有所向往、有所实现，即是一自命自令，故"性"即是"命"。就性根源于天而言，人有此性，可称之为"天性"；而人依此性而能自命，此自命也就是"天命"。而此"自命""天命"之所在，亦即"性"之所在，所以，《中庸》言"天命之谓性"；孟子谓"尽心即知性"，"知性即知天"。尽心，即尽此心之自命自令，依此自命自令而行。换言之，在心自命自令之时，依其所视为"当然者"而行，这也就是尽"天所命于我者"，同时立此命于我的生命存在之内。此也就是人的"尽性立命"之事。

三、死亡的本质与生命之善

唐先生不仅从西方哲学思想资源切入强调个人"先行到死中去"，通过与"生"与"死"的面面相觑，启发"生"的唯一性和真实性；同时还从儒家义理出发分析"死"对"生"的正面德性。

吾人将更问此世间之自然生命存在之有死，是否亦有一正面的价值意

① 唐君毅. 唐君毅全集·生命存在与心灵境界（第二十六卷）（下）［M］. 北京：九州出版社，2016：145.

义？是否世间之自然生命存在之有死，亦由其存在之本质与本性，原向于有死，而此本质或本性亦为善？于此在中国传统思想中，正另开一关于死之智慧之门。①

如果我们只是自"外"而观，那么生命很显然具有无常性和虚幻性，但是唐君毅强调，这种"观"是需要辨正的。一般来说，人们对存在之物的认识，往往是依据于某种现有的"观念""概念"去判断其有限和无常；而以观念为根据所获得的偶然性的感受，并不一定就是存在者自身的无常性，完全可能只是观念本身的无常。因此，如果我们不是对观念先有一种执着，便不会由观念而认为存在就是无常。唐君毅说：

> 人之只本其概念观念之有一普遍恒常之意义，而自念其有生，即贪执其生命之恒常存在者，恒以死灭为绝对之不善，或至苦之事。然人亦固有厌倦其生或杀身成仁，或老而安于死之时，而自然界之生命存在，其不知有概念观念者，亦正可未尝求不死不灭，而其生存之要求，与意志之强弱，亦可与其生命之盛衰，成正比。当其老而衰，则生存之要求与意志，随之而弱；而死亡亦非必如人之本其观念概念，而贪执其生命之存在者，所想象为至苦，而为绝对之不善；亦如在其有生之时，其生命活动之变化中，其尝有之活动之不再有，未必即非其所愿也。②

也就是说，如果我们改变从观念出发去认识的习惯，而是从生命存在自身来看，则一切存在都是在一个显隐生灭变化的历程之中，而并非有所定执。人从观念的恒常性出发，并以此认为，生命的存在为善，而生命的死灭就是不善或者苦；但是，这样的认识，并不完全符合生死的现实辩证运动。自然界的生命存在，事实上也可以自愿接受其死亡，这便是其自愿超拔其对生命的执着。这一自我超拔的特性，内在于其生命自身之中。而对于人来说，那些"杀身成仁"与"老安于死"的情怀，同样如此。

自然生命何以有死？这一问题具有其独特价值。

> 自然界之自然生命之有死，为一切有思想之人所必须面对。人亦初生

---

① 唐君毅. 唐君毅全集·生命存在与心灵境界（第二十六卷）（下）[M]. 北京：九州出版社，2016：127.
② 唐君毅. 唐君毅全集·生命存在与心灵境界（第二十六卷）（下）[M]. 北京：九州出版社，2016：125.

于自然界，而于其精神生命外，亦有其自然生命，故一切圣贤豪杰，无不有死也。对此自然生命之有生必有死之一事实，如以纯理智或纯知识之态度观之，则生为一事实，死亦为一事实。①

只是将生、死看作不同的物质运动现象，这是以纯粹知识的"科学"的态度看待自然生命之"死"。但是，人是有观念有情感的，所以在情感上是有不忍"死"、不望"死"的态度。柏拉图哲学以观念的恒常普遍性否认"死"的真实性，认为心灵不必死。基督教用"有罪"来说明死亡的成立，佛教则将死归于原始的"无明"；宗教据此建构超世间神灵的存在。不管是柏拉图由观念概念自有其恒常性和普遍性、其自身无所谓生灭，而言"生"观念概念与"死"观念概念不相容，因此"生"不能有"死"；还是基督教、佛教从各自的理论设定和概念框架出发说"生"不能有"死"；在它们的概念观念中，"死亡"都只有负面的意义。如果"死亡"只有负面的价值意义，那么，主张超世界的宗教就应该成为人们了解、理解以及超越生死的首要选择了。

"死亡"是否有其正面的价值意义？或者说，自然生命是否自己即内含有"向死"的善性？唐君毅认为，中国传统思想正是以此开启了死亡之门的。自然生命之死有两种，一为横逆之死，一为自然之命终之死。在唐先生看来，不论是横逆之死或自然命终，都包含善性，即死亡显现仁德。死亡之本质为善。

横逆之死指一个生命被其他生命残害受苦而死。这类死确是一种恶，不能成为有价值意义者，"但在人之道德生活中，则人可有一所以自处其横逆之死之道。此则不外人能先以尽道存心，则其受横逆而死，皆是尽道而死，而横逆之死，即非横逆，正所以玉成人之道德人格者。"② 换言之，客观之恶因遭横逆死者内心之道而得以转化，使此不善不仁之遭遇变成成就道德的机遇。横逆之死对不同德性之人有不同之后果，唯对存德者成为善行。换言之，人如果能够尽道存心，则横逆之死乃是玉成其道德人格的善事。

人之自然生命的死亡，在中国古代思想中称之为"考终命"，或称之为"寿终""尽年"，也称之为人生的休息。人生，根本上便是任务一生，奉公尽责，有死才能休息。休息本身为善。

---

① 唐君毅. 唐君毅全集·生命存在与心灵境界（第二十六卷）（下）［M］. 北京：九州出版社，2016：126.
② 唐君毅. 唐君毅全集·生命存在与心灵境界（第二十六卷）（下）［M］. 北京：九州出版社，2016：127.

> 贤勇之人之不免于有死，而不能常守其世间之业，迭处之而迭去之，正所以使世之更有贤勇之人，得有位以继守此世间之业者也。则人必求不死，以常居其位，即使后世贤勇之人，更无位以继守此世间之业，故为不仁，而人所不当存之念也。①

也就是说，贤勇之士若把持其位使后世贤勇之士不能继守世间之业，不能得位，便是不仁；相反，个体自然生命的死，使人可以让贤，使人守仁，这是自然之仁。这里全不需要任何宗教思想给予说明解释。

与此同时，自然生命的存在即使在其有生之时，也是依靠不断超化其生命已有的活动而成就其生命之存在的。超化已有活动，即表示已有活动的暂时消灭而"死亡"。因为现存者不死亡，则后继者便不得存在。要想使后继者存在，就必须使现存者死亡。所以，自然生命寿终尽年而死，使其继起之生命存在有世间之位可居，其死便成为为后继者创造生机。这种毁己生以成他生之为，即根本的善，所以，其死正为其生命存在中善性善德之表现。人的自然生命向于死而让其位于后人，此正是人之为人其"自觉之仁性"的表现。所以唐君毅说：

> 人与一切生物之自然生命，原有一自向于其死，以成一段生命存在之始终，正可说为一生命存在之内在的本质本性，而亦可说之以一自然之仁、自然之善者。②

一切生命皆自有向其死的内在本性，此即是自然之善。而自然生命的寿终，正是生命之善性的表现。这并非"无明"，恰恰是生命之"明"的体现。

横逆之死为善是针对有道德心的人而言，自然死之为善是针对一切生命而言。宇宙生生不息，人参与其创生工程，到一阶段，把任务及位子让给后继者，使后继者亦能充分发挥其创造力，推进宇宙整体的完美。死乃变成美德，成他人之美。总之，依照中国传统的生死智慧，尽管自然生命有命终，恰恰是其善性善德的体现；但是，人有其概念观念的常在，并有对死者的追念之情，所以不忍看到生者自身一死即成无余。所以，依理应当信鬼神的存在，才足以告慰人之情。推而至极，自然界一切生命的存在，皆有死而不亡的东西存在。自然生命自有的死亡向性，具有不自觉的"仁""义""礼""智"四大德。唐君毅说：

---

① 唐君毅. 唐君毅全集·生命存在与心灵境界（第二十六卷）（下）[M]. 北京：九州出版社, 2016: 127-128.
② 唐君毅. 唐君毅全集·生命存在与心灵境界（第二十六卷）（下）[M]. 北京：九州出版社, 2016: 128.

承此中国先哲之说，谓此自然生命之自向于命终而有死，正见自然生命之不自觉的具一"由其死以使继起之生命存在，得有其世间之位"之一自然之仁德，与礼让之德之表现；亦"使其自己之生命存在与其他生命存在，分别得其在时间中之位"之一义德之表现；而其中亦可说有一不自觉地求自超越其生命之执着之一不自觉地智德之表现，而使其后世之生命存在之超升成为可能者也。①

当然，唐君毅强调，对中国传统的"死之善性"这一思想的强调，并不意味着对其他宗教和哲学的生死智慧的否定。对佛教的死亡智慧，同样可以认可，但必须加以辨正。依照佛教、基督教以及柏拉图等的思路，人"不知"其前生和来世，乃是其今生的罪恶和痛苦的根源。对佛教的这种"无明"之说，唐君毅认为，完全可以给出另一说法。人"不知"前生与来世，并不是"无明"，相反，恰恰是对其"来处"与"根源"的一种"超越"。"不知"，即是"忘"；"忘"，即是"超越"。"超越"为善，所以，"忘"也为善；"忘"为善，则"不知"即为善，而非只是"无明"。

在唐君毅看来，对于"忘"与"不知"的正面价值的开发，是中国先哲思想的独特贡献。而唐君毅对"忘"为善之义的发挥，对"忘"之为善的强调，其对于中国古典相关思想的超越在于：由"忘"之善，说生命不自知其来处与根源所具有的善性。唐君毅由此而认为，既然所有生命的存在都具有"超越而忘"所表现之善性，这就说明，一切生命的存在，本质上即是一创造历程，一善之流行。生命具有先验的空寂性和纯洁性。唐君毅说：

> 若吾人对此人与其他生命存在之不自知其来处，不自知其根原，视为其生命之存在对其来处其根原处，有一超越而忘之之故，此超越与此忘，亦表现一善；则吾人即可说此一切人与其他生命存在之生，在根本上，是一创造之历程，亦是一善之流行。此中若谓其有前生，此前生必先被超忘，而同于不存在。若谓其生，另有超越之形上根原，此根原亦必先被超忘，而其生如离此根原，向为一"破空而出"之赤裸裸的生命，以存于天地之间。则其初不自知有此前生，亦不自知其根原，即皆同为表现其生命之先

---

① 唐君毅. 唐君毅全集·生命存在与心灵境界（第二十六卷）（下）［M］. 北京：九州出版社，2016：129.

天的空寂性、纯洁性，而为一善之流行者矣。①

　　同时，唐君毅也指出，强调"死亡"的善性及其正面价值，并不是要否定现实世界存在着的诸多生命之"执"，如生命自身具有的"本能"、无意义的争执伤害以及不自知，等等。这些生命之"执"的客观存在，正是一切宗教存在的立足点和立根之处。只是，从儒家立场来说，需要强调的是：生命存在及现实世界中这些"我执"的存在，并不能否认生命自身内具的超越性或善性；而且，生命存在中的这些超越性或善性相对于生命之"执"而言，是第一义的。

---

①　唐君毅. 唐君毅全集·生命存在与心灵境界（第二十六卷）（下）［M］. 北京：九州出版社，2016：130-131.

第三章　身心呼应：唐君毅生死哲学的人生精神

尽管"仁心本体"的流行显隐，表明人之"生"与人之"死"并无善恶之别，在根本上都是善的，但是在客观上，我们每一个个体生命的现实人生存在，又都必然经历由"生"而"死"的这个历程。在一定意义上说，对于每一个个体生命而言，"生"和"死"只是我们生命存在的两端，是我们的现实生命由隐而显和由显而隐的两个端点，我们真正作为"显"的生命活动（人生），则只是"生"与"死"两点之间的完整线段。但是，要让我们的人生之"显"真正得到体现，又必须将两点连接起来，才能看到整体的人生。

与其他现代新儒家代表人物和大多数儒者讨论人生只关注"生"不同，唐君毅特别注重对"死"的省视，但这种对"死"的重视不是重视"死"作为一个事实或者死后的存在，而是"死"所启示出来的人"生"状态。如此，作为唐君毅生死哲学的理论基石的"仁心本体"，其在生死问题上的呈用，首先便体现在个体自我对自己的生与死及其关系的领会上。

第一节　生命不死：人生双向运动

在唐君毅生死哲学中，唐君毅基于仁心本体的恒常真实的理论基石，将自我的生死与身心问题连接起来。一方面，因为仁心本体的存在的恒常真实性，它不应该像我们的肉身一样，死而即灭；另一方面，又不能因为仁心本体不同于肉身，而对肉身的死亡抱持无所谓的态度。恰恰相反，对我们每一个人来说，死亡都是我们必须面对的人生大事。

一、死亡是另一种生命运动

一般人常会设想身心是相互依存的，所以身死则心灭。在这一问题上，唐先生对朴素唯物论的观点做了批驳。为了说明心灵不会随肉身之死亡而消灭，唐先生在《心物与人生》一书中，曾以登山作譬，他说："生命的活动虽似乎消灭了，然而他会转化为其他将来之生命活动。犹如我们远远看见一人在绕山走，渐渐看不见，这只因为他转了弯，暂向另一进向走去，如果我们只以山之横面为唯一真实，我们会以为他已死了。"① 登山客因为转弯而我们不能再见到，我们只能说他在另一段路途之上，但我们并不能因为我不能再看见他而就说登山客已经消灭。依唐先生之见，人的死亡只是在生命的"转化为其他将来之生命活动"，不能便说消逝无存。

> 所谓生物死时，生命力离开其身体中之物质活动；其实并非离开其身体中之物质活动。他只是离开以后之"代替其原来身体中之物质活动"之"另一时候之物质世界之物质活动"。所以生命力之离开物质世界，并不是只成为一空洞的生命力，以归到其自身，而是包含其丰富生命活动的形式（其中即包含物质活动的形式），以归到其自身，以成一更丰富之生命。②

身体中的物质性受物质定律之管辖，因此会衰弱与僵化。身体之惰性增加时，生命力之表现就受影响，但生命本身并未衰弱。到物质的表现能力完全消失时，生命就跃出物质之外，转化成另一种生命活动。

心灵不但不随肉身之消逝而消灭，唐先生更认为心灵的发展与成就恰好是建立在肉身的消耗上。

> 人在生前，要求其身体的存在，是一事实。但人之所以要身体存在，是为的人要生活，然而人不只生活在身体中，而通常是生活在身体之外之自然世界、家庭国家之人群世界、历史文化之世界中。在此生活中，人之精神是处处向着在其自己的身体之上之外的物事，而不是只向着其自己的身体的。③

在日常生活中，我们可以看到，年轻小姐出门与演员上舞台，要化妆半天，但她们并不是只想她们的身体，她们所想的实际上是在他人心中留下好的印象。现实生活中，人除了在病中或其生活的行为受了阻碍，比如走路跌了跤，人的精神实际上是从未真正想着或向着他自己的身体的。而人之所以怕病、怕身体

---

① 唐君毅. 唐君毅全集·心物与人生（第五卷）[M]. 北京：九州出版社，2016：74.
② 唐君毅. 唐君毅全集·心物与人生（第五卷）[M]. 北京：九州出版社，2016：73.
③ 唐君毅. 唐君毅全集·人生之体验续编（第七卷）[M]. 北京：九州出版社，2016：86.

不健康、怕受伤、怕身体失去自由，等等，实则只是为成就我们的生活。在生活中，我们的精神只向着园中的花、天上的云彩、街道的清洁、剧场中的戏剧、我之事业的成就、我在他人心中名位的提高、我家庭中子女的教育、夫妇的和睦、朋友的交游以及国家之富强、人类的和平康乐、历史文化的发展与悠久以及各种真善美的价值，甚或古往今来的人物及天上的神灵，等等。

> 我们之精神，通常只向着我们之身体以外的东西，而后成就我们的生活，而后我们希望我们之身体存在。我们从来不曾为身体存在而求身体存在。我们只是凭借身体之存在，以成就我们之生活，与我们之精神之活动。然而我们多活一天，我们之依于物质的身体之自然生命的力量，即多用一分。每一种生活之成就，都依于物质身体中之能力之耗费，即自然生命力之耗费。每一耗费，即使我们更进一步迫近死亡。我们一天一天的生，即一天一天的迫近死亡。①

可见，在唐先生看来，我们的精神活动而来之生活成就，实际上是建立在形躯之死亡上的，也就是说人借肉身之存在，以成就精神活动。唐先生实际上是将精神发展与形体延续视为一组此消彼长的活动的。

> 我们可以说，人的生活与精神活动之逐渐成就，而由不存在走向存在；即依于人的身体与自然生命，由存在以走向不存在之上。此二者是一切人生所同时具备，而方向相反，并相依并进之二种存在动向。在此二存在动向中，人以其身体之走向不存在，成就其生活与精神活动之走向存在。②

换言之，精神世界的从无到有的创造，是依靠自然生命从有到无之消耗。再顺这条思路往前推进一步，假定精神或心灵是人生或人生的一部分，而精神或心灵又可以离开肉身而存在，则肉身的消灭，不代表精神消灭，因此人生也没有消灭。在这一双向生命存在的运动中，人以其身体走向不存在，成就其生活与精神活动走向存在。这便是人的生活与精神活动，由人不断去迎接"其身体的不存在"而存在起来的直接证明。换言之，这也就是人的"有生"之日都生丁"死之上"的直接证明。"生于死之上"的生，通过其"最后之死"，成就其一段"最大之生"，也就是成就其生活与精神活动的最大存在。所以，"死非

---

① 唐君毅. 唐君毅全集·人生之体验续编（第七卷）[M]. 北京：九州出版社，2016：86.
② 唐君毅. 唐君毅全集·人生之体验续编（第七卷）[M]. 北京：九州出版社，2016：87.

人生之消灭，而只是人生之暂终"①。

唐君毅认为，死亡只是人的肉体的朽坏，而不能说是人的心灵死亡。"如实言之，我心灵之有死，实为不可想象者。而可想象者，唯我之肉躯之将停止呼吸与活动，以及其将腐烂而化为土壤等。"② 这是唐君毅一以贯之的关于生命存在、心灵本质及生死关系的基本理解。在唐君毅看来，我能够想象我自己未来必有的死，等等，必须以我设定此能想象的心灵还存在为前提；因此，如果我要想象我心灵的死，那么，就必须设定"能想象此心灵之死"的另一心灵位于自己现在能想象的心灵之上；而且，此中所想象的心灵可死，而能作如此想象的心灵又如何可死，却并不能在我们自己当下的想象之中。

由此，唐君毅强调，"克就心灵之为一生生不已之昭明灵觉言，彼乃常为主而不为客，即永不能化为所想象之对象者。"③ 由于心灵本身是常为主而不为客，不能化为想象的对象，所以，如果我们只是反观此"常为主而不为客"的生生不已的昭明灵觉，那么，我们就只能"知其动而愈出，实不知何处是其限极，与如何死法"④。当我们说此心灵有死时，实际上是由于我们将此心灵的存在混同于肉躯的存在了；而之所以我们会有这种混同，恰恰又源于我们本此心灵的超越性，忘记其自身的存在区别于身躯，然后才有这样的混同。反之，如果我们本此心灵的超越性，超越于肉躯，而同时又自觉其超越性，那么，心灵便可以立即自知其不同于肉躯的有限性，亦即自知其存在的无限性。如此，我们便没有理据来说，心灵与肉躯一样都有死。正由于此，哲学家和宗教家中便有一些人，专门从"心灵不能有死"这个角度，寄望自己生命的不死与永生，从而掩盖死亡问题本身存在的真实性。

二、心灵不死的生命遮蔽性

一般人在日常生活中，往往只是求生，而完全忘记人自己是有死的；恰恰是自己忘记自己的死，也便一味地按照自己理解的方式单纯地生。但是，最真实的人生，仍须要将其"必有死"这件事，从"遥远"的将来，时时召唤到目前。"何以人生必须将死放在目前"？唐君毅还是从人所特有的心灵自觉来做出说明的。他认为，在一切存在中，只有人类是真正知道自己有死的。上帝、仙、

---

① 唐君毅. 唐君毅全集·人生之体验续编（第七卷）[M]. 北京：九州出版社，2016：87.
② 唐君毅. 唐君毅全集·人生之体验续编（第七卷）[M]. 北京：九州出版社，2016：109.
③ 唐君毅. 唐君毅全集·人生之体验续编（第七卷）[M]. 北京：九州出版社，2016：109.
④ 唐君毅. 唐君毅全集·人生之体验续编（第七卷）[M]. 北京：九州出版社，2016：109.

佛与天使，都不死，因此，没有死亡的问题；禽、兽、草木等生物，尽管有生必有死，但不知道自己有死。只有人，不仅有死，而且知道自己将死与必死。对于人来说，死是人生的大限；但是，这个人生的大限，实际上又是随时可以来临的。一方面，天灾、人祸、忧患、疾病，等等，无时不可以使人死亡；另一方面，人也有可能随时无疾而终；而且，人还是一切存在中唯一能够自杀的动物，我们谁也不能预断自己将来是否会产生自杀的念头，而这个念头到底什么时候会来临，也不是当下的我可以明确知道的。正因为如此，唐君毅说："吾人之生也，实生于随时可能有之死之旁。"①

唐君毅此处对于人的死亡的论证有类于海德格尔。在海德格尔看来，死亡是人的终极可能性，是一种来了就将其他人生可能性变为不可能的可能性，是随时可以降临但又不知道什么时候会降临的可能性，而且是必须靠自己去实现而无人可以帮忙的可能性。正是因为死亡具有这样的特点，海德格尔才希望，人必须随时将死亡召唤到眼前，"先行到死中去"，以促使自己反省当下人生的真实状态，提升人的真实性。对于海德格尔的这样的死亡哲学，唐君毅是非常赞成的。但是，唐君毅在此处的论证不同于海德格尔的地方在于，他特别将人有自杀的念头，而且每一个人都不能保证自己不会产生以及何时产生自杀念头，作为一个证明"死亡随时就在我们身边"的重要理据。应该说，唐君毅的这一理据是很有力的，也是很有现实意义的。当然，或许也和他自己年轻时候有过"几欲自杀"的人生经验有关。

唐君毅认为，回避死亡是完全不合理的。尽管死亡就在我们身边，而且随时都可能让我们的人生终结。但是，实际生活中，一方面，在经验上，人们往往并不觉得死亡随时都在身边；另一方面，在理论上，人们似乎对生死的这种紧密关联也多少缺乏自觉性。人们甚至也不愿意去谈论死亡问题。先哲也有不少人主张，人只当思维生，而不应当思考死亡。这样的说法固然另有深义，比如孔子言"未知生，焉知死"。但是，既然死亡是人生必至必遇的一件事，那么，我们实际上是不可能也不应该置死亡于不顾，以掩盖真实的人生所必至必遇的这件事。恰恰相反，人如果能够常常"置死于目前，在未死之时先期迎接死"②，从而将"死"置于有生之中，正是人能够得到超越死亡而永生的一道。当然，唐君毅这里所说的"置死于目前""先期迎接死"，亦如海德格尔所说的"先行到死中去"，都是指在人的意识上去落实，在理性层面，将随时可能降临

---

① 唐君毅. 唐君毅全集·人生之体验续编（第七卷）［M］. 北京：九州出版社，2016：108.
② 唐君毅. 唐君毅全集·人生之体验续编（第七卷）［M］. 北京：九州出版社，2016：108.

的死亡自觉化于当下生活的意识中，而不是让它遮蔽在繁忙的日常生活之下，对它的存在以及随时可能降临当下生活的存在方式置若罔闻。

通过对"生"的了解可以得出心灵不死的结论，但是唐君毅认为，"心灵不死"也可能掩盖死亡问题的真实性。唐君毅反对以心灵不死作为人的生命永生的证据进而掩盖死亡存在的真实性。人之所以能自知其有死，其根源还是在于人的心灵具有内在的超越性。因为人心具有内在的超越性，所以能够超出我生活的现在，去反观我的过去，去想象我的未来，并与自己未来所必有必至的死亡面面相觑。

唐君毅认为，死亡的存在问题，"尚不能由此以被掩盖"①。因为，人的心灵自身，固然可以说无所谓死，这一点，是人的心灵回头反思，从心灵自身所具有的内在超越性这一点上可以清楚明白的。但是，即使如此，也不能掩盖人的心灵同时会关心其身体的死之问题。

人的心灵何以必须关心其身体的死亡问题呢？唐君毅认为，这主要是因为，人的心灵在其现实的存在上，总是怀抱着种种目的、理想和志愿的，这些目的、理想与志愿，须要凭借我们身体的动作行为，才能实现于客观世界。如果我们的身体死亡，那么，我们便没有了凭借，在客观世界中去实现我们心灵的目的、理想和志愿。如果不能在客观世界实现心灵的目的、理想等，目的、理想等也就不可能获得其真实存在的意义，从而也就不可能使我们怀有如此目的、理想和志愿的人生与心灵获得其真实存在性。恰恰是身体的死关乎我们自己人生和心灵的真实存在，才使得我们要认真去关心我们身体的死；同时，这种对生命和心灵真实存在感的剥夺，也是死亡本身之所以让人觉得可悲和可怖的根本缘由。

我们知道死亡是可悲可怖的，同时又知道我们每一个人都是随时可能死亡的，而且最终都将不免于一死，这些"知"，便制造了我们人生内部的大矛盾。如何解决这一必死而且随时可能死与死亡本身的可悲可怖所制造的人生大矛盾，是我们实现真实人生必须面对的重大问题。唐君毅认为，要解决这一问题，我们必须首先区分我们心灵的志愿或者说理想、目的到底是什么，因为这直接关系到我们如何看待身体的死亡与心灵本身志愿的关系。

尽管人们的理想、志愿复杂多样，但大体上可以分为两大类：一是直接从我们超越心灵的本性发出的，无穷无尽的成己成物的涵盖性志愿；一是我们心灵直接期望我们的身体就其力所能及，去做理当由自己去做的事情的个人性志

---

① 唐君毅. 唐君毅全集·人生之体验续编（第七卷）[M]. 北京：九州出版社，2016：109.

愿。前者可以名之为公的志愿，后者为私的志愿。

就公的志愿而言，对于每一个人来说，此无穷无尽的成己兼成物的涵盖志愿，是历万世也不能实现的。因为，即使我长生不死，也不可能完全实现这种本就无穷无尽的志愿。但是，这种无穷无尽的志愿，并非我一人的私愿，而是天下人所能同有的公愿。因此，在唐君毅看来，当我们真有此无穷无尽的志愿时，我们个人的心灵，即通达于天下人的公愿，并与之结为一体；而我们的心灵也便和天下人的心灵一起，争取共同实现这个志愿。如此，既然我知道，即使我一个人长生不死，也并不一定能够完全实现此志愿；那么，依照此大公志愿的本性，也就不必一定要我一人的长生不死；同时，我个人的身体虽然死亡，但可以寄望于无穷的后死者。如此，则我个人身体所得的死亡对于此公的志愿而言，就不必然是可悲可怖的事情。

就个人私的志愿而言，因为是我们自己心灵直接期望我们的身体，就其力所能及做理所当然的事情；在这里，我们通常是将自己的身体视为工具的，我们通过使用这个工具去实现我们志愿中的目的和理想。由此，只要我们的目的和理想还未达到，我们便会自然而然地期望，我们可以继续拥有这个可以帮我们实现理想的工具，并不忍舍离。如此，我们希望达成自己个人志愿这件事，也就不是随时可了的。唐君毅认为，这才是人之所以视死为可悲可怖的原因，同时也是如下状况的缘由，即通常情况下，大多数人的死，总不免怀抱遗憾而死，使其整个一生的人生存在中包含无法实现的志愿的缺漏。面对个人志愿与肉身之死的内在矛盾，解决问题的关键不在于让我们有不死的身体，因为这根本就不可能做到；而在于，面对我们个人化的志愿及其所拥有的理想和目的，如何能够使我们期望达成志愿这件事，成为随时可了的事；随时可了此志愿，我们便可以不再需要执着于作为实现志愿的工具的身体本身的存在，因此，死便不再是可悲可怖的事情，我们也就不再畏死。

在唐君毅看来，只视身体为工具必然导致执着工具而必然导致有遗憾的死亡。如何才能使自己个人志愿达成这件事，成为一件随时可了的事情呢？唐君毅认为，别无捷径，只有一条道路，那就是："吾不能只将心灵中之日的理想，虚冒而出，而只视吾之身体之活动为工具，以求达成。"[1] 也就是说，我们不能只是将身体视为单纯的实现我们心灵志愿的工具，并因此不断虚冒出若干理想出来，要让身体作为活动工具去实现。这里的根本问题在于，如果我们只是将身体单纯看作实现理想的工具，那么，只要目的理想还没有达成和实现，我们

---

[1] 唐君毅. 唐君毅全集·人生之体验续编（第七卷）[M]. 北京：九州出版社，2016：110.

必然会执着于这一工具，不忍舍离。当此之时，我们心灵的目的理想如果虚冒而出，自然也会昭然高悬于我们的身体存在之上；但是，心灵对身体的执着，实际上又已经使心灵自己陷落于身体之中。于是，当我们想到自己的身体不存在时，我们就会认为，这就犹如，使我们的心灵与其所怀抱的目的理想，如游魂失去寄托之所。如此，死便不可能成为没有遗憾的死亡。

在唐君毅看来，要让我们真正超越对死的恐惧，说明身心皆不死，必须超越身体工具化的思考向路，以身心的感通与呼应来说明生的本质和死的本质。要让我们的死亡成为没有遗憾的死亡，此中旋乾转坤的修养功夫，唐君毅认为，在于"不视身体为心灵达其目的理想之工具，而将其一切目的理想，收归心灵自身，以下与身体之行为相呼应"①。也就是说，尽管在客观上，身体确实是实现我们心灵志愿的工具，但是，因为我们只视其为工具，反而会导致对工具的执着；所以，要去掉这种对工具的执着，最好的办法和出路，便是不将身体视为实现我们心灵志愿的工具，不将理想目的志愿等落实到身体存在上，而是收归心灵自身。但是，这样将志愿收归心灵，又如何说明身体在实现心灵过程中的实际作用呢？唐君毅在此提出了其独特的"身心呼应"学说来解决这一问题。

三、身心呼应与生命的不死

唐君毅认为，古人所谓"心要在腔子里"，实际上就是要人明白，我们不能将我们的身体当作必须执着的工具，以便"实现"我们心灵的志愿；而应该将身体只看作"直接表现"我们心灵活动的当下凭借。在这里，尽管"实现"与"表现"只有一字之差，意义却有天壤之别。在"实现"的行为中，作为实现载体的工具是中心，是重点；而在"表现"的行为中，重点则是所表现的内容和对象。唐君毅举例说，身体表现我们心灵的志愿，犹如"弹奏心灵乐曲之乐器"：

> 若然，则此乐器，经一番弹奏，自有一番乐曲之声。若不弹奏，则乐曲与乐器，可同归于寂。若人亡琴破，则乐曲自在天壤，另有他琴弹奏。此中便使心身两无遗憾。②

心灵志愿犹如乐曲，我们的身体则似弹奏乐曲的乐器；在没有弹奏行为时，乐曲和乐器都可以说是处于寂静的状态；而弹奏行为本身，既是乐曲对乐器的呼，也是乐器对乐曲的应，一呼一应，才呼即应，这便是弹奏行为的实质；相

---

① 唐君毅. 唐君毅全集·人生之体验续编（第七卷）［M］. 北京：九州出版社，2016：111.
② 唐君毅. 唐君毅全集·人生之体验续编（第七卷）［M］. 北京：九州出版社，2016：111.

应地，心灵志愿与身体的关系，也是这样一种呼应关系，心灵志愿一起动便是对身体的召唤（呼），身体马上回应以相应的行为（应），心灵与身体之间，一呼一应，才呼即应。在这样一种身心呼应关系中，由于心灵志愿的"呼"，都可以得到身体行为的"应"，所以也就不存在没有实现志愿的遗憾。至于最后人的死亡到来，犹如弹奏乐曲的乐器破烂一样，尽管当下的乐器坏了，但弹奏出的美妙乐曲已经自在天壤，其他乐器可以继续弹奏；人的身体虽然死亡了，但是，经由人的身体行为实现出来的心灵志愿，已经存在于人类历史文化之中，存在于其他人的心灵之中，其他人自然也可以再次弹奏这首心灵乐曲。

"呼应"一语点出了身体并非主客对待下的物质工具，而是能够主动响应的主体。这使身体由被动役使性的工具，转而成为能相呼应的主体。其中根本的重要性在于点出了主体性，我既拥有身体，我也是这个身体。在活人世界中，身体与人是绝对等同的，同人在一起便是同人的身体在一起。身体不单是人的表象、人的工具，也是人自己。更重要的是，身体与心灵合成主体，则身体的价值不应再仅仅被视为实现心灵志愿的工具；反之，价值的实现就是身体的自我实现。因此，肉身的死亡并非破灭虚无，身体在自我实现中，因为创造价值而能长存于心，而心不灭，故身将与心永恒地共存。

唐君毅的"身心呼应说"，可以说，比较好地解决了面对死亡的身心内在矛盾。当心灵从身体工具中解放出来以后，身体不再是心灵当下直接关注的"工具"，心灵回归到自己谱写的乐曲，亦即自己的理想、目的、志愿本身。这就避免了因为将身体工具化而导致对身体的执着，进而导致对死亡的恐怖理解。这里的关键在于，在我们的现实人生实践中，如何做到心灵与身体之间当下的"一呼一应""才呼即应"？因为，只有身体对心灵的每一"呼"都有当下的"应"，心灵才不会留下志愿未能实现的遗憾，才不会去执着于实现自己志愿的身体的存在。

唐君毅也强调，他之所以提出"身心呼应说"，其根本目的，就是要人在现实人生中，随时圆满自己的心灵志愿，亦即随时圆满人生；如此，人才可能真正做到"死而无憾"，从而也就不怕死、不恐惧死。唐君毅说：

> 人在生前，如要真能时时可死，而无所谓未完之愿，以使人生带缺漏而去，即当使人之心灵与身体之关系，如一呼一应，能直下圆成者。呼是心愿，应是身行。心所愿者，直下只是此身之行，另无外在目的。则心身之关系，才呼即应，才应即止。处处道成肉身，处处肉身即道。肉身化往，此心此道，即合为神明，存于天壤，寄于他生。唯如此而后人能在有生之

时，不舍肉身，而肉身亦随时可死。①

要真正将"身心呼应"落到实处，让心灵与身体之间形成才呼即应、才应即止的呼应关系，其中的关键，唐君毅强调，是先不将自己的肉身当作心灵所执的工具使用，而只是当作心灵当下表现的凭借看。可以说，唐君毅的身心呼应说，将人对"死"的关注与恐惧，通过"先行到死中去"的方式，转移到了对自己"生"的关注与落实。"终"只是一线之线头，用以凸显人生整个线段之存在。只有自己在一"生"中，随时都能够身心呼应，完成自己当下的心愿，实现自己当下的理想，才可能成就毫无遗憾的人生，才不会将"死"当成可怖可悲的一件事。身心呼应说是对儒家"未知生，焉知死"的生死哲学的证明与注释。

晚年的唐君毅，除了对生死的呼应感通学说的坚持外，更进一步地强调死亡自身所可能展现的正面价值。在论及存在主义大师海德格尔的死亡哲学时，唐先生对海德格尔的"人要有真实的人生，必赖于人对其死有一真实的态度"这一观点非常肯定。唐先生认为，尽管如海德格尔所说，人生即是向死终结而进行的历程。但我们不能据此认为，人之"死"即如雨之停下，或如一工作做完了，或如一生命的线被剪断了，这是把死外在化来看。死不能外在化来看，死是人生之本身要遭遇的，死是一个一个人生的死，死是人生的内在属性，"死"是人生要去取来放在他自己身上的。

然而，人在日常生活中往往是将死掩盖，觉得死亡似乎是与自己无关的事情。唐先生认同海德格尔的看法，认为"掩盖死，即掩盖人生的真相"。人生的真相，即他一定要走向死，人生有必死之可能。人生的全程以死为终结，以死为界划，死是人生最后的可能。掩盖死，即掩盖人生之最后可能，同时也掩盖了人对人生其他一切可能的真实认识，而使人不能有"真实求实现其可能"的全体性的人生。所以，必须将人对死的掩盖揭开，要人真实地面对人之必死的真理。

> 人把对于死之掩盖揭开，知其必将死，而人在思想中，乃可把死真实地接受下来。死是将来的事，然我在现在真知我将来必死，我即在思想中跑到将来，而人生即跑到将来的死之前。我把将来的死，在现在加以把握，我即把人生之最后的可能与人生之全体性，加以把握。②

---

① 唐君毅. 唐君毅全集·人生之体验续编（第七卷）[M]. 北京：九州出版社，2016：111.
② 唐君毅. 唐君毅全集·哲学概论（第二十四卷）（下）[M]. 北京：九州出版社，2016：567.

唐先生具体分析道，当我"先行到死中去"而把握死，便可以使我们自"死"而有真实的全体性的人生，可分五层来说：①

当人真知死为其最内在的可能而属于其个体时，人即自"世俗的日常生活之意识"中拔出，而知其自己不只是一类似众人的一人，而注视其内在的可能，这样，他就从向外陷落而虚伪化、平面化、非己化的人生状态中超拔而出，进入本己的人生。

当人真知死为个体人生之一不可逃而绝对的最后可能时，个体人生之死的绝对性，即将其个体性单独地举出来。死是我的死，他人不能代，此即显出我是唯一而具个体性的，我自己存在的真实性得到无以怀疑的肯定。

当我真知"我死之可能是不能征服的"，又知"我死时，我与世界的一切关系即不可能"；于是我便知道，我整个人生在未死之前所能实现的其他可能，都只是有限而非无限。我知我能实现之可能是有限而非无限，我即可以不受一些泛泛的可能之诱惑，而要求真正可实现的可能。我们通常的人生之大病，正在被诱惑，而摇摆于一些不真的可能上。我们知什么是我真正可实现的可能，我们才不至误解我们自己，而有真实的人生。同时，我们也才不至于抹杀他人的可能，而误解他人的可能。

我们真知死之确定性时，我们便知，此确定性是依于我们内在的死之可能的，我们即现实地将此可能呈露出来。这一"可能"围绕"我们之人生之一切有限的可能之全"。所以，我们知此死之确定性，也就确定了我们可能性之全，确定了我们人生之全。

我们既知我们确定要死，则此死之"何时"到来的不确定性，使我们意识到，我是任一时间都可以死的存在。我如果真知我"任一时皆可以死"，比如，我可能下一秒钟即死，则使"死"对"生"的威胁恒常在旁。如此，便可使我们的人生常常为死所警策。人在觉得他随时可死时，必然会随时感觉到，他的各种现实可能性都可能因"死"而变成不可能。此一不可能之"虚无"，恰恰将人生的真实的可能反衬出来。所以，人经常面对死亡，便能充分地展露其现实的真实可能性而有一真实的人生。

---

① 唐君毅. 唐君毅全集·哲学概论（第二十四卷）（下）[M]. 北京：九州出版社，2016：567-568.

第二节　以死观生：领悟生命真谛

仁心本体不只是在面对现实世界时呈用，展现为人开显出人格世界、人伦世界、人文世界；同时，仁心本体同时在人的死生大事上同样呈用，从而使得生死幽明得以感通。与其他现代新儒家代表人物和大多数儒者讨论人生只关注"生"不同，唐君毅特别注重对"死"的省视。从早年的《人生之体验》到中年的《人生之体验续编》，从早年的《道德自我之建立》到晚年的《生命存在与心灵境界》，从早年的《爱情之福音》到晚年的《病里乾坤》，唐君毅的著作无不充满对死亡的体验性反思，并以此呈现自己对生命的独特理解。

一、生死问题意识与生命觉察

唐君毅六七岁时，听父亲将地球毁灭的故事，"世界会毁坏"的思想就常常萦绕在幼小的唐君毅心中，以至于这样的问题就成为他最初，其实也是终生的哲学问题：世界会毁坏，我个人也会毁坏，是不是有一个可以不会毁坏的东西？

二十岁左右的唐君毅常常为生死问题纠结，甚至曾经想自杀。二十二岁时，父亲病逝，让他对生死有了更为直接的体悟。"以死观生"，回望生命，往往能够对生命的本质有更加深刻的洞察。

在奠定其生死哲学思想格局的《柏溪随笔》中，唐君毅以文学的笔调写下了他对生与死的真切体悟：

> 我屡曾想这样的死：/中天明月，玉宇无尘；/沙滩寂寥，海潮初静；/独泛小舟，遥望天水之涯徐驶；/待波涛汹涌，/我亦沉没入海天的无尽。①

又说：

> 当我心灵陷于热恼的时候，/我便幻想：/我的身体已挂在中宵的苍穹，/一直攀缘著星，/向一方向无尽地飞去，/——到寂寞清冷阴森的气息，/弥漫着我的魂灵，/再猛然间向宇宙的另一边缘跌去。②

又说：

---

① 唐君毅. 唐君毅全集（第一卷）[M]. 北京：九州出版社，2016：118.
② 唐君毅. 唐君毅全集（第一卷）[M]. 北京：九州出版社，2016：120.

我愿意这样度去我的余年：/白发飘然，/依然莫有妻和子。/何处是深山，/我更入深山深处。/茅屋数间，蒲团一个，/夜夜灯残天欲晓，/遥闻虎啸猿啼，/缓步出柴门，/看"天淡银河垂地"。/默念：星移斗换，万古如斯，/人世悲欢，循环若梦，/遥对夜雾迷茫外之人间，/洒下数行清泪。/——这样便可度去我的余年了。①

年轻的唐君毅，已经表现出一些与传统儒者对生死终极问题不同的看法，他认为，死的问题不但可问，并且应问，对死亡真谛的好奇是合情合理合法的。他说：

盖水火无知，人则有觉，水火可不问其始终，人则不能不问也。若谓人应求自然，不越自然所加于人之限制，则吾将曰：自然真加限制于吾人，则不应使吾人复生追索生前死后之心；吾人既有追索生前死后之心，则自然未尝藏加吾人以限制可知。若谓此追索生前死后之心亦即自然所赋与而加于吾人之限制，则吾人追索生前死后之心亦即自然限制中之正当活动，追索生前死后，正所以顺自然也。②

人对终极问题之提出有正当性，因为人的理性不能不追求"常"，生命如果随死而消失，则为无常，也是违理。

吾人之思想行为盖皆在变中求常。一切科学艺术政治宗教之可能，无不本于此。吾人既无往不于变中有常，则吾人之求吾人人格之常于变中，亦有吾人理性上应有之权。吾人人格若果一死即烟落销沉，化为异物，则实为有变无常也。故吾人求其不朽不堕断灭，实为论理上之应然。③

正由于人有这种追问"常"的论理上的应然要求，唐君毅才在《论不朽》的长文中，通过批判和辩驳各种有关不朽的思想，为"不朽要求"的正当性做出学理辩护，并尝试提出"完善不朽论"的基本条件和理论设想。

在《人生之体验》"说价值之体验"中，唐君毅专门列一小节"说死亡"。他说：

---

① 唐君毅. 唐君毅全集（第一卷）[M]. 北京：九州出版社，2016：122.
② 唐君毅. 唐君毅全集·中西哲学思想之比较论文集（第二卷）[M]. 北京：九州出版社，2016：358.
③ 唐君毅. 唐君毅全集·中西哲学思想之比较论文集（第二卷）[M]. 北京：九州出版社，2016：361.

亲爱的人死亡，是你永不能补偿的悲痛。这没有哲学能安慰你，也不必要哲学来安慰你，因为这是你应有的悲痛。但是你当知道，这悲痛之最深处，不只是你在茫茫宇宙间无处觅他的音容。同时是你觉得你对他处处都是罪过，你对他有无穷的咎心。你觉得他一切都是对的，都是好的，错失都在你自己。这时是你道德的自我开始真正呈露的时候。你将从此更对于尚生存的亲爱的人，表现你更深厚的爱，你将从此更认识你对于人生应尽之责任。你觉唯有如此，才能挽救你的罪过于万一。如是你的悲痛，同时帮助你有更多的人格之实现了。①

在这里，唐先生已经将人对死亡的体验同自己道德自我的显露结合起来看待了。死亡不只是一个形而上的终极问题，同时也是一个道德问题和价值问题。可以说，他在生死问题上的基本立场已经确定。

与《人生之体验》大概同时完成的《爱情之福音》是一部奇书，是中国现代爱情学的代表作，也可以说是儒家爱情学的经典之作。可是，就是在这部讨论爱情学的著作中，唐先生在第五章"论爱情中之罪过与苦痛"中却专门设置一小节"论死亡"。

一女子走来，她是死了丈夫的妻子，她希望德拉斯与她以安慰，于是德拉斯说出以下的话语：

"孩子，你爱的人们是不会死的，因为人的精神灵魂永远存在。你觉得他死，只是你看不见他，犹如太阳落山，他不过转到地球之彼面去了。"

"太阳的比喻尚不算好，因为你至少是不见太阳的光辉了。然而他的爱的光辉却永远照着你，你看不见他只是他转在你背面，如你之面向东，太阳转到了西方一样。"

"孩子，你要深信灵魂是不会死的，因为灵魂是一直借躯壳而表现，它不是由躯壳而生。它不随躯壳而生，也不会随躯壳毁亡而不存在的。"

她问："但是他的灵魂在哪里呢？"

德拉斯道："孩子，那就在你的心的深处。你思念他，你心目中有他的影像，即他显现你心之外表。你不要说那是你自己的回忆，你焉知不是真正的他在唤起你的回忆呢？孩子，你要知道你思念的他，不只是你过去经验中的他，而是永远的他，永远的他是永远存在的。"

"如果你思念的他，只是过去经验中的他，你过去经验中的他，亦永远

① 唐君毅. 唐君毅全集·人生之体验（第三卷）[M]. 北京：九州出版社，2016：57-58.

存在于你过去的经验中，他亦是不甘死的，你看不见他，就比如太阳之落在地下罢了。你只要真愿意见太阳，待你今夜有好好的安眠，你明朝将与他相见。"

"太阳必有来日，生命必有来生，因为生命是永恒的光辉。你们如果真相爱，你们必是来生的夫妇。"①

在这里，唐君毅将死亡比喻为"太阳落山"，只不过是"转到地球之彼面去了"，犹如"太阳必有来日"，人的"生命必有来生"，由此而言说人的生命是"不死"的，"生命是永远的光辉"，当然这是说人的精神生命，唐君毅此时还称之为"灵魂"。这死者之不死的灵魂并不在别处，就在生者之"心的深处"。这是唐君毅生死哲学中的一个重要思想即"幽明感通"思想的源头。

在《心物与人生》第三章"生存之意义"的第五节中，唐先生又以"辨生命之自身无所谓死"阐释了他的生死哲学观。在这里，唐君毅关于人的生死问题的思考又有了进一步的发展。一方面，唐先生将物质与生命对立起来谈论，认为人的生命活动是在比物质世界更高一度的空间进行的。"生命之表现其自身于物质世界，如一圆球在平面上滚，当他突然离开平面，我们只自平面之物质空间看，便以为他消灭了。"② 另一方面，唐先生又将生命之不灭比喻为物质能力之不灭，认为死亡只是看起来是生命的活动停止了——"生命的活动虽似乎消灭了，然而他会转化为其他将来之生命活动。犹如我们远远看见一人在绕山走，渐渐看不见，这只因为他转了弯，暂向另一进向走去，如果我们只以山之横面为唯一真实，我们会以为他已死了。"③

二、生死问题的反思与生命觉悟

唐君毅对生死问题最集中、最富智慧的讨论，是在他的《人生之体验续编》。《人生之体验续编》是唐君毅于20世纪50年代到60年代初连续七年写成的七篇论文。期间，唐先生到中国香港后，写下了唯唐先生能写下的文字般若。牟宗三先生曾赞叹该书为"滴滴在心头，而愧弗能道"。其中，写于1958年的第五篇"死生之说与幽明之际"是专门讨论生死哲学的；写于1959年的第六篇"人生之虚妄与真实"，专门用一节讨论"'死'在目前之义，与人生遗憾之化除"。唐先生对他在此书中的生死哲学论说有明确的概括和说明，在"自序"中

---

① 唐君毅. 唐君毅全集·爱情之福音（第六卷）[M]. 北京：九州出版社，2016：64-65.
② 唐君毅. 唐君毅全集·心物与人生（第五卷）[M]. 北京：九州出版社，2016：72.
③ 唐君毅. 唐君毅全集·心物与人生（第五卷）[M]. 北京：九州出版社，2016：74.

他说：

> 吾书之第五文，则意在由人之原生于死之上，及死者与后死者之至情之交彻，以言可由祭祀以通幽明之理；故人生之真相，实死而无死，而鬼神之情，亦长在此世间，读者果有深会于此文之所言，则幽明之间，以及明与明之间、幽与幽之间，另有一纵横之天路，以使人心相往来，而人之心灵之自身，亦实无能使之死者，则核子战亦实不能杀人，而实无可畏，唯其造孽不可挽耳。然人欲有深会于此文之所言，又非深知人之生于死之上，并以其情先由明彻幽而入于幽不可。人之生于死之上者，即生机存于死机之上，无死机则无生机，不知死机者亦不知生机。人之情必由明彻幽而入幽者，即人唯由此乃能竭其仁、竭其仁而后人能真生也。则所谓徒知生而不知死者，不求其情之彻幽而入幽者，实亦不知生与生机，所谓不见庐山真面目，只缘身在此山中，亦生而未成其为真生者也。此即人之只知生而不知死者之为害。而此不知死，既可使人生非真生，则此不知死，正为人之真死机，以使其生不成真生者。此人之不知死者，乃人生对其生之世界之另一面之大无明，而使人沉坠陷溺于其苟得之一生，亦使其生非真生，而成似是而非之生者。而世之重人生者，乃恒以不求知死为教，而常人亦不敢正对此死，与其生于死之上之事实而观之，又恒自拂除断丧其彻幽而入幽之至情，乃视祭祖为多事，以宗教家之为死者作祷，及求众生之幽灵超渡为无用。而不知此皆证其生而非真生者。[1]

1967 年，唐先生因左眼视网膜脱落，在日本京都入院治疗，期间，唐先生于病榻上再次深刻反省自己的生命而写下被誉为"儒学医疗学"的经典之作《病里乾坤》。

中国台湾学者曾昭旭认为，该书可视为《人生之体验续编》的再续编，值得一切以求道自命的人去沉心体味。[2]《病里乾坤》写于 1967 年 2 月 16 日至 3 月 3 日。唐先生说："每日在晨光曦微中，写约一节"，总共十三节。其中第五节"忧患与死生之道"、第十一节"尽生死之道与超生死"两节是专论生死哲学的。另有第八节"痛苦与神佛"、第十二节"痛苦之究极的价值意义"、第十

---

① 唐君毅. 唐君毅全集·人生之体验续编（第七卷）[M]. "自序". 北京：九州出版社，2016：9.

② 曾昭旭.《病里乾坤》序. 唐君毅全集·病里乾坤（第七卷）[M]. 北京：九州出版社，2016：2.

三节"痛苦与大悲心、崇敬心及感慨祈愿心"三节专论痛苦。唐先生在这里明确地提出了他的基于儒家主张的道德理性，用人行当然之道的"义"举来超越生死的生死哲学："只见道不见生死。"

> 人生之忧患，莫大乎死，其他之任何忧患，皆不足与死相比。人有其他之忧患，而尚生，则必尚有不忧患者存。人之有其他忧患，或不可免或可免，而死则人所必不能免。茫茫世界中之人，无一非未定死期之死囚。人能知所以对付必然不可免之死之忧患，则亦无忧患之不可免矣。
>
> 人将如何对付此死之忧患？吾意此初非只是对死而观，以死之本身无可观。此初当在人人之念及其将死、必死，而更撤回其心念以反观其生，而于其生中未了之事，在未死之时，尽力以了之。此即人之所以自遁于死之外之首道也。①

唐君毅又说：

> 人之能由来生之必有，以自慰其情者，盖必其心思之所及，能通今生后世为一，而不见其间有生死之交谢者，然后能之。而此心思之所及，其能否通达于今生与后世，则系于人之德量，亦如人之心思之能否通达于自己与他人者，系在人心之德量。此固皆可谓人之当具；而人之求具之，亦固有所以具之之当然之道，为人所当行。否则人亦不能具之，以通今生后世为一，而以后世之有生，自慰其今生之畏死之情也。
>
> 至于单就人之行当然之心情本身而言，则人于此实为见有道，而不见有生灭或生死，亦不自见其此行当然之道之心之生死，而唯见其生死皆同在道上。此正如人之行于地上之道者，其行止、往来、进退，皆同在道上，而其所以或行或止或往或来或进或退，皆依道路之曲直而定。同此一曲或直之道，可使我进者，亦可使我退，正如同此一当然之道之可使我生者，亦可使我死；而人乃可只见道而不见生死。②

唐君毅在撰写他的鸿篇巨制——《哲学概论》时，在附录中辟专章"述海德格尔之存在哲学"，对当代西方哲学家中最具有"死亡"智慧的海德格尔哲学进行了系统的阐释，并专节以"死之智慧"论述唐先生对海德格尔死亡哲学的

---

① 唐君毅. 唐君毅全集·病里乾坤（第七卷）［M］. 北京：九州出版社，2016：17.
② 唐君毅. 唐君毅全集·病里乾坤（第七卷）［M］. 北京：九州出版社，2016：34.

理解与领会，特别是对死如何启示人生的全体性，唐先生进行了充分的阐述①。

在唐先生以全副生命最后完成的划时代巨著《生命存在与心灵境界》一书中，他再次在阐述"天德流行境"时辟一专节讨论"生命之偶然性与死之智慧及生命之本性之善"，②在这里明确地提出了"死亡"本身的道德意义：

> 自然生命之自向于命终而有死，正见自然生命之不自觉地具一"由其死以使继起之生命存在，得有其世间之位"之一自然之仁德与礼让之德之表现；亦"使其自己之生命存在与其他生命存在，分别得其在时间中之位"之一义德之表现；而其中亦可说有一不自觉地求自超越其生命之执着之一不自觉地智德之表现，而使其后世之生命存在之超升成为可能者也。③

可以说，对生死问题的讨论，贯穿于唐君毅终身的哲学思考中，这也体现了他对传统儒家生命智慧的继承与超越。

三、了解生死问题的两把钥匙

在唐君毅生死哲学中，唐君毅基于仁心本体的恒常真实的理论基石，将自我的生死与身心问题连接起来。一方面，因为仁心本体存在的恒常真实性，它不应该像我们的肉身一样，死而即灭；另一方面，又不能因为仁心本体不同于肉身，而对肉身的死亡抱持无所谓的态度。恰恰相反，对我们每一个人来说，死亡都是我们必须面对的人生大事。

人非草木瓦石，是有知觉的，顺着知觉的发展，人们自然会探寻生前死后的始终问题，人能提问生死问题，则反见对于生死问题的讨论，并不受自然所限制。"若谓此追索生前死后之心亦即自然所赋予而加于吾人之限制，则吾人追索生前死后之心亦即自然限制中之正当活动，追索生前死后，正所以顺自然也。"④人的理性不能不追求"常"，生命如果随死而消失，则为无常，也是违理。所以，人对死生终极问题的追问，有其理论上的正当性。

---

① 唐君毅. 唐君毅全集·哲学概论（第二十四卷）（下）[M]. 北京：九州出版社，2016：563-568.

② 唐君毅. 唐君毅全集·生命存在与心灵境界（第二十六卷）（下）[M]. 北京：九州出版社，2016：124-131.

③ 唐君毅. 唐君毅全集·生命存在与心灵境界（第二十六卷）（下）[M]. 北京：九州出版社，2016：129.

④ 唐君毅. 唐君毅全集·中西哲学思想之比较论文集（第二卷）[M]. 北京：九州出版社，2016：358.

吾人之思想行为盖皆在变中求常。一切科学艺术政治宗教之可能，无不本于此。吾人既无往不于变中有常，则吾人之求吾人人格之常于变中，亦有吾人理性上应有之权。吾人人格若果一死即烟落销沉，化为异物，则实为有变无常也。故吾人求其不朽不堕断灭，实为论理上之应然。①

不仅追问生前死后事是人之为人的正当追问，而且，要真正了解和理解人生全体的意义，还必须了解死亡，因为，死本身就是生的一个部分，只有包含死的人生才是完整的人生。没有死，也就无所谓生。

人生之全体，必须包含死来了解。最高的哲学智慧，必须包含死之智慧。希腊之柏拉图即曾说，哲学即学死……孔子说未知生焉知死。海氏则另说一相反相成的道理，即人如不真知死，则亦不能知生。海氏之说，可为基督教之由死以求生，作另一批注。我们说死是人生之终结，然而每一人亦正必须走向此终结，才成一段落的人生。一段落的人生，才是整个的人生。②

因此，在唐先生的生死哲学思考中，死亡问题不仅是人生中必须面对的大问题，而且关于死亡的智慧也是最高哲学智慧应有的成分。

唐君毅认为，生死问题的根本问题是人死后精神是否存在的问题。对生死关系问题的讨论，唐君毅首先提出了一个核心问题："人死了，究竟其精神是否即莫有？如有，到何处去？"③ 并且认为，这一问题是古往今来，无论是野蛮民族还是文明民族，无论智、愚、贤、不肖，都同有的疑问。对于这一疑问的解答，在唐君毅看来，不只是理智的，同时也是情感的；不能只是向现实世界求解答，而且应当向超现实世界求解答。恰恰是这些解答，进一步彰显了这一问题的根本性，因为，正是由于人类要解答这一问题，才创造了人类的一切宗教，同时催生了人类文明中大量相关的文学、建筑、音乐等艺术作品，与此同时，这一问题也是诱导人做形而上的思索的最大动力。人生只有短短百年，而生前与死后，则是无限的长远。以"有生之年"与"已死之年"相比较，就似乎是用"一"与"无限"做比较。这种比较所呈现的张力，激发了无数人的情感与思想，并由此催生了无数伟大的宗教、哲学、艺术作品。

---

① 唐君毅. 唐君毅全集·中西哲学思想之比较论文集（第二卷）[M]. 北京：九州出版社，2016：361.
② 唐君毅. 唐君毅全集·哲学概论（第二十四卷）（下）[M]. 北京：九州出版社，2016：564.
③ 唐君毅. 唐君毅全集·人生之体验续编（第七卷）[M]. 北京：九州出版社，2016：83.

通常，人们会借助宗教启示信仰或者对死后情状及死后世界的想象思虑，来解决"人死后精神是否存在"这一生死根本问题。但是，唐君毅认为，借助想象思虑和启示信仰，都不能根本解决这一问题。

如果只是纯粹从思想理论上求解答，可以说，有无数可能的答案，而且，每一答案都可有各色各样的驳论。这就犹如各种宗教有不同的回答，甚至是完全对立和相反的回答。死后的世界，对于活着的人来说，犹如黑暗中无涯的大海。人在这一无涯的大海边，可以用其心灵之光向任何方向照射，并以此做自由的想象，或者，以自己理智的思虑加以无限的推测，如此，都可以做到"如有所见"。因为，这一黑暗大海原本就不拒绝人做何种的想象与思虑的推测。由此，如果只是将这一问题当作纯粹的思想理论问题来看，便完全可能各持己见、自成己说。

而人又似乎永远也不能有一种绝对的标准，用以证验他人所想象与推测的结论和答案的是非。因而，纯粹从知识和知识论的立场看，面对这一根本性问题，我们最稳妥的办法，似乎只能是"自认无知"，肯定死后世界是一不可知的世界，或者对此存疑，或者只是静静地等待此不可知世界送来的消息。这在宗教上便称为"启示"，而人对此启示的态度，即为"信仰"或"不信"。但是，作为"启示"的消息是自己来，而人的信与不信，也是人自己信或不信。"启示"的消息既不强迫人必须信，也不同时带来能使不信者必信的证据。由此，人也便常常无从知道这些消息到底是真消息还是伪造的消息。因此，即使有这样的"启示"消息，人仍然可以对此消息存疑，或者不信。

想象与思虑推测不可能形成统一答案，启示信仰也并不能让所有人都相信同一答案。那么，对于这一生死问题中的根本问题是否就没有根本的解决之道呢？唐君毅认为，恰恰是在关闭由自由的想象思虑推测和由启示来的信仰寻求答案之门后，我们可以找到通达这一问题之答案的大门钥匙，那就是借助对人生的了解和对死者的真情实感获得答案："人对于人生之真了解，与对死者之真情实感，却展露出一条由生之世界通到死之世界、由现实世界通到超现实世界，由生之光明通到死之黑暗的大路。此之谓通幽明的大路。"① 换言之，通达生死幽明的大路，不能借助于对死后世界的想象、思虑推测和启示信仰，而只能是，一方面，通过对人之"生"的充分了解体悟人之"死"，此即孔子所谓"未知生，焉知死"的真义所在；另一方面，通过生者对死者的真情实感，在情志感通中体悟死者的情怀和志向，此即孔子所谓"祭如在"的真义所在。

---

① 唐君毅. 唐君毅全集·人生之体验续编（第七卷）［M］. 北京：九州出版社，2016：84.

了解"死"的第一把钥匙是"生"，这或许便是孔子"未知生，焉知死"的回答的真义所在。只是，孔子并未将这一答案给予"逻辑地展开"。唐君毅站在儒家的立场，利用现代哲学逻辑和自身的生命体悟，对此作了细致的分析和充分的解答。

为什么通过了解人之生可以理解人之死呢？因为人生活动是人的生命的现实体现，对人生活动的了解和理解，实际上包含着相应的生命观和人生观；对生命和人生活动的理解不同，对死亡和死后世界的理解也就会不一样。唐君毅这里所说的通过了解人生而理解死亡和死后世界，绝不是一般的、泛泛的了解或者说明，而是"真了解"，亦即"正确的了解"，是真正的"知生"。只有真正的"知生"，才可能"知死"。

唐君毅认为，依照对人生的"真了解"，我们根本上是不能说，人死后即"一无复余"。没有任何人类的思想能够证明，人的身体停止呼吸与肉骨朽坏之后，人的精神也就"一无复余"了。人的精神之存在，人在生前，已在其生活中处处加以证明。根本的证明即在于：即使是坚持绝对科学主义和物质化思考的人，在其生前的人生历程中，也从来不是一个只顾念、要求其身体存在的人；人总是在不断向往着、思维着在其身体之外或之上的种种事物和事情。人在生前，人的精神实际上早已时时处处超越其身体存在的问题去用心。比如，一个信奉科学主义的外科医生，他在生前即写好遗嘱，要人们在他死后将他的遗体送给医学院的学生做研究。此一人生活动即表明，他在"生前"的心思与精神，已经想到其"死后"遗体的安排与其遗体将被解剖而不存在；他写遗嘱时的"心思与精神"，乃是一种要将其身体奉献于人类社会的学术文化的心思与精神；这一"心思与精神"，实际上就是一种已经超出其"生前""身体"的心思与精神了。

当然，有人或许会提出这样的驳论：如果没有此人的身体，谁能写遗嘱？唐君毅认为，这是物质化思考"最坏亦最可怜"的驳论。其所以是最坏又最可怜的，是因为，这种驳论对于人的心思精神，完全不知道从其本身与其本身所向往者着想，而只知道翻到人的心思精神背后看。如果按照这一思路，不仅可以说，没有生前的身体，不能写遗嘱；我们还可以说，如果没有笔砚、纸张等物，也不能写遗嘱。

但是，问题的根本在于，写遗嘱作为一项具体的人生活动，是既要费精神又要费身体力量的。既然是要耗费身体力量，对于一个病中之人来说，无论所消耗的身体力量如何少，都将会使自己的身体能力减弱，而使死亡时间提早一分一秒。如果人只是一个纯粹追求自己身体存在的动物，那么，哪怕多生存一分钟的时间、多生存一秒钟的时间也好。到底是什么使他愿意少活一分一秒的时间，来做这样一个消耗身体力量而少活一分一秒的写遗嘱的活动呢？很显然，只要人"真了解"，这只能是他"写遗嘱"的意志与精神。他写遗嘱的意志与精神，乃是要在遗嘱中表达其奉献遗体供后人研究，以促进学术文化的意志与精神。这一种意志与精神，使他不会要求多活一分一秒的时间。而他为了写遗嘱而愿意少活一分一秒的时间，即充分证明：其意志与精神的本性与所向，是超越其求延续身体生存时间的欲望之上的，这样的意志与精神恰恰表现为与此欲望背向而驰的愿望。而且，这一愿望，正是由对其求身体生存延续的欲望的超越与否定而实现的。因此，我们绝不能说，此愿望中所表现的精神，只隶属于他生存的身体。

既然一个人的精神不只隶属于其生存的身体，而是可以超越于其身体之外、之上的，而且，在一个人生前的愿望中，其精神事实上已经超越于其生存的身体；那么，当其身体不存在时，并不能充分证明其精神也就不存在。相反，在唐君毅看来，我们恰恰可以由其写遗嘱的生命活动体会到，他是要通过写遗嘱的活动表现其顾念人类学术文化的精神。由此以观，其在生前的精神，早就已经超越于他个人身体的存亡与生死问题之上。"在生前已超乎生死之上的精神，是断然不能有死的。"① 唐君毅在这里事实上完成了一个标准的三段论推理：人生前的活动表明，精神可以超越于身体的存亡之上；精神的这种超越性表明，精神可以不随身体的死亡而死亡，所以，超越性的精神是不死的。

超越性精神存在的普遍性恰恰说明，了解生对于了解死具有极端的重要性。客观上说，这样一种人在生前即有的，超乎其个人身体存亡与生死以上的精神，不仅面对疾病而撰写遗嘱捐赠遗体的医生有，而且，一切人，在任何时候，都同样能有。正是因为每一个人在任何时候的生命活动中，都有这样的精神活动呈现与参与，我们要真正理解死亡的本质，就必须"真了解"现实人生，在人生实践中去"发现""体会"，亦即"知"这种生命活动中的精神存在。只有这样的对人生的"真了解"，才可能真正明白"死亡"的本质。

第三节　向死而生：生活的理性化

既然"身心呼应"已经点明了"生死之间"的核心问题，就是超越对身体

---

① 唐君毅. 唐君毅全集·人生之体验续编（第七卷）[M]. 北京：九州出版社，2016：85.

的工具主义对待，而是以身心一体的"身心呼应"来直面人生，那么，在"生"与"死"之间最为重要的事情，便是心灵充分展现自己志愿之"呼"，身体则切实地落实自己行为之"应"，在呼应之间最充分地实现自己的人生志愿，创造自己丰富的人文社会精神生命，为死亡做好人生的准备。

一、一念翻转的人生自觉

唐君毅作为现代新儒家，根底上承继儒家的性善论，强调"仁心"对于人之为人的自我证明。但是，作为"现代""新"儒家，他更多地使用现代世界的学术语言、生活语言，使用现代世界的知识常识、生活形式，来呈现这份信念。因此，他将"自我"明明白白地摆在我们每一个人面前，让我们每一个"自我"在无限的宇宙中意识到自己的神圣与庄严；他让我们在信仰与工作中建构自我存在的实践证明，而不只是做哲学的论证；他将我们投入现实的人伦关系中，投入现实的人文生活中，去充分彰显自我存在的仁心，去实现自我存在的价值；他让我们充分意识到现实生活本身给我们的光明大道，只要我们按照我们本有的仁心去实践、去落实、去践行。

唐君毅认为，只要我们"当下自我一念自觉"，我们便可以由"自然的生活"进入"道德的生活"。因为我们之所以不能进入"道德的生活"，根本原因只在于我们沉溺于"现实的自我"，被我们过去所流传下来的盲目势力，如本能、冲动、欲望等支配。所以，我们要完成自己的"道德自我"进入"道德的生活"，唯一的方法就是让自己摆脱本能、冲动、欲望的支配。我们"一念"至此，便当对自己下命令并遵循自己"道德自我"的命令去摆脱它们。我们或者自然地马上摆脱它们，或者勉力去求摆脱它们的方法，这方法也只是我们命令自己去思维寻找。当然，如果我们思考不清楚，也可请问他人。但是这"请问他人"仍应当是出于"自己""一念自觉"后的自我命令。

唐君毅以其"仁者之心"和"智者之思"，提出了我们"一念翻转"进行自我反思而求得进入道德生活的十条路径或者十个方面①。

第一，"你当反省：你的本能、冲动、欲望为何当有，为何我们当受其支配"。当我们这样不断地反问时，我们发现它们其实没有必然有的理由。只是因为它们有了，它们便有了。换言之，我们的本能、冲动、欲望等，与我们"自由"的"心"并无必然联系。当我们觉察到它们并没有必然存在的理由，我们

---

① 唐君毅. 唐君毅全集·道德自我之建立（第四卷）［M］. 北京：九州出版社，2016：80-83.

也就没有必然受它支配的理由了，如此我们便自然不受它们的支配，而进入道德自由中。因为我们"能反问"的"心"是"自觉的心"，"自觉的心"是决不愿受"不自觉"的努力支配的。

第二，"你当反省：本能、欲望、冲动是如何来支配你的"。当我们这样反问时我们发现，支配我们现在的这些本能、欲望等是从我们的过去而来的，它们支配我们的现在，而且要决定我们的未来。换言之，它们支配我们是表现在特定的时间形式中的，因此，只要我们拆坏它们相应的时间形式，它们便不能再支配我们了。唯一的方法就是，"把过去归到过去，现在按捺现在，未来放在未来"。过去的已经过去了，那不是我所有的；未来的尚未来，也非我所有；我们只能安住于现在。如此，"过去"流传下的势力便无法通过我们的"现在"成为支配我们"未来"的力量。如此，我们当解除对于我们过去的一切悔恨和庆幸，也当解除对于我们未来的幻想与恐惧。当我们把过去的放在过去，将未来的放在未来，我们的"心"便从时间的现在一点上涌出头来，破坏了"过去"势力与现在及未来的"我"的生活的联系。此时，我们虽然还是会觉察到有过去和未来，有过去、现在、未来的时间自然流逝，但是，我们的"心"，是在自然的时间流逝之上的，看它们在我们的"心"之下流逝，而我们的"心"则在那永久的"现在"。在我们的"心"中，我们破除了自然的时间流逝形式，也便同时破除了冲动、欲望等势力的支配。

第三，"你当反省：你的一切冲动欲望等的实现，所需要的条件是什么"。当我们如此反问时，我们会发现，我们的身体原来是这些冲动欲望实现它们的条件。当我们"顺冲动欲望而行"时，我们便会时时觉得自己身体的重要。因此，要突破"现实自我的限制"，我们便当时时努力忘却身体的重要，时时想我们的"心"在身体之外周流万物，我们的身体只是我们"心"中的一物。我们愈是忘却自己身体的重要，我们的冲动欲望表现的要求就会愈少，表现的强度也就愈减。

第四，"你当反省：你的冲动欲望活动，都对外物想有所取得，都系着一定的情境"。如此，我们便应当逃出我们"现实自我"所爱恋的情境，隔绝我们所渴望获得的外物。我们最好使我们经常见到的外物都不属于我们所渴望获得的那一类外物，换言之，不经常与自己所渴望获得的那类外物照面。而且，我们应该经常到大自然中去，因为大自然本身绝非我们直接的欲望之物，我们接触大自然可以使自己的"心"平静淡泊，从而超越自己的冲动欲望。

第五，"你当反省：你在要求满足自己的冲动欲望时，总是注目于其实在性"。我们不仅认为用以满足欲望冲动的外物是实在的，我们也相信自己的冲动欲望也是实在的。这种对"实在性"的关注，限制了我们的自我超越。因此，我们便当时时看天、看大自然的空旷处，体会自己心的"空"处。同时，多体会一切事物的无常而旋生旋灭。甚至，可以去学习哲学、学习佛学，"观一切无常，观一切事物之自性空，及因缘生之道理"，如此便可以破除我们对于"实在"的妄想，而更加注目于这些欲望冲动及外物之外的我们的"心"的自由。

第六，"你当反省：在你顺冲动欲望而行时，你的心光总是向前看的"。由于我们的心光总是向前看，我们便忘记或者忽视了回头看看自己。反省到这一点，我们便当时时把自己的"心光"折转来看我们自己。我们不要只看我们"所自觉"的那些"对象"，更要时时收回心光看自己"能自觉"的"自由"。我们要时时把自己的心向后一"收"，这一"收"便是我们心光的凝聚而反照，这即是"静"。由心光的凝聚反照，我们的心便可以进而超越外物及过去的冲动、欲望而"向上"，这即是"敬"。这"敬"使我们的心超越现实的限制而连接到我们的"超越的自己"，我们便可以由此而专注于我们"超越的自己"本身，这即是"定"。由"静"而"敬"而"定"，其关键的前提是我们"一念之间"将向前、向外的"心""收"回，而凝聚反照我们的"心"。

第七，"你当反省：你冲动欲望发生时总系于特定的环境"。因为冲动欲望总是指向特定外物，由此也必然指向特定的环境。因此，当我们"顺冲动欲望而行"时，我们就会对当下环境与身体的关系表示不安，而希图我们的身体可以居住于另一环境，以方便满足"冲动欲望"等。反省到这一点，我们便当常常想，其实我们的身体在任何环境下都是可以的。如此，我们便要肯定我们当前所处的环境并对之无所怨尤。"你当视你一切实际的遭遇，都有其外在的必然原因，如你不能改移，便一概承认他。"我们承认我们实际的遭遇，也就是对它的超越，此即为"乐天安命"的精神。

第八，"你当反省：冲动欲望而未能满足时必感苦"。冲动欲望的现实满足会给我们带来快乐，甚至幸福，因为本能欲望本身就是遵循快乐原则行事的。而客观上，我们永远都不可能完全满足我们的本能冲动欲望。因此，当我们"顺冲动欲望而行"时，我们总是会遭遇到不能满足的"痛苦"，并且总是害怕一切苦会再来临。反省到这一点，我们便当力求能忍受我们现在的苦，并当不怕一切苦。因为"忍苦"本身就是超越现实自我的超越，其所具有的道德价值表明，我们正在经历道德的生活。

第九，"你当反省：冲动欲望发生时会有身体活动的非秩序化"。当我们"顺冲动欲望而行"时，此时我们的身体活动便被冲动欲望左右。我们的身体内部会有许多不自觉的反应在涌动，并不自主地向外泛滥，从而导致我们的身体活动不遵守一定的规律秩序。反省到这一点，我们便当时时故意把自己的身体活动加以"规律秩序化"。这些规律秩序尽管是由我们认定的，但是只要一定下来，而我们也遵照我们认定的规律秩序而行动，它便会表现出对我们"不自觉的内部反应的涌动泛滥"加以"遏抑"的功效，并以此可以节制我们的冲动欲望。

第十，"你当反省：冲动欲望发生时会有我执"。因为冲动欲望总会化作"现实的我"的对象，甚至就是"现实的我"本身。于是，我们总会有"我要"的生活状态，这就是一种"我执"。这种"我执"使我们完全受限于现实的自我而不能超越。反省到这一点，我们便当时时想"没有我"，所谓"我"并不能成为我的"对象"。我只是一永远超越的活动，或心之"能"。"我"的观念只是产生于我尚未真"自觉我之所以为我"，我之所以觉得有"我"，正表明我尚未真去"自觉"我，我尚无完全的"自觉"。我应当力求有"完全的自觉"，此时将不再有"我"这一对象，我们将由此而忘"我"的"实在"。冲动欲望的发生总是因"我"的实相伴而生的，所以，如果我们能经常忘"我"的"实在"而知道"无我"，则冲动欲望自然就会少发生，也就不会让我们受限制于现实的自我。

以上十个方面的"一念翻转"的"自我反省"，可以帮助我们在"自然的生活"中，认识清楚"现实自我"对我们产生限制的各个方面，并进而在"一念自觉"中，由我们的"超越的自己"，即"道德自我"将我们超拔向上，而实现对"现实自我的限制"的超越，进而实现我们的道德生活。

二、自觉地做自己该做的

就唐君毅的生死哲学理论而言，知生方可知死，因此，人生的重点当在人生实践上。但与此同时，知死也可知生，即通过领受死者的深情厚意，同时向死者表达我们后死者的深情厚意，我们可以更深刻地感受到人生的"天命"流行，亦即"自命自令"的不断，从而更好地落实对当下人生的肯定与践行，自觉地做自己该做的。

在唐君毅看来，要真正开始道德生活的实践，我们必须将所有"外在化"的人生目的排除，而将人生实践回归到我们自己"心"本身的当下"自觉"上，"自觉"地做我们当下的"心"觉得"该做的"。在我们没有"自反"的"自然世界"的生活中，我们多以为，人生的目的即在求快乐幸福、求某一些具体情境、求满足欲望，或者在保持某一些生命活动的形式、过更广大丰富的生活、顺生命冲动，等等。唐君毅认为，这样界定人生目的统统是错的，也是不能真正让我们进入自觉的道德生活的。

之所以说这些"人生目的"不足以成为我们真正的"人生目的"，并不是因为事实上没有这样的生活现实，而是说，"它们通通不能做你自己生活之最高指导原理"①。当我们将这些所谓的"人生目的"应用到自己生活上，将之定为自己的人生目的时，其实我们并不能"自觉的"将"如是之人生目的"置定下来。因为当我们将这些东西置定为"人生目的"时，都不免是在我们当下"能自觉"的"心"之外去求自己的"人生目的"。所以我们便会总觉得，我们的人生目的就在"得着什么"，或者"合乎什么"。如此来求人生目的，我们便当说人生没有目的。

唐君毅认为，根据我们"自觉心"的主宰性，如果人生有目的，其目的就应当在我们当下"能自觉"的"心"之中。"你决不能说人生之目的，在使你当下能自觉的心，去取得什么，发出合乎什么的活动，你应当以为你当下能自觉的心之所自定自主的活动之完成，为人生之目的。你不能越此雷池一步，去找人生之目的。"② 如果要在我们的"自觉心"以外去找人生目的，我们便只是在被某种"盲目的势力"支配而已，而"自觉的道德生活"是不应受任何"盲目的势力"支配的。

那么，什么是我们当下"自觉的心"所"自定自主"的活动呢？唐君毅认为，即由你感到应该做而做的活动。这样一种活动，与一切因为"要做什么而做什么"的活动是根本不同的。一切"要做而做"的活动，其"所要"，都是在我们当下"能自觉"的"心""自己所能自觉支配"以外的；而其"所以要"，也都是由于在后面有当下"自觉的心"以外的势力的逼迫；而其"所以认为要"，又都是没有自觉的理由的。但是，当我们认为"该做而做"时，则我们是明确地感觉到我们是可做、可不做的，而且是我现在才开始感到"该做"的；我们不是受逼迫而做，我们是自现在起"下命令自动"地去做。我们认为"该做而做"时，我们"所命令"于自己的，只是"我去做"；我们"去做"后，"所做成"的是什么，我们可是先不全自觉；然而我们"该如何做"，则总是在我们的自觉中的。换言之，我们"去做"的最终结果可以是不全自觉的，但是我们做的动机是完全自觉的。只要照着我们自觉认为"该如何做"的"去做"，我便"已做""我所该做"的。在这里，我之"去做"，是我自觉的"心"本身所能支配的。同时，我认为"该做"，必有自觉的理由，而且我们是依此理

---

① 唐君毅. 唐君毅全集·道德自我之建立（第四卷）［M］. 北京：九州出版社，2016：49.
② 唐君毅. 唐君毅全集·道德自我之建立（第四卷）［M］. 北京：九州出版社，2016：50.

由自觉决定"去做"的。所以，唐君毅认为，"感该做而做"，是"当下自觉的心""自定自主"的活动。

当我们将"做所该做"定置为人生目的时，这个人生目的就不再是"盲目的"而是"自觉的"人生目的。因为它不在当下"能自觉的心"以外，我们不须外求人生目的，人生目的成了我们当下"自觉的心"之内容。

唐君毅认为："人生之目的，唯在做你所认为该做者，这是指导你生活之最高原理。"① 作为"最高原理"，它也只是一个最高"原理"，它并不规定在任何特定情境下"所该做"的具体内容。"做所该做"是唯一的规定，但也是最高的规定。至于具体内容，"只要是你真认为该做的，便都是该做的，以致我们以前所否定之一切出于要做而做之活动，只要真通过你应该的意识，而被认为该做，便都可重新在另一意义下加以肯定"②。也就是说，幸福、快乐、欲望满足、特定生命情境的实现，等等，它们作为本身都是"盲目的"。但是，只要真通过"应该"的意识，被我们"能自觉"的"心"进行"应该"的拷问后，它们便完全变质而成为"自觉的"了。问题只在于，我们是否"真相信"它们"该做"；只要我们"真相信"它们是"该做"而"做"，那我们便不是受后面的势力"逼迫"而"做"，而是自动地根据它们所依据的"理由"而"做"。而它们则透过此"自觉的理由"，由"盲目的"变为"自觉的"。此可谓，一"念"之间，即天地悬殊。

人生目的的"自觉化"尽管只是源于"做所该做"这一"念"，但是这一"念"是"万分要紧"的。"此一念，即自然生活至真正的道德生活之转折关键。"③ 如果，我们将这一自觉的"转念"继续下去，时时事事都能够本着"该做而做"，那么，我们的道德生活就得以扩大、延展。

在这里，所谓是否"该做"是没有任何外在条件和理据的。自己反转"自问""该做"是否"真该做"，乃是衡量自己所认为"该做"的理由是否充足、深厚、完满的唯一方法。表面看起来，这似乎只是一最空虚而无内容的"应该意识"，可是，就是这个"空洞而无具体内容"的"应该意识"，是最实在的道德生活的动力，是推进人生向上的动力。

"做你所该做的"，是要求真正的道德生活的人必须承认和坚守的千古常新的真理。唯其至简，所以至深。反复将这一"命令"用于自己的生活上，就是

① 唐君毅. 唐君毅全集·道德自我之建立（第四卷）[M]. 北京：九州出版社，2016：52.
② 唐君毅. 唐君毅全集·道德自我之建立（第四卷）[M]. 北京：九州出版社，2016：52.
③ 唐君毅. 唐君毅全集·道德自我之建立（第四卷）[M]. 北京：九州出版社，2016：52.

我们生活唯一最高的指导原理。本此最高指导原理，每个人都不能再问"什么是自己该做的"，因为每个人该做的，自己是知道的。只要我们反省，我们就会有许多"该做而未做的"呈现于自己面前。问题只在于我们要"去做"，而不是问"什么是该做的"。如果你说你根本不知道你有该做的，那么你就是在自己欺骗自己。只要做深一层的反省，就可以知道自己在欺骗自己。如果一个人竟然不做这样深一层的反省，而甘于"自己欺骗自己"，并坚持说"我不知道我所该做的"，我们也不能告诉他什么是"他所该做"的。因一切"我"认为该做的，只是对"我"有意义，对于你或者他是不会有意义的。"该做"只是"自己对自己下命令"，而且，只有自己能对自己下命令，自己也只能真实感受到自己对自己的命令。所以，别人所谓"该做"，对于自己是并无真实意义的。

当然，有时候我们可能会感到有几种"该做"同时存在，而且这些"该做"彼此之间充满矛盾，这导致我们一时会不知如何选择其中之一，或者如何将它们统一到更高的和谐。这时，我们或许会发现一些新的问题，比如，各种"该做者"应该做的"程度"如何权衡？人生"最该做"的是什么？不同时候所感受到的各种该做如何联系？等等。唐君毅指出，对于这些问题的解决，都不能在我们的"应该意识"之外寻求，而是用我们"自觉心"的这份"应该意识"本身去寻求。只要我们对我们以为各种"该做"的进行一一分析，将认为该做的理由追寻到最根本之处，以找到各种"该做"的共通的或特殊的理由，我们自然能发现"当下最该做"的是什么，"各种该做者如何统一与和谐"，以及我们"一生最该做"的是什么。换言之，所有这些我们自感的"该做"的矛盾，也只有我们自己去解决，因为只有我们自己才真正知道，我们"感该做时"所据以认为"该做"的真正理由。

总之，"做自己所该做的"，并自己通过反省找寻自己"所该做"的理由，这时我们得以不断通达自觉的道德生活的根本内在动力。除此之外，我们定置的任何人生目的或者做事的理由，都只是"心外之物""身外之物"，而不是我们"心"本身的自觉"物"。

三、当下生活的合理性化

自觉地做自己该做的，是我们直面作为个体生命必然有"死"的命运时所发出的自我召唤，是人之"死"对人之"生"的启示与命令。但是，"做自己该做的"，并不等于完全是按照个人主观想象，甚至主观欲望去做，因为，生死之间的真正人生所该为者，尽管是自己的心领受到的，同时也是与"理"一致的。所以，自觉地做自己该做的，同时也就是让自己的现实生活真正理性化。

在唐君毅看来，当"心"按照"心之理""自觉"施用"自觉力"之"心"时，"心"就能够将我们相关的生命经验、感觉经验以及客观外物都统率于我们的自觉力之下，而为我们的"自觉力"之"心"所通过，从而达到"心理合一"的"真理"。

唐君毅认为，当我们的"自觉心"以"求得真理"为目标而不断自觉地施用时，我们的"心"便会希求了解各种"普遍之理"，使之互相融合、和谐，而成"绝对之理"，并将这"绝对之理"视为宇宙的最高真理或真实所在。换言之，这个"绝对的理"就是世界的真正本体，这个真正本体是由"心"的不断自觉施用"建立"起来的。

我们的"心"的活动何以能"建立"起这一最高真理呢？这是由人的"心"的本性决定的。当我们以求"普遍之理"为目的而自觉施用我们的"心"时，我们求真实的活动就已经不局限于实际上的内外界对象了，而是注目于内外界对象"所以能存在"所根据之"理"。而这内外界对象所以能存在之"理"，是比内外界对象更永久、更广大的。因为任何实际上的内外界对象，都只是作为其"所以能存在"的根据之"理"在一段时间的一种表现。所以，当我们以求知各种"普遍之理"为目的时，当我们以各种"普遍之理"本身为对象时，我们的"心"的活动范围，是远比实际的内外界对象更为广大的，而且超越实际内外界对象本身。

"理"本身是永恒的、普遍的，它并不限于某一段时间的某一种表现。在"心"的活动中，我们愈将"普遍之理"逐渐归约成"更普遍之理"，则我们"心"之活动的范围所超越于实际存在对象的也就愈多，并愈加广大。所以，我们在求"普遍之理"并逐步归纯到"更普遍之理"时，我们求真实之"心"便不再只是向外指的，而同时是逐渐向中心收敛的。在"心"收敛的历程中，我们将我们从实际的对象中所发现之"理"加以贯通、补足，以去除彼此之间的冲突、矛盾，直到最后，目标是获得一全部和谐之"理"，这一全部和谐之"理"即为"绝对之理"。唐君毅认为，"求得此宇宙和谐之理，绝对之理，即求得诸真理之真理；包摄诸真理之真理，乃你求真理之最后目的。求此全部之理，绝对之理，乃你求真理的心之最高活动，亦即通常所谓哲学之活动"①。这样一种获得"绝对之理"的"心"的活动，在更根本的意义上说明了我们"心"的自我超越、自我建设的力量。求真理的"心"的最高活动，是将我们从实际存在对象中发现的"理"加以贯通、补足，去除其间可能的矛盾。这就

---

① 唐君毅. 唐君毅全集·心物与人生（第五卷）[M]. 北京：九州出版社，2016：147.

是把我们向外求"理"的"心"收转回来，把我们在不同时候不同外物求不同的"理"的"心"收转回来，进而使"心"所经过的由低至高的各种"普遍之理"隶属于求"绝对真理"之"心"。同时，这也是将我们自己"用以了解实际存在对象"的感觉经验、生命经验等材料不向外用，而使之隶属于求"绝对真理"之"心"。因此，所谓"求真理的心"的最高活动，实际上就是本于我们较低的"求真理之心"，以建设一个逐渐接近最高的"绝对真理"之"心"。由此可见，我们"求真理的心"，是"自己建设自己""自己超越自己""自己主宰自己"的"心"。

我们的"心"并不只是"求绝对真理之心"，同时也是"求和谐之美的心""求至善仁爱之心"。这一完整的"心"的自我超越、自我实现、自我建设，就构成我们人类全部的人文世界、人伦世界。唐君毅说："心在自然宇宙所作之重要事业之全部，则除由心之求得真理而产生之科学哲学外，尚有心之由求美而产生之文化艺术，心之由求善而产生之道德、政治、经济、法律、教育等文化。由文化之延续，而有人类之历史。我们如果能从人类之各种求美求善之活动所形成之人类文化、历史去看，我们将了解由心之主宰作用，所形成之人文世界、人格世界具之无上的价值，而益知心在自然宇宙之重要。"①

在唐君毅看来，现实生活中的生命个体，是处于唐君毅所说的"万物散殊境"中的个体自我；求绝对真理、求和谐之美、求至善仁爱之心，就存在于每一个个体生命之中。"此日常生活之零散，非如哲学思想之可成一系统。一切哲学思想固皆可收归于吾人所说之主客之感通之一概念，然此主客之感通之一概念之所指之生活，仍为种种特殊之主客感通之情境。此诸情境，在吾人之日常生活中，仍可是一一散列，而互不相通。今欲使此一一散列之生活情境，自相为通，则哲学之理性，必化为生活中之理性，而不只使哲学理性化，亦当使生活理性化。"② 无数个体散列的生活情境，是人们现实生活的情境。我作为一个人，与其他人的气质不相同，即使有相同相近合而成类，其个体性也不会因此消失；我与他人的生活目的不同，即使有相同相近，各自采取来达到目的的手段也不同，也就是说，人虽同在功能序运境中，个体性也不消失。由此类推，作为个体生命（一个人），其所感觉到的或感应到的世界，所观照或所直觉到的世界，都是各自不同的。但是，"生活理性化"必由每一个人具体的当下生活开

---

① 唐君毅. 唐君毅全集·心物与人生（第五卷）［M］. 北京：九州出版社，2016：163.

② 唐君毅. 唐君毅全集·生命存在与心灵境界（第二十六卷）（下）［M］. 北京：九州出版社，2016：277-278.

始，这是相同的；自觉地做自己该做的，也就是每一个个体生命以"当下生活"为起点，要使当下的生活成为理性化的生活。

唐君毅认为，"当下生活之理性化，即尽性立命之事"①。由于人的生命存在是"生之灵觉"的"破空而出"，现实的个体生命与其形上根源之"天"，既相依相即，又相隔相离。"故此天人之际，不可只合说，亦不可只分说。欲说其合而分之际，遂有'命'之观念之建立。此命自天而说为天命，自人而说为性命。性命即生命之性命，性只是一生的灵觉，或灵觉的生。此生之欲有所向往，欲有所实现，即此生的灵觉或灵觉的生之性。实则此欲有所向往，欲有所实现，即是去创生，故生即是性。而欲有所向往，有所实现，即是一自命、自令，故性即是命。"② 说"性"，是就生命之所以然而言；说"命"，则是自依此所以然而见当然而言。自命自令，即个体生命自己依照"性"而知道自己应当做什么，所以，此"自命自令"，即"性之命"。就性根源于天而言，人有此性，可称为"天性"，依此性而能自命，此自命亦即"天命"。此自命天命所在，亦即性所在。故《中庸》曰"天命之谓性"，孟子谓"尽心即知性""知性即知天"。

在实际生活中，面对当下外境，心灵依"性"而生"情"，感受其所在的外境，必然多少会感受到外境对自己有所"呼唤"或"命令"。因此，当"我之情"与"外之境"相对时，"我之性"与"外之命"也开始相对；有相对便相呼应，"情"对"境"有所感，"性"对"命"就有所应。"此中性情所向在境，此境亦向在性情，以如有所命；而情境相召，性命相呼，以合为一相应之和，整一之全，此即一原始之太和、太一。"③ 唐君毅认为，这样一种"情境相召，性命相呼"，便是人当下生活理性化的开始点。情境相召，性命相呼，两相应合而相和，这表明人的"心灵"与其所对之"境"有原始的太和。境来为命，情往为性。我知命而性承之，是为坤道；我尽性而立命，是为乾道。因此，人生活中各种事的生起，就本源上说，是"乾坤和合"而成，都可说是"太极太和"之事。但是，当下生活的这种"情境相召、性命相呼"，却往往不容易为人察觉和识取。

由于"情"与"境"常在变化，并不能时刻相应；对人来说，经常会出现

---

① 唐君毅. 唐君毅全集·生命存在与心灵境界（第二十六卷）（下）[M]. 北京：九州出版社，2016：280.

② 唐君毅. 唐君毅全集·生命存在与心灵境界（第二十六卷）（下）[M]. 北京：九州出版社，2016：194.

③ 唐君毅. 唐君毅全集·生命存在与心灵境界（第二十六卷）（下）[M]. 北京：九州出版社，2016：280.

境已往而情尚留，或者境仍留却情已往的情况。之所以如此，是因为人之情面对外境时不免有所"思"，而一有所思，就将其所对之境变成知识的对象，思想就按其性质性相加以分类，心灵便顺此分类而活动，使其"情"超出当前之境而别有所往。可是，当人心在"思"之时，当前之"境"或已往，而"情"却留在其所"思"之中，不随当前之境而往，这就造成"境已往而情仍留"的状况。又或者，境仍留，却由于情随思而他往，造成"情往而境留"的状况。"此境往情留，情往境留之情形，而人心之思及情与境之分为三。"① 人不明此，就会以为"情""境"不能合一，不见情境相召相和。"人之只求住于具体之境者，则又必以只顺概念之普遍性，而使人之思及情与之俱往者，为虚幻而不实。人之生命之跌宕于此二间者，即必感一生命之内在的分裂矛盾。二者之力之相抵相消，即使生命之存在，必然日归于无意义，亦日近于死亡。人之具体之生命之存在与生活，亦即无理性化之可能矣。"②

情随思而往，便与"当前之境"分离。虽然如此，此情并非无所对，它与其所往之"思之境"相和合，只是忽略其当前所在的"具体的境"。由此看来，"情""境"终究是相召相呼的，情不与"当前之境"呼应，就必与"思之境"呼应。"情"与"境"仍相召，只是"境"有不同。因此，人只要一加反省就会发现，当情随思而往时，看起来是情境分离了，实际上分离于此处却和合于彼处，情不与"当前具体境"和合就与"思之境"和合，情境仍无分立，乾坤并无破裂。

但是，在此种情况下，"思"终究带领"情"而他往了，使情与"此境"和合就不与"彼情"和合，与"彼境"和合就不与"此境"和合。因此，如果我们只求情与"当前之境"和合，就会认为与"思之境"和合的情境是虚幻不实的情境；如果只求情与"思之境"和合，便会认为情应随"思之境"而行，与"具体境"和合的情境为非理性的情境。

唐君毅强调，客观上，人之"情"总是在"具体境"与"思之境"间往来，人要明白而正视这一点，让此情自由往来于此两境之间；而且，人可任由"情"往来于"当前境"与"思之境"之间而不致混乱。因为人的心灵有自觉能力，可翻高一层，居其上来看自己的心灵。心灵往来于"当前境"与"思之境"之间，它将自己看得清明，它知道其"情"此刻停驻于"当前具体境"，

① 唐君毅. 唐君毅全集·生命存在与心灵境界（第二十六卷）（下）［M］. 北京：九州出版社，2016：282.

② 唐君毅. 唐君毅全集·生命存在与心灵境界（第二十六卷）（下）［M］. 北京：九州出版社，2016：282.

下一刻可随思而往驻于"思之境"。我们只要正视心灵之活动如此，就知心灵不只顺"思想之境"以生情，亦不只停驻于"当前之具体境"以生情，而是通此"思之境"与"具体境"，合此二境于人心灵之前而生情。如此，唐君毅说：

> 在此情往境留，境往情留之情形下，人由其高一层之自觉，仍可见得有：人之心之思及情与境之互相保合之一全体在，则无论人之所感之情境之分裂之为如何，皆可知其分裂，乃在一未尝分裂之一全体中。人亦即皆可知：于此一切分裂与矛盾，皆应有其所以弥补融和之道，而生活之理性化，以成就生命之真实存在之道，即皆可得而言矣。①

人有思想活动，人不能停止其思想活动。人的思想活动可以无所不至，但人在日常生活中却不能离开他所感所处的当前具体境。因此，人必须清楚，"生活之理性化之道，不在只顺思想中之有普遍性之概念，以生情，亦不在只住于具体境中，以生情，而在通此二者，以为人之心灵之当下境，而恒视此二者在一全体之当下境中"②。他虽然可以让其心灵顺其思想活动而运行，却也必须它往而能返；他虽然可以让其心灵之情对具体之境有所感，却也要它住而能往。"此中之往复，要在圆转如环，而周流不息，以向于环中，使人对所感之具体境之具体的反应，皆理性化，兼使依理性而有之思想情感皆具体化，而通此所感所思，以为人之心灵之当下之一全体之境，而恒有此一全体之在念。"③ 如此，使此"具体之境""所思之境"与"情"的关系都得其位，使情、境与思三者都在人心灵当下的一念之中。于此，人即可得其"尽性立命"之事的真实的始点，也是人当下生活理性化的真实始点。

对于人的当下生活来说，情境分立的状态并非最终的状态，最终的状态必是情境相召、性命相呼。当然，这样说只是表明，人可以通过哲学思辨来说明自己生活中情境的圆融；在现实的日常生活中，人的情与境往往不免各自散列而不相通。正因为这样，人才必须自觉设法将"情""境"分裂的状态努力弥补。"情""境"的弥补与融合，不是一蹴而就的，而是一不断的进程。也就是说，要见其分裂就加以弥补，弥补了又分裂，见了分裂又加以弥补，如此一步

---

① 唐君毅. 唐君毅全集·生命存在与心灵境界（第二十六卷）（下）[M]. 北京：九州出版社，2016：282.
② 唐君毅. 唐君毅全集·生命存在与心灵境界（第二十六卷）（下）[M]. 北京：九州出版社，2016：282.
③ 唐君毅. 唐君毅全集·生命存在与心灵境界（第二十六卷）（下）[M]. 北京：九州出版社，2016：283.

一步达到最后的"情""境"和合，不再分裂为止。人能达到此境界，心灵才是如圣如佛般的心灵。

生活理性化的目标，便是圣贤之"不勉而中，不思而得"，除非人不求生活理性化，否则必以学习此为目标。每个人的现实生活都是在一个"去其不当"的进程中逐步实现理性化的，只要依此"去其不当"做下去，"不勉而中，不思而得"的圣人境界终必可达。只是，在我们"去其不当"的生活过程中，我们必须首先肯定有这么一个圣人境界，并学此"不勉而中，不思而得"，知道自己现在虽然不能达，终必能达。这一坚信目标同时改变前进的当下生活，既是我们内在理性的"自命自令"，也是我们作为"破空而出"之生命灵觉所接受到的"天命"。

人所遇到的特定外境和人生命存在中的体质气质，都能对人的生之灵觉有所"命"，而此生之灵觉也能以其所命为其所自命自令。唐君毅认为，自外境与特定体质气质看，它们乃是作为个体生命的"我"的天命，此乃是第一义的"天命"；而自生命灵觉来看，此外境和体质气质也是生命个体自命自令的"性命"，这是第二义的"天命"。就前一义的"天命"而言，特定外境与特定的体质气质都能向我发命令，而我则是奉此命令，此即为"知命""俟命""安命"，此为生命存在的"坤道"。就后一义的"天命"而言，人顺任其自命自令而行，即顺此天命而行；人与天之交谈，奉天之召唤，都只是与自己之深心交谈，受自己之深心所召唤，自顺此天人不二之命而自立此命、凝此命、正此命；此为生命存在的"乾道"。唐君毅强调，依坤道，则天命为先，自命为后，此乃"后天而奉天时"，是一般宗教之所为；依乾道，则自命为先，而天命即存乎其中，此乃"先天而天弗违"，是儒家之所为。在当下生活中，"奉天命而自命，以立命，亦即尽其性之所命者，故立命即尽性也"①。唐君毅认为，此即儒家"尽性立命"的顺承之教，也就是人的当下生活理性化之教。

四、直面承担人生的负面

人生之事，即"尽性立命"之事。人的"尽性立命"之事，也就是人的生命与人以外的世界相互作用（感通），并以此一方面成就心灵志愿（尽己之性），另一方面实现自己的天命使命（以天命而自命）的过程。在此过程中，便会形成种种人与外在世界相互融合的"境"。唐君毅谓：

---

① 唐君毅.唐君毅全集·生命存在与心灵境界（第二十六卷）（下）［M］.北京：九州出版社，2016：202.

　　感通活动，与其方向、方式，如更说吾人之生命存在之心灵，为其体；则感通即是此体之活动或用；而此方向方式之自身，即此活动或用之有其所向，而次序进行时，所表现之义理或性相或相状，乃由此体之自反观其活动或用之如何进行所发现者。如说此反观亦是此体之一活动，则此反观，即此体之自以其反观之活动，加于所反观之活动之上之事。而此反观所发现之方向方式，则属于此所反观之活动，兼属于能反观之活动之自身；而亦属于能次序发此二活动之生命存在之心灵之体，而此体亦即存在于其诸方向方式之感通活动中。由此即见此中之体、相、用三义之相涵。①

　　"境"为"心"所"感通"，而非心所"变现"。因为"心"与"境"乃相互为用，而非只是心"变现"境。又，说"心变现境"时，往往是就特定的境而言的，说其为心所通；但是，心之所通，并不限于特定的境，而是要超越此特定的境以别有所通，并永不停滞此已有的所通之境。"境"与"心""感通"相应，有某境即有某心，有某心亦必有某境，心与境同时俱起。这种心与境俱起的过程，生命的原始空寂性的善的流行，就将与世界"打成一片"，会呈现现实人生的诸多负面因素。唐君毅认为，真正的"尽性立命"，必须对现实人生的这些负面存在一并承担并努力自觉超越。

　　所谓人生的"负面"，是指人生的艰难困苦、虚妄不真和曲折颠倒的一面。对人生负面的深刻体验，几乎与唐君毅终身相伴，特别是壮年以后，更是如此。唐君毅在20世纪50年代到60年代初写成的《人生之体验续编》，便是其基于自己人生体验而对人生"负面"所作的最为深切的反省和承担。在"自序"中，唐君毅写道：

　　　本书七篇，乃余七年来之所作，意在为廿余年前拙著人生之体验之续篇。其与前书所陈者，在思想之核心上，并无改变。其不同之处，要在如本书第七篇引言所说，即人生之体验一书，唯基于对人生之向上性之肯定，以求超拔于吾之现实烦恼之外。而十余年来则吾对人生之艰难罪恶悲剧方面之体验较深，故相较而论，前书乃偏在说人生之正面，而思想较单纯，多意在自勉，而无心于说教，行文之情趣，亦较清新活泼。虽时露人生之感叹，亦如诗人之怀感于暮春，仍与人之青年心境互相应合。此书则更能正视人生之反面之艰难罪恶悲剧等方面，而凡所为言，皆意在转化此诸为

----

　①　唐君毅. 唐君毅全集・生命存在与心灵境界（第二十五卷）（上）［M］. 北京：九州出版社，2016：3.

人生之上达之阻碍之反面事物，以归于人生之正道，而思想亦皆曲折盘桓而出，既以自励，亦兼励人，而说教之意味较重。行文之情趣，亦不免于纡郁沉重，如秋来风雨，其气固不同于暮春。然此书能面对彼反面之事物，更无躲闪逃避，因心衡虑，以斩伐彼人生前路之葛藤。荆榛既辟，而山川如画。是春秋佳日之得失，固未易论也。①

唐君毅强调，人生的艰难，是由人的存在本身的荒谬性决定的。这种荒谬性在于，人的出生和死亡都是未经人同意的，而且是孤寂的。

人的出生不是人自由选择的，是未经人同意的。一切人当其初生，同是赤条条地来，同是坠地一声啼。

> 世间的婴儿之环境，千差万别，却无一婴儿曾自己选择他的环境。婴儿或生于富贵之家，或生于贫贱之屋；或生而父母早亡，或生而兄弟成行。真如范缜所谓一树花，任风吹，而或坠茵席之上，或坠粪溷之中。②

当婴儿一天一天地长大，换言之，即一天一天地增加其对环境的亲密与熟悉的程度，他便要获取环境中所有之物为自己所有（用于吃、穿、住、行以及其他享用），与此同时，他也负荷着其内在的无穷欲望，在环境中拼命挣扎、奋斗，并必然要承担一切环境与他的欲望之间所发生的一切冲击、震荡，忍受由此内在欲望与外在环境相互冲击而来的一切压迫、威胁、苦痛、艰难。这是每一个在自己的人生中均无法逃避的根本命运。与此同时，所有人的死，又都是孤独的死。因为世界并不会因为他的死而与他同往，其他一切的人也不会因为他的死而与他同往。他死了，日月照常明亮，一年照常有春夏秋冬，其他的人们照常游乐嬉戏。每一个人只能携带着他自己的绝对孤独，各自走入寂寞的不可知世界。

现实人生是人的形而下欲求的实现，大体包括人的求生存、求爱情和求名位。在唐君毅看来，在求生存、求爱情、求名位这些人生历程中不可摆脱的形而下活动中，人必然会遭遇各种有名无名的艰难，总是"哀乐相生"。财物我享则你不能同享；爱情我占则你不能占；名位则我高而你必低。名位须由他人赋予，爱情与婚姻也是双方的事，人之得财富，也赖于各种外在的机缘。人能得到这些，说好一点，是人之"福命"，但是，这些"福"往往又都与"祸"相

---

① 唐君毅. 唐君毅全集·人生之体验续编（第七卷）[M]. 北京：九州出版社，2016：1.
② 唐君毅. 唐君毅全集·人生之体验续编（第七卷）[M]. 北京：九州出版社，2016：39.

倚。祸之所以可能，在于它就站在福的后面，与福背靠着背、肩并着肩，此即所谓"祸福相倚"。由于福祸相倚，所以安而有危、哀乐相生。福祸、安危、哀乐，总是在不断的波荡之中，这就是人生之大道。唐君毅说，知此之"道"者，便"知此中之福无可恃，安无可居，而自忘其福与安；于祸与危，亦知其无原则上之不可转，而自忘其祸与危"①。

人生不仅在求生存、求爱情、求名位的现实人生活动中会遭遇各种有名无名的艰难，而且在其追求超越俗情生活以求得更高人生的形而上活动中，同样摆脱不了这种艰难。唐君毅认为，对于人来说，"更高的人生，是在俗情世间名位财色之世间之外，看见真善美神圣的世界，这是一永恒普遍纯洁而贞定的世界"②。这世界是真正的所有人能共享的世界，同时又是人可能依靠自己的力量得以升入的世界。

在唐君毅看来，以真善美为内涵的价值世界是真正人所能共同享有而互不相碍的世界，其自身也是贞常不变的。真善美神圣，它们既是独立而自存的，同时又分见于千万人之心，犹如月之映万川，而皆为满月。形上价值世界是一个独立自足的世界，是一个可以被无限分有的世界，是一个使分有它的人得以心灵沟通的世界。价值世界既在俗情世界之中，又在俗情世界之外。因此，要使它的作为"天桥天路"的功能得以实现和发挥，首先是人们要确认这一世界的存在性。而这，恰恰是需要工夫的。在此过程中，不上升便只有沉沦，而沉沦下去也并不就可以心安理得，仍然处处充满艰难，即使直沉下去，完全任性而动、任运而转，则人生将偏偏倒倒，到处碰见的仍是铁壁铜墙，甚至会使人肝脑俱裂。因为即使你安心向下坠落，也是没有地方可以立定脚跟的。

与此同时，现实世界的一切事物，都在时间之流中流转，一切都要随时间而过去，故一切都要消灭，都是无常的，犹如梦幻。人生当然也是这样，它无法逃避化为空无的悲惨命运。在唐先生看来，人生的一切享受，无论是精神的和物质的，都算不了什么，一切被赐予的，在死的时候都要被索回去。更何况，在人生的存在中，本身就夹杂着无数的虚妄和幻影。因为人生的存在，不只是自然的存在，也不只是历史的存在，而是含有思想的存在。思想有正确的，也有错误的。在人有错误思想时，人们固然可以说这些错误思想仍是存在的，但这种看法是从错误思想外面看错误思想；如果只就这个错误思想本身来看，就是虚妄和非真实的存在。特别是，人不同于动物，他还会说谎。为着某种个人

---

①　唐君毅. 唐君毅全集·人生之体验续编（第七卷）［M］. 北京：九州出版社，2016：51.
②　唐君毅. 唐君毅全集·人生之体验续编（第七卷）［M］. 北京：九州出版社，2016：51.

的需要，他能把白的说成黑的，把黑的说成白的，从而在人与人之间，在真实的事物之前撒下云雾。这种说谎，就是人生虚妄不真的又一证明。

人生还充满了颠倒相，"或颠倒于货利，或颠倒于美色，或颠倒于名位权势"①。例如，人的好利，原出于生存的需要，不能说有什么不对。但人不肯饱暖而后止，往往有着无限的食欲，以至竭天下财富以奉之，他犹感不足。人的好色，原出于生养后嗣的需要，但人苦于不知节制，往往由此发展为无尽的淫欲。再如人的好名、好位、好权、好势，人期望自己的才智德行超过别人而有好名之心，希望自己的德才得到别人的尊重而有好位之心，企望支配别人而有好权之心，盼望别人附和自己而有好势之心，这都是在人与人之间相接触中所不能避免的。但往往由此发展为求虚名、贪权势、慕高位，由此颠倒了头脚，有"如人之立于池畔，还望其自身在池中之影"②。由无穷的贪欲，而生出无穷的罪恶。

唐君毅还认为，疾病来自生命的分裂，"身病"与"心病"都肇因于生命分裂的现象。作为"生命之自身内在分裂"的疾病之所以会发生，在相当程度上源于人被习气牵引而不能自作主宰、依理行事。人的生命在时间的流逝中，每经历一件事情，就会留下在以后类似情境下再做此事的趋向，这就是"习气"。如果某事被多次重复，则习气就会增加而呈"习惯"，此"习惯"会进一步影响人心当下的判断。唐先生从生命力的高度分析，如果我们的心能够自作主宰，依理行事，那么习惯习气可以帮助我们节约生命力；如果人心不能自作主宰，习气就会自然流行并进而产生很多不当有的习惯行为；即使不在具体行事上产生现实的不当有的行为，也会产生种种无现实意义的意念、欲念，甚至妄念而浪费生命力；更为严重者，这些习气产生的诸多妄念种类不同、方向不同，时有冲突，会导致生命力的分裂，如此生命不能和谐贯通，这就会导致生理的疾病。

由此，唐君毅对于人生的心情常常是悲凉、孤独和惆怅的。这种心情，在他是情不由己的。他虽然相信传统儒家的性善说，但又觉得正统儒家对人生的负面没有认识，或者认识得不真切，他必须本着性善之义，对人生的负面加以申述。他虽不赞成佛家的出世，但又认为佛家的人生空苦之义，实是发人之所未能发，言人之所未能言，儒家亦无法加以否定。故佛和儒一样，同有劝世之功。

---

① 唐君毅. 唐君毅全集·人生之体验续编（第七卷）[M]. 北京：九州出版社，2016：130.
② 唐君毅. 唐君毅全集·人生之体验续编（第七卷）[M]. 北京：九州出版社，2016：119.

总之，在唐君毅看来，"无常"与"偶然"是生命存在本身的常态。此事，无人能改变，也无人真希望其改变。生命以其能"无其所已有之常"而成为生命；生命也赖此无常而存在，否则，生命就不能有活动变化，也就无生命了。因此，人不可能真希望世间一切存在皆成定常，皆成必然存在，这与生命之自性是相违背的。生命所遇境遇有顺有逆、无常而偶遇，此是生命依其本性所不能不承担也应当承担的；依恕道推之，生命自身既然为无常，也不应当求其所遇之境为常定。所以，对生命存在于世界之境的顺逆、吉凶、祸福、穷通，等等，人应当直下承担而无所怨尤，更不求躲闪、不加逃避，因其本身即是我们生命之必然、当然之命运。既然是"命运"，就不单只是某种"事实"，同时也具有启示我们"义所当为""自命自令"的价值意义。在现实人生中，最重要的不是只看"事实"并做出评价，而是彰显这一"事实"所可能开显的价值意义。

客观上说，人所遇到的特定外在境遇和人生命存在中的体质气质，等等，都能对人的"生之灵觉"有所"命"，而此"生之灵觉"也能以其所命为其所自命自令。从外在境遇与特定体质气质看，它们是作为个体生命的"我"的"天命"，唐君毅认为，这是第一义的"天命"；而自生命灵觉来看，外在境遇和体质气质也是生命个体自命自令的"性命"，这是第二义的"天命"。就前一义的"天命"而言，特定外在境遇与特定的体质气质都能向我发命令，而我则是奉此命令，此即为"知命""俟命""安命"，此为生命存在的"坤道"。就后一义的"天命"而言，人顺任其自命自令而行，即顺此天命而行；人与天之交谈，奉天之召唤，都只是与自己之深心交谈，受自己之深心所召唤，以自顺此天人不二之命而自立此命、凝此命、正此命，此为生命存在的"乾道"。唐君毅强调，依坤道，则天命为先，自命为后，此乃"后天而奉天时"，是一般宗教之所为；依乾道，则自命为先，而天命即存乎其中，此乃"先天而天弗违"，是儒家之所为。"奉天命而自命，以立命，亦即尽其性之所命者，故立命即尽性也。"① 换言之，唐君毅所坚持和论证的儒家"尽性立命"的顺承之教所期望的，是人的生命存在奉天命而自命以立命，亦即尽其性之所命，故立命即尽性。

---

① 唐君毅. 唐君毅全集·生命存在与心灵境界（第二十六卷）（下）［M］. 北京：九州出版社，2016：152.

第四节　生死两立：儒者生命形象

唐君毅对生死哲学的领悟与理论建构，落脚在"奉天命而自命以立命，亦即尽其性之所命"。唐君毅所奉的"天命而自命"的"尽性"人生，是其理论的最好注脚。唐君毅所承的"天命"或者说其"自命自令"到底为何？

一、希圣希贤的人生志向

做一个如儒家圣贤一样的真正的人，是唐君毅很早就有的志向。唐君毅自言："吾年十四五时，即已有为学以希贤希圣之志。"① 在十五岁生日之时，唐君毅遥念先圣之德，更念及自己对华夏文化的重光之责，当有以自任。遂含泪赋二诗述志：②

> 孔子十五志于学，吾今忽忽年相若。
>
> 孔子七十道中庸，吾又何能自菲薄？
>
> 孔子虽生知，我今良知又何缺？
>
> 圣贤可学在人为，何论天赋优还劣？
>
> 泰山何崔巍，长江何浩荡！
>
> 郁郁中华民，文化多光芒。
>
> 非我其谁来，一揭此宝藏。

这样一种"希贤希圣之志"所确立的人格理想是什么呢？二十多岁的唐君毅在《柏溪随笔》中这样写道：

> 一个伟大的人格，任何小事都可以撼动他的全生命。好比一无涯的大海中，一小石落下也可以撼动全海的波涛。一个伟大的人格，任何巨大的刺激，他都可使它平静。好比在一无涯的大海里，纵然是火山的爆裂，也可随着来往的波涛而平静！③

---

① 唐君毅. 唐君毅全集·病里乾坤（第七卷）[M]. 北京：九州出版社，2016：10-11.

② 唐君毅. 唐君毅全集·日记（第三十三卷）（下）[M]. 北京：九州出版社，2016：235.

③ 唐君毅. 唐君毅全集·哲思辑录与人物纪念（第八卷）[M]. 北京：九州出版社，2016：15.

很显然，在唐君毅看来，圣贤的人格是真性情的、伟岸高卓的。伟岸高卓的人格是可以大中见小、小中见大、大小圆融、天人合一的。对一个具有伟大人格的人来说，任何小事都可以"撼动"他的全生命，因为他的生命是与万物万事通透合一的。与此同时，一个具有伟大人格的人，也可以使任何巨大的刺激变得平静，因为他的心是他生命的主宰，他的心与宇宙万物是一体的，他可以自主掌控所发生的事情对于自己生命的影响。而且，伟岸高卓的人格是知、情、意合一的，并且充满高度的自尊。在唐君毅的理解中，一个具有伟岸高卓人格的人，实际上是"壮年人的意志""老年人的理智"和"孩子的心"的完美结合："一个人应该有壮年人的意志、老年人的理智，同一个孩子的心。"①正因为是这样一种完美结合，在他的灵魂深处便有充分而高度的自我尊严感。伟岸高卓的人格是充满激情和超拔庸俗的。在唐君毅看来，激情是生命力的现实表现。但是，这种激情并不一定表现在外表的热情洋溢中，而常常是躲藏在"冷静的面孔"之下的。这样一种生命状态，就好比结了厚冰的黄河，下面仍然流着活活的水。正由于有这样一种生命的激情，其强烈的生命价值感可以使他超拔庸俗。

在"希贤希圣"的人生旅途中，唐君毅有过诸多艰难、困顿。但是，这些艰难困顿没有成为他放弃希贤希圣的理由，恰恰成为他历练自己生命、提升自己人格的动力。为了安顿自己的生命，他将文学、哲学、宗教等各种中西方人文思想作为自己学习、思考、反省的对象，并结合自己的生命体验，试图用文字来表达自己对生命、人生的理解，由此成就唐君毅早年的《人生之路》十部曲，特别是《人生之体验》《道德自我之建立》两书。在这两本书中，唐君毅建构起自己终身坚守的生命意识、生命信仰。其基本理念，唐君毅在《人生之体验》的"自序"中有如下说明：

> 今为使读者易于悟会其中心思想之所在，故设下列数问，随意作答。虽有近游戏，然全书归趣，亦可因此而见。
>
> 何谓人？今借礼运一语答曰："人者，天地之心也。"复借尼采一语答曰："人是须自己超越的。"
>
> 何谓生？今借陈白沙弟子谢佑一诗答曰："生从何处来？化从何处去？化化与生生，便是真立处。"

---

① 唐君毅. 唐君毅全集·哲思辑录与人物纪念（第八卷）［M］. 北京：九州出版社，2016：15.

人生之本在心，何谓心？今借朱子一诗答曰："此身有物宰其中，虚澈灵台万境融，敛自至微充至大，寂然不动感而通。"

何谓人生之路？今借陆放翁之诗答曰："山重水复疑无路，柳暗花明又一村。"复借秦少游一诗答曰："菰蒲深处疑无地，忽有人家笑语声。"

何谓人生之价值？今借王安石诗答曰："岂无他忧能老我，付与天地从兹始。"复借忘名之某诗人之诗答曰："不是一番寒彻骨，怎得梅花扑鼻香。"

何谓理想之人格？今借陆象山一诗答曰："仰首攀南斗，翻身倚北辰。举头天外望，无我这般人。"

何谓理想之人格之归宿？今借近人梁任公诗二句答曰："世界无穷愿无尽，海天寥廓立多时。"①

唐君毅用诗意的语言给予个人生命"诗意地栖居"的场所。这是他30岁以前悟到的，也是他直至70岁的生命一直坚守的。只是，这种作为"天地之心"的人之生，以及作为"天德流行"的人之"命"，都需要每个个体生命不断"一念翻转"地自觉坚守。

二、面对生死的理性生活

生死哲学必须面对人的死亡。唐君毅的生死哲学也必然以其自身的死亡作为重要的体证方式。对于唐君毅来说，超越生死的智慧在于，对基于仁心本体的生命之生生不息之本质的确认。人生只要打开便不会结束，尤其是人的精神活动和创造，除非死亡，会让一个人彻底休息。这就犹如一台戏剧，一旦剧台前的帷幕揭开了，戏剧的表演就不会停止，直到戏剧演完，这是介于"生"与"死"之间的人生所彰显的"生生不息"的根本特质。与此同时，超越生死的智慧还在于对死亡必然性的坦坦荡荡地接纳。死亡是生命的一部分，是生命的最终结果。换句话说，生和死其实是生命的一体两面的存在。因此，对死亡必然性的接受，是生命智慧的应然内容。唐君毅说："我屡曾想这样的死：中天明月，玉宇无尘；沙滩寂寥，海潮初静；独泛小舟，遥望天水之涯徐驶；待波涛汹涌，我亦沉没入海天的无尽。"② 又说："我爱黄昏，因为他笼罩一切，而不

---

① 唐君毅. 唐君毅全集·人生之体验（第三卷）[M]. 北京：九州出版社，2016：5-6.
② 唐君毅. 唐君毅全集·哲思辑录与人物纪念（第八卷）[M]. 北京：九州出版社，2016：17.

沉没一切。我爱黄昏，因为他使人回味过去的活跃，预想未来的安息。"① 很显然，对生命有死性的领受和对有限生命的享受，构成唐君毅生死智慧的核心内容。

1976年8月，刚经历了香港中文大学改制风波的身心煎熬后，唐先生的身体和心理都感受到了极度的疲惫，咳嗽不止。8月12日，经几位医生诊断，唐先生罹患肺癌。当唐先生意识到自己罹患癌症后，所做的第一个决定便是，立即给中国台湾学生书局的张洪瑜打电话，请其速排《生命存在与心灵境界》一书，以便他到中国台湾治病时校对；② 14日，他去慈航净苑拜祖先父母；③ 17日，他到律师楼立遗嘱；22日，唐先生与夫人到中国台湾治病。一直到12月5日回香港，前后计106天。但在唐先生的行状中我们看到，他似乎不是来治病的，而是来完成书稿校对的。每天除了医生吩咐应做的事外，唐先生即"付出所有时间，亦可以说付出他的生命校对他的书稿"。甚至在频频咳嗽并口吐鲜血的情况下，唐先生依然继续校对书稿，他左手拿着一叠纸巾，接着一口一口的鲜血，右手拿着笔杆一心一意地校对书稿，还向夫人说："不要怕，我不觉有什么痛苦，我如不校对书稿，恐以后就无时校对了。"到9月8日，他手术的前一天，《生命存在与心灵境界》一书已大体校对完，完成了唐先生直面死亡威胁时最想完成的伟大工作。唐先生自谓，心愿已了，可以安心治病了。

1977年2月1日，唐先生按照第一阶段治疗的要求到台北荣民医院复查，被医生告知，病情恶化，治愈希望甚微，只有不足三月的生存期，而且痛苦很大。作为一位内心真诚的儒者，唐先生就如他在《病里乾坤》中所强调的一样，在面对"天命"时放下自己的傲慢心，绝不"贪天之功以为己力"而自认为"天从吾愿"，也不"怨天尤人"而将自己所得疾病归之于"命运不公"，而是真真切切地接受"天命"，直面现实，"直视骄阳"。唐先生的决定是，一方面要在台湾买一块墓地，另一方面接受学生和朋友的建议在台湾寻求中医保守治疗。在服用中药后他的病情趋于稳定，身体状况也得到恢复，他便决定回香港。此次赴台湾治疗的时间共84天，至4月25日返回香港。

1978年1月23日，唐先生自罹患癌症后第四次入院治疗，癌细胞已侵入淋

---

① 唐君毅. 唐君毅全集·哲思辑录与人物纪念（第八卷）[M]. 北京：九州出版社，2016：18.

② 唐君毅. 唐君毅全集·日记（第三十三卷）（下）[M]. 北京：九州出版社，2016：308-309.

③ 谢廷光. 忆先夫唐君毅先生//唐君毅. 唐君毅全集·纪念集（第三十八卷）（下）[M]. 北京：九州出版社，2016：484.

巴腺，血液沉淀度数很高，医生认为，唯一的办法就是试用抗癌素针，但后果不能预断。唐先生很了解自己的病况，唯有接受医生的办法，听天由命，次日即注射抗癌素针。医生告知唐先生的夫人，唐先生病愈的希望甚微，希望夫人应当有所准备。1月26日，感觉到自己的身体快被癌症导致的咳嗽、气喘折磨得难以承受，唐先生提出回家休养。

唐先生何以可以这样"超然"地对待自己的死亡呢？这与他作为一位自觉的生死哲学家对生死、疾病有"先行"的理性思考密切相关，也与他作为一位大儒所坚守的核心信念密切相关。一方面，唐先生是一位非常早慧的思想家，十几岁就开始思考死亡问题，并且将生死问题视为自己思考的核心问题，在不同阶段都有比较深入的理论思考，我们在他早期的《人生之体验》、中期的《人生之体验续编》、晚期的《生命存在与心灵境界》等著作中，都可以看到唐先生的相关思考和理论探讨，甚至对于疾病也有在罹患目疾后的《病里乾坤》中的深入思考与讨论。按照唐先生在《病里乾坤》中的分析，人的生命在时间的流逝中，每经历一件事情，就会留下在以后类似情境下再做此事的趋向，这就是"习气"。如果某事被多次重复，则习气就会增加而呈"习惯"，此"习惯"会进一步影响人心当下的判断；这些习气产生的诸多妄念的种类不同、方向不同，时有冲突，会导致生命力的分裂，如此生命不能和谐贯通，就会导致生理的疾病。既然疾病是自我生命的分裂所导致的，那么如何面对疾病或者"养病"呢？唐先生认为，养病当先从事于静功，而此静功当始于求妄念之停息，以拔出习气。唐先生通过自己的体证，认为我们可以从如何对治人的轻慢心处下手。这种不易去除的"轻慢心"的一个主要表现为，以为事物的变化可以不经过我自己的努力而发生自然地按照我的个人意愿的演变，"凡人之自谓我生有命在天，天必不违吾愿，其根源皆在此种慢心"。唐先生强调："实则人之自谓有命在天，必有天佑，正为人之傲慢心之一种表现。此乃人所未必知，而亦吾之昔所不知。"[①] 强调"天从吾愿"，实际上是"贪天之功以为己力"，是卑视天意、天命之广大，是对天或客观世界之一大傲慢。有了这样的"理论准备"，我们便可以清楚地理解，当唐先生在得知自己病情恶化、被宣布"只有三个月"生命的情境下，将如何面对自己的疾病和可以"看见"的死亡。

对于这样一位已经不断"先行到死中去"的思想家来说，死亡是随时都在与自己"照面"，因此，当真实的死亡到来之时，他不至于因为"不了解"而恐慌、否认、拒绝。另外，作为一位信奉儒家思想与生活的大儒，相信天命，

---

① 唐君毅. 唐君毅全集·病里乾坤（第七卷）[M]. 北京：九州出版社，2016：11.

相信鬼神，相信祖先与自己的生命的内在连接，相信"未知生，焉知死"的生死大道，因此，他的主要用心是在当下生活中做最该做的事情，时刻为死亡做好准备；同时，因为死亡并非"空无"，而是可以幽冥感通，所以死亡本身并不是生命的消失，而只是生命的暂终，所以并不可怕。

由于唐先生有"先行到死中去"的生命自觉，因此，他将自己的生命全部用在当下该做的事情上，而不是用在思考和恐惧死亡和疾病本身上，并以此实现了以道德自觉为基础的生命超越，让自己的生命在任何时候都不留遗憾，在任何时候都可以"死而无憾"。

在唐先生看来，只要我们"当下自我一念自觉"，我们便可以由"自然的生活"进入"道德的生活"。因为我们之所以不能进入"道德的生活"，根本原因只在于我们沉溺于"现实的自我"，被我们过去所流传下来的盲目势力，如本能、冲动、欲望等支配。所以，我们要完成自己的"道德自我"进入"道德的生活"，唯一的方法就是让自己摆脱本能、冲动、欲望的支配。我们"一念"至此，便当对自己下命令并遵循自己"道德自我"的命令去摆脱它们。这种"道德的生活"无它，就是将人生实践回归到我们"心"本身的当下"自觉"上，"自觉"地做我们当下的"心"觉得"该做的"。唐先生强调："人生之目的，唯在做你所认为该做者，这是指导你生活之最高原理。"①

这一"做当下该做的过道德的生活"的最高人生原理，也是指导唐先生"死亡准备"的最根本原理。正因为有这一原理的坚信，所以唐先生可以坦然面对疾病的痛苦和死亡的威胁，而唯一可能会让自己不安的，便只是是否做了当下最该做的。因此，当他认为，当下最该做的是保证自己在死亡到来前完成《生命存在与心灵境界》的校对，他就不顾疾病带来的剧烈痛苦，一手拿着纸巾擦口吐的鲜血，一手却在校对书稿；当他认为，当下最该做的是完成自己应该教给学生的课程，他就可以不顾气喘和咳嗽而照例给学生大声讲课；当他认为，当下最该做的是回家休养静待天命，他就离开医院回家休息、看书和工作。

从被诊断罹患癌症到去世，唐先生总共经历了 545 天的"死亡准备"时间，期间，他先后四次住院计 205 天。由此，这一阶段唐先生的生命经历被住院和居家分为若干个小阶段：在香港被诊断罹患癌症（1976. 8. 7—8. 21，15 天）、首次赴台湾检查治疗（1976. 6. 22—12. 5，106 天）、在香港家中养病（1976. 12. 6—1977. 1. 31，56 天）、再次赴台湾检查治疗（1976. 2. 1—4. 25，84

---

① 唐君毅. 唐君毅全集·道德自我之建立（第四卷）［M］. 北京：九州出版社，2016：27-28.

天）、在香港休养与工作（1977.4.26—12.23，242天）、癌症复发入香港圣德肋萨医院检查治疗（1977.12.24—1978.1.1，7天）、在家治疗与休养（1978.1.1-19，19天）、病危入香港浸信会医院检查治疗（1978.1.20—26，7天）、临终在家（1978.1.27—2.2，7天）。每一个阶段，唐先生都有生活理性化的反思，都竭力做了他自己觉得最该做的事。当他做了所有当下之心告诉他该做的一切事情后，死亡的来临对他来说，就只是一个"当下"的生命事件，他完全可以从容接受，并进入下一个生命历程。对唐先生来说，疾病和死亡只是提醒他当下应该做什么事的一个生命事件，而不是操控他生命行为的"重大事件"，他已经完全超越了当下疾病和死亡对他的生命"掌控"。

三、三极并立的儒者生命

1967年，唐先生因为眼疾在日本京都休养，期间写成《病里乾坤》一文。该文对他的生命经历有诸多深切的反省，被誉为《人生之体验续编》的"续编"。是年8月17日，从日本返回中国香港的次日，晨起，唐先生反省道：

> 二十年来所论以告世者，可以立三极（太极、人极、皇极），开三界（人格世界、人伦世界、人文世界），存三祭（祭天地、祭祖宗、祭圣贤）尽之。人格世界开于人各修己而内圣之道成，太极见于人极。人伦世界开于人之待人而内圣之道见于人，人极始形为皇极。人文世界开于人之待天地万物，而皇极大成，无非太极。祭天地而一人之心遥契于太极，所以直成一人之人格，祭祖宗而后世之情通，所以直树人伦之本，祭圣贤而人格之至者得为法于后世，而人文化成于天下。立三极依于智，开三界依于仁，存三祭依于敬。①

很显然，唐君毅自认其所领受的"天命"而"自命自令"者，便是要为中国文化，甚至世界文化"立三极""开三界""存三祭"。

唐君毅的一生，几乎就是教书、写书，研究思想文化，传承中国文化的一生。其著述大体可以分为三个阶段，分别对应其所"奉命"而"自命自令"的"三极""三界"。20世纪40年代他在中国大陆期间完成的第一阶段的《人生之体验》《道德自我之建立》《心物与人生》《文化意识与道德理性》等著作，基本上是人生哲学著作，是"原太极而立人极"，开显顶天立地的"人格世界"。

---

① 唐君毅. 唐君毅全集·日记（第三十三卷）（下）［M］. 北京：九州出版社，2016：103-104.

50年代他在中国香港完成的第二阶段通论中西社会文化的著作，如《中国文化之精神价值》《人文精神之重建》《中国人文精神之发展》《中华人文与当今世界》等，是"承人极而立皇极"，开显至广无限的人伦世界。60年代后期至70年代初，他完成的第三阶段分析、确定和开展中国传统哲学观念的著作，如《哲学概论》《中国哲学原论》《生命存在与心灵境界》等，则是"成皇极而立太极"，开显圆融统摄的人文世界，从而实现"三界"并开、"三极"并立的"天命"，亦即"自命"。

对于唐君毅来说，"尽性立命"之事，并非只是学术文化上的事，更重要的是人生实践、生命状态的事。唐君毅谓：

> 我个人最关怀的，既不是纯哲学的研究，也不是中国哲学的研究，而是关乎社会文化问题的研究和讨论。我以为社会文化的问题，才是当今这个时代和未来时代最重要的问题。比较起来，前二项都不是关切时代的问题了。我并不关心我个人哲学体系的对错或哲学研究的成就；我最关心的，同时也寄望青年人都关心的，就是我们整个民族、社会、文化的大问题。……我们如今是活在最艰困的时代，千万不能把自己关在象牙塔里。我原本可以不必花费时间写一般性评讲文化社会的文章，但是，埋首著述，固然可以成就一套体系，建立自我学问，这不过是"哲学"的研究。而我的理想却要成就"儒学"的实践。①

唐君毅"最关怀的"，既不是纯哲学的研究，也不是中国哲学的研究，而是"社会文化问题"，并认为，"社会文化问题"才是当今这个时代和未来时代"最重要的问题"，那么，他所言的"社会文化问题"的内涵到底是什么呢？

1955年，唐君毅在最为彷徨的心境中，出版了梳理、反思中西方文化及时代问题的论文集《人文精神之重建》，在"自序"中，唐君毅对他所感悟、体验和思考的"社会文化问题"作了这样的概括：

> 这些文章之中心问题，即百年来西方文化对中国文化之冲击之问题。……由追问……即可引到对中西社会文化历史之各种省察，以及世界未来之社会文化理想之方向的问题。在中国人之立场上说，即主要是中国未来社会文化之方向的问题。此问题本来很大，我所思索的，只是这一大

---

① 唐君毅. 唐君毅全集·中国古代哲学精神（第二十七卷）［M］. 北京：九州出版社，2016：556.

问题中的一方面。而我之一切文章之讨论此问题，都是依于三中心信念，即：人当是人；中国人当是中国人；现代世界中的中国人，亦当是现代世界中的中国人。①

如此，唐君毅将"三极并立"的"哲学"问题转化为"社会文化问题"后，再一次将"社会文化问题"转化成"人"的问题。对唐君毅来说，"人"与"文"本就是同一问题的两面，而它们又都密切相关于"天"。此一点，恰恰是儒家"天地人"一体的立场。唐君毅不只是在理论上有这样的转换，在生命实践中，他也是将"做一个人""做一个中国人""做一个现代世界的中国人"作为自己落实"知生以知死"的生死哲学的基本理据的。

最真实的儒家、最高的儒家，一定是一个儒者，亦即将儒家的信仰、信念、思想完全融入自己的生命性情和生活实践中，做一个实践儒家的真实的人。因为儒家本身便是让人成为人的学说，"仁者人也"。《论语》中的孔子，不只是在讲教义实现"言教"，更是在展示生活落实"身教"。唐君毅作为一个真正的儒者，也是其生死哲学的真正实践者。

唐君毅一生的学问是发自生命心灵的"发不容已"之情，他一生至情至性，始终不渝，他的生命直接显发他的学问与思想，在清末民初至新文化运动的近代人物里，能够做到像唐君毅般内外合一、躬行实践的，没有几个人。他忠于自己的文化理想，负责、任劳、烦怨不避，"义所当为，毅然为之"，绝不犹豫，而且锲而不舍。他耿介、廉洁，生活淡泊、简朴，除薪俸、稿酬、演讲之车马费及上课之钟点费外，终其一生绝未接受任何金钱方面之馈赠。他性情敦厚、温和，从不疾言厉色；度量宽宏，心胸宽大，气度恢宏，忠恕仁德。正是这种躬行践履，使他受到了更多长者的尊重、朋友的信任、学生的敬仰。唐君毅逝世，在中国九龙世界殡仪馆举行大殓，吊祭者有新闻界、文化界、教育界及各界人士二千余人，社团数十个。可以说，在儒家的现代发展中，唐君毅以其生命人格为儒家学者树立了儒者典范！

（一）发生命之性情以"立人极"

唐君毅是一个早慧的生命个体，具有极强的反思力和生命体悟力。从幼年开始，他就对人之生死之类的大问题有一种深切的生命关怀和强烈的生命体验，并因此而走向哲学思考的道路。就像他所说的，他写那些"立人极"的人生哲

① 唐君毅. 唐君毅全集·人文精神之重建（第十卷）[M]. 北京：九州出版社，2016：2.

学著作，"根本上，不是要想提出一种人生哲学上之学说……根本不是为人写的，而是为己写的。……只是自己在生活上常有烦忧，极难有心安理得、天清地宁的景象。虽然自己时时都在激励自己、责备自己，但是犯了过失，总是再犯，过去的烦恼，总会再来。于是在自己对自己失去主宰力时，便把我由纯粹的思辨中，所了解的一些道理，与偶然所悟会到的一些意境，自灵台中拖出来，写成文字，为的使我再看时，它们可更沉入内在之自我，使我精神更能向上，自过失烦恼中解救。一部不能解救我，便写第二部。在写时，或以后再看时，我精神上总可感到一种奋发，便这样一部一部地写下去了。"① 这种逼着自己"一部一部写下去"的，不只是早期的《人生之路》十部曲（包括《人生之体验》《道德自我之建立》《心物与人生》等书）、《爱情之福音》，也包括他中年的《人生之体验续编》《病里乾坤》。1949 年他离开中国大陆前，《中西哲学思想之比较研究论集》《人生之体验》《道德自我之建立》《爱情之福音》等著作的出版，奠定了唐君毅作为新时代"唯心主义思想家"的学术地位，并形成了"道德自我的建立"这一他思想学术的基本立场和核心观念，初步完成了他"立人极"的思想工作。

（二）究天人之合德以"立太极"

到香港后，唐君毅全心投入文教事业，以保存中华文化之星火，合作创建新亚书院并长期负责教务工作、主持学术讲座，撰写了大量讨论中西文化的著作，对社会文化、教育、人文世界的各种现象和思想进行反思和批判，并提出自己解决中西文化冲突，塑造"现代世界的中国人"的思路。进入 20 世纪 60年代，唐君毅开始立足儒家信仰，展开对中、西、印三大思想系统的反思、融汇和判教工作，并以此建构起了 20 世纪中国最为庞大的"心灵九境"哲学体系，完成其"立太极"的工作。两卷本《哲学概论》、六卷本《中国哲学原论》（包括导论、原性、原道、原教），以及在他生命即将走到尽头时出版的、融贯全部心血的代表作《生命存在与心灵境界》，使他获得了世界性声誉。《大英百科全书》这样叙述唐君毅：

> 对西方和东方哲学进行了综合和发展，……在两卷本《生命存在与心灵境界》（1977）中建立了一个新的哲学体系，将宇宙万事万物看作都是求超越的过程，生命存在不仅是为存在而存在，乃是为超越自己而存在；心

---

① 唐君毅. 唐君毅全集·人生之体验（第三卷）[M]. 北京：九州出版社，2016：9-10.

灵的活动也是在这个基础上，从现实的生活逐渐向上求更高的价值，最后止于天德与人德一致的最高价值世界。他的世界观是继承和发展中国儒家传统的人文主义的世界观。他的这部著作发表后，西方有的学者认为可和柏拉图、康德的著作媲美，并将他誉为中国自朱熹、王阳明以来的杰出哲学家。①

唐君毅尽管被誉为是 20 世纪中国少有的几个建构起了自己的哲学体系的思想家、哲学家，但是他对此并不看重。他强调，"我个人最关怀的，既不是纯哲学的研究，也不是中国哲学的研究"。"我并不关心我个人哲学体系的对错或哲学研究的成就。"② 那么他到底关心什么呢？

（三）融中西之人文以"立皇极"

唐君毅所关心的，"是关乎社会文化问题的研究和讨论"。"我最关心的，同时也寄望青年人都关心的，就是我们整个民族、社会、文化的大问题。""我以为社会文化的问题，才是当今这个时代和未来时代最重要的问题。"③ 很显然，文化问题，或者说人文问题，才是唐君毅关注的核心问题。

唐君毅青少年成长的关键阶段，正是中国社会，尤其是中国文化发生重大转型的时代，新文化运动、各种西方思潮，对以儒家为代表的中华传统文化造成了巨大冲击。作为遭遇那一个时代的生命个体，不可避免地要面对那个时代给予的时代精神和时代任务；而作为一个思想家、一个学者，就必须去承担起这样的时代精神和时代任务，并给予自己的回应和回答。1952 年，唐君毅在其著作《人文精神之重建》的"自序"中这样说："这些文章之中心问题，即百年来西方文化对中国文化之冲击之问题。……在中国人之立场上说，即主要是中国未来社会文化之方向的问题。"④ 他也是他那个时代出版讨论中西人文思想和现实文化创造最多的著作者之一，《中国文化之精神价值》《人文精神之重建》《中国人文精神之发展》《文化意识与道德理性》《中华人文与当今世界》（上下）、《中华人文与当今世界补编》（上下）等著作，使其获得了"文化意识

---

① 不列颠百科全书（原《大英百科全书》）（第七卷）［M］. 北京：中国大百科全书出版社，2007：677.
② 唐君毅. 唐君毅全集·中国古代哲学精神（第二十七卷）［M］. 北京：九州出版社，2016：556.
③ 唐君毅. 唐君毅全集·中国古代哲学精神（第二十七卷）［M］. 北京：九州出版社，2016：556.
④ 唐君毅. 唐君毅全集·人文精神之重建（第十卷）［M］. 北京：九州出版社，2016：2.

宇宙的巨人""20 世纪中国最大的人文主义者"的美誉，也以此实现了其融汇中西人文主义、构建最完满人文世界的"立皇极"理想。

四、儒家事业的现代担当

对于唐君毅来说，时代赋予他的使命是要回应西方文化挑战导致的中西文化冲突问题，是要解决在"现代世界"这样一个时代背景下，"中国人"如何做一个"现代世界的中国人"。但是，唐君毅的生命性情和他所受到的家庭熏陶和儒家教育，使他将这个问题做了内心的还原：要解决和回答"现代世界"的中国人如何成为一个"现代世界的中国人"这一问题，必须首先解决和回答中国人何以亦即如何是一个"中国人"的问题；进一步讲，要回答中国人是"中国人"的问题，根本上必须了解和充分理解一个人如何可能和应当是一个"人"的问题。

由此，唐君毅便将他所领悟到的时代精神和时代任务转换成了这样三个命题："我之一切文章之讨论此问题，都是依于三中心信念，即：人当是人；中国人当是中国人；现代世界中的中国人，亦当是现代世界中的中国人。""我认为不仅人当自信是人，即上帝亦不能不望人真是一人。不仅中国人当自信是中国人，西洋人真爱中国者，亦不能不望中国人像一中国人。不仅生于现代世界的中国人，当自求成一现代世界之中国人，即中国古人亦必然望我们今日之中国人真成为今日之中国人。"① 换言之，在唐君毅这里，文化问题不只是文化问题，根本上是人的问题，文化问题的答案是在人的问题的答案之中的。这样，对人文问题的关注和对人生问题的关切，便成为唐君毅解决时代问题的两条同样重要的腿。而对儒家的信仰与创造性转化，则是唐君毅要解决"现代世界的中国人"问题的基本立场和思路。

唐君毅对人生的理解是充满诗意和理想的，"人的生活，应该如明月一样，须得是多方面的，好比明月映在千万江湖中一样。人的生活应该如明月虽是多方面的，然而并不因此扰乱内心的统一与安静。好比明月虽然留影在千万江湖中，她的本身仍高高地悬在天空！"② 这种"诗意"和"理想性"既体现在他伟岸高卓的人格企求，也体现在他辩证和谐的人生领悟，更体现在他超越生死的智慧洞达。

---

① 唐君毅. 唐君毅全集·人文精神之重建（第十卷）[M]. 北京：九州出版社，2016：2.
② 唐君毅. 柏溪随笔（一）//唐君毅. 唐君毅全集（第一卷）[M]. 北京：九州出版社，2016：111.

对"人"的思考和探索，唐君毅首先关注，在于成为一个什么样的人，亦即"人格"的建构，唐君毅是希望做一个人格伟岸高卓的"大人"。对一个具有伟大人格的人来说，任何小事都可以"撼动"他的全生命，因为他的生命是与万物万事通透合一的。与此同时，一个具有伟大人格的人，也可以使任何巨大的刺激变得平静，因为他的心是他生命的主宰，他的心与宇宙万物是一体的，他可以自主掌控所发生的事情对于自己生命的影响。

不过，唐君毅也很清楚，现实世界不是直接提供给具有伟岸高卓的人格的人的。现实人生充满着曲折、艰辛、丑陋、危险，因此，唐君毅在这里并不企求一个人可以简单而直接地实现自己的人格升华，而是将人生现实理解为辩证的和谐。辩证和谐的人生犹如江中行船，总是在开合因应的现实环境中往前行走的。舟船在江中随着水流行走，前面的山水逐渐向你打开，而船后面的山水则渐渐合拢。站在船头，往往只看见前面山水的"开"，其实，如果没有后面山水的"合"，前面的山水也不可能"开"。"最高的智慧，在最平凡的事实里。然而只有曾经超越平凡的事实，去追求最高智慧的人，才能从最平凡的事实里去发现最高的智慧。"①

唐君毅思考人生，尽管首先是为了化解他的诸多人生困惑，但这种思考并不是只凭私己感受的自我哀叹。唐君毅自幼饱读传统诗书，大学期间则全面阅读西方哲学家、文学家的著作，并广泛涉猎佛教经典。因此，其对人生的思考一方面是建立在对中西方人生哲学的广泛研读的基础上的，这一点在其后来为《人生之体验》《道德自我之建立》所撰写的导言中所列举的东西方人生哲学思想和著作中就可见一斑；另一方面，唐君毅对人生问题的解决并不只是立足于孤零零的人生本身，像存在主义一样将人生当成"孤独个体"的自我超越，而是将人生纳入人类文化之中，将人的生命之对象化的文化作为人生的真正安顿处。

作为一位对"传统"有深刻领悟的思想者，唐君毅对人类传统文化有着深深的敬意，同时又对超越传统的创造有不息的憧憬。"知识犹如一团生丝，当浸润在生活的水中时，条条清澈，宛转如画。但一朝生活的源泉枯竭，知识也就胶结如泥。"②

传统人类文化的学习最终是为了文化的创造。人之为人，就在于他可以将

① 唐君毅. 柏溪随笔（一）//唐君毅. 唐君毅全集（第一卷）［M］. 北京：九州出版社，2016：114.

② 唐君毅. 柏溪随笔（一）//唐君毅. 唐君毅全集（第一卷）［M］. 北京：九州出版社，2016：117.

自己的内在精神外化为客观对象。作为人类精神客观化的文化，对于人生的安顿首先是纯粹精神文化，他们是人类追求真、善、美、圣的直接产物，包括哲学、道德、宗教、历史、艺术、文学、科学，等等。纯粹精神文化的创造，体现着人生的不同境界，创造着不同的生命意境；彰显着现实人生的生命力，呈现着不同的生命样态；体现着人类对真、善、美、圣不同方面多元而圆融的追求。唐君毅说："艺术的境界，如朝霞映日。宗教的境界，如晚烟沉碧。哲学的境界，如轻云透月。"又说："从哲学中看人类精神的头脑，从文学艺术中看人类精神的肌肉，从科学中看人类精神的骨骼，从历史中看人类精神的姿态。"①

唐君毅很清楚，纯粹精神文化的创造只是在"精神层面上"提升着人生的境界和意义追求，将充满艰难痛苦的现实人生引领到对真、善、美、圣的追求上。但是，仅仅有纯粹精神文化的创造并不意味着人生就可以得到完全的落实与安顿，因为它们只是提供了完满的人文理想。要让人生问题彻底解决，还必须有现实人文理想的落实，这便是建构现实人文理想社会的一切文化活动，包括经济、政治、法律、军事以及家庭活动，等等。

在唐君毅的思想中，从他早期的《柏溪随笔》到绝笔之作《生命存在与心灵境界》，都呈现出"人"与"文"的辩证互动，以人立文，以文化人，实现理想卓绝的人生和圆融和谐的人文。这也恰恰是唐君毅一生的学术追求和思想期待："我理想的人格：有印度人的智慧，中国人的情调，西方人的意志。我理想的社会：科学与艺术合一，政治与道德合一，宗教与哲学合一。"②

在唐君毅看来，"儒家事业"是"儒学""儒德""儒教"的统一体，是即哲学、即道德、即宗教的综合性事业。儒家事业作为宗教信仰，是建立在对直接关联于道德实践之道的信仰基础上的；作为哲学智慧，是对自发的道德实践信念的自觉扩充和普遍化。很显然，儒家作为"教"的宗教信仰事业和作为"学"的哲学智慧事业，都是以道德实践为根据、为核心的，都是指向作为"德"的道德实践事业的。而作为道德实践的儒家事业，根本是人在自发的道德信念的基础上，对超越于具体当下事例和境遇的无限胸襟与心量的自觉呈现和培养。因为，"人之无限的心量，乃人不黏缚固着于一事、一物、一类事、一类物，而不为其所限，即皆能有者。则依理而论，人人皆可有此无限心量，以裁

① 唐君毅. 柏溪随笔（一）//唐君毅. 唐君毅全集（第一卷）[M]. 北京：九州出版社，2016：119.
② 唐君毅. 柏溪随笔（一）//唐君毅. 唐君毅全集（第一卷）[M]. 北京：九州出版社，2016：120.

决协调一切世间之冲突，亦皆可为士、为君子、为贤、为圣，亦即皆可为儒者"①。在现代社会，真正有机会并能承担起"儒家之道""圣贤之道"的现代职业者，唐先生认为，是政治家、教育家、新闻记者、从事社会文化运动者四类人。

唐先生将以上四类现代职业者列为儒家事业可能的现代承担者，并不是说他们可自发地成为"儒者"或者儒家事业的践行者，而是说，相对于其他职业者而言，这几个职业者乃现代社会中最需要有儒家精神所特有的胸襟与心量的，也是最有条件彰显儒家真精神、承担儒家事业的人，也更有机会、更有必要形成超越于其专业本身的精神境界，"必须具备超专业的儒者之精神，必须在精神境界上，求居于一般专业之高一层面上，乃能成就其自己之专业之理由"②。这种"超越于其专业本身的精神境界"，正同于儒家事业所必需的自觉的"无限心量"。正是由于现代社会的这四类人，相对于其他职业的从业者而言，更需要"儒者"的超越和担当精神，因而也更有可能成为儒家事业——根本上只是一自觉和显现无限胸襟与心量的道德精神——的现代承担者。当然，前提是他们对自己所从事的职业所需要的精神，有充分的自觉并愿意去成就它。

> 我们以上说政治家、教育家、新闻记者与从事社会文化运动者，欲成就其事业，必有赖于儒家之学与教，以为修养之资。此亦即同于谓：此四种人乃最易于表现儒者之精神者。今后儒者之精神之在现实的社会文化中，亦实最宜于通过为政治家、教育家、新闻记者、从事社会文化运动者的形态而表现。因而社会上之此四种人，亦当不只自居于一般的专业者之地位，而当知其他一切社会专业，皆赖彼之护持培养而存在，以自识其责任之大，而随处当以道自任，不容妄自菲薄；当相期于皆有一超越的心胸以涵盖万方，而以孔子之从政、设教、作《春秋》，而志在以其道易天下者自勉；方足以应合于此四者之本性，而负天下之人对四者之所望。③

儒家事业尽管是宗教信仰、哲学智慧、道德实践"三位一体"的事业，是信、德、慧"三者合一"的事业，但核心的和根本的，则是实践的道德精神，

---

① 唐君毅. 唐君毅全集·中华人文与当今世界（第十四卷）（下）[M]. 北京：九州出版社，2016：70.
② 唐君毅. 唐君毅全集·中华人文与当今世界（第十四卷）（下）[M]. 北京：九州出版社，2016：72.
③ 唐君毅. 唐君毅全集·中华人文与当今世界（第十四卷）（下）[M]. 北京：九州出版社，2016：76.

是能够体贴他人与万事万物的无限的胸襟与心量，是仁心仁体的自觉敞现。因此，在现代社会承担儒家事业者，根本的还是一种道德精神的承担，是一种律己严格、待人宽厚的担当精神的阐扬。不管是政治家，还是教育家，不管是新闻工作者、编辑、出版家，还是社会政治文化运动者和讲学者，其实他们所做的工作，根本的都是人的工作，是关涉他人的权利、心灵成长、人心导向、精神方向的事业。所有这些事业的共同性，就在于都必须是在更高的一个层面去体贴、关怀、引导其他的人，而这必然涉及在从事相关事业时对己和对人的胸襟与心量的问题。

唐先生是这样坚信的，也是这样践行的。作为一位现代哲学家与思想家，他不是在纯书斋中演绎自己的哲学体系，而总是关怀着社会文化问题，悯怀着社会人心。唐先生尽管没有参加任何政党，没有从事过任何政治活动，但他对中国现代政治生活的关注，对中国社会民主政治建设和社会生活发展的潜心思考和美好构建，对人文社会理想的坚守，足可以担当起"政治家"的头衔。唐先生终身从事教书育人，学而不厌、诲人不倦，是真正的"教育家"。唐先生大学毕业不久，就在成都与人合办《重光》杂志，后又与周辅成先生等创办《理想与文化》，到中国香港后在新亚书院又创《新亚学报》，其主要文章也主要是通过《民主评论》《人生》等杂志刊发的，其对新闻、编辑、出版等文化事业的高度投入，表明他是真正的"新闻文化人"。唐先生倡导中国文化复兴运动，他在新亚书院曾经连续主持两年多、100多场的中国文化讲座；他参加10多次国际学术会议，讲课遍及欧洲、北美、亚洲等多个国家和地区；他亲笔撰写的，由张君劢、徐复观、牟宗三与他本人联名于1958年元旦发表的《中国文化与世界——我们对中国学术研究及中国文化与世界文化前途之共同认识》这篇"宣言"，被称为现代新儒家的文化宣言书；所以，唐先生也是一位真正的"社会政治文化运动者"和"周游各处的讲学者"，是一位真正的"传道者"。

唐先生的一生，实际上是集他自己认为的现代社会儒家事业的可能承担者的四类角色于一身的，他用他有限的身体承担起了无限的精神，用他有限的生命担当起了无限的使命，真正承担起了儒家的事业。

第四章　生死感通：唐君毅生死哲学的终极情怀

　　尽管就个人来说，通过对"生"本质的透彻领悟，可以因为身心共普精神文化生活之乐曲而不怕死、不畏死，但是，我们毕竟不是自己单独生活，我们在实际生活中总要面对亲人、朋友、邻居、先贤等各类人的由"生"至"死"以及若干的"死者"。这些我以外的他人的死，恰恰是让我最真切地感受到死的存在的。"本人的死亡对本人的生存状态会产生巨大的影响，但本人一经死亡，其生存即告结束，这一死亡对死者而言毫无意义。然而，它对生者即他人的生存状态却有很大的意义。"① 所以，死亡哲学必然要将"他人之死"的问题作为重要的内容。而且，恰恰是对"他人之死"与"自己之生"或者"自己之生"与"他人之死"的关系的建构，才是唐君毅生死哲学的终极情怀所在。

第一节　幽明两界的感通

　　每一个作为个体自我之人的死，对他人来说，就成为"他人之死"，自我之死与他人之生构成一种共在关系。任何个体的生存总是与他人的生存联系在一起的，血亲关系和人际关系就是共在者之间的天然联系和社会联系。人们总是生活在家人、亲戚、同乡、同学、朋友、同事、邻居之中的，本人与他人的共在是人生存的最重要的属性之一。

一、他人之死的逼问及其影响

　　任何本人的死亡只是在肉体上解除了这种共在关系，却并不意味着在精神上也解除了这种共在关系："本人之死通过精神上的影响作用于他人的生存状

---

① 张三夕. 论死亡作用于生存状态的机制 [J]. 哲学研究，2007（2）：113.

态，表达着死者与生者的共在关系。本人之死从来不是一个人孤独的死，即使是路人或陌生人之死，也会有生者或专门机构的人员来处理死者的遗体，调查他们的死因，寻找其家人。"①

我们如何看待这些死去的他人（或者说，他人如何看待我之死）？我们如何对待这些他人的死（或者说他人如何对待我之死）？我们如何从他人的死中来领悟自己的生与死（或者说他人如何从我之死中领悟他的生与死）？这是生死哲学必须真切面对的问题。因为，他人之死恰恰是对我的生的最大逼问。

关于他人之死，唐君毅认为，这不仅是他人的生与死的关系问题，在相当程度上，更是他人之死与自己之生的关系问题。唐君毅说：

> 然人生最大之问题，尚不在其自己之死。人在有生之日，其生即生于死之上，以其身体之向死，成就其生活与精神活动之向生；则人自己之死之问题，皆可不须解决而早已解决。……然人对他人之死，则最不能无惑。②

为什么人对他人之死之"感"会成为人生之"最大问题"？因为他人之"死"会对自己的"生"产生活生生的"逼问"。家人亲友，一朝化往，躯体犹存，音容宛在，而神灵已缥缈。如果我们以此躯体之所在，即其精神之所在，可为什么这宛在之音容不可得而再见了？这音容中所表现的深情厚意不可得而再接了？如果说死者的音容与深情厚意，即如此一逝而不再存在，可是为什么这音容又好像"宛在"，此深情厚意感刻于生者之心，甚至可以历久而不忘呢？如果死者的精神尚在死者的躯体之外存在着，那么后死者又将到哪儿去找到这还存在着的死者的精神呢？这既是大悲哀，又是大惶惑。"上天下地，索之茫茫，求之冥冥，虽千百万年而终不能得也！此处即动人之大悲哀，亦动人之大惶惑。"③ 这便是我们面对他人之死所最不能不"惑"的地方。

可是，这逝去的他人的音容与深情厚意，是不是就"一逝而不存"了呢？如果说他的音容与情意也随着他的身体的死而同样逝去，那为什么他的音容又总像是"宛在"呢？好像他又随时"生活"在我们的身边或者生活中呢？他的深情厚意为什么又真实地感刻于自己心中，甚至历久而不忘呢？这便是我们面

---

① 张三夕. 论死亡作用于生存状态的机制 [J]. 哲学研究, 2007（2）: 113.

② 唐君毅. 唐君毅全集·人生之体验续编（第七卷）[M]. 北京: 九州出版社, 2016: 87-88.

③ 唐君毅. 唐君毅全集·人生之体验续编（第七卷）[M]. 北京: 九州出版社, 2016: 88.

对他人之死所不能不有的"惑"。

他人之死所逼问出来的更大惶惑和悲哀还在于，如果他的身体已死，而其精神所呈现的"音容笑貌""深情厚意"又确实被后死者（在生者）真切感受到，这就表明，其精神还存在于躯体之外；如果其精神还存在于已死的躯体之外，那么又存在于哪儿呢？以什么样的方式存在着呢？作为后死者（在生者）的我们又将到哪儿去寻找到这还存在着的精神呢？

如果先我而死的他人之死，因为其"音容宛在"和"深情厚意"的感刻，让我生出大悲哀与大惶惑，那么，我作为一个"他人"之死，也必然让后我而死者产生大悲哀与大惶惑。人生代代相传，每一代人对后一代人来说，都将因为其死而催生出同样的大哀大惑。如此，无数代的人生，也就是无数代的大哀大惑的流传不断而已。而当我们思及此无数代的大哀大惑之流传，又将使我们当下产生无限的大哀大惑，而不能自已。这样的人生似乎成了一个大的茫昧。但是，人之"生"真的是如此茫昧吗？有没有不茫昧的可能？人的"生"有何意义呢？

正是由于人的生死带来的巨大人生惶惑，催生了世界上的各种宗教。几乎所有宗教都将解决生死问题以及生死逼问出来的人生问题作为自己的主要使命。唐君毅认为，不同宗教对死者的祷词、对死者加以超度的圣礼，所作的哀悼挽歌，以及修坟墓、庙宇等建筑的用心，"实代表人类精神之至崇高庄严伟大神圣之一面，盖其志皆在求破此人生之惑，以寄此人生之大哀，以彻通此幽明之际也"①。

但是，宗教是否真的解决了生死两界的通达问题？亦未可知。宗教解决问题的方式是，首先假设"灵魂不死"作为前提，灵魂在人"生"之前就已经存在，在"生"之时与自己的身体合一，在"生"之后依然独立存在。可是，人何以能够确知他人精神还真实存在，而且可以存在于后死者的心灵精神之前？这不是靠一切思虑推测与想象以及启示信仰所能够实现的。

在唐君毅看来，依据基督教的教义，父母死后，息劳归天，乃是死者之幸，因此生者应为之乐而不应生悲。生悲者，只是生者自觉失其怙恃的私情表现，而不是为了死者考虑的公情。但是唐君毅明确表示：

> 然斯言也，吾亦疑之。吾自验吾之心，念吾母之丧，吾固不能自免于此失其怙恃之私情。然吾亦非唯有此私情也。吾回念数十年来，种种对吾

---

① 唐君毅. 唐君毅全集·人生之体验续编（第七卷）［M］. 北京：九州出版社，2016：88.

母未能尽孝之事，辄负疚无已。今吾母逝世，欲求赎过之地而不得，吾是以悲也。此求赎过之地之情，岂为私情乎？若果然也，则吾对生人求赎过之事，亦为私情矣。若吾求对吾母赎过非私情，则吾今求此赎过之地而不得之悲，亦非可以私情言之矣。①

在唐君毅看来，基督教无法化解他的如此怀疑。相反，他甚至怀疑，那些相信基督教的人，在父母死后，一经弥撒，即足慰情，只证明其情"不深不厚"。所以，在唐君毅看来，基督教的慰情之道，实在是太轻而易。

至于佛家，唐君毅特别赞赏中国佛教僧侣尤重追荐亡魂以慰子女之心之事，"作追荐之事之僧尼，虽位居三宝之一，亦必为死者上香作礼，不同彼牧师神父之代表上帝，而更不对死者作礼，尤使吾感刻于心。"而且，佛教的追荐，不同于基督教的弥撒一日即可，而是必须相继至七七，以畅达生者对死者之情。唐君毅认为，此佛教之用意至深至厚，是"知祭祀之仪，实足以通幽明之际"。但是，唐君毅对于佛教在生死问题上不满意的地方在于，"彼有丧礼而无祭礼之教，必率人情日归于漓薄，亦断断然矣"②。对于佛教只有丧礼之教而无祭礼之教，唐君毅觉得此不能真正畅怀生者之情，也无法完全彻通幽明之际。

> 于哀念死者一念之诚中，既自知此念之由明以激幽，而溢乎吾之躯壳形骸之我，亦当念彼死者之生前之心志与性情之表见，虽逝而未尝不存，而随吾之哀念，由幽而还入于明。既信其存而求之上天下地皆不得，此哀之终不可以已。然亦唯此哀不已，而幽明之相彻乃无已。此君子之丧，所以有终身之痛，而死葬之礼之外，必有祭之之礼与人道共终始，将不与君子之亲之灵之升天升西而息者也。③

唐君毅对于儒家先圣贤之教的生死态度极为称赞。儒家"谓养生不足以当大事，惟送死足以当大事，乃为此人之至痛，立三年之丧之制。大孝终身慕父母，而祭祀之事，无时或已，则七七亦不能限之。夫然而为人子者之肫肫恳恳

---

① 唐君毅. 唐君毅全集·哲思辑录与人物纪念（第八卷）［M］. 北京：九州出版社，2016：34.

② 唐君毅. 唐君毅全集·哲思辑录与人物纪念（第八卷）［M］. 北京：九州出版社，2016：35.

③ 唐君毅. 唐君毅全集·哲思辑录与人物纪念（第八卷）［M］. 北京：九州出版社，2016：39-40.

之情，乃未尝一息不与若父若祖相离。此其为教，皆所以彰至情而尽至性"①。
在唐君毅看来，儒者之教尤重生者当事于死者之事，因此，在祭祖之外，特别
强调以"继志述事"尽孝。孔子以"无改于父之道"教孝，孟子言孝以"养志
为先"，而《中庸》则有"继志述事"之语，后儒还有《孝经》以"立身扬
名"，以显其亲，使文德光于天下为大孝。唐君毅认为，这是先圣先贤之教的血
脉所贯，根本的是要使孝子慈孙在悲痛之余更有所事，以成先人之志，而于祭
祀之际告诸先人，以安先人之心。

　　唐君毅强调，"吾华之先圣先贤于死生之际，亦固有其依于人之至性至情而
立之高明广大之教在，而为今之不肖子孙所忽者矣"②。正因为此，唐君毅特别
对于儒家关于死生之际之教多有阐发。在唐君毅看来，真正能够完全实现生死
幽明彻通的，是儒家圣贤之教对于生死情意感通的设计，只是儒家高明广大之
教"为今之不肖子孙所忽"，而他便是要用现代语言和方式，重新阐释儒家关于
生死之高明广大的教义。

二、深情厚意领取的生死感通

　　如果他人之死让我如此大哀大惑，那么我之死也必然会让"后我而死者"
同样大哀大惑。而且，人生代代相传，每代人都会让后代人动如此之大哀大惑。
如此，则无数代人的人生，不过是无数代的大哀大惑的流传不断而已。当我们
如此去想，人生无限的大哀大惑就将成为不能自已之哀惑，那么人的"生"又
有何意义呢？

　　唐先生认为，我们实际上是不能从知识论立场以思虑、推测和想象的方式
去"确知他人之精神之尚在，且可存在于后死者之心灵精神之前"的；相反，
我们只能"由自人之所以生此大哀大惑中之深情厚意中领取"③。即我作为生者
可以用超出我个人的现实之"生"的深情厚意，与死者之"超出其个人之生之
深情厚意"直接相感，这就是唐先生所说的"彻通幽明之际"。

　　对生命不朽的追问的正当合理性，并不能保证我们对这一问题有一合理的
答案。因为生死两界如天人永隔，死之表象可见，死之本质则不可知，死后种
种更非现象界之事，则我们这些未死之人何以知之？何以答之？即使我们给出

---

① 唐君毅. 唐君毅全集·哲思辑录与人物纪念（第八卷）　[M]. 北京：九州出版社，
　2016：36.
② 唐君毅. 唐君毅全集·哲思辑录与人物纪念（第八卷）　[M]. 北京：九州出版社，
　2016：37.
③ 唐君毅. 唐君毅全集·人生之体验续编（第七卷）[M]. 北京：九州出版社，2016：88.

一些答案，所答者是否就是死亡的真相，也是令人怀疑的。

唐先生认为，如果纯粹从思想理论上求对死亡问题的解答，可能会有无数的答案，而且每一答案又都可以有各种各样的驳论。因为死后的世界，犹如一黑暗中无涯的大海，人在这大海边，可以凭借其心灵之光向任何方向照射去做自由的想象，或者也可以依据理智的思考加以推测，都是可以有所见识的。如此，如果只是把死亡问题当作一思想理论的问题来看，则此问题便可以人各一说。因而，唐先生说：

> 纯从知识的立场，我们对此问题，最稳妥的办法，是自认无知，肯定死后世界是一不可知，或于此存疑，或只是静待此不可知之世界送来的消息。①

所谓"此不可知之世界送来的消息"，只是一宗教上所说的"启示"，而人对此"启示"则既可以信仰也可以不信。所以，它也不能保证我们获得真正的关于死亡的智慧。那么，人从何渠道获得关于死亡的智慧呢？唐先生的方法是兼用理性观察分辨也用真情去体证。用理性去了解全面人生，就会看到人生的多面性，除了构成人的身体之物质外，尚有精神、心或道德主体，后者在有生之年一直表现着超物质的能力，而且直通宇宙本心，所以不会随身体的毁损而消失。更为重要的是，唐先生没有自限于理性证明的知识论立场，而是强调人直接的真情实感的体证是我们通达死亡智慧的根本大道。唐先生说：

> 我们在把由自由的想象思虑推测，及由启示来的信仰之门一齐关闭，以求解决此问题的时候；我们却可说，人对于人生之真了解，与对死者之真情实感，却展露出一条由生之世界通到死之世界、由现实世界通到超现实世界，由生的光明通到死之黑暗的大路。此之谓通幽明的大路。②

在谈及如何证明可以彻通幽明等问题时，唐先生又说：

> 然此幽明之际，将何由而证其必实可彻通？人何由确知他人之精神之尚在，且可存在于后死者之心灵精神之前？则此非世间之一切思虑推测与想象之所及，而仍唯有由自人之所以生此大哀大感中之深情厚意中领取。此所领取者，即吾可以吾之超出吾个人之生之深情厚意，以与死者之超出

---

① 唐君毅. 唐君毅全集・人生之体验续编（第七卷）［M］. 北京：九州出版社，2016：84.
② 唐君毅. 唐君毅全集・人生之体验续编（第七卷）［M］. 北京：九州出版社，2016：84.

其个人之生之深情厚意，直接相感此即可实彻通幽明之际矣。①

在这里，最值得我们留意的，是所谓在"深情厚意中领取"，这是重视情意上感取，而不是从认知上论证。实际上，唐先生谈到感情与意志两面，我们可以合称为情志。唐先生从情志上着眼，认为死者虽往，但其精神情志长存于世；同时，生者又能上接死者遗留于世间的种种，于是形成在精神世界中生者与死者的相接相感。

世俗学者以为死者不可知，宗教哲学家形上学家则认为可知，面对死后有种种说法。唐先生认为"皆各可持之有故，言之成理"：

> 世俗之为学者曰：死者不可知。遂任死生路断，幽明道隔，而聊欣乐于人生之所遇，宗教哲学家形上学家之措思于此者，恒谓死者之灵魂自存于形上之世界，或上帝之怀，或住炼狱以待耶稣之再来，或由轮回以化为他生。是皆各可持之有故，言之成理。②

但如此以"可知"或"不可知"来论说，实际只是认知论的提法，而唐先生的想法则是要试图超越知识论的限制，因为他根本反对将鬼神视为认知对象：

> 凡人之只作此类之措思者，皆一往以知求不可知，而化鬼神之状，为知识之对象，以成被知；终将不免陷吾人之明知，以入幽冥而不返；此非所以敬鬼神而成人生之大道也。凡为此类之说者，皆不知凡只为知识之对象者，皆在能知之心之下，无一能成为我们之所敬；而人之念死者之遗志，与未了之愿而受感者，皆觉死者之精神，如在其上，如在左右，以感动我，我乃初为被动。必俟我受感动后，而再致我之诚敬于死者，我乃为主动。故我必先觉死者之如出于幽以入于明，而后乃有我之明之入于幽，以为回应，而成其互相之感格。此非视鬼神为被知之对象，陷吾人之明知以入幽冥而不返之说也。③

认识对象必然是主客二分相互对待的，所以唐先生说"凡为此类之说者，皆不知凡只为知识之对象者，皆在能知之心之下，无一能成为我们之所敬"，但鬼神是人们所敬的，所以对待性的认知进路，"非所以敬鬼神而成人生之大道

① 唐君毅. 唐君毅全集·人生之体验续编（第七卷）[M]. 北京：九州出版社，2016：88.
② 唐君毅. 唐君毅全集·人生之体验续编（第七卷）[M]. 北京：九州出版社，2016：90.
③ 唐君毅. 唐君毅全集·人生之体验续编（第七卷）[M]. 北京：九州出版社，2016：90.

也"。既然重视对鬼神的敬意，人们便应该由对待性的认知转向"实存的感格"。认知对待指向能主动的能知主体与被动的所知客体；感格呼应则指向主体际之互动，亦即必须有双向的主动——在这里即是死者的主动与生者的主动。① 感格，亦即感于此而达于彼。就自我的生与他人的死之感格而言，亦即从实存的进路，先打开感受鬼神的遗爱与遗愿、召唤与感动，然后再以一颗诚敬的心响应，由实存的心灵感受，到实存的感动。因此，必须先意识到死者"如出于幽以入于明"，然后才会有"我之明之入于幽"作为响应，从而成就生者与死者之间的互相感格。

从死者来说，死者虽然离开此世，但是对人世间的余情不断、遗志未了，就必然对世间产生种种的寄望。用唐先生的话来说，就是"不能决此尘世而无余情"。

> 一个在弥留之际的家中之老人，对儿女指点家中的事；一个战场上伤重将亡的兵士，对同伴呼唤快逃；一个革命党人在病榻中，策划其死后的革命工作；一个社会之任何事业之创办人，在临危之际，对其继承者之吩咐嘱托；以及一切杀身成仁，舍生取义的志士仁人之寄望于来者：此通通是人之精神活动，确为一超个人之目的理想而存在，并对其他个人之精神，致其期望顾念祈盼之诚，而表现于死生之际者。此处人明知其将死，已走到其现实生命之存在的边缘，于是其平生之志愿，遂全幅凸出冒起，以表现为一超出其个人之生的，对他人之期望、顾念、祈盼之诚。此期望、顾念、祈盼之诚，直溢出于其个人之现实生命之上之外，以寄托于后死者。此即如其精神之步履，行至悬崖，而下临百丈深渊之际，蓦然一跃，以搭上另一人行之大道，而直下通至后死者之精神之中。②

唐先生认为，人之鬼神，"人"之鬼神也。人于生前之所念者，无外乎其家庭、乡土、国家，以及其所生活的自然世界、社会人文世界。他以此而生、以此而死，也以此而寄望于后死者。我们从死者生时之顾念之情就可以知其然：

> 彼临终谆谆教子之父母，临危而殷殷付托之志士仁人，其对世间之深情厚意，即依于其预知其将死而发，以洋溢于其死之外，以顾念人间，吾是以知其死后而尚在，其情之必继之而洋溢，以顾念人间也。是以祖宗父

---

① 参阅吴有能. 人文精神与死亡的超越——唐君毅先生的死亡哲学［M］//何仁富主编. 唐学论衡——唐君毅先生的生命与学问（下）. 北京：中国文史出版社，2005：319-342.

② 唐君毅. 唐君毅全集·人生之体验续编（第七卷）［M］. 北京：九州出版社，2016：89.

母之亡，其情必长顾念其子孙；德泽乡土者，其情必长顾念乡土；忠臣烈士、志士仁人为国家人类，而以身殉道者，其情即长顾念此国家、此人类。①

就生者而言，生者对死者之不忍其死，自期盼其存在。唐先生说：

> 当后死者之感到其期望顾念祈盼之诚中此精神之存在时，则虽铁石心肠，皆不能无感动。由此感动，后死者乃真实接触了、了解了死者之精神与死者之深情厚意。而此感动，则代表后死者本身对于先死者之一深情厚意。于此，死者之精神，是如由其自身超越，以一跃而存在于他人之精神中；而后死者之受其感动，则是后死者自身之精神，自超越其平日之所为所思，而直下以死者之精神为其精神。②

所以，生者作为"孝子贤孙"，以其诚敬祭其祖先，则其祖先之鬼神的余情得以真正寄托。一乡之人，以其诚敬祭其乡贤，则乡贤之鬼神之情得其寄；一国之人，以其诚敬祭其忠臣烈士，则忠臣烈士之鬼神之情得其寄；天下之人，以其诚敬祭仁心悲愿及千万世之圣贤，则圣贤之鬼神之情得其寄。而不管是一家之人、一乡之人，还是一国之人、天下之人，一切足以直接间接上应合于死者生前所愿所望者，就都既可以"成死者之志""遂死者之情"，同时也"足以慰其在天之灵"了。③

通生死阴阳的基础在情志。在死者言，情志常表现为死者对世间的余情与遗志；而在生者言，则常表现为生者对死者的怀念、诚敬以及由此而生的继述之心。这些都建立在心灵生命的实存感受上，建立在生死幽明之间的深情厚意上。

按照吴有能先生的分析，唐先生的关于"通生死阴阳的基础在情志"这个论点，必然带出两个相关的问题。第一个问题是，假如生者与死者互不认识，又如何有感情基础来沟通阴阳二界？既然今古异世，人我异心，古人何以能知百世以后的我们能够绍述其志？同理，古人志业多湮没无闻渺不可知，百世以下之人又如何能上继其志呢？第二个问题是，实践有价值、有意义的志愿，不必等待死者的召唤，人本道德的要求，自身就应自行努力。如此，又何须有待

① 唐君毅. 唐君毅全集·人生之体验续编（第七卷）［M］. 北京：九州出版社，2016：91.
② 唐君毅. 唐君毅全集·人生之体验续编（第七卷）［M］. 北京：九州出版社，2016：89.
③ 唐君毅. 唐君毅全集·人生之体验续编（第七卷）［M］. 北京：九州出版社，2016：92.

于响应鬼神的期盼？①

对于第一个问题，唐先生是用心的直接感知来响应的：

> 人之相知，贵相知心。人之相感，贵以心相感。……是见人心之所通与所感，本不限于一一皆知其为谁为谁。只知其为人焉，人而有心焉，斯已可为吾之一心之所顾念，而为吾之一心所感所通者矣。②

因为能使我心有所感应者，并不一定是我所知的，我所不知的人士一样可以感动我们。所以前人所能感动的不一定是他所认识的，而后人之可能被感动者也不一定为其所认识。从前一种情况来说，如作者之能感动读者，就不一定需要作者认识读者；而从后一种情况看，我们之所以被远方不识的受灾者感动，则又可见能感动我之人，不必为我所认识。人们对于不认识的人产生感情本是极为自然的事，对知其名姓的先圣先烈的崇敬自不在话下，但人们也会对不知名的灾民产生同情，又对本不认识的作者能够感通，这些都显示人基于其心灵对其所不认识的人自会产生感通。

对于第二个问题，唐先生的答案是：

> 斯言是也，尽美矣，而未尽善也。人居仁由义，皆直接所以自尽其心，固矣。然吾人之所以自尽其心者，亦皆未尝不可兼尽他心也；而我之兼以尽他心为心，亦我之所以自尽其心之事也。充自尽其心之量，则求尽天下万世人之心，正所以大此自尽其心之事者也。是自尽其心之事，不得与尽他心为对者也。③

这种说法之所以"尽美"而不"尽善"，是因为唐先生相信"我之心之本体是恒常、真实、清明、与无限广大、至善、完满"的，心灵既然是无限广大、至善的，所以人当求其心灵的充量发展，而充量发展的心灵是一含藏万物，通彻宇宙的大心。所以，唐先生指出，尽己之心的同时兼尽他人之心，"亦正所以大吾之自尽其心之量，以兼尽古先之祖宗忠烈圣贤之心为心，而高吾之所以为后人之德者。是又何伤于自尽其心、反求诸己之教乎？"④ 所以能尽一己之心固

---

① 参阅吴有能. 人文精神与死亡的超越——唐君毅先生的死亡哲学［M］//何仁富主编. 唐学论衡——唐君毅先生的生命与学问（下）. 北京：中国文史出版社，2005：327-328.

② 唐君毅. 唐君毅全集·人生之体验续编（第七卷）［M］. 北京：九州出版社，2016：92.

③ 唐君毅. 唐君毅全集·人生之体验续编（第七卷）［M］. 北京：九州出版社，2016：94.

④ 唐君毅. 唐君毅全集·人生之体验续编（第七卷）［M］. 北京：九州出版社，2016：94-95.

然是美的，但假如未能兼尽他人之心，则不免自小自限。而上述第二种说法未能尽善的原因正在于未能兼尽他心，所以自亦未能充量地发展本心，因之，是未能尽善的。

至于对待祖先所作所为未必全善之人，唐先生强调：

> 依中国之儒者之教，则吾人对于已逝去之古人及父母，皆只当思其功业德行，而忘其一切不德之处。所谓隐恶扬善，以孝子慈孙之心，为先人补过是也。而此隐恶补过之精神，亦即直下使其罪恶之存在，自吾自己之心中超拔。此即吾人对古人已死者之赦罪心情。……人诚以此精神观世间，以互恕他之罪，则人之罪，亦即渐在人之互恕其罪中相忘，而归于各自求超拔其罪过之事。此即儒家躬自厚而薄责于人之教。此教之义，要在看人自己之过，而视人皆可以为尧舜，涂之人可以为禹，满街皆是圣人。①

死者的遗愿、企盼以及深情伟志，常能感动生者。于是，生者上继往圣先贤的伟志宏愿，光大天地祖先的潜德幽光，这就构成种种呼应。真情通幽明。鬼神之情按其生前顾念之情之大小而定。生前顾念一家一乡一国或天下万世者，死后之德亦然。故孔子、释迦、耶稣，情在天下万世。活人以诚敬之心祭亲人，使后者之情有所寄，而足慰其在天之灵。就在深度纪念及吊祭亡者时，超生死之心与心终能脱幽入明。两情相接之真实，反证有情者之生命存留。唐先生说：

> 死者知其将死，即知其精神之将由明以入于幽，对人为不存在。而其对生者所致之期望顾念祈盼之诚，则使其立即离于幽而入于明，而不安于其将对人之不存在之表现。至生者之受其感动，则为生者之出于明而入于幽，以感受死者之精神，以实见死者之精神，未尝不洋洋乎如在其上，如在其左右，而存于明。知此可以通幽明之际，知死生之说。②

唐先生说"知此可以通幽明之际，知死生之说"。意思是说，通生死之大道，门户就在生者与死者的"深情厚意"的相互感通。换言之，生死之不离，在于情感上的割舍不下与志向上的感动人心。所以，通阴阳，接生死，即让体情遂志的深情与诚敬，沟通生死之隔。在唐先生看来，"此道亦无他，即直下断

---

① 唐君毅. 唐君毅全集·中国古代哲学精神（第二十七卷）（第十一卷）［M］. 北京：九州出版社，2016：336.
② 唐君毅. 唐君毅全集·人生之体验续编（第七卷）［M］. 北京：九州出版社，2016：89-90.

绝一切世俗之思虑推测与想象，唯以吾之超越吾个人之诚敬之心与深情厚意，以与死者之精神直求相接而已。心诚求之，诚则灵矣"①。

唐先生认为，此通生死幽明之大道，绝非"文学上渲染及姑为之说之辞"，而是"彻通幽明死生之道路之实理与实事"，而且强调，只要我们依于我们的本性和真情，我们就能直接感知并"可深信不疑者也"②。这种"深信不疑"，既是孔子所说的"祭如在"之"在"的证明，也是"祭如在"之"在"的要求。在这里，"在"根本上不只是作为一个实体的生命在当下，而是情意在场，是要将自己对与死去他人之鬼神的深情厚意从内心升起，并在当下呈现、表达出来。这种真情的在场，也就是"诚"。

三、显隐幽明始终的生死之道

唐君毅依其"心灵九境"之说认为，世间之"事"有客观界事、主观界事，也有超主客观界事。有关个体、类、因果、手段目的事（前三境"万物散殊境""依类成化境""功能序运境"之事），是客观界事；有关感觉心、观照心、德性心之事（中三境"感觉互摄境""观照凌虚境""道德实践境"之事），为主观界事；说人之升天、成佛、成圣成贤，说耶稣为人赎罪、佛为一大事因缘出世，天生仲尼破万古之长夜（后三境"归向一神境""我法二空境""天德流行境"之事），则都是超主客观界事。凡"事"都有"理"在其中，理通贯事。事能相续，有理在其中；事有终始，有理在其中。"此一切事之所以成，其中即有通贯此一切事，使一切事得相续，成为可能之理在。则此理皆只所以说事，亦在事中行，其超越已有之事之意义，亦见于其成以后之事。"③ 但是，尽管"理"在"事"中行以通贯事为其根本，但是人可以好像自立于事理二者之外，将此事与此理二者对待而观，并进而可能"依事疑理"或"依理疑事"，由此便造成种种根本上的疑惑，发展出各种各样的"玄谈"。

儒家论宇宙人生，"不以有无、或空有、生灭等，为第一义上之言宇宙人生之概念，而以隐显、生化、幽明、乾坤等，为第一义上之言宇宙人生之概念"④。由于不以有无等为第一义的概念，而以隐显、幽明、生化、刚柔、阴

---

① 唐君毅. 唐君毅全集·人生之体验续编（第七卷）［M］. 北京：九州出版社，2016：91.
② 唐君毅. 唐君毅全集·人生之体验续编（第七卷）［M］. 北京：九州出版社，2016：92.
③ 唐君毅. 唐君毅全集·生命存在与心灵境界（第二十六卷）（下）［M］. 北京：九州出版社，2016：277.
④ 唐君毅. 唐君毅全集·生命存在与心灵境界（第二十六卷）（下）［M］. 北京：九州出版社，2016：300.

阳、乾坤等为第一义的概念，因此，儒家对于生死之事，乃视为"始终"之事，而不视之为"生灭"之事。"孔子言'未知生，焉知死'，'未能事人，焉能事鬼'，亦非谓不可事鬼神，更非谓死必无知，而为无所有也。若依易传及中庸之隐显、幽明、始终之义言之，则死自是由明而幽，由显而隐，由始而终。然始终相成，终则有始，固无死即断灭无有之论也。"①

在唐君毅看来，将"人有生死"当作"事有始终"看，说一个体生命之"生"是事情由隐而显，一个体生命之"死"是事情由显而隐，这在义理上胜于一开始就以有无、生灭来说生死。以有无、生灭等概念说生死，很容易被概念误引，陷入断灭论而不能自知自拔。如果在反对断灭论时不慎使用了"有无"概念说生死，就不得不为他用的"无"字做解释。他或者可以说，他所说的"无"字，只是表示"不可见"，并非一般意义上说的"一无所有"的意思。但是，他虽然可以解释，却未必为人接受，于是，他便不得不进一步解释"无"与"不可见"的意义差别。若问难仍然不停，则他就要进一步解释，结果是越解释就越繁杂。既然使用"有无"说生死会产生如此繁多辩难，那么，最明智的做法便是，在说人之生死时，一开始就用阴阳、隐显、幽明等概念，而不用有无、生灭等概念。

> 人生之事、与世间之一切事之流行，有此隐显、幽明、始终之更迭，乃为一实事，非人所能否定。此乃就人之所见所感者之如是，而如实说，非人之离其所见所感，而对此中之隐者、显者或入幽者，另作一越位之判断也。②

以人死为生命存在归于隐，隐只是不可见，故是"非无"，简言之为"隐中之有"。"你觉得他死，只是你看不见他，犹如太阳落山，他不过转到地球之彼面去了。"③"生命的活动虽似乎消灭了，然而他会转化为其他将来之生命活动。犹如我们远远看见一人在绕山走，渐渐看不见，这只因为他转了弯，暂向另一进向走去，如果我们只以山之横面为唯一真实，我们会以为他已死了。"④ 将死亡比喻为"太阳落山"，只不过是"转到地球之彼面去了"；登山客因为转弯而

---

① 唐君毅. 唐君毅全集·生命存在与心灵境界（第二十六卷）（下）［M］. 北京：九州出版社，2016：301.

② 唐君毅. 唐君毅全集·生命存在与心灵境界（第二十六卷）（下）［M］. 北京：九州出版社，2016：301-302.

③ 唐君毅. 唐君毅全集·爱情之福音（第六卷）［M］. 北京：九州出版社，2016：64.

④ 唐君毅. 唐君毅全集·心物与人生（第五卷）［M］. 北京：九州出版社，2016：74.

我们不能再见到，我们只能说他在另一段路途之上，但我们并不能因为我不能再看见他就说登山客已经被消灭。

当然，人们或许可以追问，此"隐中之有"到底是怎样的存在状态？唐君毅认为，依照儒家义理，一方面，我们可以说，"当人死或事物隐之时，自人之知见所及者观之，固当说此知见中，已无此人或事物。然此只是知见中事。说知见中，无此人或事物，亦固可说。如可说：人对此人或事物无知，亦不能更有名言说之，而唯可无言、无说是也"①。这便是儒家"敬鬼神而远之""未知生，焉知死"的"远之""焉知"的深义所在。但是另一方面，"然由此知见中之无，遂谓其人其事物之自身为无，则为人之知之自出其位，以知中之无，为彼人与事物之无，而不可说者也。欲说之，则只能说其隐，而入于幽。其隐而入于幽，唯对我之知见，为隐而入于幽"②。因此，我们又不能以"断灭"来说死者，而必须以之为"有"而保持"敬"意。至于此死者之"有"如何显现，儒者就以它为人回忆追念之对象，说此"隐中之有"虽为人耳目感官所不及，但可以呈现在人的回忆追念之中。

唐君毅由此认为，人有回忆追念，看起来是平常小事，实则意义甚深。人的回忆活动在当前，所回忆的是从前之事，回忆将当前看来消失于无的从前之事重现于当前。如果没有当前的回忆活动，就没有从前之事的重现；因此，不妨根据从前之事能重现于人当前的回忆，说从前的事实际上并未消失于无。如果有人说从前之事已经消失于无，则只表明，他不知道有将从前之事重现于当下的渠道。人有回忆，回忆即为一适当的渠道。回忆既然是一渠道，则不妨由此推论，说宇宙中之事，本质上是一有永有，只待人善用渠道来将它呈现于当前。由此来看人的生命存在，生命存在是一有永有，当其死而为"隐中之有"，人或称之为鬼神，都可呈现在人当前的回忆追念之中。人会回忆与追念，将人间世界看来是归于"无"的事情重现于当前，这既表示世间之事有则一有永有，同时也表示，从前之人、从前之事尚需要后人加以继承发扬，并与它有情感上及行为上的回应。简言之，人对死者及其一生行事的回忆、追念，其中包含着对死者及其一生行事能够继志述事，领受其深情厚意。人能对死者及其一生行事继志述事，领受其深情厚意，实现生死幽明的感通，这才算把人对死者的回忆、追念的深一层意义完全展示出来。

---

① 唐君毅. 唐君毅全集·生命存在与心灵境界（第二十六卷）（下）[M]. 北京：九州出版社，2016：302.
② 唐君毅. 唐君毅全集·生命存在与心灵境界（第二十六卷）（下）[M]. 北京：九州出版社，2016：302.

　　唐君毅认为，如果纯粹从思想理论上求对死亡问题的解答，可能会有无数的答案，而且每一答案又都可以有各种各样的驳论。因为死后的世界，犹如一黑暗中无涯的大海，人在这大海边，可以凭借其心灵之光向任何方向照射去做自由的想象，或者也可以依据理智的思考加以推测，都是可以有所见识的。"因而纯从知识的立场，我们对此问题，最稳妥的办法，是自认无知，肯定死后世界是一不可知，或于此存疑，或只是静待此不可知之世界送来的消息。"① 所谓"此不可知之世界送来的消息"，只是一宗教上所说的"启示"，而人对此"启示"则既可以信仰也可以不信。所以，它也不能保证我们获得真正的关于死亡的智慧。

　　那么，人从何渠道获得关于死亡的智慧呢？唐君毅的方法是兼用理性观察分辨也用真情去体证。用理性去了解全面的人生，就会看到人生的多面性，除了构成人的身体之物质外，尚有精神、心或道德主体，后者在有生之年一直表现着超物质的能力，而且直通宇宙本心，所以不会随身体的毁损而消失。更为重要的是，唐君毅没有自限于理性证明的知识论立场，而是强调人直接的真情实感的体证是我们通达死亡智慧的根本大道。唐君毅说：

　　　　我们在把由自由的想象思虑推测，及由启示来的信仰之门一齐关闭，以求解决此问题的时候；我们却可说，人对于人生之真了解，与对死者之真情实感，却展露出一条由生之世界通到死之世界、由现实世界通到超现实世界，由生的光明通到死之黑暗的大路。此之谓通幽明的大路。②

　　唐先生以自己在母亲去世后的经验，来说明人面对此情此境可能有的困惑及其超越之道。因为自己常年居住在香港，而母亲则随弟、妹居住于内地，所以，在母亲健在的时日，自己不仅对母亲，而且对弟弟妹妹也是常常念及，但是，对于弟弟妹妹的子女们，很少念及。自母亲去世后，唐先生想到母亲疼爱自己子孙的心情，便立即念及，自己弟弟妹妹的子女，也都是自己母亲的骨血。由此，自己对于弟弟妹妹也更增骨肉之情，并常常自念：如果自己能够以余生对于弟弟妹妹及其子女多有所裨益，便也可以弥补自己未能与母亲、弟弟妹妹及其子女们有更多的共同生活的终身之痛，并可以告慰母亲的在天之灵。

　　不过，唐先生进一步反思到，难道自己对母亲的"继志述事"之孝就仅仅是如此而已吗？唐先生妹妹曾经写信告诉唐先生，母亲病危的那天早晨，忽然

---

① 唐君毅. 唐君毅全集·人生之体验续编（第七卷）［M］. 北京：九州出版社，2016：84.
② 唐君毅. 唐君毅全集·人生之体验续编（第七卷）［M］. 北京：九州出版社，2016：84.

说，自己见到了已经去世的侄女（唐先生的表姊）。于此，唐先生想到，母亲在世时，固然会想到自己的子女亦即唐先生的兄弟姐妹，但是也必然会想到自己的其他亲人，如唐先生的父亲、外祖父母与诸舅姑表侄等。现在母亲去世，所有这些已经逝世的亲人应该在幽冥世界相遇了。这般相遇，其情何若，唐先生即使穷极自己的全部思虑，也无法企及。念及此幽冥世界终无路可通，唐先生惶惑不已，不禁悲痛而泣。

不过，唐先生又思及，以自己之不肖尚能念及自己的父母，那么，如果母亲有灵，也必然当念及她的父母、父母之父母……这样一种代代先灵次第相追念，而又重新在幽冥世界相遇，其情状如何，也不是生活于当下世界的唐先生可以认知和了解的。进而，"因思彼幽冥之世界中，有吾母之所亲焉，有吾父之所亲焉，而其所亲又各有其所亲，则全人类之幽灵之相追念而重相遇，当如交光之互映，若有界别而实无限别。而此交光互映若有界别而无界别之情状，果为何若，更非吾之所知。"唐先生思及于此，"顿感此幽冥绵邈，吾心更将迷途失所"①。

尽管面对幽冥世界的"无知"，让唐先生困惑痛哭，甚至感到"迷途失所"，但是唐先生意识到，自己仍有一"念"不泯。此不泯的"一念"，让唐先生顿悟："此幽冥绵邈，亦原如此所见之广宇悠宙之绵邈，原非所能尽知。"②穷知幽冥世界，本就是不可能的！不仅穷知幽冥世界不可能，即使现实生活世界也不可能穷知。就比如，在经验的生活世界，我知道，我的家人、朋友、学生心中是有我的，但是，他们各自心中的"我"到底是什么样子，则是我不可能完全知道的，甚至有可能根本不知道。由此可见，即使是眼前人的相遇相知的情状，都未尝不是茫茫昧昧，更何况幽冥世界，更是人的知性所不能穷极的。

但是，唐先生强调，不能尽知，并不妨碍我们相信幽冥世界的相遇与感通，也不妨碍我们应该有对于逝去的亲人的继志之事。这就犹如经验世界中的事情一样，虽然眼前人相遇相知的情状不是我的知所能穷极的，但是我仍然能够相信，确确实实有相遇相知这件事情的存在。因此，我们虽然不能在认知上穷极那绵邈的幽冥世界，但并不妨碍我完全相信，在幽冥世界中有相追而重又相遇的事情存在，也完全不妨碍我应当承继各位逝去亲人的遗志。这就犹如康德所言，知识必须为信仰留下地盘，而行动更多的是基于信仰信念而非知识。但是，

---

① 唐君毅. 唐君毅全集·哲思辑录与人物纪念（第八卷）［M］. 北京：九州出版社，2016：41.

② 唐君毅. 唐君毅全集·哲思辑录与人物纪念（第八卷）［M］. 北京：九州出版社，2016：42.

唐先生的反思和体悟并不止于康德的这一思路。

唐先生认为，尽管对幽冥世界的"无知"并不妨碍我们坚信应该"继志述事"，但是，对于"继志"这件事本身，在"理"上又有新的纠葛与惶惑，甚至是"大惶惑"。因为，我到底该如何承继自有人类以来自己无数先灵之志？这并非当下之我所知道的。进一步，不仅是人类有其未遂之志，即使人类之外的众生，实际上也都有其未遂之志。而这些"未遂"之"志"，可谓千差万别，不可详尽，甚或是不可思议的。如此，当下之我将如何全部承继？

这样的反思和追问，好像让"继志"成为一个抽象的形而上学问题。但是，实际上，这种追问是在解决一个非常现实的实际问题。诚如唐先生自我追问的：如果我不知道如何承继全部在天之灵的未遂之志，并因此而不去完成这继志之事，那么，我又如何能单独完成对自己母亲的"继志"之事呢？也就是说，"继所有先灵之志"这个一般问题，实际上隐含着"继自己母亲之志"这个特殊问题的答案。因为，

> 吾母之志之所在即吾母之心之所在，而吾母之心中，固有吾之外祖父母在，则吾母之志中，亦有继外祖父母之志在。是则依理而推，人之志必相涵摄，而重重无尽。而吾亦终不能自安于只求独继吾母之志也。循理而思，吾既不能独继吾母之志，而吾又不知将如何得遍继彼无数之人类众生未遂之种种差别志。吾乃动大惶惑。吾以藐尔七尺之躯，寄形于百年之内，即吾一人之抱负，尚非吾之一生之力所能自达，遑言继彼无数之人类众生之志乎？①

不过，惶惑归惶惑，行动归行动。认知上的惶惑，并不能阻碍具有大智大慧大慈大悲的唐先生化解认知惶惑的情志。在唐先生为母亲居丧期间，一方面体会到自己的真情实感，另一方面也体验到了亲人朋友甚至普通大众哀悼自己母亲的真情实感。情理相通、情理相融，是唐先生生命哲学的根本特征。人间既有至情，亦当有至理。于是，在悲痛之余，唐先生便总是要去追寻这应当存在的"至理"，"栖神玄远，遐思所及，恒不极不返"。对于前面所呈现出来的这些疑惑，唐先生是"思之而重思之"。

经过不断的玄思、沉思和反思，唐先生"终乃重证昔年所思一切人类众生，皆唯有一真志，此实人同此心众生同此理。此真志，皆是以己之生成他之生，

---

① 唐君毅. 唐君毅全集·哲思辑录与人物纪念（第八卷）［M］. 北京：九州出版社，2016：42.

故充此真志之量，则必由亲及疏，由近及远，至于摄天地万物于一己之生，以相润泽感通而后已"①。也就是说，唐先生在母亲去世后，通过体验人间至情，追思到的关于幽冥世界与现实世界亦即死生之际的"至理"，实际上是重新印证了自己早年思考和坚信的基本哲学信念，那就是：世间一切甚至死生之际，普遍存在基于每个人内在仁心亦即真实性情生命的，由近及远、由亲及疏的生命感通，一切众生及天地万物鬼神幽冥的感通，根于每个人真志（情志）的扩充。正因为有这种普遍的生命性情的感通，所以，儒家圣人以天地万物为一体，佛菩萨则摄有情为自体，而基督教上帝也以遍爱万物为心。本质上，一切人与众生内在的真志，莫不同然。因此，圣人与我同类，心、佛、众生三无差别，而上帝之德也都是人与众生遂其真志时所同具，而无所谓虚悬于上的上帝存在。

有了这样一种"重新印证"的彻悟，唐先生也就打通了"继母亲之志"与"继亲人之志""继圣贤之志"，甚至"继人类之志""继众生之志"之间的关系，而突破了自己关于幽冥世界以及"继志"之事在认知上的"大惶惑"。因为继众生之志也就是在继圣贤之志，亦即继亲人之志，亦即自我真志。因为，

> 欲继人类众生之志，唯赖于吾之能继彼圣贤佛祖与上帝之志，亦唯赖于吾之自呈吾之此真志。此真志亦吾母之真志，一切吾之若祖若宗之灵之真志。唯此真志为无量差别之人类众生与千圣，其心无二无别之所在。此真志之在我，若属我之一人，而其所涵摄者，则实周遍法界通贯宇宙而无遗。此真志一朝全幅披露，其光明亦必遍照，亦必极彼幽冥之绵邈，而无远弗届。②

因此，回到现实的生活世界，"继志"之事，便必然转换为个人发心成圣成佛之事。只有自己发心成圣成佛，真志才能全副披露，也才能真正继亲人之真志。"非待吾人之发心作圣作佛，而成圣成佛，此真志亦终不能全幅披露，而以道济天下，利乐有情于无强之未来世也。"③ 唐先生认为，此乃自己所追寻的人间"至情"背后的"至理"之必然归宿。唐先生同时坚信，只要人充其性情之量，也将必然奔赴"成圣成佛"之大道。

---

① 唐君毅. 唐君毅全集·哲思辑录与人物纪念（第八卷）［M］. 北京：九州出版社，2016：42.

② 唐君毅. 唐君毅全集·哲思辑录与人物纪念（第八卷）［M］. 北京：九州出版社，2016：43.

③ 唐君毅. 唐君毅全集·哲思辑录与人物纪念（第八卷）［M］. 北京：九州出版社，2016：43.

第二节　祭祀之礼的精神

"祭之以礼"是传统儒家对于已死他人的深情厚意的表达与呈现。以此为基础，儒家发展出了独特的"三祭之礼"。唐君毅认为，"依儒家之义，一切礼之大者，则为祭祖先、祭圣贤忠烈，及祭天地之礼，吾尝称之为三祭。人之敬之大者：对其自己生命所自生之本言，莫大于敬其宗族之共同之祖先；对人之道德生命、文化生命之本言，莫大于敬一切圣贤忠烈之人格与德性；对人与万物之自然生命之本言，莫本于敬天地。敬之大者在是，礼之大者亦在是"①。唐君毅的生死哲学中，三祭之礼的宗教精神和哲学精神具有重要地位，它既是我们对于"他人之死"应有的恭敬态度，也是自己获得心灵修养的途径，同时还是中国文化重建的必由之路。

一、事死如生的诚敬及其效用

对于唐君毅所说的死生幽明情志感通的真实性，人们或许有诸多怀疑，特别是接受了现代科学主义和现实主义洗礼的人，更容易产生疑问。比如，有人或许会说，今昔异世，人我异心；古人已往，来者方来；史可法生活于明朝，文天祥生活于宋代，孔子则生活于二千五百年前；至于我们自己遥远的祖先，或许也已经距离自己今生不知若干世了。对于这些存在于历史时代中的人物，即使是真实的人物，因为时间间隔久远，又没有现代技术可资使用而留下音容笑貌，他们的相貌如何、身高几许我们都不知道，他们又何以能够知道，千秋万世之后，有像我这样的后来者，可以体其遗志，而上慰其在天之灵呢？

唐君毅认为，因为历史的久远和时间的间隔，就怀疑幽明死生可以情志感通，是不成立的。因为，"人之相知，贵相知心。人之相感，贵以心相感"②。既然人与人的相知相感靠的是心，而心可以超越个人身体存在，也可以超越自己当下的生活场景，超越自己生活的现实世界，超越时间的存在；如此，我们便没有理由怀疑，即使是远隔万里、时距千年，人的心仍然能够相互感通。比如，有一个现代人，苦心孤诣，撰成一书，印布人间却举世无知；于是决定通

---

① 唐君毅. 唐君毅全集·生命存在与心灵境界（第二十六卷）（下）[M]. 北京：九州出版社，2016：157-158.

② 唐君毅. 唐君毅全集·人生之体验续编（第七卷）[M]. 北京：九州出版社，2016：92.

世居乡，悠然独处。可是，就在他避世而悠然独处之时，忽然得到传书，得知在万里之外，有一位读书人，对他遥寄仰慕之忱；刹那间，他表现得欣然兴感，快乐涌上心头。对此情此景稍做分析，我们即可以发现：处于此情此景中的此人，对于此一读者的一切，事实上是一无所知；他唯一知道的就是，在万里之外，有这样一颗读书的心与自己的心相印而已。此心心相印，却是不争的事实。

由此可见，"人心之所通与所感，本不限于——皆知其为谁为谁"①。只要知道其为人，人而有心，就已经可以为我之心所顾念，而为我之心所感所通。我们与陌生人可以如此感通，与千里之外的亲人可以如此感通，与远隔千年的祖先、圣贤同样可以如此感通。由于人与人之相感相知在心，而不在时间与空间甚至身体的接近，因此，我们未曾见到古人，古人也不曾见到我，并无伤于我与古人的相知相感。我不见古人，但我可以体会古人之遗志与余情，并希求可以继其志、遂其情；此犹如前面所举事例，我作为读者，驰书万里，以告慰举世无知的著者。相应地，古人不见我，而我向古人致以怀念与诚敬，即足以告慰其在天之灵；在此，古人犹如举世无知的著者，得万里之外的知音而兴感。既然万里并非遥不可及，则千秋万世也并非远不可达。"千载而一遇，犹旦暮遇之也。"②

在唐君毅看来，今昔愿酬，根本的不在于今与昔的区隔，而在于愿与酬的应合；而心愿酬答应合的根本，不在于心愿酬答间隔的时空距离，而在于心愿精神本身所具有的超越力。"所超者大，而愿之所至者远；愿之所至者远，而所以酬其愿者宏。"③ 因此，心愿在一身者，则凡是一身之所为，皆所以酬其一身之愿；心愿在一家者，则凡是一家人之所为，皆所以酬其一家之愿；而心愿在乡土、国家与天下万世者，则凡是乡土、国家与天下万世之人之所为，皆所以酬其乡土、国家与天下万世之愿。心愿越大，便越具有超越性和超越力，酬答其心愿的时空间距和后死者的规模也就越大。由此可见，人之所愿，所超溢于其个人一身之事越大，则其愿之所至越远，而足以酬答其愿者也越加宏伟。

当一个人的心愿超越于自己个人身体范围或者个人生活世界的范围，而是顾念自己以外的其他人，抑或乡土、国家，或者人文世界，等等，此等心愿便脱离开自己的身体而存在，并祈盼着与其他人的精神直接相感而继续存在；因此，此种心愿，"皆自始不以身存而存，亦不以身亡而亡"④。正是从这个意义

---

① 唐君毅. 唐君毅全集·人生之体验续编（第七卷）[M]. 北京：九州出版社，2016：93.
② 唐君毅. 唐君毅全集·人生之体验续编（第七卷）[M]. 北京：九州出版社，2016：93.
③ 唐君毅. 唐君毅全集·人生之体验续编（第七卷）[M]. 北京：九州出版社，2016：93.
④ 唐君毅. 唐君毅全集·人生之体验续编（第七卷）[M]. 北京：九州出版社，2016：93.

上说，古往今来的忠烈圣贤之心愿，皆长存于天壤。当我们对这些忠烈圣贤致以怀念诚敬之时，当我们今日之所作所为足以副其所望与遂其所愿时，我们的诚敬之心与言行举止表现出来的精神，即与这些长存于天壤的心愿直接相感。此即足以直接告慰这些忠烈圣贤的在天之灵，而我们的所作所为也就是可以告慰其在天之灵的所作所为。在这里，今古已经无间。

既然今古如旦暮，生死幽明可以实现完全的情志感通，我们又如何在自己的人生实践中去实现这种感通呢？唐君毅认为，怀念诚敬之意作为人的独特情感表达，必须是肫肫恳恳的真情。真情必然不应该寄托于虚，而应该指向实；而且，必须不是浮散而止于抽象的观念、印象，而必须是凝聚而落实于具体的存在。既然是针对具体存在的，在致以怀念诚敬之意时，必然是对此所对不忍相离。当我们说"事死如事生""事亡如事存"时，这里的"如"字，绝非虚拟之词，而是实况之语；所表达的是，"言必以同于待生者存者之情，以与死者亡者相遇，乃足以成祭祀之诚敬之谓也"①。

二、三祭之礼的儒家宗教精神

"祭之以礼"是传统儒家对于已死他人的深情厚意的表达与呈现。以此为基础，儒家发展出了独特的"三祭之礼"。唐君毅的生死哲学中，十分强调三祭之礼的宗教精神和哲学精神的现代意义，并坚决主张，未来中国的文化重建，必须恢复三祭之礼。

在中国礼仪学说和礼仪制度甚至中国人的基本信仰的建构中，荀子的"三本"说及与之对应的儒家"三祭"之礼，具有极其重要的意义。在《礼论》中，荀子强调：

> 礼有三本：天地者，生之本；先祖者，类之本也；君师者，治之本也。无天地，恶生？无先祖，恶出？无君师，恶治？三者偏亡焉无安人。故礼，上事天，下事地，尊先祖而隆君师，是礼之三本也。

按照荀子的"礼之三本"，即"大地者生之本""先祖者类之本""君师者治之本"，中国古代儒家在现实社会政治生活和日常生活中便有对应的儒家"三祭"：祭天地、祭祖先、祭圣贤。关于中国人祭天地、祭祖先、祭圣贤人物的"三祭"是否含有宗教性，是一个为人们（包括不同文化背景的人们）争论的问题。由于对儒家"三祭之礼"的宗教精神的否定，唐君毅认为：

---

① 唐君毅. 唐君毅全集·人生之体验续编（第七卷）[M]. 北京：九州出版社，2016：95.

由此而世人之视儒学，低者乃只视之为历史，高者亦只视之为一种哲学，而忘其为一种生活。而知儒学之为一种生活，又或只知其为一重人生情趣之艺术性生活，或只知其为一种重道德修养之道德的生活，而不知言其为艺术性生活，乃言儒家之重乐之一面。言其为道德的生活，则指其重礼之一面。而儒家之礼实以祭礼为中心，而乐则所以行礼。由祭礼之乐，以通天地鬼神，而彻幽明之际，则此礼乐之生活，皆含超现实之宗教意义与形上意义。而世俗之儒，则溺于卑近凡琐之见，反以儒家之只谈现实自诩，而忽视儒学精神高明一面。一般宗教徒，则亦有意无意的抹杀其此一面。由此而人或则据儒学，以反宗教，以为儒学只可与科学结合，或则以儒学缺乏上面一截之宗教精神，欲在儒学之头上安放一上帝或佛。①

对于儒家"三祭"甚至整个儒家学说所具有的宗教性功能的讨论，涉及我们如何对儒家道德实践、儒家安身立命之道背后的超越理据的发掘和发挥，同时也涉及生死哲学本身的终极追问。蔡仁厚先生指出，儒家"三祭"所显现的根本上是一种不容自已的道德责任感：

"天地"，是宇宙生命之本；"祖先"，是个体生命之本；"圣贤"，是文化生命之本。通过祭天地，人的生命乃与宇宙生命相通，而可臻于"万物皆备于我""上下与天地同流"的境界。通过祭祖先，人的生命乃与列祖列宗的生命相通，而可憬悟一己生命之源远流长及其绵延无穷之意义。通过祭圣贤，人的生命乃与民族文化生命相通，而可真切地感受慧命相承、学脉绵流的意义。总括起来，中国人对于生化万物、覆育万物的"天地"，自己生命所从出的"祖先"，以及立德立功立言的"圣贤"，对此三者而同时加以祭祀，加以崇敬。这种回归生命根源的"报本返始"的精神，确确实实是"孝道伦理"的无限延伸；而其中所充盈洋溢的"崇德""报功"的心情，亦未尝不可视为一种不容其已的"责任感"之流露。（盖面对天地而想到创发宇宙继起之生命，面对祖先而想到光大祖德而垂裕后昆，面对圣贤而想到承续而且发扬仁道文化，这实在都是责任感的不容自已。）②

唐君毅作为具有悲悯恻怛之心与存在实感的哲学家，是现代新儒家中最有宗教性情感体验、最强调儒家的宗教意义的哲学家。他对世界各大宗教都有相

---

① 唐君毅. 唐君毅全集·中国人文精神之发展（第十一卷）［M］. 北京：九州出版社，2016：337.

② 蔡仁厚. 孔孟荀哲学［M］. 台北：学生书局，1984：143.

当同情的理解，认为当今世界、人类，亟须宗教、道德与哲学加以救治，主张宗教间的相互宽容、融通，企盼建立中国的新宗教，由传统宗教精神发展出来，主要由儒家的安身立命之道发展出来。而且特别强调，只有超越"绝对他者"的一元神宗教的界定方式，只有超越排斥性的"启蒙心态"，我们才能真正理解"儒学是什么""儒家的特质是什么"和"儒学精髓与精义是什么"这样的关乎中国文化精神的根本问题。关于"三祭"之礼，唐君毅明确指出：

> 祭祀时，吾所求者，乃吾之生命精神之伸展，以达于超现实之已逝世的祖宗圣贤，及整个之天地，而顺承、尊戴祖宗圣贤及天地之德。则此中明有一求价值之实现与生发之超越的圆满与悠久之要求之呈现，乃视死者亡而若存，如来格生者，以敬终如始，而致悠久，使天地与人，交感相通，而圆满天人之关系。则此三祭中，明含有今人所说宗教之意义。①

怀疑儒家"三祭"含重要宗教意义的理由之一，是说儒家"三祭"中通常只有报恩思念之意识，而缺乏向所祭者祈求之意识。唐先生并不否认其他宗教明确的祈求意识和祈祷仪式的积极意义。在祈祷中，我们通过祈祷仪式而与神灵感通，往往会感觉到自己的道德力量、生命力量获得增加，这也是不可否认的事实。但是，唐先生认为，这不足以证明宗教的宗教价值就在这"祈求意识"和"祈祷仪式"中。一方面，我们从祈祷中所获得的力量的增加，也可以从其他修养方法获得，比如，瑜伽修行功夫和宋儒的诚敬功夫，就可以很好地增进个人的道德力量和生命力量；另一方面，如果人们把对神的祈求看作实现自己欲望的工具，那么，人的偏私欲望的满足也是可以求之于神灵的；而如果人自信其偏私的欲望已得到神的允诺帮助，那么往往会使其偏私的欲望披上神圣的外衣，而有躲闪之地，更不容易被破除。但是，儒家"三祭"没有这种流弊。唐先生说：

> 而中国传统之宗教性的三祭，则因其不重祈求而特重报恩，故此祭中之精神，为一绝对无私之向上超引伸展，以达于祖宗、圣贤、天地，而求与之有一精神上之感通。则此中可不生任何流弊，而其使人心灵之超越性、无限性得表现之价值，则与一切宗教同。②

---

① 唐君毅. 唐君毅全集·中国人文精神之发展（第十一卷）[M]. 北京：九州出版社，2016：325.

② 唐君毅. 唐君毅全集·中国人文精神之发展（第十一卷）[M]. 北京：九州出版社，2016：327.

儒家"三祭"所祭祀的对象中，既包含自己的祖宗，又包含自己地方或自己所特崇拜的圣贤人物，而不只是抽象的普遍之神或佛或天地。这样一种祭祀对象的多重性表明，在儒家思想中，对于"我"之个体的特殊存在与"所祭者"之特殊的生命精神的相互关系是十分重视的。在这里，我所祭祀的对象，不必为他人必须祭祀，这就使得我的祭祀本身有了独一无二的不可替代的独特意义。此意义既非他人所能替代，也非他人的"祭其所祭"的祭祀行为所能替代。这样一种个体所独有的祭祀及其相关意义，就使得祭祀作为一种仪式本身所包含的宗教精神，更易于当下充实饱满于我与所祭祀对象的独特的相互关系中，我的生命力和道德力更能够在与所祭祀的对象的独特生命的感通中得到提升。

与此同时，伴随人类自然生命和文化生命的延续，人类所祭祀的世界中的祖宗和圣贤人物必然会不断增加。这就使得人类所祭祀的世界与人的自然生命进展、文化生命进展同时开展，而祭祀本身所包含的宗教精神也就体现为开展的、开放的，而非永远封闭于一定之神。这种祭祀对象以及祭祀所包含的精神的开放性便可以使人的宗教精神本身，也随时在生长、创新和扩大之中。唐先生认为，这正表明"中国之三祭之价值，正有高于其他宗教者在"①。

怀疑儒家"三祭"之宗教意义的理由之二，是说儒家"三祭"中所祭祀的祖先、圣贤人物，最初都只是人而非神非佛，只具有有限性而不具有无限性。

唐先生承认，儒家"三祭"中之祖先、圣贤最初确实只是一些具体人物，因此，我们在祭祀祖先或者圣贤时，往往就必然会对所祭祀的祖先有一具体的想象。所以，唐先生说："中国之三祭中，虽包含宗教性，然不能与一般宗教有同等价值。"② 但是，这种"不能与一般宗教有同等价值"，并不是说儒家"三祭"所具有的宗教精神不如一般宗教所具有的宗教精神。

事实上，在一切宗教的仪式中，都是不可避免地有一定"图像"的。比如，在佛教中，佛像、菩萨像和罗汉像，就构成整个佛教仪式的重要内容；又比如，在基督教中，耶稣上十字架、圣母玛利亚、最后的晚餐等图像也构成宗教仪式中极其重要的内容。这些宗教中的图像，与各宗教所相信的各种神话、奇迹一样，都是宗教中所不可免和不可缺的，其作用在于使我们形成关于超现实对象的意象，而超越对现实世界中具体事物的想念。这些图像本来只具有激发想象

---

① 唐君毅. 唐君毅全集·中国人文精神之发展（第十一卷）［M］. 北京：九州出版社，2016：328.

② 唐君毅. 唐君毅全集·中国人文精神之发展（第十一卷）［M］. 北京：九州出版社，2016：328.

的消极作用，如果人们以积极的态度将这些意象图像本身作为崇拜对象，这种崇拜就成为宗教精神的物化，成为偶像崇拜了。反之，如果人们只是以消极的价值去看待这些意象图像，那么，任何具体的意象图像都不会局限我们的心灵。

唐先生认为，相对于一般宗教中的对图像及神话等所引起的意象的想念而言，儒家"三祭"中对父母、圣贤的平生事迹的想念，更不至于局限我们的心灵。在儒家"三祭"中，人所想念的祖先、圣贤之事迹及天地万物之形象等，都曾经在现实世间存在过，并因此本身即在现实世间的自然秩序、历史秩序中。因而，我们在想念他们时，即同时将他们置定于自然秩序、历史秩序中，而使之成为客观存在者。将他们置定为客观存在者，我们本人实际上就可当下从各种具体的意象中超拔出来。于是，这些具体的意象，便能一方面使我们超越当前的现实世界，另一方面又可使我们的心灵不至于陷溺局限于这些具体的意象之中。更进一步说，在儒家"三祭"中，在家庙与圣贤之庙宇中，祖先圣贤的神位牌，往往都只书名而不画像，像则在其旁或另一室。这就使得人在专诚致祭时，除以名字凝聚诚敬之心外，更没有其他的具体意象影响干扰人的精神，更能够达到精神上的专心一致。

总之，在唐先生看来，我们在于祭祀或者信仰中是否能达到纯粹精神的境界，关键在我们祭祀时的心灵本身是否为一纯粹精神的心灵，而不是祭祀对象的意象图像。如果祭祀时的心灵不是纯粹精神的心灵，则一般宗教中的图像与神话所引起的意象等，更容易使人的心灵陷溺局限，而更远离其所信的具有无限性的神、佛，等等。相对而言，儒家"三祭"是融有限与无限于一体，更能保证宗教精神境界的达成。

怀疑儒家"三祭"的宗教价值的理由之三，是说：

> 此中之祖宗、圣贤、天地，乃为多数，而人之心灵为一，人格为一。故宗教之发展，乃由多神至一神。而人亦只在唯一之神前，乃有其宗教精神最高之凝聚。此凝聚，不仅为统一的教会之存在所必需，亦为一人之宗教精神之凝聚所必需。①

在唐先生看来，一方面，宗教精神固然应该有一"凝聚之所"，但同时也应该有一"开展之地"；另一方面，绝对只信神之"一"的宗教，事实上也从来没有过。因此，以儒家"三祭"对象之为"多"而否定或者削弱儒家"三祭"

---

① 唐君毅. 唐君毅全集·中国人文精神之发展（第十一卷）［M］. 北京：九州出版社，2016：330.

的宗教价值是不成立的。基督教所信仰的神是"一体"之神，却有"三位"；佛教所信仰的神也是"一体"之神，却有"三身"。只有"一"与"多"、"现实原则"与"超越原则"相结合，信仰者才能通达信仰对象所体现的永恒之道，信仰的宗教价值才能真正得以落实和体现。

在儒家"三祭"中，每个人都有自己祭祀的祖先，这代表"多"的原则；各地方与各职业之人，各有其所祭祀的圣贤人物或者祖师，这也代表"多"之原则；所有的人同以孔子为圣，同以黄帝为祖，这则代表"一"之原则。从更大范围来说，则祖先与圣贤都代表"多"的原则；而宇宙的一切存在、生命、精神和价值的大全实体，总体之天地，则代表"一"之原则。儒家"三祭"是"一"的原则与"多"的原则的协和统一。

相应地，儒家"三祭"中的圣贤、祖先，因为他们本人曾经生活于现实世界，因而代表现实原则；而天地在人之先就存在，在人之后也会依然存在，是宇宙的存在、生命、精神价值之大全实体或总体，代表超越原则。而就天与地相对而言，"天"代表宇宙的存在、生命、精神、价值实体，超越于已成就的一切现实事物之上，是超越原则；"地"代表已成就而保存的现实事物之总体，为现实原则。而以祖先、圣贤人物相对而言，则祖先为我的现实生命所自来，代表现实原则，祭祀之时重在"亲"其所祭；圣贤人物为超越于我的一切人所共同崇敬，代表超越原则，祭祀之时重在"尊"其所祭。儒家"三祭"也是"现实原则"与"超越原则"的协和统一。唐先生说：

> 在此三祭中之现实者为真曾现实者，超越者亦为贯于现实之超越者。多为真多，一为由多之自己超越所显之实体或总体之一。此即异于佛教、基督教中之佛所化为应身之多，圣灵之遍感一切人之多，皆非真多。佛之法身之现为报身，上帝之化身为耶稣，人亦只能视之超自然现实者之表现于自然现实，亦不能真视之为自然现实中曾真实存在之人也。①

所以，就对现实精神和超越精神的体现而言，就对"一"与"多"相结合的原则的实现而言，儒家"三祭"所体现的宗教精神比一般宗教更加真实、纯粹。由于一般宗教更加强调超越原则，强调对"一"的原则的贯彻，这固然容易形成绝对的自俗世超拔的志愿，以形成高卓神圣的宗教人格，但同时也可以使人的宗教精神与其他人文精神更不易融和。"人于此或顺其宗教之精神之一往

---

① 唐君毅. 唐君毅全集·中国人文精神之发展（第十一卷）［M］. 北京：九州出版社，2016：330-331.

向上，而更绝尘不返，与世隔绝，或至对世间人，生一高傲藐视之心；对尘世之问题，亦可视若无足重轻，而冷然遇之。"① 这样，宗教在显现其超越性价值的同时就容易丧失其现实性价值。儒家"三祭"融二者于一体，既充分体现了宗教的超越精神而实现了其超越性价值，也充分体现了其悲悯世俗的现实精神而实现了其现实性价值。

三、"三祭"之礼的儒家形上精神

如依照基督教、佛教的说法，则宗教只是面对人生之苦、罪而成立的。人如果无罪，众生如果无苦，人皆在天堂，世界皆极乐，则没有宗教存在之必要了。但是，唐君毅认为，按照儒家的基本精神，"三祭"作为宗教性活动，并非单纯地面对人生之苦、罪而成立的，而是有其永恒的形上意义。正是这些永恒的形上意义，使得儒家可以超越其他宗教而具有更高更纯的宗教精神。

唐先生认为，宗教信仰乃由人类的宗教精神而来。因此，我们尊重人类的精神，便当尊重人的宗教信仰。而"此宗教信仰之价值高下，乃以包含此信仰之宗教精神，是否纯净、是否能充量，以为衡定"②。因此，在充分肯定儒家"三祭"所具有的祈望与报恩相结合、有限与无限相统一以及现实与超越相协和的宗教精神后，唐先生也智慧地提醒我们：

> 如说中国之三祭之宗教精神，有何缺点，则我们只可说此乃在其不如回教精神之重绝对公平的正义，不如道教精神重不死以求长生，亦不如基督精神之强调人类之共同罪恶，更不如佛教精神之重视世界之苦。此即使中国于儒教之外，必有道教之存在，使中国民间信有阎王，能做公平之审判，亦使回教在中国宗教世界中显一特殊之价值，使佛教得盛于中国，并使基督教在今后之中国有存在之价值者。而此亦即吾人之承认各宗教之地位之一理由所在。③

不过，这一点只足以成为我们"承认各宗教之地位之一理由所在"，而并不足以说明这些宗教具有普遍和永恒的价值。因为事实上，尽管人有自觉罪孽深

---

① 唐君毅. 唐君毅全集·中国人文精神之发展（第十一卷）［M］. 北京：九州出版社，2016：327.

② 唐君毅. 唐君毅全集·中国人文精神之发展（第十一卷）［M］. 北京：九州出版社，2016：297.

③ 唐君毅. 唐君毅全集·中国人文精神之发展（第十一卷）［M］. 北京：九州出版社，2016：331.

重者，有自觉有无可奈何之苦痛在身者，有对自己之心猿意马毫无办法者，但是人也有不自觉有何等之罪孽苦痛者，有自觉能主宰自己者。

儒家"三祭"并不以人有苦、罪而立。我们之所以祭父母、祭圣贤、祭天地，都不是因为自己感到自己有罪恶，通过祭祀作为赎罪的仪式而求得心灵纯净；同时，也不是因为我们感到自己有无限的苦痛，通过祭祀祈求天地、祖先、圣贤帮助我们祓除苦痛。

> 吾人之祭，唯在使吾人之精神，超越吾人之自我，以伸展通达于祖宗、圣贤、天地，而别无所求者。①

换言之，"三祭"是纯粹的表现我们的心灵的超越性和无限性的宗教活动。既然"三祭"只是我们自己心灵超越性和无限性的表达，那么，我们苦当祭，乐亦当祭。有罪当祭，无罪亦当祭。这才是使我们祭祀的宗教活动成为无条件的正当性活动的根本所在，而不是把宗教活动建立在我们的某些具体情形为苦为乐或者为有罪为无罪上。由是，我们明白，即使我们的灵魂都升至天堂，都到了极乐世界，我们仍然应该祭祀曾经生长存在于这个现实世界中的祖先和圣贤的生命。这才是"儒家之宗教精神之极致"②。

唐先生认为，儒家"三祭"所包含的这种宗教精神，其根本上极高明的一点就在于，它并非依于人的需要而设立的。一般宗教强调因人自觉有罪恶苦难而信宗教，这只是因为人有解除罪恶苦难的需要而信宗教。这样，宗教就成为只是满足人的需要的手段，这样的宗教表面上给人尊敬感实际上却很卑怯。在儒家的"三祭"中，对祖先、圣贤、天地的信仰和崇敬，是建立在完全不依靠我们对祖先、圣贤、天地之有所需要而只求有所报答的基础上的。

> 此种祭之意义，即先秦儒家所谓报本复始。祖宗为我之生命之本，我之祭之精神，即回到祖宗那里去。圣贤人物为我所受之人文教化之本，我之祭圣贤之精神，即回到圣贤那里去。天地为我与一切万物所依以生之本，我之祭天地之精神，即回到天地那里去。此祭之精神，要在返本报本。③

---

① 唐君毅. 唐君毅全集·中国人文精神之发展（第十一卷）[M]. 北京：九州出版社，2016：333.

② 唐君毅. 唐君毅全集·中国人文精神之发展（第十一卷）[M]. 北京：九州出版社，2016：334.

③ 唐君毅. 唐君毅全集·中国人文精神之发展（第十一卷）[M]. 北京：九州出版社，2016：334.

"返本报本"，就是超越当下现实的我的种种限制，以表现我心灵之超越性与无限性。用形上学的话说就是，天地之化生万物，人类生命之滋生，人文教化之流行，都是一向前开展、向外放散的历程，也可以说是一向下泄漏、堕落的历程；而人的自觉心灵，则能收拾、凝聚此所开展、放散、泄漏、堕落出的一切，并进而摄住、贞定这一切。由人的自觉心灵所发出的返本、报本之"三祭"的精神，则直接将此历程全副加以回抱，以向上向内，求直达本源，以翻转回应这一整个历程。天地生化万物、人类生命之滋生以及人文教化之流行的历程，是一由无而有、由幽而明、由无形而有形、由阴而阳的历程；"三祭"本于此而进行的翻转回应，则是由有入无、由明而幽、由有形而无形、由阳而阴的历程。所以，在唐先生看来，儒家"三祭"所呈现出的不依人的需要而设立、返本报本的宗教精神，比其他宗教所显现的宗教精神具有更纯粹的形上意义。

在唐先生看来，宗教精神之根源在于求价值的实现与生发之超越的圆满与悠久之精神要求或活动。人由于有求价值的实现与生发之超越的圆满与悠久之精神要求，于是，可以肯定满足此要求者是应当存在而且不容不存在的，进而可以过渡到对其必有的肯定。此必有的肯定就是信仰。在一般宗教之中，往往都存在离开宗教要求就无证实之可能的信仰，这些所谓"荒谬"的信仰，几乎成为所有宗教之为宗教的正常状态。由于此信仰是从人自己的超现实世界的心灵发出，因此也不是人可以根据现实世界的情状而能够加以否定的。因此，唐先生强调：

> 宗教信仰之价值，不以其是否合现实世界之情状为衡定，而唯依此信仰之内容，与其所自发之要求，是否有一内在的应和，及此要求之是否真纯净，能充量而无夹杂，以为衡定。此是衡定已成之宗教及宗教活动之价值之内在标准。至于衡定一已成宗教及宗教活动之价值之外在的标准，则当以其对整个人生之其他之活动，与所成之文化全体之相对价值为标准。亦不能只以其合不合人之求知的活动所知之现实世界之情状为标准。①

依据于宗教精神所依的价值的创造与保存精神来看，一方面，世间一切自然事物的生长、人类文化的开发以及人格世界的成就，都是在创造价值、实现价值；但是另一方面，一切存在的自然事物，一切已成的人文、人格，都往往一成即向历史世界沉入，而陷入永逝之境。如此生生灭灭变化无穷，无疑是人

---

① 唐君毅. 唐君毅全集·中国人文精神之发展（第十一卷）［M］. 北京：九州出版社，2016：294-295.

的一大悲哀。

儒家"三祭"却不似如此。在"三祭"中，我们通过与祖先、圣贤以及天地的感通，既将他们的创造事物和价值的功德保存于我们自己心中，同时又当下直接生出一新的保存祖先、圣贤以及天地之功德的创造活动。唐先生说：

> 然在吾人之祭天地，祭圣贤祖宗时，则吾人之心，可兼具保存与创造之功，而兼呈一具体而微之天德地德之全。因吾人念祖宗圣贤时，祖宗圣贤之德，重呈于我心，此即已返于天地之内，上帝之怀，而为其所保存之存在与价值，再回到人间，而兼为我所保存。而我之保存，即为天地上帝之保存之事以外，另一保存之事。而此保存之事，即为我之当下所生发所新造，而为我之一创造。此之谓即保存即创造之人心。①

现实世界中的一般事物，都是由创造而成的，它们本身不能自己保存其已成，都将步入不断消逝的轨道。创造万物的天地本身或者上帝、神，尽管既能创造又能保存，但是它所正创造者，往往不是其所保存者，而所保存者又不能再回到人间。只有人，独能在祭祀之时于心中将祖先、圣贤之德重新呈现于我心，而使之为我所保存；而我在保存时，同时即创造我如此保存的活动。这就是人之祭祀精神所以能弥补天地或神的遗憾之所在。人不仅可以在祭祖先、祭圣贤的活动中将价值创造与保存合为一体，在祭天地的活动中同样如此。人在祭祀天地时，因为自己的心灵与天地同流并行，就使天地之创造万物的自强不息之德、保存涵藏万物的博厚无疆之德，同为我当下所创造之"一念"所持载。而此"一念"本身，即是地德天德之大全的直接表现。如此，天地之德与人之德互为其根，互相保合而成"太和"；如此，价值的创造无穷，其保存也无穷。对于这样一种包括价值创造与保存于一体的天地合德的宗教精神的绝对价值，唐先生是佩服备至、赞叹不已：

> 斯可致价值之生发创造与保存之圆满与悠久。此圆满与悠久，固超越的洋溢于吾人祭之精神之上，亦内在于吾人当下一念之祭之精神中。此之谓，鬼神之为德，其至矣乎。洋洋乎如在其上，如在其左右，体物而不可遗。此之谓儒家之极高明而致博厚之宗教精神。此宗教精神因不自求超拔罪苦之动机入，故永无断绝，亦不归极于祈求崇拜，而由报本返始之情，

---

① 唐君毅. 唐君毅全集·中国人文精神之发展（第十一卷）［M］. 北京：九州出版社，2016：335.

以归极于赞叹。呜呼至矣！①

儒家"三祭"将祖先、圣贤与天地共同祭祀，体现了中国独特的人文精神：由于既肯定天之天性又肯定天之地性，既肯定天之先人性又肯定天之后人性，既肯定人之先天性又肯定人之后天性，因而既尊重天地之至上地位又尊重人的人格世界、人文世界之地位。

在一般宗教中，往往只有一先知或教主，人的宗教性崇敬意识最后只能集中于此一先知或一教主，最后以达于上帝。而在中国儒家，则以人皆可直接见天心，而遍致其情于所关系的其他所有人，所以，人也应当遍致其崇敬之意于一切当敬的人物，包括祖先、圣贤以及一切于人文世界有重大贡献的人物。此"敬"就完整地表现在"三祭"之礼中。敬祖先，是敬我的自然生命之本源，也就是敬天地之德在自然生命世界的表现；敬君，是敬人的群体生活的表现，体现的是对整体人类社会的敬意；敬师与各种圣贤人物，则是敬一切人格世界的伟岸人格与人文世界的全体。"三祭"所显现的超越性宗教精神，就如此被中国人以"天地君亲师"的牌位供奉于正堂，而与每个人的精神密切联系在一起。对此，唐先生指出：

> 夫然而中国宗教精神之归结于崇敬天地君亲师五者，正表现中国宗教精神之涵具一更圆满的宗教精神之证。天德开为二，以成天地乾坤之德，人生其中而为三。人由其与自然生命世界及人群世界、人格世界、人文世界之数种关系，而有对君亲师三种人物之崇敬。世界之一切宗教中，人所崇敬者之范围之广，盖尚未有过于此者。②

同时，相对于一般宗教的宗教精神只重消极的被除苦痛与罪恶而言，儒家"三祭"所体现的宗教精神更特别重视通过道德修养以提升生命。唐先生指出：

> 中国三祭中之宗教精神，不特不由自己之罪苦之求超拔之意识入，而且正根于不信人之有原罪。③

---

① 唐君毅. 唐君毅全集·中国人文精神之发展（第十一卷）［M］. 北京：九州出版社，2016：336.
② 唐君毅. 唐君毅全集·中国文化之精神价值（第九卷）［M］. 北京：九州出版社，2016：311.
③ 唐君毅. 唐君毅全集·中国人文精神之发展（第十一卷）［M］. 北京：九州出版社，2016：336.

基督教思想认为人生而有罪，婆罗门思想与佛教思想都认为人自始就为业障或无明所缚。所以，世界主要一般宗教言道德修养，除去罪恶无明以外，似乎就不能有其他事情可做。相应地，人如果不承认自己有罪或烦恼等，就似乎无法使自己感觉有信上帝的必要。比如，如果像基督教说的，如果人有原罪，那么祖先、父母、圣贤人物这些我们"三祭"所祭祀的人物，就都是带着原罪而去的；而如果我一想到我祭祀的对象都是有罪的，那么我们对祖先、父母、圣贤人物的崇敬之心自然而然就会减弱。这种减弱的崇敬之情自然会严重削弱信仰本身的价值。

在儒家"三祭"所显现的宗教思想中，我们对于形而上精神实在或绝对精神生命能够加以肯定与证实的根据，正在于我们人自己不自以为先有罪，而是先能够相信其性的向善性而尽其性。我们对天地君亲师等的宗教性感情，则主要依于我们能伸展自己的精神以遍致崇敬之情于这些对象。按照中国儒者之教，我们对于已逝去的古人及父母，都只应当想念其功业德行，而淡忘其一切不德之处。此即所谓隐恶扬善，以孝子慈孙之心为先人补过是也。如果我坚持如此隐恶补过，则也使得我自己当下即从我自己心中的罪恶存在中超拔出来。

> 故此种宗教精神，不特重在教人能承担罪苦，而尤重在能承担宇宙之善美、人生之福德。承担宇宙人生之美善福德，不私占之为我有，乃报以感谢之意，而又推让之天地君亲师，以致吾之崇敬，即为一崇敬客观宇宙人生之善美之宗教。此中之道德修养所重者，遂可不重在消极的去除罪恶与烦恼等，而重在积极的培养一崇敬而赞叹爱护宇宙人生之善美福德之情，并以求有所增益于宇宙善美、人生福德，使之日益趋于富有日新为己任。①

所以，在"三祭"之中，所敬所祭之"天地"，为厚德载物以生长发育成就万物的天地；所敬所祭之"祖先、圣贤"，也是顾念人间而与人的精神相感通的祖先圣贤。依此思想，人对天地、祖先、圣贤是不当有所私求的，也不应当望其能为我们申冤雪仇，以至赏善罚恶，因为这些都不是天地鬼神的主要责任。天地鬼神（祖先圣贤之灵在中国宗教中是以鬼神方式出现的）之德，都在于无思无为地造生万物、成就万物之事以及与人的自然感通之上。

> 夫然，故天地鬼神之德，皆与其谓为永恒不变，不如谓为洋洋乎如在

---

① 唐君毅. 唐君毅全集·中国文化之精神价值（第九卷）［M］. 北京：九州出版社，2016：313.

其上，如在其左右，悠久而无疆。于是人崇敬天地鬼神之心，即同于"一积极的直觉一悠久无疆之形上精神实在之哲学意识"，与"对悠久无疆之天地鬼神，积极的致当有之礼敬，愿望天地鬼神之与人，同从事于增益宇宙人生之善美福德"之道德意识。贯宗教、哲学，与道德精神以为一，斯即中国宗教精神之极高明而敦笃厚之至诚。诚之至也，则吾之一切行为，皆可质诸天地鬼神而无疑，而与天地鬼神之德共流行，为形上精神实在之直接呈现。吾之礼敬，即既敬彼天地鬼神，亦敬吾之一切行为。吾之一切行为，以至一切意念，皆即形下而形上，才通过主观，即化为客观，才属于我，即属于天，才自我所创生而辟发，即为我所恭敬以奉持。则我与我之一切行为意念，亦可敬之如天，而自处如地。①

人如果真正以此精神去观世间，以相互宽恕他人之罪，则他人之罪也就在人的相互宽恕中而相忘，并归于各自求自我超拔其罪过。这也就是儒家的"躬自厚而薄责于人"之教。此教之义，根本的在看人自己之过，而视人皆可以为尧舜，涂之人可以为禹，满街皆是圣人。与此精神相应的宗教，必定是积极地报恩崇德以崇敬之心对天地、祖宗、圣贤之祭的宗教。这正是儒家"三祭"所体现的宗教精神的超越性所在。

四、恢复"三祭"之礼的生命意义

在唐先生看来，儒家精神与一切人类高级宗教共同之点即在于其宗教性。所以过去曾有儒、释、道三教之称，而今后的儒家思想，也将不只以哲学理论姿态出现，而仍可成为儒者之教，并为中国人提供安身立命之所。

哲学科学理论本身不能使人安身立命。因理论只为知之所对，理论有各种可能形式，因而是摇摆不定的。艺术文学不能使人安身立命，因艺术文学中之境界，是超冒于现实世界之上，而与之脱节的。艺术文学只能使人有暂时的沉醉。政治经济之事业，不能使人安身立命，因这些事业，都是相对于一时代之政治经济之现实问题的。此问题在未解决时只是一苦恼，人不能安身立命于苦恼中。已解决后，则人之心必别求有所寄。此外个人之货利财富、名誉、权力地位、一时的爱情与个人所具之各种知识技能，无一可使人安身立命。因这些东西都是一方变化得失无常，一方无最后的

---

① 唐君毅. 唐君毅全集·中国文化之精神价值（第九卷）　[M]. 北京：九州出版社，2016：313-314.

满足之标准的。这些东西，都在个人之自觉心之下，而暂属个人的。其现实存在性，都是有限的。而人心则以无限性为其本质。故人心皆能超冒于这些东西之上，而不能长自限自陷于其中。由是而人只能在其涵具无限性、超越性之心灵，与此心所在之人生存在自己，得其安顿之所时，人乃能得安身立命之地。此则待于人之能有一表现其心灵之无限性、超越性之宗教的精神要求与宗教信仰，及宗教性之道德与实践。此可求之于一般宗教，亦可求之于儒者之教。①

在唐先生看来，中国人对天地、祖先与圣贤忠烈人物的祭祀，含有极其深沉、高明的宗教精神。这不是哲学理论，也不是一般的道德心理与行为。祭祀对象为超现实存在，祭祀礼仪与宗教礼仪同具有象征意义。祭祀之时，祭祀者所求的是自己生命精神的伸展，以达于超现实的已逝世的祖先圣贤，及整个天地，而顺承、尊戴祖先圣贤及天地之德。此敬、此礼，可以使人超越于其本能习惯的生活。因此，唐先生坚决主张复兴祭天地、祭祖先、祭圣贤之礼，对亲师圣贤的敬意，以及对人格世界、宗教精神、宗教圣哲的崇敬。

在唐先生看来，中国儒家"三祭"中所包含的宗教精神及其价值，至少并不在世界诸大宗教之下。因此，信儒学者并不一定要信其他宗教，就能够补足其精神上的空虚。儒家的精神固然重现实伦理及社会政治事业，但是，儒家精神同样也有超现实而极高明的一面，这一面除了表现在儒学的心性论、天道论的形而上学思想理论外，在生活上就表现在"三祭"之礼。因此，为了复兴中华文化事业，为了振兴即宗教即哲学即道德的儒家事业，唐先生特别强调：

> 儒家之三祭之礼，天地、祖宗、圣贤之神位必须恢复。一切丧葬之礼与婚礼，亦不能只任教徒主持，而与此礼配合者，则必需有套音乐、文学、建筑之艺术，即乐。
> ……而此即终将为四海之人道立极，为世界之宗教立枢，以转移世运，斡旋天心，有志之士，盍兴乎来。②

唐先生晚年完成的耗费终身心血的巨著《生命存在与心灵境界》更建立了融摄世界各大宗教、哲学的心通九境之说。心灵生命次第超升，从客观境界的

---

① 唐君毅. 唐君毅全集·中国人文精神之发展（第十一卷）[M]. 北京：九州出版社，2016：317-318.
② 唐君毅. 唐君毅全集·中国人文精神之发展（第十一卷）[M]. 北京：九州出版社，2016：338-339.

三境到主观境界的三境再到超主客观境界的三境。通过升进与跌落的反复，通过超升过程中感觉经验、理性知识、逻辑思维、道德理想和宗教信仰的正负面作用的扬弃，最终达到"仁者浑然与物同体"的"天人合一"之境。这也就是"天德流行""尽性立命"境。在唐先生看来，儒家融摄了西方一神教和佛教，其说最为圆融①。唐先生肯定儒家由道德向超道德境界的提升，由尽性知命的道德实践向"天人合一"或"天德流行"的无上境界的提升。

就终极之境而言，儒家的"天德流行"之境与基督教的"上帝"、佛教的"涅"之境相类似。但是，就达成的路径而言，儒教不走否定现实人生之路，而是走道德实践的路，以此融通种种超越的信仰，把宗教的价值转入人的生命之中。生命心灵由"经验的我"到"理性的我"再到"超越的我"，心灵境界由"客观境"到"主观境"再到"超主客观境"，次第升进，不断超越。唐先生把儒家的信仰内化，肯定人能完善自己，实际上是对作为价值之源的、积淀了"天心天性"的"无限的仁心""本心本性"的完满性的信仰。

对唐先生来说，"吾理想中未来之中国文化，亦复当有一宗教"②。一方面，中国未来宗教精神之性质，当然是与一切往昔的宗教精神不同的，但是它又必然是从人类往昔宗教精神中升进而出；另一方面，未来中国的宗教精神必须是由中国传统宗教精神生长出来的，而不是简单直接外袭的。唐先生说：

> 吾人所谓中国未来文化，则将由宋明儒所重之"道德之实现""整全心性之实现"以再转出心性之分殊的表现，以成就分殊之"客观文化精神之表现"，而将重新表现出一客观天心与神。此即宋明儒精神之一推开，孔孟精神之一倒转——由中国古代原始之宗教之不自觉的表现神，转为自觉的表现神者也。③

---

① 唐君毅. 唐君毅全集·生命存在与心灵境界（第二十六卷）（下）［M］. 北京：九州出版社，2016：267.

② 唐君毅. 唐君毅全集·中国文化之精神价值（第九卷）［M］. 北京：九州出版社，2016：354.

③ 唐君毅. 唐君毅全集·中国文化之精神价值（第九卷）［M］. 北京：九州出版社，2016：357.

第三节　面对死亡的准备

在唐君毅看来，他人之死对自己之生的逼问（实际上自己之死对他人之生的逼问是一样的），一方面是要通过以情志感通的方式，包括"葬之以礼、祭之以礼"的礼乐生活，重建生者与死者的生命关系，以此自我确证个体生命之死，并非"一无所有"，而只是以另一种方式存在，如此说明生命"死而不亡"，为其"完善的不朽论"提供基础性的理论说明；但是，更为重要的一方面，是要人意识到，每一个人都有其独特的心灵生命，每个人的心灵生命都可以通过自我生活理性化的方式充分实现自己的心灵志愿，在自我"身心呼应"的条件下也实现与他人的生命感通，从而实现普遍的人类生活世界的理性化。这种人类生活世界的普遍理性化，一方面是通过人与人之间包括生者与死者之间的精神空间的建立与开拓实现的；另一方面也是通过人与人之间包括生者与死者之间的余情感通与继志述事实现的；同时，还是在坚持超越信仰的过程中，通过每一个人尽己之心也尽人之心、尽圣贤之心、天地之心的尽性立命而实现的。

一、精神空间与生活理性化

尽管每一个人基于"以死观生"对自己的生命领悟，而决定自己生活理性化（过一种道德生活）是每一个个体生命自己的事，但是，唐君毅指出：

> 此个人之事，必自成其相续之一历程，不至其极则不止。此所谓不止，依佛家义说，原不只是个人道德生活上之事，必相续而不止，不以一生而断；即其余任何个人生活上之事，亦相续不止，不以一生而断。①

如果个人生活中有不合乎理性者，便总是会导致生活中的前后互相矛盾，跌宕而不安宁，因此人多后悔而不能自安；其由今生以至来生，流转于生死之途。而如果人的生活能够合乎理性，其前后互相一致而贯通，人于此即无悔而可自安。

当人之生活全部理性化时，则其生活中之点点滴滴之事，皆可透过其

---

① 唐君毅. 唐君毅全集·生命存在与心灵境界（第二十六卷）（下）[M]. 北京：九州出版社，2016：218.

生命之全程以观，而一一皆为合乎理性，亦即皆为通贯此全程，而见一普遍之意义，以为当有必有；即皆以此理性为其所归之极，而止于此极者。①

因此，当人的生活全部合乎理性化时，其生活中点点滴滴之事，尽管最初只是存于一时一地，但是由于其具有普遍意义，即无异于存在于此生命存在的一切时一切地之中，而兼有一永恒的意义，亦超于生死轮转之外。所以，"一全部理性化之生活所成之生命，即为无一般所谓生死之永恒之生命，而人成圣，即其生命之有所归之极，而至其极，以得其所止息之处之生命也"②。正由于此，每个人才必须自觉地开启自己的生活理性化的道德实践。

人在当下生活中，其心有情，力求与外境感通。而人的心灵有自觉，可以翻上一层，成为超越的自我，对自己当前的心灵活动有所审察；因而，自觉的心灵自然对自己当下生活的知、情、意等活动有所知，对自己当下的感觉、思想和想象等活动有所察。虽然人的感觉、思想、想象等活动没有定限，但是，人"当前之心灵之自觉，必须昭临于此诸活动与所对之境之上，以正位居体，而为一尽性立命之主体，或道德实践之主体，而以尽性立命、道德实践或道德人格之成就，为其目的"③。人只要自觉自己的心灵昭临在感觉、思想和想象等活动之上，此自觉的心灵正位居体，它就可以是一尽性立命的主体（尽性立命的我）或道德实践的主体（道德实践的我）。进而，人可依此自觉心灵主体（心灵自觉的我），与他面对的他人、他物相感通；他不认为自己隶属于他人、他物，也知道他人他物不隶属于自己。他能自观，知道他人、他物与我和情意感通，但并不黏着，因此没有彼此的隶属关系。既不黏着又无隶属关系，则我与他人、他物之间就有了"精神空间"，人与我，就凭此精神空间而互不妨碍而各保其性，每个人可在此"精神空间"中舒展身心而顶天立地。

唐君毅认为，"一切人伦关系中之人与人，情相感通，其中皆如有一精神的空间，以不碍其各自独立而顶天立地"④。父子关系、朋友关系或夫妇关系，其间都有精神空间；在政治上的君臣关系，一般机构中的上司下属关系、雇主雇

---

①　唐君毅. 唐君毅全集·生命存在与心灵境界（第二十六卷）（下）[M]. 北京：九州出版社，2016：218.

②　唐君毅. 唐君毅全集·生命存在与心灵境界（第二十六卷）（下）[M]. 北京：九州出版社，2016：219.

③　唐君毅. 唐君毅全集·生命存在与心灵境界（第二十六卷）（下）[M]. 北京：九州出版社，2016：230.

④　唐君毅. 唐君毅全集·生命存在与心灵境界（第二十六卷）（下）[M]. 北京：九州出版社，2016：231.

员关系，其间也都有精神空间。有此精神空间，则每一个体生命都不至于成为其他个体的附属品。即使就个体生命自己来说，其过去、现在、未来的生活，每一段之间也必定有精神空间，不相黏附，这样才能使其在不同阶段表现出不同的生命状态，比如，在"观照凌虚境"中的生命可一转而为"道德实践境"中的生命。即使就处于"道德实践境"中的个体生命来说，"有过的自己"与"改过的自己"的关系，其间也有一精神空间；"不知善恶之自己"与"好善恶恶之自己"的关系，其间同样有一精神空间。精神空间使"有过的自己"与"改过的自己"不相黏附，生命才得以弃旧开新；就因为有精神空间，才使得"不知善恶之自己"与"好善恶恶之自己"不相黏附，生命才得以新旧焕然。

此外，人依心灵之自觉而有种种达到目的的手段或行为，此自觉与此目的之间，也有一精神上的距离或空间，而使此目的之扩大或缩小、伸进或退缩之事，或自运转改变其目的之事成为可能。而目的与手段之间，也有一精神空间存在于此自觉之中，使手段之事的伸缩进退成为可能。否则，人虽然可有其达到目的的手段，或对目的手段之善恶自加一直接的好恶而迁善改过，或尽人伦之道，以成一般的道德实践，却不能有"尽性立命"以自成圣成贤的道德实践。处于万物散殊境中的个体生命，在天德流行之下，会以其自觉心灵来保有其个体。也就是说，人的自觉心灵与其所信仰的超越绝对者之间，同样有一精神空间。

个体心灵建立起精神空间，使自己不黏附于他人他物，也不沉溺于他所信仰的上帝、上天或无量诸佛。其所建立的"精神空间"之量的大小，基本上由个体生命的先天气质决定，但可以通过修养来开拓。

> 此修养之道，恒非是在一般道德实践之情境中，方加以从事者。此乃临时抱佛脚之所为。因在一正常之道德实践之情境中，人当下即须对此情境求一决定之反应或回应，即不能更从事于此空间之量之增大之修养。此修养之道，乃在平时之不关联于道德实践之心灵之活动。①

也就是说，精神空间的开拓，可以在心灵九境的前五境中进行，先不必关联道德实践境中之事。比如，心灵在"观照凌虚境"（第五境）中，对"美""意义"与"形象"的观照，可以引导心灵超临于万物之上，心灵有无穷的开展，精神空间即可开拓。人的心灵在"感觉互摄境"（第四境）中，对他人、

---

① 唐君毅. 唐君毅全集·生命存在与心灵境界（第二十六卷）（下）[M]. 北京：九州出版社，2016：231.

他物有所感觉体验，生起共感而有所回应，心灵突破己围，容纳他人、他物，此即可以开拓精神空间。人的心灵在"功能序运境"（第三境），依万物的功能运行而顺序开展，由此也可以开拓精神空间。人的心灵在"依类成化境"（第二境），知道各种类的层次安排而知类通达，心灵随类的层次而展现，精神空间也会由此开拓。至于在"万物散殊境"（第一境），心灵知道万物各有其独特性，便随其独特性而分别观之，精神空间同样即此可以开拓。

> 无论是依个体之散殊而顺展，依类之有种种而顺展，依感觉活动之相续而顺展，或依观照所及之纯相、纯意义之次序呈现而顺展；其在主观心灵上之效应，同是一心量之次序的开拓与扩大。此中，因人初不必有一般道德实践中之善恶、邪正之辨别，以对境加以去取，故此境之次序展现于心灵之前，即自然顺而不逆。此即足以成此心量之自然的开拓扩大。①

换言之，心灵在前五境活动中，对其所处境中的一切都不做道德上的去取。因此，当各境展现于其心灵之前时，心灵便顺而不逆；心灵在诸境顺势而动，既无阻碍，不见有黏着，精神空间便自然可以开拓。

唐君毅强调，在开拓精神空间的过程中，心灵必须保持自觉。人的心灵能不黏附、不隶属于他人、他物，又不至于匍匐在其所信仰者之下，关键全在它有自觉。心灵在观照凌虚境，观数目之排列、色彩之分布、文章之组织及音律之抑扬，必能自觉自己就是观数目、观色彩、观文章及听音律者；心灵在其余诸境，也是如此，在感觉互摄境必自觉自己在种种感觉之外，在依类成化境则自觉自己在类之外，在万物散殊境则自觉自己在诸个体之外。只有自觉的心灵，才能经历诸境而不黏附其上，才能时常保持着向上提起而虚悬于诸境之上。心灵能自觉与他人、他物有一距离，有一空间，则此心灵就可正位居体。

人的心灵澈入"境"之内外、先后与上下，对"境"做深度、广度与强度的感通；感通的程度不同，由此形成的生活就有远近、大小与厚薄的差别。此即表明，"人心灵之理性之要求之程度之不同及人之生活之理性化、与人之生命存在之理性化之程度之不同"。而"人于其所感，能加以贯通，以至对其生活之全境，无不感而遂通，而其生活全部理性化者，则为圣人"②。因此，如果一个

---

① 唐君毅. 唐君毅全集·生命存在与心灵境界（第二十六卷）（下）[M]. 北京：九州出版社，2016：232.

② 唐君毅. 唐君毅全集·生命存在与心灵境界（第二十六卷）（下）[M]. 北京：九州出版社，2016：238.

人要求对其生活的"全境"无不感通，那么，他就非使其心灵达至圣人之境界不可；人的心灵要能如圣人之心灵，然后才能对境之内外、先后、上下不见有阻碍与隔膜，无不感而遂通。

生活在客观境"万物散殊境"的个体生命，要真正死而无憾并获得不朽的生命安顿，就必须让自己的生活理性化，如此便有对应的主观境的"道德实践"及超主客观境的"尽性立命"之事。但是，"我"作为个体生命，只是无数个体生命中的一个而已，我之外的个体生命无数，要求也无数，尽管会有在某些情况下大家一致的要求，有某一群类一致的要求，但不会所有个体的要求都全部一致。即使是圣人治天下，面对无数个体的无数要求，虽然可以感而遂通，但也只能依照"道德实践"的原则，将所有个体的要求善加贯通与会通，而不能使每个个体的要求都全部实现，这也包括，他不能使自己欲达到的目的全部实现。由此，即使是圣人，也不能不感到遗憾，不能不有所慨叹；只是，他知道，这是人在生活理性化（尽性立命）时所不能避免的事。

二、余情的感通与继志述事

通常所说的"生活理性化"，主要是说，人们的知行都依"理性"来践行，都依"义之当然"来践行，都承"情境相召，性命相呼"来践行。那么，在人的"生活理性化"过程中，在人的"知而行之"的过程中，"情"居于什么地位呢？

一般的认识是，当人的心灵与境物相遇时，初则有"知"，继之有喜怒哀乐爱恶欲等"情"的生起，人在这时或会以自觉心灵反观其心中生起的喜怒哀乐等情，察见其中哪一些是善的，哪一些是不善的，进而，喜爱其善者，厌恶其不善者，更由此而有道德的实践行为。又或者，自觉心灵不反观其心中生起的喜怒哀乐等情，而直顺其情而成现实的行为。于是，人们得出结论，说人之"情"，不论我自觉它或不自觉它，它实居于"知"与"行"的中间。人在一处境中，能够由"知之"而"行之"，"情"发挥了媒介的作用，"情"使"我之知"归宿到"我之行"去；而当"知"成"行"之后，"情"也就完成其媒介的作用而隐去。唐君毅认为："此中，以情为知与行间之媒，而情既归于实践之行，以行成人之德，则其情似归于隐。此固是情之所以为情之一义。然尚非情之所以为情之究竟义也。"①

---

① 唐君毅. 唐君毅全集·生命存在与心灵境界（第二十六卷）（下）［M］. 北京：九州出版社，2016：238-239.

在唐君毅看来，"情之所以为情之究竟义，在由情以有行，由行以成德之后，此德之表现可仍只是一情。此情则为不更以归于任何之实践之行为目的，而自然流行生发，以充塞洋溢于天地间，而无已者"①。也就是说，人由"情"而出"行"，在成就"一般之行"或"道德的践行"之后，此"情"仍存在，并不隐退消失。这样的一种"情"，本质上并不以成就"行"或成就"道德行为"为归宿。此"情"之发出是自然而然的，由人之天性中来，它生发流行，充塞洋溢于天地之间。这种不以人之某一"行为"或"德性行为"作为归宿之"情"，乃是人之"天性"的表现，人人皆有，但又弥足珍贵。这种人之"情"，"运于人之心灵所对之任何内外之境物之虚处"，亦即前面所说的"精神空间"中的"空"处，而又环绕于诸境物之外的氛围之中，唐君毅称之为"余情"。"此余情者，非剩余之情，乃充余之情，即多余之情。"②

作为一种充盈至尽的深情或多情的"余情"，唐君毅认为："恒由行为之无可奈何处，人面对其行为与境物之外之无限，而生发，亦恒顺人之追念、回忆、与想象所及之遥远事物，非人之行为之所及者而生发。"③ 换言之，人之"余情"，既可以呈现于人的心灵面对外境苍茫向其尽头的无限之极处眺望而生，也可以由人追念过去，回忆过去，直追忆到不能再追忆之极处时所生。比如，人追忆儿时旧事，由记忆清明的到隐约的，直到竭尽其力都不能再追忆之处，那里似有还无，似无还有，一切不成片段，而心中有些说不出来的挂念，这时泛起的"情"，是无所着之情，这种"情"就是"余情"。人遥望故乡，只觉得离乡越来越远，越来越久，便兴起欲瞻望故乡之情，想知故乡当前境况何如，终于纵其情而瞻望，到想瞻望而有所不能的时候，悠悠之情由心中生起，这就是一个"余情"。人的"余情"是人心灵面向其境之内外、前后、上下进行无穷的伸展时产生的。心灵并非不想对他回忆中、思念中、遥望中、想象中和期望中的"事物"有所感通，只是这种要与"境物"感通的强烈要求，到了尽头仍没着落，心灵这时只能浮沉在"似有还无之境"。他追忆、思念儿时旧事之情，最后止于"似有还无之境"；他遥望故乡之情，最后止于"似有还无之境"；他登高望远之情，最后止于"似有还无之境"。总之，此"情"终无所归，只浮

① 唐君毅. 唐君毅全集·生命存在与心灵境界（第二十六卷）（下）[M]. 北京：九州出版社，2016：239.

② 唐君毅. 唐君毅全集·生命存在与心灵境界（第二十六卷）（下）[M]. 北京：九州出版社，2016：239.

③ 唐君毅. 唐君毅全集·生命存在与心灵境界（第二十六卷）（下）[M]. 北京：九州出版社，2016：239.

沉在空荡荡处或虚杳杳处。

人的这种"余情"使人之心灵驻于一个渺渺茫茫之境，此情在那"渺渺茫茫之境"放散洋溢。

> 凡此类之情，皆在人与所对之境物中间之一精神的空间之中，而如在环绕于此人与境物之外之一苍茫之氛围中，亦即皆为充余于此人与境物之外之一余情。此人之余情，乃环绕境物而生起、放散，而溢乎其外，故非一黏附于境物之溺情，或情欲，亦不化为达成任何目的之实践行为，故不同道德生活中之好善恶恶之情。①

它对物无所黏附，它不沉溺于物，故它不是溺情。人有这种"情"生起，心灵就留在此"情"之上，不会化此"情"为达到某一目的的媒介。人平时生活，因有"知"而生喜怒哀乐之"情"，此"情"推动人生起"行为"。但人的"余情"并不推动人生起"行为"，它与人的一般生活中之"情"不同，也与道德生活中之"好善恶恶之情"不同。"余情"可以由人对境物有所"知"而生起，也可以不由对境物有所"知"而生起，此"情"可由心灵深处来，它来就来了，不能问它来的目的，也不能问它要达到什么结果，它不求有结果，也不会有结果。

唐君毅认为，由人心灵深处生起的"余情"是可爱之情，人们都会任由此"余情"在心灵中荡漾，让此"余情"充盈心中。人有此"余情"的生起，显示人的心灵深处有一寥廓而深邃的"大情至性"。在唐君毅看来，人有宗教性的情操，"如赞叹、祈望、颂祷、悲悯，皆是此一类之性情之表现，而与其所对者，若即若离，其所对者，亦若有若无，若虚若实，使其情无着处；而此情亦正以其无着处，方能生发而不已。然此生发不已，仍是以吾人之当下之生命存在之心灵为中心而生发，故亦皆与人之当下之自觉心灵，相与而俱行，而非在其外"②。或者信一神教者对世人之有罪者显示的怜悯之情，信佛教者对众生之有苦显示的悲悯之情，信儒家之天德流行者对世人都欲其成长之肫肫其仁之情，这些都是至高至大的性情。

个体生命"生活理性化"之最高的"理性"，必定是包含"余情"的理性；

---

① 唐君毅. 唐君毅全集·生命存在与心灵境界（第二十六卷）（下）[M]. 北京：九州出版社，2016：240.
② 唐君毅. 唐君毅全集·生命存在与心灵境界（第二十六卷）（下）[M]. 北京：九州出版社，2016：240.

"生活理性化"的极致，并非生活中的一切知行都依照"理性规则"而发，而是生活中的一切知行全副是"性情"的展现。"吾人言生活之理性化，其最高义，即在此生活中之理性，皆显为有如此之余情之性情，而理性即同时为表现为超理性。由此，而人之生活中之一切，皆如在此一性情之余情之充塞洋溢之中。"① 依据"生活理性化"，人与物境经常处在"情境相召、性命相呼"的过程中，人就在这过程中"尽性立命"。

而在生者与死者之间，生者之于死者所生发的诚敬之情，同样是一种基于性情的"余情"。唐君毅认为，中国儒者言鬼神，本于生者对死者的不忘之情，即本于死者的回忆追念。但是，只由此回忆追念来说死者之事皆一有而永有，尚不能尽人对死者回忆追念之义。因为，人对死者的回忆追念，并不只是"知道"其一有而永有，并以此作为其自身转入其他生命中之事的理由；而且更希望对此所回忆追念之人之事，有一情感上、行为上的回应，儒家所谓"继志述事"等，方能尽此回忆追念之根本义。

> 依儒家义说，则死者之事，自亦是一有而永有。此一有而永有，即由人之能回忆追念之所展示，而为人所铭刻于心，或见之文字，以成其历史之记载者。②

生者对死者的继志述事，是指死者实有其志其事。尽管死者之志不足继，事不可述，自然也是一有永有；但是，唐君毅强调，于不可继者即不继，不可述者即不述，此即所谓对于死者隐其恶而扬其善。"若死者果有罪，则不待其自知罪悔罪，而此后死者之隐其恶扬其善，即已是代之悔罪，为之赎罪。若先死者之果有其来生，则其来生之罪行，必灭轻，善行必增盛，可预断矣。"③ 唐君毅认为，此对死者的回忆追念与继志述事，进而言死者之鬼神而对之有情感和行为上的回应，此乃是人间之一"实事"，而不只是"想象中的事"。正因为其为"实事"，即使千载之后，诚如《孟子·尽心上》中所言，闻伯夷之风者，顽夫廉，懦夫有立志。闻柳下惠之风者，薄夫宽，鄙夫敦。

---

① 唐君毅. 唐君毅全集·生命存在与心灵境界（第二十六卷）（下）［M］. 北京：九州出版社，2016：240-241.
② 唐君毅. 唐君毅全集·生命存在与心灵境界（第二十六卷）（下）［M］. 北京：九州出版社，2016：303.
③ 唐君毅. 唐君毅全集·生命存在与心灵境界（第二十六卷）（下）［M］. 北京：九州出版社，2016：303.

宋明儒者也曾论及上述问题，但是唐先生对其论述并不完全赞成①。比如，有人问程伊川："尧舜至今几千年，其心自今在，何谓也？"伊川答："此是心之理，今昭昭在面前。"伊川的意思是说，尧舜之"心之理"在，人可由尧舜之事业知尧舜之心，由尧舜之心知尧舜之"心之理"，尧舜是以其"心之理"而为后人所知，人由其"心之理"而知其"心"。程明道则说"尧舜事业，何异浮云过太空"。明道或是想指出，尧舜事业是迹，其本在尧舜之心，其迹（事业）本其"心"而来，其"心"为超乎其事业者，不随其事业化为陈迹而消逝。唐君毅认为，伊川与明道之说并非不可，但是可以有更究竟的说明。明道说尧舜事业如浮云，无异于说尧舜事业已不在。如果是这样，则人即可问，出此事业之"心"仍在否？尧舜之心仍在否？照伊川的说法，其心（尧舜之心）不在了，只有其"心之理"在，只有其"理"重现于当前人之心。唐君毅认为，应该说"尧舜之心"见于其事业，可由其"事业"见其"心之理"，由其"心之理"在见其"心"在，其"事业"亦在，都无非一有即永有。

唐君毅认为，后人以其心知尧舜之事业、尧舜之心及尧舜之"心之理"。人不只是知尧舜的"心之理"，亦知其"心"、知其"事业"，更知其"事业"一有即永有，其"心"一有即永有，其"心之理"一有即永有。人只要尽此"心"或尽此"心之理"，则知尧舜之事业、尧舜之心至今仍在。如果这些都不有不在，那么，后人不可能闻尧舜之事业而知尧舜之心，因而感奋兴起。所以，必须说人有通千古百世上下之心，说尧舜之心与其事业皆无所不在，这样才是究竟的说法。

唐先生说，在宋明儒中，陆象山最能言千百世之圣贤，其心同，其理同，而无古今之隔。但是，象山也未曾言及，此古今之事，皆一有永有，而亦无古无今；所以，其言仍未能至究竟之义。在唐君毅看来，人除了知道当前事为有，也必须知道宇宙中一切事一有永有，才足以感通生死、超越生死。

唐先生母亲去世后，他坚持不辍的日记也中断了十天。在沙田慈航净苑守灵九日，哀思难忘。随着丧礼的结束，唐先生的生活也必须从"丧哀"之中进入日常。为了化解自己的哀思，唐先生在母亲逝世十日的正月二十四日（三月八日），于慈航净苑杂记哀思其间的苦难而成《母丧杂记》，记述父母养育之恩德和自己的怀念之情，开始了自己"继志述事"的孝行。在《母丧杂记》中，唐先生回忆叙述了父母亲的生平事迹，在"述事"中实现与父母生命的感通，

---

① 唐君毅. 唐君毅全集·生命存在与心灵境界（第二十六卷）（下）[M]. 北京：九州出版社，2016：304.

并让父母的生命因文字而永恒。

"述事"当然是尽孝道，让先人的生命事迹得以彰显人间。唐先生通过撰写《母丧杂记》，一方面确实释放了自己的哀伤情感，另一方面也让母亲的大智大慧、大慈大爱通过自己的心而历历在目，并通过文字而为世人记诵。今日所知道的唐先生母亲的诸多事迹和德行，确实主要是通过唐先生的文字而获得的，这便是真正的孝道。当然，唐先生所为者还不只是这样的"述事"，同时，他决定将母亲所著诗文及父亲的遗著一并刊行于世，实现真正完整的"继志述事"。

1973 年 6 月，唐先生编辑校对母亲遗著为《思复堂遗诗》刊印。"思复堂"是唐先生父亲为唐先生母亲诗稿所题之名。唐先生母亲的一生，除了曾经在简阳及重庆的女子师范学校任教职两年外，"皆尽劳瘁于养育吾及妹弟五人，至于成立。吾家素质，先父一生不入仕途，家务皆先母躬自操作，初罕余闲治学"。但就是在这样一种近乎现代意义上的罕有余闲治学的"家庭主妇"的境况下，唐先生母亲依然留下了五卷诗稿，而且还是因为"多随手散失"。《思复堂遗诗》五卷，是在唐先生母亲逝世后，由唐先生的二妹至中、四妹恂季、六妹宁孺及五弟慈幼分别所存而汇集整理成的。由此可见，唐先生母亲之勤奋、智慧、性情之一斑。唐先生在"编后记"中谓："吾妹至中既编遗诗为五卷，更加恭录，辗转寄港。吾奉而读之，既痛不获再得吾母之训诲；更念吾母一生劳瘁，奔波道途，其事虽只为一家，吾亦日久渐忘；然其情之所及，志之所存，则不限一家，并见于此五卷诗，而德音如闻，慈晖宛在。"①

《思复堂遗诗》按照时间先后及主题共分五卷。第一卷是唐先生父亲未逝世前唐先生母亲所作，这段时间，唐先生父母客居成都以及川北、江南各地，并一度还乡，唐先生母亲的诗作除了对于异乡景物兴感之外，也有不少怀念兄弟姐妹情感之作。第二卷则为唐先生父亲逝世周年后哀悼亡夫之作，唐先生母亲曾经自编为一集寄呈欧阳竟无先生，后唐先生的二妹唐至中又以之请教李证刚先生，两位先生都有题字。第三卷是唐先生母亲走出悲怀情感后与孩子们共居成都时，以及抗日战争发生后的感怀时事之作。第四卷则是抗战结束后，唐先生母亲与唐先生的二妹至中居灵岩山及一同去江南后所作。第五卷则为一九四九年后，唐先生与诸妹弟散居各地，唐先生母亲往来其间之所作，因此有更多的怀念儿孙之句。

在为《思复堂遗诗》写的"编后记"最后，唐先生谓：

---

① 唐君毅. 唐君毅全集·亲人著述（第三十六卷）［M］. 北京：九州出版社，2016：206.

忆吾母常称温柔敦厚为诗教，于古人之诗，喜道及陶之意境与杜之性情，未尝以模拟雕饰为诗也。吾稍知学问，初皆由吾父母之教。顾吾为学，偏尚知解。及今年已垂老，方渐知诗礼乐之教，为教之至极；亦不敢于慈亲之作，妄作评论。唯当今之世，人伦道丧，本温柔敦厚之旨以为诗者，盖不多见。则吾母之遗诗，亦当为关心世教之大雅君子所不废。故今就吾妹至中手抄稿，影印若干册，寄赠吾家亲故之尚存者，亦留俟来者之观览焉。①

1974年2月25日，唐先生拟将父亲遗稿《孟子大义》重刊，当日写《重刊记》。在《〈孟子大义〉重刊记及先父行述》一文中，唐先生谓：

> 至吾父之著，则唯《孟子大义》一书，曾由云生先生列为敬业学院丛刊，于民国二十年冬，刻于燕京；后经《学衡》杂志七十六期加以转载。此外，则如云生先生所提及之《诸子论释》《志学谀闻》及文集、诗集若干种；与吾所知之吾父初年所著之《广新方言》，二十余年之治学日记，及门人学生所记语录，初并藏于吾家。其中之治学日记，尤为吾父治学之心得所在，最堪珍贵。抗日战起，吾虑或有被日机炸毁之虞，乃并家藏古籍，移置双流彭家场刘宅，以为可得保全。不意以刘家为地主之故，而于二十三年前，其家遭受清算之时，乃并吾父之遗稿，及其所藏书，共运入制纸工场，化为纸浆。
>
> ……吾来港后，曾屡函居大陆之妹弟，探询吾父遗著消息，答书皆含混其词，后乃以实相告。吾十余年来，屡游日本及欧美，恒就其藏中文书刊之图书馆，搜求吾父遗文之刊载于报章者，而所得则寥寥无几。云生先生初刊之《孟子大义》，闻在大陆图书馆尚有存者，亦路远不可得。今沧海横流，世变日亟，吾父逝世，忽忽已将四十三载。日月逝矣，岁不我与。今惟就《学衡》所转载之《孟子大义》，重加刊印，以聊尽人子之心。并将欧阳竟无先生所为墓志铭、刘鉴泉先生所为别传、彭云生先生《孟子大义》跋、吴碧柳先生书札中道及吾父之二语，吾搜求仅得之《甲寅》杂志所载吾父之一文，暨三书札，及吾所仅忆及之遗文二篇、遗诗七首，并视若沧海遗珠，附载此书中，以使后之来者，得略想见吾父之为人与为学之遗风。②

---

① 唐君毅. 唐君毅全集·亲人著述（第三十六卷）[M]. 北京：九州出版社，2016：207.
② 唐君毅. 唐君毅全集·亲人著述（第三十六卷）[M]. 北京：九州出版社，2016：15-16.

唐先生校《孟子大义》既毕，于字里行间，得父亲迪风公志业所存，以第三章首节及第五章末节之数语概括之。唐先生对此数语，感刻于心，特录出以示读者。其语云：

> 夏而变为夷，中国之忧也。人而流为禽兽，圣人之所深惧也。忧而后设教，惧而后立言，不得已而后讲学，无可奈何而后著书，以诏天下后世；孟子之阅识孤怀，孟子所欲痛哭而失声者也。
>
> ……天地不生人与禽兽同，自必有人知其实有以异于禽兽。千载而上，有闻而知之、见而知之者；千载而下，自必有闻而知之、见而知之者。人心未死，此理长存，宇宙不曾限隔人，人亦何能自限。岂必问夫道之行不行，学之传不传哉。①

除了整理刊印父母遗著外，唐先生将父母对于中国文化的信仰信念也进一步落实在自己的文化传承和思想创造上，尤其是作为自己思想体系完成之作的《生命存在与心灵境界》和作为思想体系化的中国哲学总结之作的《中国哲学原论》（导论、原性、原道三卷、原教）六卷本。自母亲去世后，唐先生的生命除了完成现实世界的社会使命外，在学术和精神上，为继承父母之遗志，他一直在整理出版父母遗著、撰写《中国哲学原论》、撰写《生命存在与心灵境界》，在三者之间轮换运思，直至生命的最后一刻。其继志之心可谓尽矣！

三、超越的信仰与尽性立命

既然世间之事"一有永有"，面对有生死幽明之分的世界，人就必须有某种超越性的信念、信仰，同时尽性立命。一方面是强调宗教信仰在个人生活及个人人格建构中的作用，另一方面是强调个体生命的主体性与超越天道的一致性，两者共同涵摄于唐君毅所说的超主客观的"天德流行境"或"尽性立命境"。

对于超越性信仰，唐君毅特别强调了"人有来生""生死轮回""普度众生""众生皆可成佛""人人皆可为尧舜""三世善恶果报"等作为"超越性信仰"的重要意义，同时指出他们都只可在消极的意义上发挥作用。

在生活世界，人以其心灵对其境，能有合乎理性的思想行为的回应，通常靠他有思虑，此即行为思而后当。但是，人或者要先经历一连串不适当的回应，得到经验教训后才能思行得当；而且，即使当前思行有当，也难保将来思行得当。圣人的境界是"不勉而中，不思而得"，一般人则可以通过生活中的"不当

---

① 唐君毅. 唐君毅全集·亲人著述（第三十六卷）[M]. 北京：九州出版社，2016：17.

而不断求当"的过程来达到圣人境界。一般人非圣人，但一般人有成为圣人之可能，有成为圣人的潜能，他可通过修学，由改过迁善的过程来达到圣人之境，只是此路遥远，非有坚毅的精神不可。问题是，人生有限，即使人精神坚毅，除非"此生"即能达到圣人之境，则他最后也只能望"圣人之境"而生"失望之叹"。这一问题是一实实在在的真问题。唐君毅认为，人之所以相信有"来生"，不妨说是为了"人必最后成圣"的超越的信仰而立。我凭此信仰而相信，我肉体的生死不碍我"学以成圣"的目标，故我不为今生不能完成而担忧。

在唐君毅看来，这一个"我有来生"的超越信仰，是人真要生活理性化，真要做到超凡入圣，不能不有的信仰。传统儒者说人性善，说人只要扩充即可为尧舜，只教学者立志为圣人。对于自己一生到底是否已经成圣，儒者并不关注，故儒家并不讲来生。而且，儒家不讲来生还有一用意，那就是要避免人之学为圣人者，心中一早存有今生不成尚有来生的念头；无来生之念，就不会懈怠当前的工夫。唐君毅认为，佛家的来生说可会通于儒家思想中，以便让人知道，成圣之事不只是可能，而且必然成功，因为"我有来生"，所以学圣之志必成，这一信仰可以为学圣人之人增加自信。不过，唐君毅也强调，"我有来生"作为人的超越信仰，只应当作"消极的观念"来运用，发挥其辅助性的功能，而不宜将它视为"积极的观念"；否则，会使人念念都在来生，心灵超离当前之"境"，就会懈怠当前的道德实践与修养。因此，"我必有来生"的超越信仰，一方面对人欲求最完美的"生活理性化"（尽性立命的道德实践）来说，是必要的，对于人"超凡入圣"之大愿能够产生巨大的助力；但另一方面，它终究只宜作为消极的观念来运用，对人的生活理性化也只能发挥辅助性的作用。

唐君毅强调，"生活理性化"即人之"全副性情"的表现。对个体生命来说，虽可以单独成佛与成圣，但如此必然会以一己成圣成佛而他人不能成圣成佛为憾事；因此，他必在一己成圣成佛的同时期求他人也成圣成佛。正因为如此，佛与圣人，便有无穷的普度众生或教化众生的事业要做；期求一切众生都成圣成佛，本就包含在人为圣为佛的性情中。人的"尽性立命"或"生活理性化"虽由个体（个人）开始，但不止于个体，必然以求得一切众生都可生活理性化为终点。由此，佛之求普度众生，儒之求人人皆为尧舜，便设定了又一个超越性信仰："一切有情众生皆可成佛""天下人人都可为尧舜"。它们是佛与圣人的信念，也可以说是佛与圣人的信仰，而且是一超越的信仰；它们不是经验上能够证明的，却也不是理性上能够否定的，它出于人超越的情怀。

"一切众生皆可成佛""人人皆可为尧舜"，这是由人之深宏性情中发出的信仰。此"情"由理性生，却有超乎理性的特质。此"情"存在于圣者或佛的生命中，是构成圣、佛生命的本质成分。就因为有这么一种"大情怀"，人对于自己达到之境不忍独有，热切期望他人都同往同赴。对于"一切众生皆可成佛""人人皆可为尧舜"的超越信仰，唐君毅认为，"此愿望自身之依理性而不容已的发，即直接保证由此愿望而生之情与思想，为理性的情，理性的思想，亦为当不容已的发者。此中之愿望，为超越的愿望，情为超越的情，思想亦为超越的思想，其自身既已远溢于经验事实之外，自必非此事实之所能证实"①。

至于"三世善恶果报"的超越信仰，是因为人见世上有"恶行者得幸福""善行者遭殃祸"的经验事实，便说此无"天理"，此即显示，人心本有正义的要求。人世间有法律的建立，就是为赏善惩恶；人世间有道德上的褒贬，显示正义仍在人间。但人世间的法律未必能彰显正义，有时甚至造成冤屈；人世间的道德上的褒贬未必公正，也常有颠倒。就因为法律的判决与道德的判断未必能真满足人之正义的要求，在一神教中，人便信有个超越的"上帝"，他全知全能，知善恶施赏罚，平天下之不平。而佛教则认为，"善恶果报"为法界的一大法，为人所当信。

唐君毅强调，佛家的这一"善恶果报"信仰，不是人凭当前经验可证立的，但是，此信仰不可否认，是顺人心之要求而安立起来的，是超越的信仰。人有此超越的信仰，显示人内心深处并不认为"善受苦、恶得乐"是宇宙的究竟法则。人认为，宇宙的法则应与道德法则一致，"善恶果报"是宇宙存在的原理，同时也是道德的原理。在生活的世界，人们会因为世间众生，其善恶行为与其所受幸福与祸殃不相称，便觉"宇宙原理"与"道德原理"相违背，便对善良行为的价值产生怀疑。佛教的"善恶果报"信仰，可以帮助人消除这种怀疑论，坚定众生之行善去恶的信心。不过，善恶果报的信仰应该只作为消极的观念来运用，如果积极地将它突出，就会以行善为得乐报，不作恶为怕苦报，这就会跌入功利主义的盘算。

人有来生、"众生皆可成佛""人人皆可成尧舜"、人毕竟成佛成圣、神圣不二、神圣心体存在、众生界不空、善恶必有报等，都是人的超越性信仰。唐君毅认为，这些信仰，对人当下生活的理性化来说，发挥的是消极作用。"我有来生"的信仰，旨在破除人们一死即什么都没有的断灭见，知人之学为圣为佛之事可以延续不断；"众生皆可成佛""人人皆可为尧舜"的信仰，旨在消除人们囿于经验事实之见，知人人成圣成佛非不可思议事；"神圣不二"（圣即神）

① 唐君毅. 唐君毅全集·生命存在与心灵境界（第二十六卷）（下）[M]. 北京：九州出版社，2016：220.

的信仰，旨在消除人们把"圣"与"神"视为互相外在之执见；"神圣心体非一非多"的信仰，目的在消除人们对神圣心体之数量见；"神圣心体自本自根"的信仰，目的在消除人们将圣与神作为纯由造作者看；"众生界不空"的信仰，目的在消除人们视他当下的道德生活为有尽头；"善恶果报"的信仰，目的在消除人们"善者受苦，恶者受乐"的怀疑见。

尽管这些超越的信仰对人的生活理性化都可以有作用，但应该只作为"消极的观念"运用于人的道德实践生活中。若非如此，将它们作为积极的观念运用于人的日常生活，就会产生相反的结果：人信"我有来生"，会将心思放在来生上，忽略自己在当下的道德生活最为切实，由此便对当前一切要做的事懈怠；人信"众生皆可成佛""人人可以为尧舜"，就会只玄谈玄思成佛成圣之事，误以为"理"上如此即"事"上如此，不知理事圆融还要一段大工夫；人信"神圣不二"（圣即神），知道"圣心"自始藏在"凡心"，却不知要努力将"圣心"上的障蔽去除，又或只向往"神心"，不知"诸圣之心"合为"一神心"的道理，不免常在争辩"神圣心体"为一为多，陷在戏论而不知；人信"众生界不空"，会只想象佛如何在无量世界中化度无量众生，心思超出当前生活，奔驰在玄思中，不与他当前生活的境感通；人信"善恶因果"，会依果报观，见世人在当前受苦者就说他必前生曾作恶，见世人当前得乐者就说他必前生曾为善，甚至对为恶而得乐报者、行善而得苦报者，也给出类似的解释，使人心灵趋于冷漠。这种种超越信仰可能产生的弊病，都是由于人的心灵脱离了当前需要感通之境，把各种超越的信仰变成为玄谈玄想的对象而引起的，这对人的生活理性化或道德实践没有任何好处。①

唐君毅强调，人的"超越性信仰"都根源于人的道德心灵，是由道德心灵推扩出来的。

> 此诸信仰之根源，唯在吾人之当下之道德生活必求相续，人之道德心灵之必赏善罚恶等，则此类超越的信仰，皆唯是本吾人当下之道德生活，道德心灵，所原具之含义，所推扩而出之信仰，亦只是此生活心灵所放出之一纵摄三世、横照三千大千世界之一智慧之光。②

---

① 唐君毅. 唐君毅全集·生命存在与心灵境界（第二十六卷）（下）[M]. 北京：九州出版社，2016：223-225.
② 唐君毅. 唐君毅全集·生命存在与心灵境界（第二十六卷）（下）[M]. 北京：九州出版社，2016：227.

不过，尽管超越的信仰由人的道德心灵推扩出来，却只适宜安排在人当前道德生活的"外围"，而不可居于人当前道德生活的"核心"。人在日常生活中，只应该求心灵与当前境的感通，而不求心灵驰往"超越的信仰"而对它有诸多想象、思辨与玄思。如果人不知妥善安排心灵，让心灵脱离当前的生活之境，一味地驰往超越信仰，那么，他对当下生活之境就会无所回应，不知道什么是当下的义所当为。心灵不与当下境感通，就没有"情境相召，性命相呼"，"生活理性化"也就不可能。

在人的生活理性化或道德实践的过程中，各种超越的信仰可默存心中，只需要对它们存而不论。超越的信仰并不是人道德生活的基础，也不是人道德生活的归宿。当我心灵面对当前境而感通时，超越的信仰居于我当前生活之旁，在我当前生活的外围。只有当人陷入非常的生活处境时，它才会出来暂居主导地位。比如，人不知何时会遇到大灾难，或者当大灾难发生在自己身边，人类生命濒临灭亡之际，个我与所亲爱之人生死系于一线之际，日常生活之境遭到完全破坏之时，平时存在于人心灵外围的超越信仰，就会次第向人心灵核心之处奔来，在人的心灵生命起主导作用。而在日常生活的情境感通之时，超越的信仰就只是隐而不显。

唐君毅说：

> 人之生活之常道，仍在以其当下之一般生活中，与境求感通之事，居生命之阳位；而存种种超越的信仰，于其生命之周围，而不必用，以居于阴位。①

什么东西应居阳位，什么东西应居阴位，都有适当安排，这才称得上是乾坤保合而成太和之道。

在唐君毅看来，依儒家之义，个体生命由出世开始即跌入一特定境，此特定境给"生命灵觉"设定一个生命开展的机缘。人都存在于一定限之境中，穷通、祸福、顺逆不定；儒者在此看到的，不是生命的偶然性、无常性与虚无性，而是有"义之当然"要实现。他明白，天地间有很多善难于同时实现，人所过的每一具体境都是实现某种"善"的好时机。他知道，诸善不能同时实现，却能依特定之境逐一实现，德性德行要经历诸多境遇才能逐一完成。因此，对儒者来说，人的生命不在于逃出种种特定境，而在于能看清它，努力使善得以

---

① 唐君毅. 唐君毅全集·生命存在与心灵境界（第二十六卷）（下）[M]. 北京：九州出版社，2016：229-230.

实现。

人通过"诚道"来使人德与天德合一，天道就在人道中体现，天德就流行于人德中，这便是由尽性立命而来的"天德流行境"。人尽性立命，天德即体现在他的生命中，这时候，"人性"即"天命"，人自觉尽其性就同时觉得自己在天命中、在自命中。个体在尽性立命的过程中，无论顺逆成败，在道德实践上都只是为其所当为，对境做当然的回应。因此，所谓"圣人"，就是在他与境中万物相接而感通之时，能见一切要求与目的都有顺逆成败，坦然面对而应变不穷。这使他生活在任何境都可尽性立命，都可使生活理性化。

当我们居仁由义时，实际上也同时在上慰古先祖宗、忠烈、圣贤之灵，在扩充增大我们自尽其心之量，同时将古先祖宗、忠烈、圣贤之心视为自己之心。此时，我们居仁由义，既是尽己之心，同时也是以"尽古先祖宗、忠烈、圣贤之心"为心；如此，我们所尽的"己心"，就已经不再只是一己之心，而是包含了古先祖宗、忠烈、圣贤之心的更大的"己心"；而我们作为一个个体生命所具有的德性，也不再只是作为一个孤零零的自己的那份德性，而是拥有了作为古先祖宗、忠烈、圣贤之后人的更高的德性。

由此观之，圣贤、忠烈的精神与英灵，犹如先前生起的风、流出的水；路远而风微，山高而水长。

> 风之所化，流之所泽，匪特形于可见之文教，亦洋洋乎鬼神之为德，视之而不见，听之而不闻，又体物而不可遗，而只待人之相遇于旦暮。呜呼至矣。①

因此，真正领会圣贤、忠烈的教诲，除了阅读他们留下的文字、体会他们传播的精神外，更为重要的是，通过诚敬的祭祀，而直接与他们的生命人格实现感通，直接领受他们的深情厚意，并将他们寄望于后死者的深情厚意直接承继于心、落实于行。

如果我们懂得，我们每个人"自尽其心"之事，同时也可以兼尽他心。那么，我们也就明白，我们日常生活中的居仁由义，便既是在自尽我心，同时也是在上酬千百世与东西南北海的圣贤之心，以及古往今来一切人乐交天下善士之心。圣贤的心愿，无疆无界；一切人乐交天下善士的心愿，同样无疆无界。无疆界，则意味着无所不覆、无所不载、无所不贯。由此，我们每一个人的所

---

① 唐君毅. 唐君毅全集·人生之体验续编（第七卷）［M］. 北京：九州出版社，2016：95-96.

有生心动念，都真正足以自尽我心，同时又兼尽圣贤之心与一切人之心。如此，"心光相照，往古来今，上下四方，浑成一片，更无人我内外之隔。肫肫其仁，渊渊其渊，浩浩其天。是见天心，是见天理。"① 如此，古往今来上下四方浑然一体，生死幽明也就无所谓阴阳相隔、完全异路了，"死生皆一大明之终始，岂有他哉"②。

对生死问题的体验和意识关切，是贯穿于唐先生一生的生命与学问中的。他在生命成长的早期，经历并深刻体验了好几次生死离别等重要事件。这些事件以及所带给他的生命体验是如此深刻，以至于唐先生在写就他一生最宏伟的著作《生命存在与心灵境界》后，还特别在"后序"中对它们一一记述；在他躺卧在病床上深刻反省自己的生命经验之时，也将它们梳理出来作为自己生命经历的重大事件；而在他于香港中文大学的退休演讲中，这种生死经验的回忆仍然是重要主题。而其终身的理论研究和思考，在相当程度上，都是带着这一问题意识的，并围绕这一问题意识展开自己的理论建构。为了解决他自己和现代人的生死困顿，唐先生立足于儒家生死观的基本立场，整合佛教及西方哲学的生死理论，提出了以实现"不朽要求"为目标、以"心灵生命"为基石，以"立三极"（人极、太极、皇极）、"开三界"（人格世界、人伦世界、人文世界）、"存三祭"（祭天地、祭祖宗、祭圣贤）为归旨，以"生死呼应""生死感通"为根本的一套性情化的生死哲学理论。

这样一套影响唐君毅终身并指导他的"死亡准备"的生死哲学理论，用唐先生在二十六岁时发表的《论不朽》一文的话语来说，即是一种确证生命永恒的"完善不朽论"。从青少年时期的生死体验与感悟，到三十岁左右撰写的《人生之路》十部曲（包括《人生之体验》《道德自我之建立》《心物与人生》三书），再到五十岁左右撰写的《人生之体验续编》《病里乾坤》和《中国文化之精神价值》等著述，及至晚年的结晶之作《生命存在与心灵境界》，唐先生在理论上建构起了这样一套"完善不朽论"的生死哲学。这套生死哲学以"心"为生命存在的依据，此"心"作为本体，既源于超越的"天"，又内在于每一个人的"性情"，是一种普遍存在于每一个个体生命之内，又连接于生命和世界的本源之"天"的超越性。此"仁心本体"的超越性表明，它不会随着肉体生命的死亡而成为"非存在"，所以是不死的；"仁心本体"的超越性会不断向自我发出超越性的自我命令，即提出理想志愿，而这种命令本质上也就是"天命"；

---

① 唐君毅. 唐君毅全集·人生之体验续编（第七卷）[M]. 北京：九州出版社，2016：96.
② 唐君毅. 唐君毅全集·人生之体验续编（第七卷）[M]. 北京：九州出版社，2016：96.

人的身体和心灵以"呼应"关系，共同不断实现这些心灵志愿，创造新的"属人的"人文精神生命。由此，人的肉体与心灵一起，因为此人文生命的永存而永存。所以，每一个个体生命尽管有身体的死，其生命却是"死而不亡"的。不过，这样一种"死而不亡"的生命，必须建立在生者不断自觉地自我超越，以"义所当为"来要求自己"自觉地做自己该做的"的基础上，也就是说，生命存在必须充分发挥其"用"，此"用"也就是每个人的"生活理性化"的过程。与此同时，每个人依照自己的"心"行"义所当为"之事，必然包括对其他个体生命的体认，亦即对人与人之间"精神空间"的确认，此精神空间也包括对"死者"之"余情"的体认。由此，生者与死者之间，通过"情志感通"建立起了通达的道路，"死者"以事实上的情意存在，生活于生者的生活世界，"洋洋乎其上""洋洋乎在左右"，生死世界成为一个整体通达的世界，这个世界包含在我们的"理想"亦即"性情"之中。

1976年8月12日唐君毅被诊断罹患癌症的当晚，唐先生与夫人一夜未成眠。面对突然而至的死亡威胁，以死观生，唐先生反思了自己的生命与学问，谓：

> 念自己之学问，实无工夫，实庸人之不若，如何可至于圣贤之途？今日下午与廷光谈我所见之理，自谓不悟。但智及不能仁守，此处最难，望相与共勉，应视当前困境作吾人德业之考验。①

见夫人精神恍惚，情绪反常，唐先生乃与之细说生死之道。唐先生告诉夫人，儒家的伟大处，是从道德责任感出发来讲生死，生则尽其在我，死则视死如归，故居恒夙夜强学以待问，怀忠信以待举，若生与仁义不可兼时，则杀身成仁、舍生取义；同时，儒家承认鬼神之存在，人死幽冥相隔而精神相通；儒者的下手功夫亦略有次序，首先要超语默，其次要超去就，最后是超生死；如果一个人可以从超生死的视域来谈生死，那么，不管是生还是死，都不是什么大不了的事，重要的只是我当下的道德主体性的确立和尽当下的人生使命，亦即个人的天命。② 唐先生真正做到了他所说的以"超生死"的方式来言说生死、面对生死。1978年2月1日，再过两天便是农历十二月二十六日，是唐先生的七十寿辰。当天下午，唐先生向夫人忆述三位前辈的事迹：对中国文化充满无

---

① 唐君毅. 唐君毅全集·日记（第三十三卷）（下）[M]. 北京：九州出版社，2016：309.
② 谢廷光. 忆先夫唐君毅先生//唐君毅. 唐君毅全集·纪念集（第三十八卷）（下）[M]. 北京：九州出版社，2016：484.

私悲悯的美国人 William Hockeng，有儒者风度的日本前辈宇野哲人，对自己极尽关怀爱护的梁漱溟。说到动情处，唐先生情不自禁地就哭了起来。① 这样一种生死幽冥的情志感通，恰恰就是唐先生生死哲学的当下实践。

当唐先生意识到自己罹患癌症后，所做的第一个决定便是，立即给台湾学生书局的张洪瑜打电话，请其速排《生命存在与心灵境界》一书，以便他到台湾治病时校对。② 面对死亡威胁时，作为一位儒者，唐先生关心的不是疾病和死亡本身，不是肉体生命的痛苦，而是关注生命本身的完成和人生的无遗憾。而此刻，唐先生的一生心血、最重要的著作还在出版社的排版中，他不希望留下"未完成遗著"这样的人生遗憾。诚如孔子所言，"未知生，焉知死"？死亡的意义不是由死亡本身来界定的，而是由完成生命的人生来决定的。而人生的根本目标对儒者来说就是"闻道"，所谓"朝闻道，夕死可矣"。而对一位思想家来说，"闻道"还必须通过自己的文字将它呈现出来，这就是自己的著作。从这个意义上说，《生命存在与心灵境界》一书的出版，关乎唐先生生命意义的自我确认，关乎唐先生对"道"的领悟、阐释与践行，此比之他的肉体生命的病痛更为重要。该书最终在唐先生第一次赴台湾治疗期间，于 9 月 8 日在做癌症手术的前一天完成全部校对，于 1977 年年底在唐先生逝世前正式出版，成为唐先生贡献给这个世界的最重要著作，也让唐先生可以走得没有遗憾。③

---

① 谢廷光. 忆先夫唐君毅先生//唐君毅. 唐君毅全集·纪念集（第三十八卷）（下）［M］. 北京：九州出版社，2016：513-514.

② 唐君毅. 唐君毅全集·日记（第三十三卷）（下）［M］. 北京：九州出版社，2016：308-309.

③ 唐先生自言，"三十余年前，即欲写此书"。在《人生之体验》一书中的"自我生长之途程"、《心物与人生》一书中的"人生之智慧"、《人文精神之重建》一书中的"孔子与人格世界"、《人生之体验续编》一书中的"人生之艰难"等篇，唐先生尝以带文学性的语言和宛若天外飞来的独唱、独语方式，涉及此书的根本义旨在人生方面的表现，并言，"此乃吾一生之思想学问之本原所在，志业所存"。1964 年，唐先生在母亲逝世后，曾经决定废止一切写作，也包括此书在内。1966 年，他又罹患目疾，更有失明之忧。在日本住院治病期间，他时念义理自在天壤，而此书亦不必写，以此自宁其心。又尝念，如果自己果真失明，亦可将拟陈述于此书的义理，以韵语或短文写出。幸而目疾未至失明，唐先生方可以继续完成此书及其他著述。1968 年，由春至夏到 8 月初，四个月时间，唐先生撰成此书初稿五十余万字。此时，目疾加剧，他旋至菲律宾就医看病。在医院中，唐先生更念及初稿应改进之处甚多。1970 年年初，他又以五月之期，将全书重写，并自谓"此重写者较为完备，俟以后再改正"。在之后的七八年中，唐先生于写《中国哲学原论》四卷六册之余，又陆续对自认为的疏漏之处不时地加以增补，似已较为完善整齐。因此，此书的写作，从 1968 年正式动笔到 1977 年完稿交付出版，历时十年。

唐先生生死哲学的核心是要人领会到，一个人的"心"是有旋转乾坤的力量的，只要你跟着自己的基于"性情"的"心"走，使自己的生活不断"理性化"，你的生命即"一有永有"而进入"完善的不朽"。而面对自己的死亡，唐先生同样禀受天命，自觉地做自己该做的，使自己面对死亡的生活仍然是"理性化的"，亦即"道德的"生活，从而实现由生到死的真正的"尽性立命""天德流行"。可以说，唐先生以其全副生命实践着他自己生死哲学所倡导的"生活理性化"目标（尽性立命的道德生活），并以真切的行状给人们呈现了一副真正的"生活理性化"的生命样态。唐先生实际上是在通过自己的理论思考和生命实践，双重地建构自己让生命永恒的"完善不朽论"生死哲学。

结语：唐君毅生死哲学的当代价值

1933 年，走出"几欲自杀"的痛苦和失去父亲的巨大哀痛并不算久的青年唐君毅发出了这样的感叹："人既无不悦生，而又终不免乎一死。百年不满，贤达奈何！千岁之忧，长怀无已！诵屈子：'唯天地之无穷兮，哀人生之长勤！往者吾弗及！来者吾弗闻！'之句，孰能不怆然涕下哉？于是古今哲人，遂倡为不朽之论：或以为人虽死而实未尝死，人实有其亡者存；或以为求不朽之心根本不当，不朽之问题可不解决而自解决。虽立论之正负不同，然所对之疑问无殊。感生死事大者既多，为不朽之论者兹众。"① 尽管感慨"生死事大者"多，"为不朽之论者"众，而且"所对之疑问"亦即"生死问题"也确实是每个人都必须面对的真问题，但是，真正能够在哲学层面而不是完全在宗教意义上，依据人类理性而不是仅仅靠启示信仰，充分而周延地解决生死问题，建构起不朽之生死哲学者，十分寥寥。

唐君毅本乎自己的真实生命性情，依据自己强大的理性思考，紧扣自己真切的生命体验，立足于儒家基本立场，开放地融摄中西印各种主要哲学和宗教思想，建构起了一套他年轻时就渴望的"完善不朽论"，将"生死问题"的逼问，转化为"生活理性化"的要求，将"彼岸世界"的虚无及阴阳两隔的苦痛凝练为"生死感通"的情志和"一有永有"的信仰，从而证明，不仅圣人、佛、菩萨、上帝等无量大生命是不朽的，每一个生活于"万物散殊境"中的个体小生命同样是不朽的。这样一种生死哲学，在现时代，是充满强形而上学力量的，具有不可低估的当代价值。

---

① 唐君毅. 唐君毅全集·中西哲学思想之比较论文集（第二卷）[M]. 北京：九州出版社，2016：347.

一、完善不朽论的强形而上学

唐君毅生死哲学的目标，便是要建构关于生死、感通生死、超越生死的"完善不朽论"。关于这样一种"完善不朽论"，唐君毅曾经提出了必须具备的八个基本条件：

（一）必须以人格之不朽为对象。

（二）必须以普遍人格之不朽为对象。

（三）不能以抽象之大我不朽漠视小我之不朽。

（四）不能将小我视作有定数之实体。

（五）应将小我只视一生命经验之焦点。然亦不能谓此焦点于死时立即散去，使小我未遂其志即消灭，而谓只有一混沦之大我生命经验存在。须同时说明生命之超过个体性及个体性如前文所举。

（六）须承认个体流传有限度内之可能，并说明于何种限度内可能，且须说明投胎时与父母精神肉体之各种关系，而不悖乎各种科学所证明之事实。

（七）须说明其他生物朽或不朽之原因。

（八）须说明此不朽之生命经验与物质世界之关系。①

将唐君毅的生死哲学建构对照其提出的八项基本条件，我们可以发现，其生死哲学体系完全符合这些条件。

唐君毅以"心"为生命存在的依据，此"心"作为本体，既源于超越的"天"，又内在于每一个人的"性情"，是一种普遍存在于每一个个体生命之内，又连接于生命和世界的本源之"天"的超越性。此"仁心本体"的超越性表明，它不会随着肉体生命的死亡而成为"非存在"，所以是不死的；"仁心本体"的超越性会不断地向自我发出超越性的自我命令，即提出理想志愿，而这种命令本质上也就是"天命"；人的身体和心灵以"呼应"关系，共同不断实现这些心灵志愿，创造新的"属人的"人文精神生命。由此，人的肉体与心灵一起，因为此人文生命的永存而永存。所以，每一个个体生命尽管有身体的死，其生命却是"死而不亡"的。不过，这样一种"死而不亡"的生命，必须建立在生者不断自觉地自我超越，以"义所当为"来要求自己"自觉地做自己该做的"为前提，也就是说，是生命存在充分发挥其"用"的，此"用"也就是每个人的"生活理性化"的过程。与此同时，每个人依照自己的"心"行"义所

---

① 唐君毅. 唐君毅全集·中西哲学思想之比较论文集（第二卷）[M]. 北京：九州出版社，2016：363.

当为"之事，必然包括对其他个体生命的体认，亦即对人与人之间"精神空间"的确认，此精神空间也包括对"死者"之"余情"的体认。由此，生者与死者之间，通过"情志感通"建立起了通达的道路，"死者"以事实上的情意存在生活于生者的生活世界，"洋洋乎其上""洋洋乎在左右"，生死世界成为一个整体的通达世界，这个世界包含在我们的"理想"，亦即"性情"之中。唐君毅以此建立了一个以普遍的、每一个个体生命的"人格不朽"为基础的生死形而上学，完成了其"完善不朽论"。

唐君毅的这样一种形而上学建构，似乎有些"背离""超越形而上学"的"时代精神"。因为 20 世纪的哲学，不管是东方还是西方，人们似乎都以"摧毁"或者"超越"形而上学为能事。但是，唐君毅高举形而上学的大旗，公开宣称并且事实上也是，要建构一套形而上学，而且是要融摄东西方各种主要哲学与宗教思想，解决生死大问题的"强"的或者"绝对"的形而上学。在完成他的不朽之作《生命存在与心灵境界》后，在"后序"的最后一部分，他特别自觉地将这种形而上学的信念标榜出来。

唐君毅将形而上学分为两类：

> 在人之形上学之思想，又有本质上之二型之分。即以形上真实包含现实世界之绝对论，与以形上真实与现实世界相对之相对论之分。然在后者中，其以形上实在与现实世界相对者，乃以形上真实为主，现实世界为从此主而转者。此形上真实，即为规定现实世界之运转之道之理者，或对现实世界垂示一道，一理者，而应说此道此理即为形上之真实。①

唐君毅认为，这两种形而上学，都是人类智慧的最高产物，也是东西方哲学史上更迭出现的哲学之"大宗"。前一种形而上学，即"以形上真实包含现实世界"的形而上学，唐君毅称为"绝对论的形而上学"，或者"强的形而上学"；后一种形而上学，即"承认形上真实与现实世界相对，而以形上真实为主现实世界为从"的形而上学，唐君毅称为"相对论的形而上学"，或者"弱的形而上学"。

唐君毅宣称，他的形而上学是"绝对论的形而上学"或者说"强的形而上学"：

---

① 唐君毅. 唐君毅全集·生命存在与心灵境界（第二十六卷）（下）［M］. 北京：九州出版社，2016：385.

吾所尊尚之哲学，乃顺人既有其理想而求实现，望其实现，而更求贯通理想界与现实界之道德学兼形上学之理想主义之哲学。依此哲学言，人有理想求实现而望其实现，必求证明其能实现，而人在生活中，亦尝多少证明其理想之恒为能实现者，由此而理想主义者，必信此理想连于一实现之宇宙人生中一不可见之形上的真实存在。此中，以人之理想有异同，有大小高低，则其所见之此形上之真实存在，其内涵亦有异同，有大小高低。故人于此形上之真实存在，若重其为人之理想的知识之原，则视为一全知者；若重其为理想之功业之原，则重其为全能者；若重其为理想之感情之原，则重其为全爱者；若重其使人自成圣成佛，则重在内在于人之生命，以为人之本心、本性、佛心、佛性。若重在使客观宇宙存在而有一秩序，则视为创造世界而定万物之分别目的之上帝。以人之理想，必有种种异同、大小、高低，而此种种形上学思想，与对之之宗教信仰，及所成宗教生活，亦永有其不同，而亦永不能加以泯灭。①

通常的哲学史论调认为，西方哲学的发展，经历了从古代本体论到近代认识论，再到现代语言论或者形而上学的"发展"，那么，生活于 20 世纪中期东西方文化交流冲突十分剧烈时代的唐君毅，眼见"现实世界"如此众多的不合理，何以还要坚持一种"绝对论的形而上学"呢？这种坚持和重构的意义究竟何在呢？客观上说，唐君毅的形而上学建构，是适应了哲学史上两种形态的形而上学相互更迭的最新时代要求。

就西方哲学史而言，古希腊第一位形而上学家巴门尼德，依靠纯粹理性超离感觉经验，遵从逻辑推论，将"存在"的意义推衍至尽，使它变成一个超越于现实世界之上的"绝对真实"，从而成为第一位提出绝对论形而上学的西方哲学家。之后，柏拉图主张真实世界"理念"（理型），它永恒不变，但分有于现实世界的个体存在；亚里士多德指出，现实世界的个体事物都在运动的过程中，都在观照"最高的存在形式"，向"纯形式"趋进。柏拉图与亚里士多德的形而上学，比巴门尼德的形而上学多了相对论的意味。新柏拉图主义者普罗提诺提出太一流出说，认为"太一"为最终极的形上实在，世界由它流出。普罗提诺的形而上学用一个"绝对真实"（太一）把现实世界完全吸纳了。在普罗提诺之后，有摩尼教主张"光明"与"黑暗"是两种对立的力量，认为"理想的

---

① 唐君毅. 唐君毅全集·生命存在与心灵境界（第二十六卷）（下）[M]. 北京：九州出版社，2016：384-385.

绝对真实世界"与"不合理的现实世界"不只是对立的，而且是二元的，是两种相反力量的争衡。奥古斯丁最初信奉摩尼教的二元论，后由摩尼教徒变为基督教徒，信上帝是最高的绝对真实存在，认为上帝（绝对真实世界）超凌驾于现实世界及一切生命之上，成为新的绝对论者，其宗教形而上学有让现实世界给绝对真实世界吞没的意味。近代西方哲学家斯宾诺莎是泛神论者，他说上帝即"整个自然"，上帝即实体，实体具有无限的属性，无限的属性直接或间接地必然都归于终极的实体上。斯宾诺莎基本上把"绝对真实世界"与"现实世界"的相对性泯除了，提出了一个绝对论的形而上学。莱布尼兹认为，宇宙有无数个体，每一个体都具有知觉，只是各自灵敏程度不同，"上帝"（绝对真实）与"世界"（现实世界）的关系，是两两相对的，其形而上学是具有相对论的意味。康德强调，道德理性要求人生活所在的现实世界与道德理性的世界相配合，而道德理性要求德福一致，除非德福一致体现于现实世界，否则道德理性不能安宁；道德理性既有此要求，"上帝"就不能不存在，以便实现德福一致；当理想未实现之时，"当然的理想世界"与"现实世界"就两相悬绝。因此，康德的形而上学基本上是相对论的形而上学，但以绝对论的形而上学为归向。康德之后，经过菲希特、谢林，到黑格尔的绝对唯心论，黑格尔用其无所不贯的辩证法来说明宇宙的一切，认为现实世界的一切都是由"绝对的真实"自行衍生出来的。黑格尔以"绝对真实"来拢括整个现实世界，其形而上学是绝对论的形而上学。在黑格尔的绝对唯心论之后，不管是马克思的唯物主义哲学、孔德的实证主义哲学，还是杜威与詹姆士等人的实用主义哲学，都强调人类当前生活的"现实世界"与"理想世界"处于相对的状态，属于相对论的形而上学。之后的逻辑经验论者，强调人面对的是实然世界，人只能对实然世界有知识，"绝对真实"不是知识探究的对象，将为人向往追求的"形上真实世界"删除于哲学探究之外。与逻辑经验论同时代的存在主义认为，人面对现实世界而情有不安，便依其情有不安而转出理想世界，但是，此"理想世界"已经不是传统宗教或形而上学意义上的"形上真实世界"，而只是更加具有价值的现实生活世界。所有黑格尔以后的形而上学，都是想逃出黑格尔的绝对唯心论，不信奉"形上绝对真实"，因而都是相对论的形而上学。

就中国哲学史而言，孔子之教至为圆融，在孔子那里，理想的真实世界与现实世界是互相映显的。人生活在现实世界，必然能够对理想的真实世界（仁的世界）有亲切的体认；由于人对理想世界（仁的世界）的向往，便有人在现实世界中种种履仁之事。孔子所讲的仁的世界，表面上似乎超越于现实世界，但实质上则内在于现实世界。孟子言人有仁义礼智四端，此为人之本心本性，人尽心知性而知天，万物皆备于我；孟子也不以为理想世界与现实世界相悬绝。顺孟子之学，而有《中庸》说诚道，诚道是形上的真实，它运行于现实世界，现实世界就没有虚妄。荀子与孟子一样，自言学孔子，他与孟子、《中庸》之学的区别在于，他对现实世界有种种恶、种种不善感受深刻。荀子认为，理想世界（人文礼乐世界）出于人的知识心之创造，而知识心出于天，理想世界（礼乐文化世界）与自然世界（现实世界）是相对相和的，文化世界是自然世界的延展。顺荀子的思想而有汉代董仲舒言"道之大源出于天"，认为"道"是天垂示于人的，其根源不在人的心性，因此，人心人性不能生出道（理想世界），理想世界是人接受了教化的结果。宋代的张横渠、程明道都说"物我一体""天人一体"，理想世界与现实世界合一。程伊川和朱子都正视人的生活中有区别于"实然的生活世界"的"道德的当然世界"，他们重理气之分，强调天理与人欲悬距。由于伊川、朱子没有直言天理必然战胜人欲，也没有说理必然能化气，因此，承伊川、朱子者之学者，便不能由其言而建立自信，于是有陆象山说宇宙即吾心，吾心即宇宙，为学者当下建立自信。明代的王阳明，初学朱子思想，后转从象山之学，提出知行合一、致良知之教，至王龙溪，强调良知至虚至实而涵盖天地。王阳明之学发展到后来，产生空疏之病，晚明学者为救其弊，又回到朱子的重理气之说，分"当然世界"与"现实世界"，强调两者间有争持状态，不再强调形上本有。

哲学尽管是抽象的理性思考，却是直面现实的生活世界的。在现实的生活世界，人们总会时时刻刻感受到"理想"与"现实"的冲突、矛盾，呈现"现实世界"与"理想世界"的相对。当"理想世界"欲伸展自己而又无力时，人的思想就会为此相对状态而困惑，人或者会掉进"二元论"的泥淖，认为理想世界（善）固然有一本源，现实世界（恶）又有另一本源，本源各自不同，便永远都在敌对中。如此，现实世界之恶不能为理想世界之善消除，便很容易走向悲观的虚无主义。人需要由悲观虚无中走出来，使自己对"理想世界"与"现实世界"的关系至少持相对论的看法，并相信"当然的理想"是一股积极力量，"不合理的现实"只是一个消极的存在。及至绝对论者起来，便更进一步说，"现实世界"必然随"理想世界"的出现而消散。因此，在人的生活世界中，形而上学的相对论与绝对论两种形态，总是轮迭出现的，两者携手，轮流为人指示生命方向。它们相互为用，轮迭出现，合而显其指导人生之大用。

而唐君毅所处的时代，就哲学而言，正是"相对论形而上学"大行其道之时，但同时蕴含着"绝对论的形而上学"将轮迭而出。唐君毅领略到了这一"时代精神"，建构其一套强的形而上学体系，自是适应哲学自身发展的应然要求。就西方哲学而论，近代以来的理想主义哲学在当代的衰微，是唐君毅直面的哲学现实。

在近代西方思想之中，唯由斯宾诺萨、莱布尼兹、康德、黑格尔、布拉德雷、罗伊斯之理性主义、理想主义之流，为缘人之理性的思想，理想之要求，以求建立一上帝或绝对精神之世界之存在者。然此一路之思想，以其本身之哲学之缺点，与现代人对宗教道德理想之失落，及对其理性能力之不信任，而消沉于今世。①

但是，

人若为一有理想之存在，则理想之失落时之忧虑与怅惘，只为一过渡至理想之再升起者。故理想主义亦不可反。人类今后之哲学，即仍当本理性以建立理想，而重接上西方近代之理性主义、理想主义之流。此亦重接希腊哲学之由理性的知识，以通至人之理想的德性，由凡境以超升至理想的灵魂，而回复此西方哲学之原始的任务也。②

唐君毅正是要承担起"回复此西方哲学之原始的任务"的时代使命，所以，他说他撰写《生命存在与心灵境界》一书，就西方哲学而言，便是要"重回复希腊之苏格拉底、柏拉图所谓哲学家之任务，而由知识以通至德性，而以哲学为'学死而超死亡，以由凡境次第超升至灵境，以作柏拉图所谓天外之旅行，更为人间建理想国'之学"③。

但是，唐君毅并不是要以其绝对论的形而上学否定相对论的形而上学，而是试图会通两种形而上学。在唐君毅看来，相对论与绝对论间有贯通之道，其贯通之道就是使它们维持着更迭出现，尽量发挥互相为用的作用。也就是说，让它们在人生的过程中，此隐则彼显，此显则彼隐，尽其互为乾坤阴阳之用。

吾人之贯通之功，亦唯是使之更迭出现，以使之相互为用，此外，亦非人力之所能为。其更迭出现，即此隐彼显，此显彼隐，以互为阴阳，互为乾坤。其未出现而当出现，亦即见其是思想中之一当然之道，其出现即

---

① 唐君毅. 唐君毅全集·生命存在与心灵境界（第二十六卷）（下）[M]. 北京：九州出版社，2016：365.

② 唐君毅. 唐君毅全集·生命存在与心灵境界（第二十六卷）（下）[M]. 北京：九州出版社，2016：365.

③ 唐君毅. 唐君毅全集·生命存在与心灵境界（第二十六卷）（下）[M]. 北京：九州出版社，2016：364.

实现此当然之道。其未出现而能出现，即见其未出现时，未尝不存于吾人之能思想之本心中，自此本心中观此道、此相反相成之二思想，亦当说其为形而上的先在，不以其出现与否而增减，亦无任何矛盾之可说。自此二思想之由本心而出现说，则只能更迭出现，以成一思想之流行。①

在唐君毅看来，相对论与绝对论思想都发自人之本心、本性、本情。它们在人的心灵中更迭出现，表示人心是在此时视理想世界与现实世界相对为二，彼时又视现实世界可变而合于理想世界。因此，之于人的生活世界而言，两者可以相辅为用。当人生活在世间，见世人心思颓堕，耽于现实世界而跳不出来，以为理想世界实在渺茫，甚至否定理想世界时，就要为世人说"当然之理想"，使世人重燃信心。当世人已见理想世界，却将此"理想世界"视为凌空虚悬的观照对象时，就要使他们知道，还需要有"当然"的行事与此"理想"相契。当世人只寄心于理想世界，沉醉其中而不知返时，就要让他们知道，理想世界对现实世界必有所垂示，使其心思回到人间。最后，还必须让人们知道，"理想世界"的根源，不在超越的外在世界，而就在人的性情。

由于世间不同人有不同的生活之境，生活在不同阶段的人也会有不同的生活之境，因此，关于理想世界与现实世界关系的相对论与绝对论，对处于不同地域、不同时代、不同社会、不同情境之人，对人生活的不同阶段，都可以发挥其"当机"之用，用得适当，就可以使人不为所处地域、时代、社会、情境所困，而不至于停留于某一种境况、某一个阶段。

唐君毅的弟子唐端正的一段评论，可以充分展示唐君毅生死哲学在这一个层面独特的时代价值：

> 君毅师之最后遗著《生命存在与心灵境界》，乃其平生学问的结穴。目的在合哲学、宗教、道德为一体，以成一学一教之道。他认为人可由哲学的思维，以知理想有一必然趋向于实现的动力，如是实见得一切不善者不合理想者终当被化除，而趋向于非实在、不实在；而一切善者合理想者，终当获得实现，而趋向于实在。如是我们便可形成一只有善的合理的才是实在，恶的和不合理的都不实在的绝对信心。人依于此绝对信心而成的盛德大业，亦可反过来证实这信心。如是形上学的信心与道德上的行为互证，即成中国儒者天人合一之教。这种合哲学、宗教、道德为一体之道，其核

---

① 唐君毅. 唐君毅全集·生命存在与心灵境界（第二十六卷）（下）[M]. 北京：九州出版社，2016：389.

心即本于好善恶恶的本心本性。此一本心本性，实为一足以旋乾转坤的天枢。但人若自觉生命力微小，而思慕有一宇宙性的神圣心体，这便趋向于一神教。人若不观此一宇宙性之神圣心体，而遍视一切不合理想者皆出于生命的妄执，其本性皆虚幻而空，随而彰显潜隐的真实，这便趋向于佛家。这两型的宗教思想，都不是中国传统性情之教的核心，但又非不为儒家思想所多少涵具，而视为人所当有。但依儒家观点，人对于具全体大能之宇宙性神圣心体，与出于生命妄执的一切虚幻，只当取其消极的超拔卑俗与破除断见的意义、不应使人只作希高慕外之想而忽略当前尽性立命之事。人若真依内心之实感，见一善善恶恶的性命之原，至诚不息，充内形外，以成其盛德大业，即步步见有不合理者之自化自空，终至完成灭度，亦步步见此合理者之彰其德，终至全德全能，实不必先肯定一缘生性空之宇宙性的寂灭本体，与全德全能之宇宙性的神圣心体。君毅师以儒家践仁尽性之教，天人合一之教，大开大阖，终于融通基督教与佛教，其智慧之高，魄力之大，悲愿之弘，可谓得未曾有。君毅师的生命，即此便可以不朽了。①

唐君毅建立了一套"完善的不朽论"，其生命、思想，也随同一起不朽。

二、生活理性化的大生命感召

对唐君毅来说，建立形而上学体系不是他的目标。他明确地说：

> 我个人最关怀的，既不是纯哲学的研究，也不是中国哲学的研究，而是关乎社会文化问题的研究和讨论。我以为社会文化的问题，才是当今这个时代和未来时代最重要的问题。比较起来，前二项都不是关切时代的问题了。我并不关心我个人哲学体系的对错或哲学研究的成就；我最关心的，同时也寄望青年人都关心的，就是我们整个民族、社会、文化的大问题。……我们如今是活在最艰困的时代，千万不能把自己关在象牙塔里。我原本可以不必花费时间写一般性评讲文化社会的文章，但是，埋首著述，固然可以成就一套体系，建立自我学问，这不过是"哲学"的研究。而我

---

① 唐端正. 永恒的悼念——敬悼君毅师. 唐君毅全集·纪念集（第三十七卷）（上）[M].
北京：九州出版社，2016：259.

的理想却要成就"儒学"的实践。①

很明显，唐君毅尽管建立了一套形而上学体系，并且是一套"绝对论"的、强大的形而上学，但是他自己关注的重点不在形而上学本身，而是我们这个时代最重要的"社会文化问题"，所以他写了大量讨论社会文化的著作和论文。但是，"社会文化"本身并不是问题，因为它们都是"人"自己生产出来的。所以，关注"社会文化问题"的本质，是关注"人"的问题。唐君毅明确说，自己所写的关于社会文化问题的众多文章的"中心问题"：

> 即百年来西方文化对中国文化之冲击之问题。……由追问……即可引到对中西社会文化历史之各种省察，以及世界未来之社会文化理想之方向的问题。在中国人之立场上说，即主要是中国未来社会文化之方向的问题。此问题本来很大，我所思索的，只是这一大问题中的一方面。而我之一切文章之讨论此问题，都是依于三中心信念，即：人当是人；中国人当是中国人；现代世界中的中国人，亦当是现代世界中的中国人。②

同时，他还将这样一种"人""中国人""现代世界中的中国人"的问题寄希望于他所处时代的所有人：

> 一、希望诸位真正做一个人；二、希望诸位真正做一中国人；三、希望诸位做一心灵开放，随时随地好学的中国人；四、希望诸位做一尊重中国历史文化及中国历史人物的中国人；五、希望诸位将来能做一承担当前之时代及所在之地区之社会责任，延续发展中国之历史文化的中国人物。③

唐君毅生死哲学讨论的重点似乎是生与死的关系问题，但是，核心是"做一个什么样的人"以及怎样做"真正的人""真正的中国人""真正的现代世界中的中国人"的问题。唐君毅对此的回答，便是由"死亡"所启示出来的"生

---

① 唐君毅. 上下与天地同流. 唐君毅全集·中国古代哲学精神（第二十七卷）［M］. 北京：九州出版社，2016：556.
② 唐君毅. 唐君毅全集·人文精神之重建（第十卷）［M］. 北京：九州出版社，2016：2.
③ 唐君毅. 唐君毅全集·中华人文与当今世界（第十四卷）（下）［M］. 北京：九州出版社，2016：278.

活的理性化"。"生活的理性化"恰是我们这个时代"虚无主义""消费主义"①的良药。

还在 19 世纪末，尼采（1844—1900）这位以疯狂实现自己的哲学智慧的思想家，在以先知般的口吻宣布"上帝死了"后就说道："我要叙述的是往后两个世纪的历史，我要描述的是行将到来的唯一者，即虚无主义的兴起。现在，已经就在叙述这段历史了，因为在这里起作用的乃是必然性本身。"② 这位先知般的预言者，实实在在地将他及他以后的时代用"虚无主义"来界定、来说明、来昭示。"什么是虚无主义？就是最高价值丧失价值。缺乏目的，没有对目的的回答。"③ 很显然，虚无主义就是人生意义丧失根据，就是无目的、无意义人生的普遍呈现。在 19 世纪，自觉否定一切传统价值的虚无主义者毕竟只是少数，普遍表现出来的还只是一种缺乏信仰状态。一百多年过去以后的今天，人们越来越明晰地发现，尼采预言的"虚无主义"正成为我们这个时代每个人都不得不面对的现实。被后现代主义者们奉为"后现代主义之父"的尼采的预言，正成为我们这个时代的时代病。

无谓的紧张和忙碌之中的轻浮，是这种时代病的一种典型症状。现代人总是狂躁不安，惶惶不可终日，就像急于奔向尽头的洪流。人们不再沉思，甚至害怕沉思。由此而致，猥琐、敏感、不安、匆忙、聚众起哄的景况，如海德格尔说的"沉沦"，愈演愈烈。所谓"文明"，愈来愈轻浮。个人面对被媒介操纵着的整个社会这一巨大机构而变得灰心丧气，只好屈服。在这样一种文明的轻浮笼罩下，失去了信仰的现代人总是想急切地投身于纷繁的世俗生活中，在各种各样翻新的"消费"中来麻痹自己内心的不安，松弛紧张的内在精神。诚如尼采说的："现代的人多以休息为耻，即使是长时间静坐思考也几乎会引起良心的呵责。思考乃是以码表来计时的，用餐时两眼盯着的只是报纸上财政金融方面的新闻。人的生活好像永远怕耽误了什么似的，将一切高尚的趣味都缢死了。'做任何事都可以，总比不做事的好'，这是人们的行事原则。"④ 这种现代式的匆忙既是人们失去信仰后精神空虚的表现，又反过来加剧了人们的无信仰状态。

---

① 关于"消费主义"与"虚无主义"的讨论，参见何仁富，汪丽华. 生命教育与意义建构——试论生命教育的现实依据和价值取向及其落实 [J]. 昆明学院学报，2009（2）：9-13.

② ［德］尼采. 权力意志 [M]. 孙周兴，译. 北京：商务印书馆，1996：373.

③ ［德］尼采. 权力意志 [M]. 孙周兴，译. 北京：商务印书馆，1996：373.

④ ［德］尼采. 快乐的科学 [M]. 黄明嘉，译. 上海：华东师范大学出版社，2007：158.

现代人的灵魂由于丧失个性而变得平庸，便以花枝招展来遮掩自己的平庸，使现代人和都市生活变成了"颜料罐子的家乡"。机器和商业文明剥夺了人的个性，它把许多人变成一部机器，又把每个人变成达到某个目的的工具；它制造着平庸和单调；它是无个性的，使一件工作丧失了自己的骄傲、自己特有的优缺点，因而也丧失了自己的一点儿人性，结果，"我们现在似乎只是生活在无名无姓的、无个性的奴隶制度下"①。而与此同时，商业成了文化的灵魂，报刊支配着社会，记者取代了天才，艺术沦为闲谈。人的机器化和文化的商业化使时代以平庸为特征。而人们为了遮掩自己的平庸，便急于用讨人喜欢的外表来"宣传"自己，"推销"自己。五光十色的装饰品，把自己装扮得如同"颜料罐子"，而人生的价值就被依附在那光怪陆离的外在物品上，这就使现代人生活在一种奇特的境况中：外表富丽堂皇而精神疏荒，衣着光怪陆离而生命缺乏内容。这必然将人逼入"生命消费主义"的处境。随着旧信仰及其道德所造成的生命本能的衰竭和信仰沦丧所造成的精神空虚，现代人一方面普遍缺乏信仰，另一方面消极颓废，这是一种典型的消极虚无主义的时代病。

唐君毅提出的"生活理性化"，要我们"以死观生"，并以"心灵"统整"身体"，让身心"呼应"着去做当下自己觉得最应该做的事情。这样一种"生活的理性化"要求，将人们生活的眼光从外在世界拉回我们内心，从过去和未来拉回到当下；同时，以当下的"一念翻转"的自觉，发现自己的道德自我启示给自己的"命令"亦即"天命"，并在生活实践中践行之，以此"尽性立命"，实现"人德"与"天德"的统一。这样，生活的每一刹那，都将被自己的自命自令亦即天命召唤，都被自己的尽性立命的行为充满，也就是被意义充满，生活的"虚无感""无力感"便被彻底驱逐出去。

唐君毅本人的生命便是这样一个"生活理性化"的典范。

面对中华文化"花果飘零"的境地，他反躬自省，从自己着手，开展中国文化精神价值的研究与发掘，开展中国文化讲座，在还处于"殖民统治"的弹丸之地中国香港，开启了一场声势浩大的"文化运动"。"香港之有一点中国文化气氛，有少数中国人愿站在中国的立场做中国学问，从新亚书院始。……唐先生与吴俊升先生们支撑其间，所得到的可以说是遍体鳞伤，满身血污的结果，这也是此时此地应当有的结果。"② 2009 年，唐君毅冥诞一百周年时，香港中文

---

① ［德］尼采. 查拉图斯特拉如是说［M］. 钱春绮，译. 上海：三联书店，2007：189.

② 徐复观. 悼唐君毅先生. 唐君毅全集·纪念集（第三十七卷）（上）［M］. 北京：九州出版社，2016：12.

大学在新亚书院广场为唐君毅塑铜像以资纪念，余英时先生为唐君毅铜像撰写《唐君毅先生像铭》，其文曰：

> 先生精思明辨，出于禀赋，初治西哲之言即若针芥之投。所造既深，则于德意志辩证思维冥契尤多。平生以重振中国人文精神为己任，故冶旧学新知于一炉，逐层为系统之建构，堂庑开阔，阶次森然：道德自我之建立，其始基也；中国文化之精神价值，其全幅呈现也；心灵九境，其终极归宿也。先生之学与年俱进，此其明征也。一九四九年先生参与新亚书院之始建而首创哲学系，迄一九七四年自中文大学讲座引退，先后主持香港哲学坛坫二十有五年；济济多士出于门下者，极一时之盛。风雨如晦，花果飘零，神州哲理犹能续慧命于海隅，先生之功莫大焉。先生讲学不忘理乱，亲历世变，慁焉忧之，于是发愤返本开新，持孔子之教为天下倡，此海外新儒家之所由兴也。新儒家之宗旨与规模定于先生所撰文化宣言，数十年来流布海内外，骎骎乎与世运共升降，不亦卓乎！①

面对时代飓风导致的虚无主义人生状态，唐君毅在为人方面，祥和厚重，孝思不匮、功成不居、器度恢宏、择善固执。②

> 但是临到重大关节，先生每有凛然不可犯的勇毅。……通常人患上了不治之症，悲恼涕泣之不暇，因为意志崩溃，生命随之急遽败坏；而唐先生在动大手术之后，即校对一千二百页的大书，返港之后并照常工作达一年半，逝世前一周仍照常上课；这是何等精神！其意志力已达宗教境界；使人想到古代舍身喂虎的高僧，想到被钉在十字架上、血流如注不忘众生的基督；也使人想到曾子临终易箦的故事，以及那番话："士不可以不弘毅、任重而道远。仁以为己任，不亦重乎？死而后已，不亦远乎？"唐先生谨厚、坚毅，"死而后已"都恰似曾子。③

说唐君毅恰似曾子，对于唐君毅的生命的评价，可以说是恰如其分的。这种面对时代的担当精神，唐君毅自己谓之"豪杰精神"：

---

① 余英时，唐君毅先生像铭［M］//香港中文大学哲学系编. 中国哲学与文化（第五卷）.2009：2.

② 朱明伦. 敬悼唐君毅先生. 唐君毅全集·纪念集（第三十七卷）（上）［M］. 北京：九州出版社，2016：193-194.

③ 司马长风. 忆唐君毅先生. 唐君毅全集·纪念集（第三十七卷）（上）［M］. 北京：九州出版社，2016：147-148.

　　豪杰之士，其豪杰性之行为与精神，则自始即能自作主宰。……其行径，常见其出于不安不忍之心。在晦盲否塞之时代，天地闭而贤人隐，独突破屯艰而兴起，是豪杰之精神。积暴淫威之下，刀锯鼎镬之前，不屈不挠，是豪杰之精神。学绝道丧，大地陆沉，抱守先待后之志，悬孤心于天壤，是豪杰之精神。学术文化之风气已弊，而积重难返，乃独排当时之所崇尚，以涤荡一世之心胸，是豪杰之精神。……豪杰者，个人之自作主宰之精神，突破社会与外在之阻碍、压力、闭塞，与机械化，以使社会之客观精神，重露生机；如春雷一动，使天地变化草木蕃者也。①

有评论者指出：

　　此一段话，直是义气斗牛，沛然莫御，读之凛然如与唐先生同在。实为唐先生全副真性情真肝胆之自然流露，满心而发，无所假借。而此夫子自道之一段文字，其足以表达唐先生生平之气象与行状者，实胜过他人千万首挽词。②

　　面对自己的死亡，唐君毅同样可以禀受天命，自觉地做自己该做的，使自己面对死亡的生活仍然是"理性化的"亦即"道德的"生活，从而实现由生到死的真正的"尽性立命""天德流行"。1976 年 8 月 12 日，唐君毅被确诊癌症，步入其"生"通向"死"的大门。但此时，他想到的，还是要自觉地做"自己感到应该做的"。在确诊癌症的当天，唐君毅即电话给台湾学生书局张洪瑜，请其速排《生命存在与心灵境界》一书，以便至台湾校对。③ 当晚，唐先生与夫人一夜未成眠。唐先生更念："自己之学问，实无工夫，实庸人之不若，如何可至于圣贤之途？"与夫人"谈自己所见之理，自谓不悟。但智及不能仁守，此处最难，望相与共勉，应视当前困境作吾人德业之考验"④。唐先生见夫人精神恍惚，情绪反常，乃与之细说生死之道。儒家的伟大处，是从道德责任感出发来讲生死，生则尽其在我，死则视死如归，故居恒夙夜强学以待问，怀忠信以待举，若生与仁义不可兼时，则杀身成仁、舍生取义。同时，儒家承认鬼神之存

---

①　唐君毅. 唐君毅全集·人文精神之重建（第十卷）[M]. 北京：九州出版社，2016：170.

②　陈文山. 敬悼唐君毅先生吊唁新亚精神. 唐君毅全集·纪念集（第三十七卷）（上）[M]. 北京：九州出版社，2016：130.

③　唐君毅. 唐君毅全集·日记（第三十三卷）（下）[M]. 北京：九州出版社，2016：307-308.

④　唐君毅. 唐君毅全集·日记（第三十三卷）（下）[M]. 北京：九州出版社，2016：308.

在，人死幽冥相隔而精神相通。① 下手功夫亦略有次序，首先要超语默，即应说即说，不应说即止；其次要超去就，若义理所在赴汤蹈火在所不辞；最后是超生死，吾人能从超生死处来谈生死，则我为主死生余事也。

唐先生自知患上肺癌后，不停地处理各种事件，即使一向性情较急，如今也变得从从容容，临事不乱，临危不惧，对夫人更是轻言细语，多方安慰，使精神几乎崩溃的夫人亦想振作起来，做点儿应做的事。8月14日，照常去学校处理事务。午后，去慈航净苑拜祖先父母。8月17日，到律师楼立遗嘱。在一年多罹患疾病期间，唐君毅始终都能够做到"做自己该做的"，使自己的生活时时刻刻都在基于性情的"理性化"。1978年1月18日，是逝世前的第14天，唐君毅仍然到学校上了生前的最后一堂课。1月31日，唐君毅请夫人为自己理发，自行洗头、洗澡，似乎是为其通往"超越世界"做好生理上的准备。2月1日，逝世前一日，看到报载内地批评孔子诛少正卯事已有翻案文章，《历史研究》第一期刊发延陵文章《关于孔丘诛少正卯》，批评主张《孔子诛少正卯》之文别有用心，而且其为孔子辩护的理由，与唐先生"孔子诛少正卯传说之形成"一文中所持理由相似。唐先生阅后，认为内地学界在文化的观点上可能有新的转机，这是一个值得高兴、令人鼓舞的消息，嘱学生赵致华将其近作拣出两套，分别寄赠北京大学图书馆、南京大学图书馆，并且要附上一封信，说明作者原是北大、南大（原中央大学）的学生，离校已经数十年了，并无寸进愧对母校，现特将近作数册赠母校图书馆，藉作纪念等语。2月2日凌晨，唐君毅离开了这个他热爱并为之奋斗呼喊一生的世界。

可以说，唐君毅以其全部生命实践着他自己生死哲学所倡导的"生活理性化"目标（尽性立命的道德生活），并以真切的行状给人们呈现了一副真正的"生活理性化"的生命样态。唐君毅是通过自己的理论思考和生命实践，双重建构其生死哲学的，而"生活的理性化"则是其为我们留下的最响亮的生命召唤。

三、超越性信仰的跨时代呼唤

生死问题似乎历来都是宗教的核心问题，大多数哲学家也不将生死问题作为自己思考和研究的对象，好像这个问题"本来"就应该属于宗教一样。唐君毅是哲学家、思想家，而不是宗教家，更不是宗教信徒，但是，其生死哲学的建构，具有强烈的宗教"味道"。诚如有研究唐君毅死亡哲学的学者指出的，一

---

① 谢方回. 忆先夫唐君毅先生. 唐君毅全集·纪念集（第三十八卷）（下）[M]. 北京：九州出版社，2016：484.

方面，"唐先生的方法是兼用理性观察分辨亦用真情去体证。……不论用人生之现象分析或以真情体验后之绝对肯定，唐氏都未用超自然的启示或想象性的猜测来达到死后生命之谜的解答。至少在方法上，唐氏符合儒家的传统，这也是哲学异于宗教之处"。另一方面，"天心道心之永恒本质是唐氏体察一切个人本身价值完成与否之最后依据，个人之心结合道心，则个人志愿不曾因死而失陷，却重回天道大流，而以其他方式表达或完成，乃无悲可言了"。"唐氏比宗教人更为宗教人。"①

唐君毅"心灵九境"的设计，基督教、佛教和儒教（儒家之教）是作为"超主客观"的三种境界列为最高层次的。唐君毅本人是一个有强烈宗教精神和宗教情感的个体生命，但是，他又不是真正的宗教信徒，因为在他看来，不管是基督教还是佛教，抑或其他人间宗教，都不如儒家圆融、高明、广大、悠久。因此，一方面，他将各种主要宗教文化的超越性信仰涵摄于其思想体系中，将基督教、佛教作为"归向一神境""我法二空境"列入"超主客观"的生命境界；另一方面，他又强调，宗教的超越性信仰只能够居于"阴位"，只能够在"消极意义"上发挥作用，只能是人之现实生活处于"变道"之时的应变之策，而不能将其居于"阳位"，在"积极意义"上作为生活之"常道"应用。

唐君毅生死哲学的核心意味，是要人领会到，一个人的"心"，是有旋转乾坤的力量的，只要你跟着自己的基于"性情"的"心"走，使自己的生活不断"理性化"，你的生命即"一有永有"而进入"完善的不朽"。但是，"心"的这种旋转乾坤的力量，并不是一个人容易体悟和接受的，因为在生活世界，个体生命始终要面对不合理的现实世界。人本来有悱愤、恻怛、恻隐之情，此情存在于人的"思想活动"背后。人运用思想通常都是向外，当他发现外面有种种不合理的事时，便"感"到现实世界与理想世界对立；此时，人未必能自觉到他之此"感"实际上居于理想与现实之上，他未知道此"感"由"超越的自我"发出，是统整理想与现实的存在，更不知道他可以依此"超越的自我"来旋转乾坤，使当然的理想世界化为实然。因此，当人以"思想"向外看时，关注的是现实世界，它未必回头自顾，他也不会自见在己的悱愤、恻怛之性情；既不见一己有此性情，便不见其"心"有运转乾坤的力量。此时，便不免感觉现实世界太生硬顽固，觉得自己的生命力量渺小，难想象自己怎么会有力量来扭转乾坤。

---

① 陆达成. 唐君毅的死亡哲学［M］//何仁富主编. 唐学论衡——唐君毅先生的生命与学问（下）. 北京：中国文史出版社，2005：304-305，312，318.

如何破除个己力量微小的无奈感，恰恰是唐君毅的生死哲学要解决的问题。唐君毅通过分析归向一神境、我法二空境和天德流行境的不同方案，充分展示"超越性信仰"之于人的现实生活的意义。

归向一神境（基督教）扫除人之自感渺小的方法在于，当人觉其生命力量渺小，对不合理的现实世界欲改变而不能，便感无可奈何，正要将"当然之理想"退藏于心底之时，对他说，世上有一无所不能、无所不善、无所不知的最崇高终极的存在，他可以对此最崇高的终极者"上帝"观想、思慕、依傍；借着观想、思慕、崇拜"上帝"的全能大德，相信他必将助我消除此现实世界中不合理之事，人即可由此扫除一己生命力量的渺小感。

我法二空境（佛教）扫除人之自感渺小的方法在于，当人面对现实世界的种种不合理事情，感觉一己无能力改变此不合理的世界，因而生起一己生命力量渺小之感时，佛教就会教他，遍观世上一切不合理事之所以发生，无非是由人自己的贪瞋痴慢等妄执引起的，人可以深观此种种妄执，发现它们无非虚妄，从而见其本来性空。人只要知其为虚妄，本性空，就可以有智慧将之破除，潜隐的真如实在即显明出来；此时，人就会自己发现自己的生命力量并不渺小。

天德流行境（儒家）扫除人之渺小感的方法在于，现实世界有种种不合理的事，人面对它时，既感"理想"与"现实"相反而对立，便回头自察，知其当下之"感"之所以生起，原来出于"超越的自我"。人在这时自觉到，并非以其心中的"理想"来与"现实"对峙，而是以一"超越的自我"超凌驾于"理想"与"现实"之上，发现"理想"与"现实"的争衡。人在这时，可将此"感"（超越的自我）进一步深察，发现它居于思想活动的背后，实为一"好善恶恶之心"或"悱愤之情"。人于是自知，他之所以会喜好理想与善，厌恶现实与恶，源头即在此"性情"；因此，最重要的便是，使此"悱愤之情"充内形外，生成一连串的道德实践，就可以使世间不合理之事消失，理想得以出现。此时，人必然觉得其生命力量不渺小。

尽管基督教与佛教都提出了助人破除生命力量渺小感的方法，唐君毅也承认它们有其合理的地方，但他更加强调要将佛教与基督教提出的助人破除渺小感的方法会通于儒教。在唐君毅看来，依中国传统圣哲之教，人有心而能反躬自察，只要反躬自察即可发现自己的"好善恶恶之情"，此"好善恶恶之情"是人之"性"，将此"性"充内形外，即成德业事业。因此，对于自感生命力量渺小者，不必先教他相信有一全知全能的上帝会助他成就理想，由此破除自我渺小感；也不必先教他遍观世上一切不合理事都出于人之妄执，叫他生智慧而破渺小感；而是可以直接将中国传统的相关思想扩大，依其核心之义融会二教。

唐君毅认为，人用心于世间事物，通常都是以"思想"向着外物，由此，必然会见到杂陈于前的外物中，有很多都与其心中的"当然理想"违反，因此便生起各种感受。基督教说"归向一神"，佛教说"我法二空"，虽然都可以使他"理想必能实现"的信心重建；但是，佛教与基督教为人建立信心基本上都是顺人向外看的"思想"而提出，目的在解释"现实世界"，而未教人反躬自察其本身之"性情"。

> 循中国之传统之教之核心言，人若真依其内心之实感，以见一善善恶恶，而至善之性命之原，能充内形外，以成其德业，即步步见有不合理者之自化自空，亦步步见此至善之本原之真实，其力其能之无尽，则亦非必须先说此宇宙性之神圣心体之具全德大能，亦不须先遍观一切出于生命之妄执者之虚幻而空。①

正因为如此，唐君毅强调：

> 此二型宗教思想中之种种超越的信仰，亦视之为人所当有，而亦以之为出于人之性情与理性思想之所要求；唯只当使之为存于心之阴一面，而不当使之存于心之阳一面，即只取其消极的自卑俗拔起，与破除断见之意义，以成此当然者无不可成实然之信仰；而不重其积极的意义，以使人只作希高慕外之想，而忽其在当前境中之尽性立命之事。此则扩大中国传统思想之核心中所放射之义，以摄此二型宗教思想之说，以发展此中国传统思想之论。②

唐君毅以儒家的尽性立命涵摄基督教和佛教的"超越信仰"，根本上是要人面对不合理的"现实世界"，实现真实的"理想世界"，以成就"生活的理性"而实现"完善的不朽"的根本信心，归还给每一个个体生命本身，而不是将其寄托于外在的超越性存在"上帝"或者对"无明"的破除。唐君毅谓：

> 唯依充量发展之仁心而言宗教信仰，则不能谓只有耶稣一人为独生子，不能有永恒的地狱，亦不能有外在于人之仁心之天心神心。因如此则天心神心有隐蔽有秘密，而有所不仁，则为人之仁心所不当肯定其存在者，因

---

① 唐君毅. 唐君毅全集·生命存在与心灵境界（第二十六卷）（下）[M]. 北京：九州出版社，2016：375.

② 唐君毅. 唐君毅全集·生命存在与心灵境界（第二十六卷）（下）[M]. 北京：九州出版社，2016：375-376.

而必须于人之仁心圣心中见天心，以真肯定仁心圣心天心之不二，至于此中何以不只用一名，则以仁心是自个体人上说，圣人自个人仁心完全实现说，而天心则自诸圣同心一心上说，而显于人我之仁心交感处及天地之化育中者也。依人之仁心而求与死者有精神上感通，顺人之仁心之先表现为孝，故必有祭祖，顺人之仁心必尊圣贤，故包含祭圣贤，连对天心之祭，即荀子所谓礼之三本，宗三先生所谓三祭。三祭皆所以通神明之道，亦充达吾人之仁心以澈幽明，而无所不至其极之道也。①

依照这样一种将宗教的超越性信仰涵摄进儒家的尽性立命之境的方法，唐君毅对生死的理解就完全不同于一般的宗教了。在唐君毅看来，面对死亡，要破除个人对生命的执着，因为死亡不是威胁，而是一种挑战；死亡所挑战的，是我们对个人生命的执着。但是，如果只是个人放下一切，却只能安顿个己生命的解脱问题，对于个人以外的生命存在的安顿则仍无交代。所以，对唐君毅来说，死亡的挑战不应只是个人的安顿，而必须是对个人以外的整个生命存在都能有所安顿，只有对所有生命存在都能够安顿的不朽论，才是真正的"完善的不朽论"。

在唐君毅的生死哲学中，就个人而言，人对已死的先圣先贤的祭祀感通，实际上是将自我的生命向上通达于人生的历史文化价值根源；而死者对生者的期盼，实际上则开拓以下世世代代的价值实现。由此，"死不是个人之事，反之，死接上大群人生，接上历史文化，前者是横向的拓展，后者是纵向的拓深，二者都指向人间价值与意义的实践与生成。唐先生对个己生命的安顿，转寄于人间的生命存在的安顿，亦即通过继起的生生安顿死亡，所以死亡问题的安顿既不在天国，也不在冥府，而就在人间"②。这样一种生死哲学，既不沉溺于趋吉避凶的祸福迷信，又能护持人们对天地、祖宗、圣贤的情意与敬意，于是取得理性与信仰的和谐。面对死亡时，强调的是人的情志的光辉与愿景照彻并沟通幽明两界，"他运用伦理与情感的协调，德性与感性的相维，完成阴阳幽明的通彻，兼顾存殁两方的感情，触发个人精神生命的升进，人类整体生命的发展，以及宇宙精神的满全。实可谓致广大，尽精微，极高明，道中庸"③。

---

① 唐君毅. 唐君毅全集·宗教精神与人文学术（第十六卷）[M]. 北京：九州出版社，2016：11.

② 吴有能. 人文精神与死亡的超越——唐君毅先生的死亡哲学 [M] //何仁富主编. 唐学论衡——唐君毅先生的生命与学问（下）. 北京：中国文史出版社，2005：337.

③ 吴有能. 人文精神与死亡的超越——唐君毅先生的死亡哲学 [M] //何仁富主编. 唐学论衡——唐君毅先生的生命与学问（下）. 北京：中国文史出版社，2005：337.

这种兼顾理性与感性、个人与他人、生者与死者的"完善的不朽论"之生死哲学，不同于与他同时代的其他新儒家人物对于生死哲学的思考。冯友兰作为现代新儒家代表人物，其自然、功利、道德、天地四重人生境界说，与唐君毅的心灵九境说，在形式上有某种"契合"，而且，冯友兰也特别讨论了生死问题。在冯友兰的生死哲学中，生死的意义是与人的精神境界密切相关的。处于不同精神境界中的人，其对生死意义的认识也完全不同。比如，自然境界中的人，对生死是没有清楚的意义的；功利境界中的人，则一切行为都是"为我"，生是"我"的存在、死则是"我"的断灭；而对道德境界中的人来说，生是尽伦尽职的过程，死是尽伦尽职的结束，"可能于死后尚有经手未完之事，却不可能于死后尚有未尽之伦，未尽之职"①；对天地境界中的人来说，则是生死顺化，存顺殁宁。若依照唐君毅的生死哲学来看，冯友兰的生死哲学便不够"完善"，至少，其"自然境界"中的人是没有清楚的生死意义的，"功利境界"中的人之死便成为自己生命的"断灭"，"道德境界"中的人也因为其死而没有了伦理和职责。不能够安顿所有生命存在的生死不朽论，便不能给所有人以实现不朽的信心，因此也就不可能是"完善的不朽论"。

唐君毅融摄不同宗教的"超越性信仰"于儒家尽性立命的道德实践（生活理性化）之中，使得宗教的超越性信仰不再只是部分人或者某个时代的生命成长与超越的力量，而是成为一种跨越时代、超越个人的普遍性的生命成长的力量。只是，这些超越性信仰只能作为"消极的力量"备用，个人生命成长与超越的根本信心，还是必须建立在每一个个体生命通过反躬自省可以看到的生命"性情"上。唐君毅的生死哲学便是建立在此基础上而可以成就每一个个体生命的，诚如他自己所说：

> 吾人之思想亦即由此信心以再顺此本原之流行，而成之实感中之情，与情所起之行为事业，而进行。则一切不合理想之实然者，皆无不可思之为非实，而唯于合理想者，思之为实。而此整个，又可再形成为人之一绝对的信心，以有其依于绝对的信心之绝对的行为事业，即以此行为事业，证实此绝对的信心，而使此信心与行为事业互证，亦互为用，而所成之盛德大业，亦悠久而无疆，至诚而不息。此即儒者合形上学之信心，与道德之实践之天人合一之学之教。然其核心义，则在吾人上所言之由此心中本原或本心本性流出之恻怛等情。此即中国儒者所谓性情之际，亦天人之际

---

① 冯友兰. 三松堂全集（第四卷）[M]. 郑州：河南人民出版社，2001：620.

之学之教，而非西方之理性主义理想主义之所能及。以西方之理性主义理想主义者之理性之思想，皆尚未能直顺此恻怛之情而思，以情理之如如不二，为其思想之归止，以成其内心之信，再充内形外，以成盛德大业；更即此德业成信，以使情理与信及德业相辅为用，以合哲学、宗教、道德为一体，以成一学一教之道也。①

---

① 唐君毅. 唐君毅全集·生命存在与心灵境界（第二十六卷）（下）［M］. 北京：九州出版社，2016：374.

参考文献

一、唐君毅全集

本文所引唐君毅著作原文，全部出自2016年九州出版社出版的《唐君毅全集》（39卷）简体字版，同时对照台湾学生书局版《唐君毅全集》（30卷）。

1981年学生书局版《唐君毅全集》由唐君毅先生夫人谢廷光主持、唐君毅先生弟子霍韬晦、唐端正、李杜、黎华标等组成编辑委员会编辑，历时十年，于1991年由台湾学生书局完整出版。《全集》共分为6编30卷，其中卷1-3为甲编"人生体验"编，卷4-10为乙编"文化理想"编，卷11-19为丙编"哲学研究"编，卷20-24为丁编"思想体系"编，卷25-28为戊编"书简日记"编，卷29-30为附编"年谱·纪念集"。

卷1：《人生之体验》《道德自我之建立》

卷2：《心物与人生》《爱情之福音》《青年与学问》

卷3：《人生之体验续编》《智慧与道德》《病里乾坤》《人生随笔》

卷4：《中国文化之精神价值》《中国文化与世界》

卷5：《人文精神之重建》

卷6：《中国人文精神之发展》

卷7：《中华人文与当今世界》（上）

卷8：《中华人文与当今世界》（下）

卷9：《中华人文与当今世界补编》（上）

卷10：《中华人文与当今世界补编》（下）

卷11：《中西哲学思想之比较论文集》

卷12：《中国哲学原论—导论篇》

卷13：《中国哲学原论—原性篇》——中国哲学中人性思想之发展

卷14：《中国哲学原论—原道篇》（一）——中国哲学中之"道"之建立及

其发展

卷 15：《中国哲学原论—原道篇》（二）——中国哲学中之"道"之建立及
其发展

卷 16：《中国哲学原论—原道篇》（三）——中国哲学中之"道"之建立及
其发展

卷 17：《中国哲学原论—原教篇》——宋明儒学思想之发展

卷 18：《哲学论集》

卷 19：《英文论著集编》

卷 20：《文化意识与道德理性》

卷 21：《哲学概论》（上）

卷 22：《哲学概论》（下）

卷 23：《生命存在与心灵境界》（上）

卷 24：《生命存在与心灵境界》（下）

卷 25：《致廷光书》

卷 26：《书简》

卷 27：《日记》（上）

卷 28：《日记》（下）

卷 29：《年谱》《著述年表》《先人著述》

卷 30：《纪念集》

九州出版社版由何仁富、杨永明、汪丽华、张海涛、王康组成的编委会，
以学生书局版《唐君毅全集》为基础新编，以"善""全""真"三原则为标
准，对唐先生的部分论著进行重新编辑、校对、增补和分类。至于学生书局版
《唐君毅全集》的内容以及原编者的注解说明等，新编本保持其原貌。新编《唐
君毅全集》分为六编三十九种 39 卷。

第一编：《唐君毅全集》第 1 卷（思想萌芽之作）【2 种 2 卷】

　　第一卷　《唐君毅全集》第 1 卷（新编）

　　第二卷　《中西哲学思想之比较论文集》（1943）

第二编：道德人生（立人极之作）【9 种 6 卷】

　　第三卷　《人生之体验》（1944）

　　第四卷　《道德自我之建立》（1944）

　　　　　　　　《智慧与道德》

　　第五卷　《心物与人生》（1953）

　　第六卷　《爱情之福音》（1945）

《青年与学问》（1957）

第七卷 《人生之体验续编》（1961）

《病里乾坤》（1980）

第八卷 《人生体验与人物纪念》（新编）

第三编：人文精神（立皇极之作）【9种8卷】

第九卷 《中国文化之精神价值》（1953）

《中国文化与世界》（1958）

第十卷 《人文精神之重建》（1955）

第十一卷 《中国人文精神之发展》（1957）

第十二卷 《文化意识与道德理性》（1958）

第十三卷 《中华人文与当今世界》（上）（1975）

第十四卷 《中华人文与当今世界》（下）（1975）

第十五卷 《东西文化与当今世界》（新编）

第十六卷 《新亚精神与人文教育》（新编）

《宗教精神与人文学术》（新编）

第四编：思想体系（立太极之作）【9种13卷】

第十七卷 《中国哲学原论·导论篇》（1966）

第十八卷 《中国哲学原论·原性篇》（1968）

第十九卷 《中国哲学原论·原道篇》（一）（1973）

第二十卷 《中国哲学原论·原道篇》（二）（1973）

第二十一卷 《中国哲学原论·原道篇》（三）（1973）

第二十二卷 《中国哲学原论·原教篇》（1975）

第二十三卷 《哲学概论》（上）（1961）

第二十四卷 《哲学概论》（下）（1961）

第二十五卷 《生命存在与心灵境界》（上）（1977）

第二十六卷 《生命存在与心灵境界》（下）（1977）

第二十七卷 《中国古代哲学精神》（新编）

第二十八卷 《中西哲学与理想主义》（新编）

第二十九卷 《英文论著汇编》

第五编：书简日记（生命实践之作）【3种4卷】

第三十卷 《致廷光书》

第三十一卷 《书简》

第三十二卷 《日记》（上）

　　　第三十三卷　《日记》（下）

　　第六编：著作附编（生命印证之作）【7种6卷】

　　　第三十四卷　《年谱》（新编撰）

　　　第三十五卷　《图传》（新编撰）

　　　第三十六卷　《亲人著述》（新编）

　　　第三十七卷　《纪念集》（上）

　　　第三十八卷　《纪念集》（下）

　　　第三十九卷　《著述年表》

《唐学研究文献索引》（新编）

《唐君毅全集总目》

二、参考著作

［1］牟宗三等撰. 唐君毅怀念集 ［M］. 台北：牧童出版社，1978.

［2］冯爱群. 唐君毅先生纪念集 ［M］. 台北：台湾学生书局，1979.

［3］李杜. 唐君毅先生的哲学 ［M］. 台北：台湾学生书局，1982.

［4］胡菊人编. 生命的奋进 ［M］. 台北：时报出版社，1984.

［5］霍韬晦编. 唐君毅哲学简编 ［M］. 香港：法住出版社，1992.

［6］霍韬晦主编. 唐君毅思想国际会议论文集 1 ［C］. 香港：法住出版社，1992.

［7］霍韬晦主编. 唐君毅思想国际会议论文集 2 ［C］. 香港：法住出版社，1992.

［8］霍韬晦主编. 唐君毅思想国际会议论文集 3 ［C］. 香港：法住出版社，1992.

［9］霍韬晦主编. 唐君毅思想国际会议论文集 4 ［C］. 香港：法住出版社，1992.

［10］张祥浩. 唐君毅思想研究 ［M］. 天津：天津人民出版社，1994.

［11］吴有能. 对比的视野——当代港台哲学论衡 ［M］. 台北：骆驼出版社，2001.

［12］梁瑞明编著. 心灵九境与人生哲学 ［M］. 香港：志莲净苑，2006.

［13］梁瑞明编著. 心灵九境与宗教的人生哲学 ［M］. 香港：志莲净苑，2007.

［14］梁瑞明编著. 心灵九境与形上学知识论 ［M］. 香港：志莲净苑，2009.

[15] 梁瑞明编著. 心灵九境与性情之教 [M]. 香港：志莲净苑，2012.

[16] 何仁富主编. 唐学论衡——唐君毅先生的生命与学问 [M]. 北京：中国文史出版社，2005.

[17] 何仁富. 唐君毅人文人生思想研究 [M]. 北京：中国文史出版社，2006.

[18] 马亚男. 唐君毅知识论思想研究 [M]. 北京：中国文史出版社，2006.

[19] 王怡心. 唐君毅形上学研究——从道德自我到心灵境界 [M]. 北京：中国文史出版社，2006.

[20] 胡治洪. 大家精要·唐君毅 [M]. 昆明：云南教育出版社，2008.

[21] 苏子敬. 唐君毅孟学诠释之系统研究 [M]. 台北：花木兰文化出版社，2009.

[22] 廖俊裕. 自我真实存在的历程——唐君毅生命存在与心灵境界之研究 [M]. 台北：花木兰文化出版社，2010.

[23] 王雪卿. 唐君毅文化哲学析论 [M]. 台北：花木兰文化出版社，2010.

[24] 黄兆强. 学术与经世——唐君毅的历史哲学及其终极关怀 [M]. 台北：学生书局，2010.

[25] 单波. 心通九境——唐君毅哲学的精神空间 [M]. 北京：北京大学出版社，2011.

[26] 何一. 悲情儒者与儒者悲情——唐君毅生平、学术研究 [M]. 北京：光明日报出版社，2011.

[27] 何仁富. 贺麟与唐君毅理想唯心论研究 [M]. 郑州：河南人民出版社，2011.

[28] 金小方. 唐君毅道德哲学研究 [M]. 芜湖：安徽师范大学出版社，2014.

[29] 汪丽华，何仁富. 爱与生死——唐君毅的生命智慧 [M]. 北京：中国广播电视出版社，2014.

[30] 段吉福. 从儒学心性学到道德形上学的嬗变——以唐君毅为中心 [M]. 上海：上海古籍出版社，2014.

[31] 郑家栋. 现代新儒学概论 [M]. 桂林：广西人民出版社，1990.

[32] 罗义俊. 评新儒家 [M]. 上海：上海人民出版社，1991.

[33] 黄克剑，周勤. 寂寞中的复兴——论当代新儒家 [M]. 南昌：江西人民出版社，1993.

[34] 贺麟. 五十年来的中国哲学 [M]. 北京：商务印书馆，2002.

［35］罗义俊. 生命存在与文化意识——当代新儒家史论［M］. 上海：学林出版社，2009.

［36］颜炳罡. 当代新儒学引论［M］. 北京：北京图书馆出版社，1998.

［37］［美］杜维明. 儒家传统与文明对话［M］. 彭国翔，编译. 北京：人民出版社，2010.

［38］［美］杜维明. 杜维明文集［M］. 武汉：武汉出版社，2002.

［39］范瑞平主编. 儒家社会与道统复兴——与蒋庆对话［M］. 上海：华东师范大学出版社，2008.

［40］牟宗三. 圆善论［M］. 台北：台湾学生书局，1985.

［41］牟宗三. 生命的学问［M］. 台北：台北三名书局，1984.

［42］牟宗三. 人文讲习录［M］. 桂林：广西师范大学出版社，2005.

［43］熊十力. 十力语要［M］. 上海：上海书店出版社，2007.

［44］徐复观. 中国人性论史（先秦篇）［M］. 上海：华东师范大学出版社，2005.

［45］冯友兰. 贞元六书（上、下册）［M］. 上海：华东师范大学出版社，1996.

［46］冯友兰. 中国哲学史［M］. 上海：华东师范大学出版社，2000.

［47］冯友兰. 人生哲学［M］. 桂林：广西师范大学出版社，2005.

［48］付子珍. 宋儒境界论［M］. 上海：生活·读书·新知三联书店，2008.

［49］蔡仁厚. 孔子的生命境界［M］. 长春：吉林出版集团有限责任公司，2010.

［50］周辅成. 周辅成文集（卷Ⅰ、卷Ⅱ）［M］. 北京：北京大学出版社，2011.

［51］蒋庆. 儒学的时代价值［M］. 成都：四川人民出版社，2009.

［52］梁漱溟. 东西文化及其哲学［M］. 北京：商务印书馆，1999.

［53］傅伟勋. 死亡的尊严与生命的尊严［M］. 北京：北京大学出版社，2006.

［54］郑晓江. 生命教育演讲录［M］. 南昌：江西人民出版社，2008.

［55］尉迟淦主编. 生死学概论［M］. 台北：五南图书出版股份有限公司，2003.

［56］林安梧. 中国宗教与意义治疗［M］. 台北：明文书局，1996.

［57］海德格尔. 存在与时间［M］. 陈嘉映，王庆节，译. 熊伟，校. 上海：三联书店，1987.

［58］靳凤林. 死，而后生——死亡现象学视阈中的生存伦理［M］. 北京：人民出版社，2005.

［59］段德智. 死亡哲学［M］. 武汉：湖北人民出版社，1996.

[60] [奥] 弗兰克. 活出意义来 [M]. 赵可式，沈锦惠，朱晓全，译. 上海：三联书店，1991.

[61] 蔡仁厚. 孔子的生命境界 [M]. 长春：吉林出版集团有限责任公司，2010.

[62] 陈来. 古代宗教与伦理——儒家思想的根源 [M]. 上海：生活·读书·新知三联书店，2009.

[63] 胡宜安. 现代生死学导论 [M]. 广州：广东高等教育出版社，2009.

[64] [美] 舍温·纽兰. 我们怎样死：关于生命最后一章的思考 [M]. 褚律元译. 北京：世界知识出版社，1996.

[65] 何仁富. 唐学论衡——唐君毅先生的生命与学问 [M]. 北京：中国文史出版社，2005.

三、参考论文

[66] 周辅成. 记君毅先生若干事 [N]. 华侨日报，1984-02-13.

[67] 贺麟. 唐君毅先生早期哲学思想 [N]. 华侨日报，1986-03-30.

[68] 刘国强. 唐君毅先生之实在观 [J]. 鹅湖，1986 (11).

[69] 唐端正. 唐君毅先生的生命与学问——纪念唐君毅先生逝世十周年追思会讲词 [J]. 法灯，1988-02-29.

[70] 景海峰. 唐君毅先生之生平与著作述略 [J]. 深圳大学学报（人文版），1989 (2).

[71] 周辅成. 唐君毅的新理想主义哲学（上）——论生命存在与心灵境界 [J]. 齐齐哈尔师范学院学报（哲学社会科学版），1991 (2).

[72] 周辅成. 唐君毅的新理想主义哲学（下）——论生命存在与心灵境界 [J]. 齐齐哈尔师范学院学报（哲学社会科学版），1991 (3).

[73] 钱耕森，程潮. 冯友兰与唐君毅的人生境界说之比较研究 [J]. 中州学刊，1995 (6).

[74] 肖萐父. "富有之谓大业"——第二届唐君毅思想国际研讨会上的发言 [J]. 中华文化论坛，1996 (1).

[75] 赖功欧. 论唐君毅的"人文宗教"观 [J]. 江西社会科学，2001 (11).

[76] 何仁富. 论唐君毅哀乐相生的人生哲学 [J]. 四川大学学报（哲学社会科学版），2002 (5).

[77] 吴有能. 人文精神与死亡的超越——唐君毅先生的死亡哲学 [M] // 何仁富主编. 唐学论衡——唐君毅先生的生命与学问. 北京：中国文史出版社，2005.

[78] 陆达成. 唐君毅的死亡哲学 [M] //何仁富主编. 唐学论衡——唐君毅先生的生命与学问. 北京：中国文史出版社, 2005.

[79] 蔡仁厚. 唐君毅先生论中国节日与祠庙 [J]. 西南民族大学学报 (人文社科版), 2005 (6).

[80] 何仁富. 唐君毅论超越人生之哀乐相生 [J]. 四川大学学报 (哲学社会科学版), 2006 (1).

[81] 刘国强. 略说唐君毅先生之不可及——一位常令人怀念的老师 [J]. 中国德育, 2006 (2).

[82] 刘国强. 由儒家圣贤典范看教师人格——以孔子、唐君毅先生为例 [J]. 中国德育, 2007 (9).

[83] 何仁富, 汪丽华. 为中国文化立皇极——唐君毅论中西人文精神之融通与中国文化之未来发展 [J]. 中国哲学史, 2007 (4).

[84] 郁晓晖. 迈向一种意义治疗法的新儒学——从唐君毅之"立志之道"学说开始 [J]. 宜宾学院学报, 2007 (7).

[85] 何仁富. 唐君毅论儒家事业的内涵 [J]. 浙江传媒学院学报, 2007 (4).

[86] 李明. 我感故我在：唐君毅人生之路的心本体论证悟 [J]. 求索, 2008 (9).

[87] 周辅成. 健全的人道主义哲学——唐君毅哲学体系述评 [J]. 西南民族大学学报 (人文社科版), 2009 (3).

[88] 何仁富. 唐君毅论儒者情怀与现代人格 [J]. 江西社会科学, 2009 (3).

[89] 何仁富. 唐君毅论儒家"三祭"的宗教价值 [J]. 四川大学学报 (哲学社会科学版), 2009 (2).

[90] 何仁富. 唐君毅论儒家事业可能的现代承担者 [J]. 西南民族大学学报 (人文社科版), 2009 (3).

[91] 熊吕茂. 论唐君毅的宗教观 [J]. 湖南文理学院学报 (社会科学版), 2009 (4).

[92] 杨永明. 唐君毅论青年之立志 [J]. 西南民族大学学报 (人文社科版), 2009 (3).

[93] 汪丽华. 谢廷光的德行与唐君毅的性情教育——唐君毅生命人格与思想的生命教育意义研究 (1) [J]. 西南民族大学学报 (人文社科版), 2009 (3).

[94] 何仁富. 儒学的治疗学意义与生命教育——以唐君毅《病里乾坤》为例的生命学解读 [J]. 南昌大学学报 (人文社会科学版), 2009 (2).

[95] 薛立波. 论唐君毅早期思想中的生死问题意识 [J]. 四川大学学报

（哲学社会科学版），2011（4）.

　　［96］汪丽华，何仁富. 青年的天德与人德——唐君毅《说青年之人生》的生命学解读［J］. 当代青年研究，2011（1）.

　　［97］何仁富. 试论贺麟与唐君毅的理想唯心论［J］. 浙江传媒学院学报，2012（2）.

　　［98］朱建民. 唐君毅先生《哲学概论》价值论之要旨［J］. 宜宾学院学报，2014（11）.

　　［99］董甲河. 幽明彻通——论唐君毅的生死观［J］. 北京社会科学，2014（4）.

后 记

校对完出版社寄来的打印稿，觉得必须写上几句作为"后记"。

回想自己从 1998 年硕士研究生毕业时接触唐君毅先生的思想学问与生命人格，至今已经 23 个年头！客观上说，23 年来，对唐先生思想的学习和传播，自己一直在努力。2000 年在宜宾学院建立了"唐君毅研究所"，2003 年以"唐君毅研究所"为主体建立了四川省人文社科重点研究基地"四川思想家研究中心"。但是，直到 2012 年进入清华大学，师从卢风教授攻读伦理学博士，同时承接编辑大陆简体字版《唐君毅全集》的任务，才有了真正系统地研读唐先生著作和思想的决心和勇气。

经过近 4 年的努力，2016 年 8 月，《唐君毅全集》大陆简体字版 39 卷正式由九州出版社出版，完成了自己建立"唐君毅研究所"时就产生的最大心愿！在新编《唐君毅全集》的同时，我们还完成了关于唐君毅先生"生命与学问"的几个研究项目：《爱与生死——唐君毅的生命智慧》（汪丽华、何仁富著，中国广播电视出版社 2014 年出版）、《唐君毅说儒——中国人当是中国人》（何仁富编著，贵阳孔学堂书局 2015 年出版）、《唐君毅与宋明理学——基于工夫论对朱陆王学的会通》（何仁富著，浙江省人文社科重点基地浙江大学宋学研究中心课题，中国广播电视出版社 2016 年出版）、《唐君毅先生年谱长编》（汪丽华、何仁富著，中国社会科学出版社 2018 年出版），但是，自己最在意的研究项目，则是作为博士论文完成的《唐君毅生死哲学研究》。

本书的主体内容是 2015 年在清华大学完成的博士论文。在此，要特别感谢我的导师卢风教授！他是生态伦理、环境伦理研究的大专家，尽管不做新儒家的研究，但是对我选择唐君毅生死哲学作为博士论文的研究题目，非常支持。同时，在老师关于科技伦理的指导研读课程中，我对脑死亡的相关伦理问题有了更多更深的了解，也有了更多关于现代生死学的困惑，这进一步促使我去认真学习和研究唐先生的生死哲学。老师温厚宽容的人格，又让我时时想到唐君毅先生的人格，让我在读博士期间一直沐浴在人性的温暖和人格的光照中，才可以同时承担多件事情而不觉得苦累。如今，这部以博士论文为基础的关于唐先生生死哲学的论著即将出版，最想感谢的，就是我的导师卢风！

在撰写博士论文过程中，思路不断调整，撰写提纲不断改变。原本我想将唐先生生死哲学的理论建构和生命建构同时呈现出来，但是在实际撰写过程中发现，不管是篇幅的要求还是逻辑的呈现，都有难度。所以，最后主要呈现唐先生生死哲学的理论建构。在完成国家社科项目的过程中，我以博士论文为基础，又做了进一步的比较大的修改和完善。

博士毕业后这几年，随着进一步深入研读唐先生的生命与学问，对其生死哲学的生命建构也有了更深的理解，以唐先生的"想象性生死体验""经验性生死体验""思想性生死体验""哀伤性生死体验""疾病性生死体验"和"临终性生死体验"为主题和线索的一系列关于唐先生生死哲学的生命建构的书，也基本完成。如今，《感通与传承——唐君毅的生死哲学》即将出版，算是我完成了研究唐先生生死哲学的阶段性任务；期待其姊妹篇《困顿与超越——唐君毅的生死体证》也能够早日顺利完成出版。

何仁富

2021 年 8 月 21 日